JN025376

やわらかアカデミズム
〈わかる〉シリーズ

よくわかる
中 国 史

中西竜也/増田知之

[編著]

ミネルヴァ書房

はじめに

　「よくわかる中国史」と銘打ったが，そもそも「中国」とは何処か。「中国」とは歴代の「中華王朝」やその後継国家たる中華民国・中華人民共和国の直接統治領域である，というのは妥当な回答のひとつだろう。中華王朝とは，中華人民共和国の領土から，東北・内蒙古・西蔵・新疆を除いた，「中国内地」と呼ばれる地域に成立した諸政権をいう。中国内地の一部や全体を外側から覆う形で，その地を統治した諸政権も含む。ただし，それらの直接統治領域，すなわち領土的「中国」の縄張りは，多様である。

　しかも，領土的「中国」のほかにも，次元の異なる様々な「中国」が考えられる。ひとつには，文化的「中国」という括り（あるいは「中華圏」）があろう。「中国文化」とは，儒教や漢字など，「中国内地」のマジョリティたる漢人の文化であるとする立場からいえば，漢文化の支配的な地域が，文化的「中国」であり，これは領土的「中国」と必ずしも重ならない。たとえば，明末の謝肇淛（1624年没）は『五雑組』巻四で，明朝の開祖，洪武帝が中国南西部の昆明（雲南）を征服した際（⇨Ⅷ-5）（本書Ⅷ章5節参照の意。以下同），そこに江南（長江下流域）の人々を移住させたので，同地の「衣冠・文物・風俗・言語」は，首都南京のそれと変わらなくなった，と述べる。他方，中国北西部については，楡林（現陝西省楡林市）・慶陽（現甘粛省慶陽県）あたりから徐々に非中華の「野蛮な気風」（夷風）が見え始め，さらに西の臨洮（現甘粛省臨洮県）・鞏昌（現甘粛省隴西市）まで来ると人間は非中華の「野蛮人」（戎狄）と区別がつかなくなる，とも述べる。謝肇淛は，当時明朝領内にあった現在の甘粛省東半を，文化的「中国」のほとんど外にあると見なしていたようである。

　同様に，回民（漢語を話すムスリム）のような民族的マイノリティのコミュニティは，たとえ地理的には文化的「中国」の内側にあっても，しばしば漢人によって「中国文化」の教化の外にある非「中国」的空間と識別されてきた。ただし，「少数民族」の文化も，漢文化とともに「中国文化」を構成するという，中華人民共和国の立場によれば，「中国内地」とその周辺の民族的マイノリティも，文化的「中国」に属すと主張されるであろう。

　文化的「中国」のほかにも，理念的「中国」（あるいは理念的「中華圏」）という枠組みも考えられる。それは，中華王朝や中国国家によって直接統治されていないにもかかわらず，本来・将来そこに含まれるべきと観念される領域である。中国内地の南半分しか統治できなかった南宋（⇨Ⅶ-3）にとっての華北

や，中華人民共和国にとっての台湾などがそれである。

　「中国」の範囲を問うならば，「中国」そのものの領域ではないにせよ，中華王朝や中国国家の主観的な勢力圏の類も無視できない。歴代中華王朝は，中華皇帝への服属を儀礼的にせよ表明する朝貢国が，「中国」を中心とする秩序の内にあると信じた（⇨Ⅷ-5）。さらに，中華人民共和国政府は，自らが現在「一帯一路」プロジェクトによって世界を巻き込んで構築しようとしている経済的「運命共同体」を，何らかの意味で自身の側にあると見なすかもしれない。

　以上のように，「中国」は多元的・流動的で曖昧な枠組みである。もちろん一般に「中国史」といえば，最初に挙げた領土的「中国」で，どんな政治・経済・社会・文化が営まれ，外部とどんな交渉があったかを満遍なく描くことが期待されるだろう。ゆえに本書も，基本的にはこの期待に応えようとする。また，本書で「中国」と言えば，おおむね「中国内地」か，そこを統治する王朝・国家を指す。ただし，領土的「中国」以外にも様々な「中国」の範囲があることを意識し，領土的「中国」内の文化的・民族的多様性や，中華王朝の対外関係・理念的「支配」の有様を重点的に記述した。その上で，中華王朝や後継中国国家が，「中国」とみなす領域やその成員を如何にして再編・統合してきたかを説明した。なお，この基本方針を立てるにあたっては，とくに岸本美緒『中国の歴史』（筑摩書房，2015年）から着想を得た。本書の章立ても，それに範をとって構想した。

　また本書は，書や回民について比較的詳しく述べたが，それもまた文化的「中国」の複数性・可変性を浮き彫りにするために他ならない。

　書は，「中国文化」とは何かの一端を象徴的かつ具体的に示し，「中国」の輪郭と密接に関わる。書の技芸は「中国」の知識人や為政者によって，必須の教養ないし文明の粋として尊ばれてきた。彼らは，書の名品の生産・鑑識・所持・拡散によって中華文明を体現し，文化的威信や政治的権威を帯びた。とくに，清朝の文化政策においてそれは顕著に認められる（⇨Ⅹ-5）。逆にいえば，このような威信や権威が成立する空間が「中国」であったといえる。また，その原理にしたがえば，たとえば日本も，文化的「中国」の外縁に位置づけられる。実際，明初の陶宗儀『書史会要』には，日本における王羲之書法の流行（⇨Ⅴ-5），能書家の存在，「中国詩文」をも書写しえる「国字」についての言及が見られる。近代においても，日本の書は漢人知識人から認識・評価の対象

とされており（⇨ⅩⅢ-コラム），漢人の観念における文化的「中国」の拡張とみなしえよう。

回民は，「中国内地」の代表的な民族的マイノリティ，漢人にとって最も身近な非「中国」的存在である（⇨Ⅸ-6）。だが，回民自身は必ずしも自らが文化的「中国」の部外者たることに同意してきたわけではない（⇨Ⅸ-6　ⅩⅢ-5）。同時に，自らの民族的独自性を強調することもあった（⇨ⅩⅣ-4）。

このように書や回民の歴史は，文化的「中国」の包括範囲が，時代や立場によって変動することを如実に示すが，本書が「中国」という枠組みの伸縮自在の相を強調するのは，次の問題を考察するための基礎を提供することにある。すなわち，誰がどんな時に，如何なる原理によって，どこを（あるいは誰を）「中国」の一部と見なし，如何にしてその「統合」を実現してきたのか。さらにこの問題は，こうも換言できる。すなわち，人々は何時如何にして「我々」と「彼ら」とを識別しなおすのか。その関係性は如何にして実体化するのか。

このような問いを検討すること，そして人々の団結・排他のメカニズムを理解することは，すぐれて現代的な課題である。昨今，世界中で特定の人々や宗教を「他者」として再定義したり「同胞」を再結集したりする動きが先鋭化し，各地で社会の分断や秩序の変動をもたらしているからである。アメリカ・ファーストやブレグジットは言うに及ばず，全世界のムスリムを糾合しようとした「IS（イスラム国）」の排他的なコスモポリタニズム等の諸現象も，その延長線上にある。さらに，「偉大なる中華の復興」を謳う中国の「一帯一路」政策も，「我々」を再結成する試みとして，同じ文脈の中で語り得る。

「中国史」を通じて考えるべき問題は，もちろん他にも数多あろう。読者のみなさんが新たな問題の所在に気付き，本書がその探求の出発点となるならば，それこそは編者の望外の喜びである。

最後に，本書の編集に当たっては多くの人に助けて頂いたが，とくに近代史部分の編集に当たって，当該時代に暗い編者二人は，執筆者のお一人，箱田恵子氏から多大なご助力を頂いた。特記して深甚の謝意を表したい。

2021年5月

中西竜也・増田知之

【表記についての若干の断り】

本書では，同じ言葉が漢字で書かれていたり平仮名で書かれていたりする。編者はこれを敢えて統一しなかった。というのも，執筆者たちが中国史の専門家として漢字を愛してやまず，漢字と平仮名の使用のバランスについてもそれぞれに強い拘りを持っていることを尊重するからである。

もう一点，北アジアの遊牧民の伝統的君主号である「カン」「カアン」「ハーン」の使い分けについても，説明しておきたい。

5世紀，北アジアで台頭した鮮卑（北魏）や柔然では，「カガン」という君主号が用いられていた。当該称号は突厥やウイグルでも引き続き使用され，モンゴル帝国でも「カアン」という形で継承された。モンゴル帝国の創始者チンギスは，「カン」という君主号を用いたが，チンギスを継いでモンゴル帝国の最高君主となったオゴデイが，「カアン」を自らの君主号としたのである。以来，「カン」は，チンギス・カンの血統に連なる，帝国各地の君主の称号となったいっぽうで，「カアン」は，彼らを緩やかに束ねる，モンゴル帝国全体の最高君主だけが用いることのできる称号となった。この伝統は，少なくともモンゴル高原では，モンゴル帝国崩壊後も存続した。「カアン」はやがて「ハーン」と発音されるようになるが，ウイグル文字史料の上では依然として「カアン」と綴られ，「カン」と区別された（この点は，本書の執筆者のおひとり，宮紀子氏からご教示を賜った。記して謝意を表したい）。そこで本書は，モンゴル帝国の君主号については「カン」と「カアン」とを使い分けた。また，モンゴル帝国期以後にモンゴル高原で活動した，モンゴル系遊牧民たちの最高君主の称号も，「カアン」と表記した。ただし，アルタン・ハーンは，カアンと見なされることもあったが，彼の称号は，慣例にしたがって「ハーン」とした。モンゴル帝国以後の中央アジアで用いられた，「カン」号に相当する君主号については，同地のアラビア文字史料の表記に従い「ハーン」とした。また，ダライ・ラマから認められた，清代のオイラトの君主号については，「ハーン」という表記を採用した。その他の遊牧君主号については，依拠した研究の表記に従った。

もくじ

よくわかる
中　国　史

中国における文明の誕生

中国の旧石器時代

　中国における旧石器時代前期に遡る遺跡として河北省張家口の泥河湾盆地にある馬圏溝遺跡（166万年前）があり，そこでは多数の石器が発見され，当時の石器製作技術を知る重要な資料を提供している。雲南省元謀では170万年前とされる原人の門歯の化石（元謀人）が見つかっている。山西省芮城県の西侯度遺跡では180万年前とされる石器および火の使用の痕跡が指摘されているが，年代比定や人工物とみなせるかをめぐっては異論もある。このほか80〜75万年前とされる陝西省藍田県の陳家窩遺跡・公王嶺遺跡でも人骨（藍田原人）や石器が確認されている。1920年代にスウェーデン人アンダーソンによって調査が行われた北京市房山区周口店遺跡では，のちに北京原人と呼ばれる化石人骨が発見された。

　陝西省大荔県の大荔遺跡（大荔人，23〜18万年前），山西省襄汾県の丁村遺跡（丁村人，12万年前）で発見された人骨は旧人（古代型ホモ＝サピエンス）段階のものとされる。山西省陽高県の許家窯遺跡（12.5〜10万年前）でもまた旧人の人骨化石が見つかっている。新人に属する人骨は，周口店の山頂洞遺跡（2.5万年前）で発見された山頂洞人（上洞人）の例があり，ここでは研磨を施したとみられる石器のほか骨角器も見つかっている。また山西省沁水県一帯の下川遺跡では細石器が発見されるなど，石器製作技術の進展が認められる。

② 新石器時代の始まりと地域文化の多元性

　約1万年前に更新世の最終氷期が終わり，温暖化した完新世が始まると，華北や長江流域で農耕が行われ，土器および磨製石器が使用されるようになった。新石器時代の始まりである。イネの栽培は長江中下流域で始まったとされ，湖南省の玉蟾岩，江西省の仙人洞遺跡などが注目されているが，具体的な時期や栽培種とする判断基準をめぐって議論が続いている。黄河流域ではアワ・キビなどの雑穀栽培が始まり，河北省武安の磁山遺跡では穀物貯蔵穴とされる遺構が発掘されている。

　前5000年頃，黄河中流域を中心とする広い範囲にわたって仰韶文化が繁栄する。1920年代，河南省澠池の仰韶遺跡においてアンダーソンが仰韶文化の指標となる彩陶を発見し，この名がつけられた。代表的な集落遺跡として陝西省

西安市の半坂遺跡がある。集落の外縁には環濠がめぐり，その周辺には共同墓地が設けられていた。またアワが栽培され，ブタ・イヌなどの家畜も飼育されていた。また集落のほぼ全域が調査されている姜寨遺跡【図Ｉ-1】は，中央の広場を取り囲んで住居が建てられ，各住居の入口が中央の広場に向かうという求心的な集落構造を呈していた。

前3000年紀後半，黄河中・下流域では黒陶【図Ｉ-2】を代表的な遺物とする龍山文化が成立する。龍山文化の名は，1930年代に中央研究院の李済らが山東省龍山鎮の城子崖遺跡を発掘したことに由来する。龍山文化に属する陶寺遺跡（山西省襄汾県）は300万m²に及ぶ新石器時代最大級の遺跡であるが，21世紀に至って東西1,800ｍ，南北1,500ｍと推定される城壁が発見された。その内部には陶器および石器の工房や首長層の墓葬などが存在し，青銅製の遺物も出土している。陶寺遺跡のほか，河南省登封県の王城崗遺跡，平糧台遺跡，河南省新密市の新砦遺跡などでも大規模な城壁が見つかっている。これらの城郭遺跡を文献に見える尭・舜・禹などの都に比定する試みも行われているが，確実な根拠は得られていない。

かつては仰韶文化・龍山文化が栄えた地域を「黄河文明」として，中国文明の源流と考える一元論的な見方もあったが，近年では地域ごとの特色ある文化が各地で確認され，むしろ地域文化の多元性を認めることが一般的になっている。

南方の長江流域では稲作を中心とした農耕社会の発展が認められる。長江下流域では前5000年紀の河姆渡遺跡（浙江省余姚市）で大量の稲籾が発見され，草鞋山遺跡（江蘇省蘇州市）では人工的な水田跡が発見されている。前4000年紀後半には良渚文化が成立し，その中心をなす莫角山遺跡（浙江省余杭市）では陶寺遺跡に匹敵する規模の城壁跡が発見されている。また宗教的な色彩を帯びた玉器が生産され，祭祀施設や墳丘墓などが存在する。首長層とそれ以外の階層の格差が顕著である点も特徴的である。長江中流域では前5000年紀半ばに大渓文化が，前3000年紀には屈家嶺文化，ついで石家河文化が出現する。石家河遺跡（湖北省天門）の城壁は南北1,200ｍ，東西1,100ｍにも及ぶ極めて巨大なものである。

華北では遼河流域で前4000年紀に紅山文化が成立する。牛河梁遺跡（遼寧省朝陽市）では彩色の女性塑像が出土した「女神廟」など宗教性を帯びた遺構がある。また陝西省北部の石峁遺跡では，近年の調査により石積みの巨大な二重城壁が確認された。

龍山文化に属する丁公遺跡（山東省鄒平県）で出土した陶片には，文字と思しき未解読の刻線（丁公陶文）があり，殷の甲骨文とは異なる系統の文字が存在したことを示唆する。　　　　　　　　　（土口史記）

図Ｉ-1　姜寨遺跡出土の彩陶

出典：西安半坡博物館等（1988），彩版二。

▷1　李済
1896～1979。湖北省鍾祥県の人。北京・清華学校卒業ののち，ハーバード大学にて人類学の学位を取得。1923年に中国に戻り，近代的な中国考古学の基礎を打ち立てる。

▷2　尭・舜・禹
理想的な治世を築いたとされる古代伝説中の帝王。有徳者に帝位を譲る「禅譲」の方式で帝位が継承されたと伝えられる。『史記』夏本紀などは，禹が夏王朝の初代となり，以降，世襲の王朝が始まったことを記す。

図Ｉ-2　山東龍山文化の黒陶

出典：高濱・岡村（2000）。

中原の初期王朝

① 二里頭遺跡と夏王朝

　黄河中流域では**龍山文化**に続いて前2000年紀に二里頭文化が，ついで二里岡文化，殷墟文化が成立する。近年では，殷代前期にあたる二里岡文化よりも時代の遡る二里頭文化を夏王朝に相当するとみなす論者が多くなっている。ただし二里頭文化の文字資料は確認されておらず，これを夏王朝と確定するにはなお慎重を要する。

　二里頭文化の指標となる二里頭遺跡（河南省偃師市）は中国の考古学者・徐旭生によって1950年代より調査が始められた。当初，ここは殷初期の都・西亳とされたが，その後の考古学的な成果をふまえて殷ではなく夏の都とする説が唱えられた。とくに1980年代に二里頭遺跡のわずか東6kmの場所において，二里岡文化に属する城壁（偃師商城）が発見されたことは重要である。二里頭遺跡・偃師商城という近接しながらも異なる文化系統に属する二つの遺跡が，それぞれ夏・殷の王都にあてはめられたのである。

　二里頭遺跡では版築の土台をもった複数の宮殿跡が見つかっており，王が政務や儀式を執りおこなう場であったとみられる。出土遺物のなかでも玉璋や玉斧などの玉器，爵【図Ⅰ-3】や斝などの青銅酒器は各種の宮廷儀式に用いられたものと考えられ，のちに「礼」と呼ばれるような儀礼制度のめばえが認められる。とくに儀礼用の玉器は黄河上・下流域，長江中流域などの遠隔地にも受容されており，二里頭文化が非常に広範な影響力をもったことがわかる。

　一方で，山東・山西の龍山文化，長江中流域の石家河文化，下流域の**良渚文化**などは前2000年紀初め頃までに急速に衰退した。こうして黄河中流域，すなわち中原において成立した二里頭文化はこの時代の文化的中心となった。

② 殷王朝と甲骨文

　『**史記**』殷本紀によれば殷人の始祖・契は舜によって商の地に封建され，その後十数代を経て，湯（大乙）が最後の夏王・桀を征討，殷王朝が成立する。その後およそ30代，「酒池肉林」の伝説で知られる紂王（帝辛）に至り周によって滅ぼされる。

　殷の歴史については『史記』のほか『尚書』などの**経書**にも記さ

図Ⅰ-3　二里頭遺跡出土の爵

出典：中国社会科学院考古研究所（1999），彩版1。

れるが，殷代当時の史料とは言えず信憑性に乏しい記載も多い。一方，19世紀末に至り殷代の同時代史料として現れたのが亀甲や獣骨に記された文字，すなわち甲骨文である。羅振玉は甲骨の主な出土地が**殷墟**（河南省安陽市）にあることを突き止め，その高弟・王国維は甲骨文にみえる殷王の系譜が『史記』のそれとかなりの程度合致することを明らかにした。20世紀に入ると殷墟の発掘が中華民国の中央研究院によって進められ，王墓や多量の甲骨が発見された。殷墟出土の甲骨文【図Ⅰ-4】は，殷代後期の王・武丁から紂王による滅亡まで（前13世紀～前11世紀）のものである。

　甲骨文の内容は主に占いの記録であり，これを卜辞という。占いの方法は，甲骨に貫通しない程度の穴をうがち，そこに熱した木をあてがってできる「卜」字状のひび割れを見て殷王が吉凶を判断するというものである。占いの対象は王室の祖先祭祀，軍事，農事，狩猟など多岐にわたり，それらの記事から殷の歴史を復元する手掛かりを得ることができる。

　甲骨文では人々が集住するところは「邑」と表現される。殷の国家形態は，王都（大邑）が**諸侯**の邑（族邑）を従え，族邑がさらに小さな邑（属邑）を従えるというような，ピラミッド型に邑が積み重なる構造（邑制国家）とする見方がある。その頂点にある邑が殷王の住まう都であり，これを「大邑商」などと称した。

　殷の王族は十個の血縁集団にわかれ，それぞれに十干（甲乙丙丁戊己庚辛壬癸）の名がつけられており，この集団のなかから王とその妃（王妣）が選出された。「大乙」や「武丁」など殷王の名に十干が含まれているのはこれを反映している。王のもとには各種の官が置かれ，王族に近侍する「臣」，武官とされる「馬」「亞」，史官とされる「尹」「作冊」などの存在が指摘されているが，その性格については不明な点が多い。また殷に敵対する集団は「方」と称され，殷王はしばしば諸侯を従えて舌方，土方などに対する戦争を繰り広げた。

　甲骨文は殷代後期に集中しているため，これ以前の殷代史についてはもっぱら考古資料に頼らなければならない。1950年代，河南省鄭州市では殷代前期（前1600～1400年頃）にあたる二里岡文化の遺跡が発見された。ここではのちに大規模な城壁（鄭州商城）が確認されている。1980年代には二里岡文化時期にあたる偃師商城が，1990年代には鄭州商城のほど近くにある小双橋遺跡が発掘された。小双橋遺跡で出土した陶片には朱書の記号（朱書陶文）があり，甲骨文以前の殷の文字の可能性がある史料として注目されている。また1999年以後，殷墟北部で洹北商城と呼ばれる城壁や宮殿区の遺構が発見された。

　以上の遺跡は殷代前・中期の王都の所在地とみられる。一方，王都から離れた地点では山西省垣曲県の垣曲商城，湖北省黄陂県の盤龍城などの遺跡が存在し，これらは殷の植民地的拠点であったと考えられている。　　　　　　　　　　　（土口史記）

▷5　**殷墟**
河南省安陽市に位置する殷代後期の遺跡。『竹書紀年』に見える，殷王盤庚の遷都した「殷邑」にあたり，殷滅亡に至るまで殷の都であったと考えられている。

▷6　**諸侯**
天子からある土地の領有・支配権を認められた者。天子の一族や功臣などが封建されて諸侯となる。

図Ⅰ-4　殷墟出土の甲骨文

出典：蔡玫芬ほか（2012）。

3 周王朝と金文

① 周王朝の成立

　『史記』周本紀によれば，殷紂王の時期，周の姫昌（文王）は「受命の君」として諸侯の信頼を集め，息子・発（武王）の代に太公望や周公旦などの輔佐を得，牧野の戦いで紂王の軍を破って殷を滅したという。周が殷に「克った」ことから，これを「克殷」と呼ぶ。その年代は諸説あるが，一説に前1046年という。これ以後，前770年に周が東遷するまでを西周時代と呼ぶ。

　文王・武王はそれぞれ豊，鎬（宗周）に都したとされ，現西安市南西の豊鎬遺跡がこれにあたる。さらに克殷の後，武王は洛邑（成周，現河南省洛陽市）を建設し，東方の拠点とした。周王朝は都に相当するような主要拠点を複数有しており，周王は宗周・成周・豊・鄭（現陝西省華県）など各地を経巡っていた。なお周王の墓葬は未発見であるが，陝西省岐山県の周公廟遺跡では西周時代最高クラスの墓葬や甲骨が発見されている。

② 西周金文と周の国制

　孔子が「吾れ周に従わん」と言った（『論語』八佾）ことでも知られるように，周は後世，理想の時代として尊崇された。それゆえに周について語る文献には潤色も多く含まれる。そこで同時代史料として重要となるのが西周金文である。金文とは青銅器【図Ⅰ-5】に鋳込まれた銘文のことで，その実例は殷代から存在するが，西周時代には一件で数百字に及ぶような長文も作成されるようになり，西周史を研究するための基本史料となっている。

　周王朝は「命」の概念を用いて王朝交替の正統性を主張した。西周初期の青銅器である何尊の銘文は，文王が「大命」をさずかり，武王が殷に勝利したと記す。大盂鼎の銘文は，殷人が酒におぼれて「命」を失い，周文王が「大命」を得たと述べる。「命」を失った王朝が滅び，新たな王朝が興ることを「革命（命を革む）」というが，周の克殷はすなわち「殷周革命」でもある。

　周王はしばしば王族や功臣を各地に封建した。

図Ⅰ-5　陝西省眉県楊家村出土青銅器

出典：『文物』2003年第6期。

周をまもる「藩屏」として封建された魯（初代は
周公旦の子・伯禽），斉（初代は太公望）などは春秋
時代にも存続する諸侯国となった。封建の実情を
語る代表的な金文として，1954年に江蘇省鎮江市
で発見された宜侯夨段の銘文【図I-6】があり，
夨という人物が周の康王によって「宜（の土地）
に侯たれ」と封建されたことを伝える。さらに夨
に与えられた土地の「川」や「邑」の数が銘文に
具体的に記されており，周代における土地支配の
あり方が窺われる。

図I-6 宜侯夨段と銘文

出典：李学勤・松丸（1996）。

　西周金文にはしばしば官制に関わる記述も見られる。官制の上位には行政に
関わる卿事寮，儀礼に関わる大史寮が置かれていた。また「参有司」と呼ば
れた司馬・司土（司徒）・司工（司空）も西周金文に見え，これらの官名は後代
の王朝にも引きつがれている。なお儒家経典の一つ『周礼』は周の官制をきわ
めて整然としたかたちで叙述するが，これは戦国時代以後に成立した文献であ
って，そのまま西周当時の史料として扱うことはできない。

③ 周王朝の動揺と滅亡

　西周中期以降，周王による外征が目立ち始める。昭王は南方の楚への遠征を
試み，その最中に死去したと伝えられる。穆王にははるか西方に旅して西王母
にまみえたという伝説（『穆天子伝』▷5）があるが，彼はまた犬戎への征伐を計画
していた。金文にもしばしば淮水流域の異民族（淮夷）に対する遠征について
言及されている。これらは一方で周の支配が動揺しつつあったことを示唆する。

　夷王の代，ある讒言をきっかけに夷王が斉哀公を煮殺してその弟を擁立すると
いう事件が起こった（『史記』斉太公世家）。こうして諸侯どうしの対立や諸侯と周
王との確執が次第に顕在化し，厲王期には諸侯の反発が頂点に達して厲王は亡
命を余儀なくされる。かくして周王不在の「共和」元年（前841）となる。『史
記』十二諸侯年表はこの年より書き起こしており，これが中国の史書において
確実な年次が判明する最初の記録である。「共和」と呼ぶのは，『史記』周本紀
では召公と周公が共同で政治を担ったためというが，『竹書紀年』▷6や清華簡
「繋年」▷7に見える，「共伯和」という人物が王位を奪ったためとする見方もある。

　厲王は亡命先で死去し，宣王が即位する。儒家経典の一つである『詩経』に
は，宣王の功績を称えたとされる作品が収録され，宣王は中興の王と評価され
ることもある。しかし依然として外敵の侵攻は続いており，王朝の劣勢は止ま
らなかった。褒姒を王妃とした幽王の時期，後継者争いに端を発して諸侯を巻
き込んだ内紛が勃発，混乱のさなかに幽王は西戎の攻撃を受けて死去し，西周
王朝は滅亡する。　　　　　　　　　　　　　　　　　　　　　（土口史記）

▷5　穆天子伝
西晋の時代，汲郡（現河
南省）にあった戦国魏の王
墓から竹簡（「汲家書」）
が発見され，その中の西周
穆王が各地へ旅した記事が
『穆天子伝』としてまとめ
られた。

▷6　竹書紀年
『穆天子伝』と同じく，汲
家書の一部。夏（一説に黄
帝）に始まり，殷・周・春
秋晋・戦国魏に至るまでを
記した年代記。

▷7　清華簡「繋年」
2008年に北京の清華大学が
入手した竹簡（清華簡）の
一部。西周から戦国前期ま
での歴史事件を記す。

春秋・戦国時代の歴史

図Ⅱ-1　春秋時代地図

出典：松丸・永田（1985）に基づき作成。

1　春秋時代【図Ⅱ-1】

　周幽王死去ののち，前770年に成周（洛陽）で平王が擁立される。これを周の「東遷」と言い，これ以後の周はとくに東周と呼ばれる。以後，秦の始皇帝による統一までの時期を前後に分け，春秋時代（前770～前453/403）・戦国時代（前453/403～前221）と呼ぶ。西周と統一秦のはざまにある春秋・戦国時代は，それまでの周を中心とした秩序が動揺，崩壊し，それに替わる新たな秩序が構築されてゆく時代であった。

　春秋時代という名は孔子が修訂したとされる儒家経典の一つ『春秋』に由来する。『春秋』は現山東省にあった魯国の隠公元年（前722）から哀公十四年（前481）にいたる時期の歴史を記した文献である。魯は周公旦の血統を継ぐ，周王直系の国である。孔子が生まれたのもこの魯国であった。

　この時代，諸侯は周の統制を離れて独自に抗争・同盟を繰り広げるようになった。そうした諸侯間の関係を調整・規定したのは「会盟」である。諸国の代表が集まることを「会」，そこでかわされる誓約を「盟」という。会盟を主宰する最有力の諸侯を「覇者」という。斉の桓公（位前685～前643）は長江流域の大国・楚の中原侵攻を撃退し，春秋時代最初の覇者となった。

　この頃，晋では献公（位前676～前651）が現れて版図を拡大するが，その死後に公位継承をめぐって内乱が生じる。これに介入した秦の穆公（位前659～前621）は晋恵公を擁立したが，のちに対立が生じ，穆公は晋を離れ流浪していた公子重耳（晋の文公，位前636～前628）の帰国と即位を支援する。その後，晋の文公は周王室の内乱を治める（「勤王」）とともに，前632年には城濮の戦で楚の率いる諸侯連合軍を打ち破った（「攘夷」）ことで，周王より覇者と認定された。

　春秋時代の中期までは，斉や晋といった中原の有力諸侯が南方の楚と抗争する南北対立の構図が目立つ。晋は文公以後も長きにわたり覇者として君臨するが，これは楚の脅威に対する軍事同盟を結成する必要があったためである。しかし前546年，宋の仲介で開かれた弭兵の会において楚・晋が講和すると，諸侯に対する晋の統制力は次第に失われていった。

　前6世紀前半より長江下流域の呉が楚の背後を脅かすようになり，

のちに呉王闔閭（位前514～前496）は楚より亡命した謀臣・伍子胥の輔佐を得，前506年には一時的に楚都・郢を占領するに至った。呉の南方にはまた越が興って呉と対立した。呉王夫差（位前495～前473）と越王句践（位前496～前465）【図Ⅱ-2】とのあいだで展開された復讐劇は，「臥薪嘗胆」の故事として有名である。

2　戦国時代【図Ⅱ-3】

　春秋時代の晋では長らく「六卿」と称する六つの有力世族が政権を担っていたが，そのうち最有力であった知氏が韓・魏・趙の連合によって滅ぼされ（前453），この三氏は周王により独立した諸侯として認定される（前403）。一般にこのいずれかの年を戦国時代のはじまりとみなす。

　東方の大国・斉においても西周の封建に由来する君主の血統（姜氏）が断絶する。斉桓公の時代に陳国から亡命してきた公子田完（陳完）の子孫である田和は，前386年，魏文侯の支援を受け，周王の承認を得て斉侯の位に即く。これ以後の斉を田斉ともいう。

　前4世紀後半より諸侯はあいついで「王」の称号を用い始める。春秋時代にも楚や呉，越など，周の影響力の及ばない辺境地域の諸侯が王を名乗る例はあったが，戦国時代に入ると中原の諸侯にもこれが広がった。前334年には徐州に会した魏恵王・斉威王が互いに王の称号を認めあっている。戦国時代の王国のうち最有力であった燕・斉・楚・秦・韓・魏・趙を「戦国七雄」と呼ぶ。

　強国どうしの外交関係が重要課題となるなかで活躍したのは，各地を遊説する弁舌の士（遊士）であった。周出身で燕・斉に仕えた蘇秦は，秦以外の国々が同盟して秦に対抗する「合従（合縦）」を唱え，魏出身で秦の恵文王（位前337～前311）に仕えた張儀は，秦が東方六国と組む「連衡（連横）」の政策を主導した。これらの遊士を縦横家とも言い，その言論の内容は『**戦国策**』に収録されている。戦国時代という名はこの書に由来する。

　前4世紀末，楚の懐王（位前328～前299）は韓・魏・趙・燕と合縦して秦と戦うも敗退，のち秦に抑留されて没した。この頃，楚の衰退を嘆いて自殺したのが，『楚辞』主要部分の作者とされる屈原である。同時期，趙では武霊王（位前325～前299）が「胡服騎射」を採用し，中山国を滅ぼし北方への勢力拡大を進めた。斉は湣王期（位前300～前284）に秦昭王（位前306～前251）と互いに東帝・西帝と称して強勢を誇ったが，のち燕の将軍楽毅による趙・楚・韓・魏の連合の攻撃を受け，都・臨淄が一時陥落した。その後，秦の優位が次第に固まり，前278年に白起が楚都・郢を占領してこの地に南郡を設置し，秦一強の形勢が定まる。
　　　　　　　　　　　　　　　　　　　　　　　　　　（土口史記）

図Ⅱ-2　「越王句践」銘の青銅剣

出典：湖北省博物館（2006）。

図Ⅱ-3　戦国時代地図

出典：松丸・永田（1985）に基づき作成。

▷5　戦国策
東周策・西周策・秦策・斉策・楚策・趙策・魏策・韓策・燕策・宋衛策・中山策からなる。現行本は前漢末期の劉向によって整理されたものだが，1973年に馬王堆漢墓（湖南省長沙市）から類似の内容をもつ帛書（絹布に書かれた文献）が出土し，『戦国縦横家書』と名づけられた。

春秋・戦国時代の社会変革と新たな文化

1 社会経済の変革

　春秋時代以降，鉄製農具と牛耕が出現して農業生産力が飛躍的に向上，戦国時代にはこれらが一層普及して各国の国力を下支えした。前594年には魯で「初めて畝に税」し（『春秋』宣公十五年），前408年には秦で「初めて禾に租」したとされる（『史記』六国年表）。さらに秦は前375年に「戸籍」を作成した（『史記』秦始皇本紀）。睡虎地秦簡に引用される「魏戸律」からは，魏で既に戸籍に基づく田宅支給の制度が存在していたことがわかる。春秋・戦国時代にはこうして課税対象としての田土と人口をより緻密に把握する制度が発展していった。

　戦国時代には都市と商業の発展が著しく，斉の都・臨淄の繁栄はことに名高い。『戦国策』によれば七万戸もの人口を擁したという。趙都邯鄲，韓都新鄭，魏都大梁，楚都郢などもまた大規模な城郭を備え，その内側には宮殿のほか，兵器・貨幣などの工房区など当時の経済発展を物語る遺構が発掘されている。都市の市場では貨幣が流通したが，当時は各地で異なった形状の貨幣が用いられていた。三晋（韓・魏・趙）では鋤の形状をもつ布銭が，燕や斉では小刀状の刀銭が，楚では貝状の蟻鼻銭が用いられ，後代に主流となる円形方孔の円銭は秦などで使用された。

2 中央集権の発展

　春秋時代の諸国では政治・軍事上の機能は国都に集中していた。貴族身分として卿・大夫・士があり，卿・大夫の上層は「世族」という世襲の支配階級を形成した。大夫の下層と士は「国人」と呼ばれ，国都に集住して兵役を担った。春秋時代の戦争では貴族層の操る戦車が主力であったが，戦国時代には地方の邑からも兵員を徴発することが一般化し，数十万人ともいわれる歩兵を動員した大規模な戦闘が行われるようになった。

　前4世紀後半には地方支配制度の整備が飛躍的に進む。従来の「封建」に替わり，県・郡といった直轄的な行政単位を置いて中央から官吏を派遣する郡県制が普及する。その実施のためには国都と地方との連絡手段が確立されていることが必要となるが，これを可能にしたのが書写材料としての木簡・竹簡（簡牘）の普及である。その実例として，秦や楚で用いられた簡牘文書が考古発掘により見つかっている（Ⅱ-コラム「文書行政と簡牘」を参照）。

法制について，春秋時代には法律を青銅器に鋳込んだ「刑鼎」が作成されたという逸話があり，また戦国初期の魏に仕えた李悝は『法経』を著し，商鞅がこれを秦に導入して秦漢時代の律令の淵源となったという（『晋書』刑法志）。これらは後代の説話である可能性が高いが，こうした物語が生まれる背景には，各国が中央集権的な制度を整備するなかで成文法の重要性が高まっていたという事情があったと考えられる。具体的な法制の内容はやはり簡牘によって確認でき，古い例としては**青川木牘**（45）に前309年（秦武王二年）の律が見える。秦以外の六国については資料が乏しいが，貴重な実例として1986年に湖北省荊門市で出土した包山楚簡があり，前4世紀末の楚の左尹（司法長官）が所有した裁判関係の文書が含まれている。

③　思想の開花

激動の春秋・戦国時代はまた，極めて多彩な思想が開花した時代でもあった。春秋末期，儒家の祖となる孔子（前552〜前479）が魯に生まれる。孔子は周公旦を理想と仰ぎ，崩れゆく周の礼楽の復興を目指したが，その理念は当時の諸侯には受け入れられず，晩年には弟子の教育と書籍の編纂に注力した。儒家が最重要視する経書（易・書・詩・礼・春秋を「五経」と総称する）には孔子の手が加わっているとされる。また孔子と弟子の言行録である『論語』が現代に伝わる。

戦国時代には「諸子百家」と総称される多数の思想家が出現した。斉の「**稷下の学**」（46）で知られるように，各国は争って人材を求め，思想家を優遇した。孔子以後，儒家には孟子，荀子が現れる。孟子は人の本性は善であるとする性善説を提唱したが，これに対して荀子は性悪説を主張し，礼による秩序維持の必要を説いた。これは法による統治，君主への権限集中を重視する法家の発想へとつながり，荀子の門下からは法家の思想を大成した韓非子，始皇帝の側近として**秦**（47）の統一政策を推進した李斯が出た。

儒家の説く礼楽を人為的なものとして否定し，無為自然を説いた『老子』もまた戦国時代に成立した。老子を祖とする道家は宇宙の根源を渾沌の無と考え，これを「道」と呼んで重視する。孟子と同時期の荘子もまた道家を代表する人物であり，老子とあわせて老荘思想と呼ばれる。また戦国時代，儒家に匹敵するほどに栄えたのが墨家である。墨家は「兼愛」「非攻」を唱えた墨翟を祖とするが，漢代以降その勢力は急速に衰えた。

統一秦における思想統制を受け，諸子百家の時代は終焉を迎える。諸子の書は焚書の対象となって多くが失われたが，近年では竹簡に記された戦国時代の思想文献が陸続と発見されている。1993年に湖北省荊門市で『老子』などが記された**郭店楚簡**（48）が出土したことを皮切りに，骨董市場にも簡牘が出回るようになり，上海博物館，清華大学などがこれを入手して解読を進めている。

（土口史記）

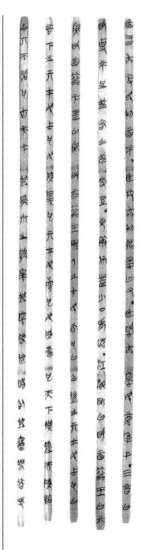

五　四　三　二　一

図Ⅱ-4　郭店楚簡『老子』

出典：荊門市博物館（1998）。

▷7　秦　⇨ Ⅱ-4

▷8　郭店楚簡
1993年，湖北省荊門市の郭店1号楚墓より出土した竹簡。804枚13000余字。『老子』【図Ⅱ-4】や『太一生水』など道家に属するとみられる典籍，『緇衣』や『魯穆公問子思』など儒家に属するとみられる典籍などが含まれる。

中国古代の「中華」観念

① 「中華」観の萌芽

　自分が住む場所や所属する集団を中心とみて世界を認識することは，世界史的に見てもさほど珍しい現象ではない。中国においても古来そうした考え方が見られる。世界の中心たる「中華（中国)」の文明が最も崇高で価値あるものとみなし，これに属さない集団は「夷狄」などと呼んで下等なものとみなす。これを「中華思想」，あるいは夷狄との対比を強調して「華夷思想」と呼ぶ。ここでいう「中華」とは，明確な国境や固有の国民を有する近代的な国民国家の概念とは異なり，文化・習俗・言語・血統・地域など様々な基準によって定義される集団を指す。ここでは西周から秦漢時代に至るまでを対象として，「中華（中国)」という観念の出現と展開について見ていきたい。なおこの時期には「中華」という熟語そのものはまだ普及しておらず，史料上それにあたる語は「中国」「華」「夏」「華夏」などと表現されるのが通常である。

　現在知られている限り，「中国」という語が初めて出現するのは，西周初期の青銅器「何尊」【図Ⅱ-5】の銘文である（図Ⅱ-5の第7行3・4文字目「中或（中國)」)。この「中国」は「中央の土地」といった程度の意味で，周王朝の都の一つである**成周**（洛陽）を指す。これに近い用例として，『詩経』大雅・民労「この中国を愛しみ，もって四方を綏んぜよ」がある。この「中国」も，「四方（の諸侯)」と対置された，やはり首都周辺の中央地域を意味する。

▷1　成周 ⇨ Ⅰ-3

図Ⅱ-5　何尊と銘文

出典：李学勤・松丸（1996)。

② 春秋時代の「中国」観

「中国」は古くはこうした狭い地域の呼称にすぎなかったが，これ以後の時代になると次第にその範囲を拡大させてゆく。春秋時代，**覇者**によって結成された同盟に所属する諸侯らは，周王を推戴する集団として政治的・文化的な一体感を共有し，次第に「中国」としての共同体意識を醸成していった。その中核となったのは，周王朝に封建されて成立した中原（洛陽を中心とした黄河中流域）の諸侯国である。その中には周王の分家である姫姓諸侯（晋・魯・鄭・衛など）と，王室との姻戚関係をもつ異姓諸侯（斉・宋など）があるが，これらは周王の「兄弟甥舅」の国として血縁関係によって結びつき，「中国」を形成した。一方，これに属さない集団は，「夷狄」（蛮・夷・戎・狄）と呼ばれ，これを差別する理論・言説が生み出されてゆく。

▷2　覇者 ⇨ Ⅱ-1

「中国」の諸侯は「礼」と呼ばれる文化的規範を共有しており，「礼」の有無は「中国」に属するかどうかを決める根本的な基準であった。そのため「礼」にそぐわない「被髪左衽」（『論語』憲問）や「断髪文身」（『春秋左氏伝』哀公十四年）といった夷狄の風習は蔑視の対象であった。『春秋左氏伝』襄公十四年によると，戎の君主が晋に対して「われわれ「戎」の飲食衣服は「華」とは異なり，贈答の品もやりとりせず，言語も通じません」と述べたという。ここでは，飲食衣服のような文化習俗（「礼」）の相違のほか，贈答品のやりとり，すなわち外交儀礼の有無もまた「華」と「戎」とを区別する要素として挙げられている。つまり中原諸侯の同盟に参加して良好な外交関係を保つこともまた「中国」となるための重要な要素であった。

「中国」を結びつける論理は，同盟に参加しない集団を敵視し排除する論理としてもはたらくようになる。中原から見て辺境に位置する楚・秦・呉・越などの諸侯は中原諸侯とは距離を置き，ときに対立・抗争を繰り広げたが，春秋・戦国時代の文献にはこれらの諸侯を「夷狄」視する言説がしばしば登場する。

しかし当然のことではあるが，ある立場から「夷狄」視された諸侯であっても，当の諸侯がそのまま自身のことを「夷狄」と認めるとは限らない。例えば秦の景公（位前576〜前537）が製作した青銅器の銘文においては，秦が歴代にわたり「蛮夏」に君臨してきたことを誇っており，自らを「夏」よりも上位に位置づける認識が見られる。このように，中華と夷狄との区別にはそれを見る者の立場や時代，文献による基準の違いが存在する点には注意が必要である。

③ 戦国時代の「中国」観

春秋時代の華北には「戎」や「狄」が，長江や淮河の流域には「夷」と呼ばれる集団が点在しており，近隣の中原諸侯と通婚を重ねることも珍しくはなか

った。しかし**戦国時代**[43]を通じて，そうした集団の多くは「中国」の諸侯によって滅ぼされ，あるいは中原の外へと駆逐されてゆく。北方では異民族と直接に境を接する秦・趙・燕の諸国が防衛のために長城を築いたが，これは「中国」の内・外の境界線を可視化するものでもあった。

　長城一帯に勢力を有した騎馬遊牧民は「胡」と総称される。趙の武霊王が「胡服騎射」を採用したことは有名だが，この方針は当初，「中国を離れる」ものだとして国内で強い反発に遭った。反対派のある人物は，「中国は聡明睿知の居る所なり，万物財用の聚（あつ）まる所なり，賢聖の教うる所なり，仁義の施す所なり，詩書礼楽の用いる所なり，異敏技芸の試す所なり，遠方の観赴する所なり，蛮夷の義行する所なり」と主張している（『戦国策』趙策二）。智慧や文化，仁義の面で卓越する「中国」が，「胡服騎射」のような習俗に染まることには根強い反発があったのである。

　このように戦国時代の文献においても，「中国」は文化や仁義の面で優れておりそこが夷狄とは違うのだという考え——これは以後の中国史においても「華夷の別」における基本意識として継承されてゆく——が強調されている。その一方で，春秋時代に重視されていた周王室との血縁関係や封建関係は，もはや「中国」であるための重要な基準ではなくなっていた。例えば，戦国前期の強国である魏は，春秋時代の覇者として周王を保護してきた晋の後継国家であったが，自ら「夏王」と称して「中国」の同盟に君臨する立場を誇示した。これはかつて晋による同盟が「夏盟」と呼ばれたことを受け継いだ面もあるが，しかし諸侯自ら「王」の称号を名乗ることは，唯一の天子として「中国」に君臨するはずの周王の立場を揺るがすものであった。こうして旧来の「中国」の枠組みが揺らぎ，新興の有力国によって新たな「中国」観が築かれつつあった。

④　秦の「中国」観

　戦国後期の秦にも独自の「夏」の概念が見られる。**睡虎地秦簡**[44]の「法律答問」に，「秦の属から去ろうとするものを「夏」（から去る）という」と定義されている。ここで「夏」と同義に用いられている「秦の属」はまた「臣邦」とも呼ばれ，一定の独立性を認められつつ秦に臣属する諸侯や異民族の国のことを指す。秦は郡県制による直轄的支配だけでなく，異民族などに対するこうした間接的な支配方式をも採用しており，その範囲を「夏」という枠組みのもとで統合したのである。

　このように，戦国時代において新たな「中国」観の模索が進んだが，そのひとつの達成はやはり「中国」の統一を果たした秦にある。秦の**始皇帝**[45]の事蹟は，「六王を滅ぼし，中国を并（あわ）せ，外に四夷を攘（はら）う」（『史記』天官書）と評されている。秦が併合した「中国」とは，かつての「六王」，つまり戦国時代の国々が割拠した範囲であった。かつて「中国」とは首都周辺や中原諸侯の同盟に限定

される，比較的狭い地域の呼称であったが，統一秦に至って，王朝の支配領域全体という意味での広い「中国」が成立するのである。

これと関連して興味深い史料が，**里耶秦簡**中の「更名扁書」と呼ばれる板状の木簡に見出せる。これは統一以後の秦国内で使用すべき語彙について規定した文書であり，そのなかには「辺塞は故塞と曰え。塞のないものは故徼と曰え。」という条が見える。辺境の要塞は「故塞」と，要塞を設置していない国境地帯は「故徼」というように，わざわざ「故」（かつての）を付けることが定められていた。これは言うまでもなく，かつて存在した他国との国境が統一によって消滅したためである。秦が国の境界を想起させる用語を排除することに格別の注意を払っていたことが窺われるだろう。実際，**岳麓秦簡**の秦代律令には「故徼」という言葉がしばしば登場し，里耶秦簡に記されていた規定が空文ではなかったことを物語る。

もっとも，他国との境界が消滅したといっても，現実に「中国」が支配する範囲が無限に広がるようになったわけではない。「中国」の領域とは結局のところ，秦の実効的な支配領域，すなわち郡県制の及ぶ範囲にほかならない。何より，長城の北には現実の脅威として匈奴が存在している。統一秦，それに続く漢の時代においても，匈奴のように強大な「夷狄」にどう対応するかは，王朝の命運に関わる深刻な問題となってゆく。

⑤ 漢代以降の中華と夷狄

漢代以降，儒教が国家の公認を受けて独尊の立場を築くと，夷狄政策にも儒教の理念が強く影響するようになる。しかしながら，目の前の軍事的脅威である夷狄への対応は，理念の問題である以上に，現実的なコスト計算が必要な政治問題でもあった。したがって中華王朝の夷狄政策は，必ずしも原理的で硬直したものというわけではなく，現実的な状況に応じて柔軟に変化しうるもの，あるいはそうすべきものであった。そこには，積極的な征伐や消極的な和親，あるいは中間的な「羈縻（つなぎとめ）して絶たず」の態度など，さまざまな政策がありえた。このような柔軟性・融通性は中華思想の一つの特徴と言える。そして，どのような政策を取るにしろ，それを根拠づけるためのほとんどあらゆる理屈は，儒家経典を始めとする古代の文献に見出すことができると言っても過言ではない。それは，豊富にして多様な華夷関係の経験が，古代を通じて蓄積されてきたことを反映するものでもある。

（土口史記）

▷6 里耶秦簡
2002年・2005年に湖南省龍山県里耶古城遺跡で出土した簡牘。この地には秦代の遷陵県の官府があったため，里耶秦簡には当時の行政文書が大量に含まれている。

▷7 岳麓秦簡 ⇨ Ⅱ-4

4 秦の統一

① 秦の発展

「秦」の名は非子という人物が西周の孝王から「秦」という邑を賜ったことに由来する。西周末，犬戎の侵攻を受けて**周王室が東遷**するにあたり，秦の襄公は平王を助け，その功績によって岐山以西の周の故地を賜った。現在の甘粛省東部で早期の秦文化に属する遺跡が発見されており，非子の秦邑であった可能性が指摘されている李崖遺跡（甘粛省清水県）や，前8世紀に遡る秦の青銅器が出土した大堡子山秦公墓地（甘粛省礼県）がある。

　春秋時代から戦国時代前期にかけて，秦は雍（陝西省鳳翔県）に都を置いて勢力を広げた。秦の穆公（位前659〜前621）は特に強勢を誇り，**西戎**の王を滅ぼしてこの地域に覇をとなえた。**戦国時代**に入ると孝公（位前361〜前338）が商鞅を登用して「変法」を実施，咸陽（陝西省咸陽市）への遷都，行政単位「県」の整備などが行われた。前325年，魏・斉に続いて「王」を称しはじめた恵文王（位前337〜前311）は張儀の輔佐を得，蜀（現四川省）を版図に組み入れた。版図の拡大と平行して地方支配制度の整備も進み，この時期には「県」の上級機関として「郡」が設置されるようになった。秦の青銅兵器銘文には製造責任者として郡の長官（郡守）の名が散見する。白起や蒙驁を用いた昭王の時期（位前306〜前251）には楚の都・郢を陥落させ，長平の戦で趙軍を大破するなど，東方への進出が一挙に進む。

② 始皇帝の統一とその政策

　こうした状況のもとに即位したのが秦王政（位前246〜前210），のちの始皇帝である。その在位前半には宰相の呂不韋が専権を振るったが，彼は前238年の**嫪毐の乱**で失脚する。秦王政の親政のもと，韓・魏・趙・燕・楚を次々と併合し，前221年に至って最後の斉を滅ぼした。この秦による六国併合を一般に天下統一と称している。

　このとき「王」に替わる新たな君主号として「皇帝」が採用された。秦王政はここに始皇帝となる。このほか皇帝の自称を「朕」，皇帝の命令を「制」・「詔」とするなど独自の語彙が定められた。**里耶秦簡**の「更名扁書」には，「王」を「皇帝」に書き換えるべきことなどの規定が列挙されている。また湖南大学岳麓書院が入手した秦簡（岳麓秦簡）【図Ⅱ-6】には統一秦の律・令の実物が

含まれている。

　統一直後，広大な領域をどのように支配するのかという問題が浮上した。群臣はかつての周王朝を模範に，「封建[47][48]」の復活を提案したが，李斯はこれに反論，朝廷から地方長官を派遣する「郡県」の方式を継続すべきことを主張した。これが始皇帝の同意を得て，郡県制による直轄支配が基本方針となった。

　封建への回帰を求める意見はなお根強かったが，そうした復古的な思想を統制すべく，李斯の主導で前213年に焚書令が出され，秦以外の史書や儒家の経典が焼却された（ただし医学，占い，農業に関わる書物は除外された）。続いて前212年には皇帝に批判的な学者・方士らを生き埋めにする「坑儒」が行われた。

　統一秦では膨大な労働力を投入して大規模な土木事業が行われた。始皇帝は即位直後より自らの陵墓を造営しはじめたが，現在の西安市東郊，驪山のふもとにある始皇帝陵がこれである。その東方で1974年に発見された兵馬俑【図Ⅱ-7】は秦軍の威容を今に伝えている。また最大の外敵・匈奴に対抗すべく，戦国時代の諸侯が築いた長城をつなぎ合わせ，万里の長城が築かれた。これらの土木事業のために用いられたのは全土から徴発した大量の刑徒であった。里耶秦簡には刑徒の労働状況を記録した帳簿木簡が多く含まれており，非常に緻密な労働力管理が行われていたことが確認できる。

③　秦の滅亡から楚漢戦争へ

　統一後，始皇帝は新たな支配者が全土に君臨することを民に知らしめる示威活動として，5度にわたる地方巡行を行った。しかし始皇37年（前210），5度目の巡行の途上において始皇帝は病死する。『史記』によれば，巡行に付き従っていた李斯と趙高[49]は始皇帝の死を秘匿しつつ，始皇帝の子・胡亥を次の皇帝として擁立することを決め，始皇帝の長子であった扶蘇には始皇帝の遺詔と偽って自死を命じたという。ただしこの皇位継承については北京大学所蔵の竹簡（北大漢簡[10]）の「趙正書」が異説を掲載している。つまり『史記』の記述はあくまで当時の伝承の一つと見ておかなければならない。

　二世皇帝即位の年（前209年），陳勝・呉広の乱が勃発したのをきっかけに，各地で戦国時代の王の子孫をはじめとする様々な勢力が決起した。この中から台頭したのが楚の名族出身の項羽と秦の下級官吏であった劉邦である。前206年，劉邦が秦都・咸陽を陥落させて秦王朝が滅亡するが，一方で反秦勢力の主導権を握ったのは項羽であった。項羽は諸侯を各地に封建しつつ，自身は「西楚覇王」と称して新たな支配体制を打ち立てようとした。漢中王に封建されていた劉邦はこれに反旗を翻し，諸勢力を吸収してついに項羽を滅ぼす（楚漢戦争）。前202年，劉邦は皇帝位に即き，ここに漢王朝が成立する。

（土口史記）

図Ⅱ-6　岳麓書院蔵秦簡（部分）

4文字目以降，「丞相（李）斯」の名が見える。
出典：陳松長（2017）。

▷10　北大漢簡
2009年に北京大学へと寄贈された3300枚余にのぼる前漢時代の竹簡。そのうちの「趙正書」は，胡亥の皇位継承が『史記』の述べるような趙高・李斯の密謀ではなく，始皇帝自らの遺言によって決定したものと叙述する。

図Ⅱ-7　兵馬俑

出典：袁仲一（2014），図版11。

文書行政と簡牘

①簡牘の出現

古代中国，とりわけ秦（⇨Ⅱ-4）漢（⇨Ⅲ）統一帝国の時代には高度に発達した文書行政がおこなわれており，行政上の命令や報告は，形の残らない口頭伝達ではなく文書に記されるのが原則であった。文字記録が残ることで行政の適法性が「書類上」保証され，あるいは逆に違法を摘発するための証拠が得られる。この発想は現代も変わらないが，古代中国が現代と異なるのは，文書の材料が竹簡・木牘（あわせて「簡牘」と呼ぶ）であったという点である。

簡牘は殷・周の時代には既に存在していた。甲骨文（⇨Ⅰ-2）や金文（⇨Ⅰ-3）の「冊」字 は ひもで編んだ簡の象形である。ただし当時の簡牘は現存せず，実物が残るのは戦国時代，前5世紀に降る（⇨Ⅱ-2）。

簡牘の最大の特徴は竹・木という，安価で入手しやすい材料を用いていることである。甲骨文や金文の場合，神秘性・宗教性を強く帯びた媒体に記されることもあって，日常的な話題が記録されることは少ない。一方で簡牘は，材料の価値が低いぶん，そこに記される内容は多様性に富む。竹簡・木牘それぞれにはある程度の役割分担があり，竹簡は主に典籍や法律など繰り返し読まれるものに，木牘は主に行政上の命令・報告・帳簿などに用いられる傾向があった。ごく単純化すれば，より文化的な竹簡と，より世俗的な木牘という区別があったと言える（ただし例外も少なくない）。よって文書行政の現場では木牘が比較的多く利用される

ることになる。

簡牘で作成された行政文書として最も古いのは湖北省荊門市出土の包山楚簡であり，そこには前322年に遡る戦国時代の楚国の文書が含まれている。これには60～70cmに及ぶ長大な竹簡が用いられており，秦漢の行政文書が長さ約23cm（当時の一尺）の木牘を標準とするのと大いに異なる。この特異性は楚という地域に由来するのか，あるいは時代の古さに由来するものなのか，よくわからない。

これと近い時期の秦の青川16号木牘（四川省青川県郝家坪出土）の形式・内容は，統一秦時期の行政文書とさほど変わらない。木牘の片面には「為田律」という名の法律に関する秦武王二年（前309）の王命を引用し，続いて田地の区画，橋や道路の整備などの規定を記す。また反対側の面には，その道路整備に参加しなかった者の名前と日数を記す。さらに「章手（章という人物が記した）」と書記官の名を明示している。律に基づいた行政報告，書き手の明示といった要素は統一秦の時代にも継承されてゆくものである。これが前4世紀末の木牘に見えていることは，中国古代の文書行政が統一秦の短い期間で一挙に作り上げられたものではなく，それ以前からの長い歴史のもとに成立したものであったことを意味する。

②統一秦・漢の文書行政

統一秦の時代以降，簡牘文書の出土例が爆発的に増加する。これによって当時の文書行政の実態を詳しく知ることができる。秦は全土を郡県制によって統治し

たが，郡県に派遣された官吏は規格化された書式に則って文書を作成し，中央に対して定期的な報告（これを「上計」という）を行う。皇帝はこの上計制度に基づいて地方の状況をつぶさに把握することができた。また地方機関どうしも簡牘文書を用いて頻繁に連絡をとりあっていた【図Ⅱ-8】。

こうした制度を実現するにはまず文字そのものを規格化しておく必要があるため，始皇帝の文字統一は全土に文書行政をゆきわたらせるためにも不可欠の政策であったと言える。始皇帝は戦国時代に各国でばらばらであった文字を小篆（しょうてん）（篆書の一種）の字体に統一したとされ，確かに当時の刻石や度量衡器にはこの字体が用いられているが，それは格調と権威の伴う，半永久的に残るべき媒体において使用されたのであった。一方，日常的な行政文書ではより簡略化した隷書体が用いられた。なお隷書そのものは統一以前・以後とで大きな字体の変化があるわけではない。

前漢の呂后（りょこう）二年（前186）に書かれた張家山漢簡「二年律令」（湖北省江陵県出土）の「史律」によれば，官吏となるには五千字の漢字を読み書きできることが最低条件であった。もちろん文字を覚えるだけで十分というわけではなく，適切な文書の形式，フォーマットにも習熟している必要がある。行政文書の書式は当時も「式」と呼ばれた。例えば睡虎地秦簡「封診式」は主に裁判に関係する文書の書式集である。

スムーズな文書伝達のために，各地には郵・置などと呼ばれる駅伝施設が設けられた。「二年律令」中の「行書律」には十里（一里は約400 m）ごとに一つの「郵」を置くことが規定されている。また伝達スピードは一日二百里が基準とされ，所定の時間より遅れた場合は笞打ちや罰金が科された。もちろん，官府では文書を送受信する際にその月日・時間を記録しなければならなかった。

そのほか，文書の信頼性を保証するための官印・封泥の制度や，送信文書の複製を保管しておく控え文書

の制度，文書を受信したことそれ自体を相手に知らせる（「既読通知」を送る）制度など，文書行政の実施のために実に様々な制度が設けられていた。

しかし文書はあくまで書かれた情報にすぎず，行政の実態をそのまま反映する保証はない。前漢時代には文書行政のほころびもまた自覚されていた。黄龍元年（前49）の宣帝の詔書では，行政報告ではただ文を整えることばかりが重視され，責任逃れのための虚偽報告が横行していると問題視されている。また前漢末の宰相・貢禹（こうう）が元帝（位前48～前33）に提出した上奏文は，文書の扱いに習熟し上級官庁を欺くことに長けた者ばかりが地方の要職に就いていることに警鐘を鳴らしている。これらの発言は，実態とは乖離した「帳尻合わせ」が相当に蔓延していたこと，文書行政の形骸化を如実に物語るものである。

（土口史記）

図Ⅱ-8　里耶秦簡中の秦代文書

出典：湖南省文物考古研究所（2012）。

前漢初期の内外秩序

1　漢帝国の成立

　秦の二世皇帝の三年（紀元前207）8月，二世皇帝は側近の**趙高**[1]によって殺害され，ついで擁立された子嬰が9月に趙高を殺した。この混乱のさなかに，南の武関から関中に入った劉邦（後の漢高祖）は10月，子嬰の降伏を受け入れた。秦の歳首は10月である。よってこの10月を漢元年（前206）とし，漢帝国の紀年はここから開始する。

　関中への一番乗りを果たし，本来ならば関中王となるはずだった劉邦は，しかし項羽によって関中よりも奥地の，漢王に封建された。これが漢という国号の由来である。

　楚漢戦争[2]を経て，漢五年（前202）12月，ついに項羽を殺し，2月には楚王韓信，韓王信，淮南王英布，梁王彭越，衡山王呉芮，趙王張敖，燕王臧荼ら諸侯王の推戴を受け，皇帝に即位した。（秦の10月歳首を継承したので，漢五年の12月の方が，2月よりも早い。）正月が歳首となるのは，武帝の太初元年（前104）以降のことである。

　長安に都を置いた漢は，**始皇帝**[3]が創始した「皇帝」号をはじめ，多くの制度を秦から踏襲した。関中に一番乗りした時点で，丞相の蕭何は秦の行政文書を接収しており，官制，律令，地方行政など，政治制度は基本的に秦帝国を受け継いだ。ただ，完全なる中央集権体制である**郡県制**[4]を布いて，諸侯が廃止された秦と異なり，諸侯王の推戴によって皇帝に即位した漢高祖は，諸侯の**封建**[5]を行わざるを得なかった。漢の皇帝とは「王の中の王」なのである。

　このため，漢では皇帝直轄地では中央集権的な郡県制を布くが，同時に侯国（功臣が封建された列侯の封国）と王国（諸侯王の封国）が存在した。とくに諸侯王国は「相」が中央政府から派遣される以外は，諸侯王が自ら任免権を持ち，半ば独立国家，いわば漢帝国のミニ・バージョンと言える。郡県制と封建諸侯国の両立する形態を，「郡国制」と称する。

　さらに，南越，朝鮮など臣従してきた周辺の異民族国家の首長を「王」に冊封し，「内臣」である諸侯王と同様，「外臣」として金印を与え，皇帝を頂点とする君臣関係に組み込みつつ，周辺地域における

図Ⅲ-1　呉楚七国の乱

出典：西嶋（1997）。

支配権を認めた。この東アジアにおける国際関係は，武帝期以後に大きく動揺することになる。

② 異姓諸侯王の粛清

　広大な領地と巨大な権限を有した諸侯王は，当然，中央政府にとっては危険な存在と見なされた。高祖は次々に異姓諸侯王を取り潰し，代わりに息子や劉氏の親族を諸侯王として封建した。「功あるにあらずんば侯たらしめず，劉氏にあらずんば王たらしめず」という高祖の遺法は，長く漢の国是とされる。高祖の在世中に長沙王の呉氏以外の異姓諸侯王は全て粛清された。

　高祖の跡を継いだ恵帝は柔弱な性格で，実権は皇太后の呂氏が握り，今度は同姓である高祖の息子たちを次々と殺して呂氏の王が封建された。しかし呂太后が死ぬと功臣と劉氏がクーデターを起こして，呂氏は誅滅され，生き残っていた高祖の息子・文帝が即位した。

③ 同姓諸侯王の削減策と呉楚七国の乱

　高祖時代には皇室の藩屏として封建された同姓諸侯王も，世代が下るごとに皇帝との血縁が薄れ，中央政府にとって目障りな存在となる。中央政府は諸侯王の権限を縮小するために，広大な領地を兄弟で分割相続させたり，罪過によって封地を削ったりした。次の景帝にはたくさんの皇子がいた。新たに皇子を封建するために，既存の諸侯王の封地をさらに削るのではと，諸侯王は一層の危機感を募らせる。諸侯王たちの疑心暗鬼がついに爆発し，景帝三年（前154）正月，呉王劉濞を盟主とし，呉・楚・膠西・膠東・淄川・済南の 7 国が中央政府に対して兵を挙げた。呉楚七国の乱【図Ⅲ-1】である。

　叛乱は数か月で平定され，諸侯王に対する中央政府の統制は厳しさを増した。王国内の官吏の任免権は中央政府に奪われ，諸侯王は封国の政治に関わらず，封地からの租税を食むだけの存在として，中央の厳しい監視の下に置かれた。ただし，諸侯王の富と権威は絶大なままで，巨大な王墓からは豪華な副葬品が出土して，彼らの権勢を今に伝えている【図Ⅲ-2】。

（保科季子）

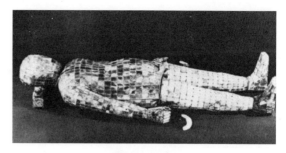

図Ⅲ-2　金縷玉衣

出典：松丸・永田（1985）。

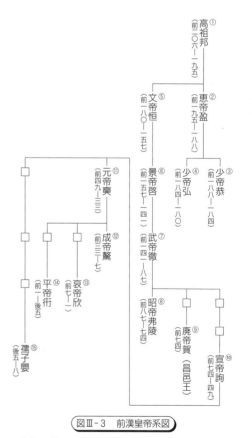

図Ⅲ-3　前漢皇帝系図

出典：西嶋（1997）。

2 漢の武帝と対外政策

1 鑿空――張 騫の大旅行と中華の拡大

紀元前202年，劉 邦が項羽を倒し，漢帝国を樹立した。北方の草原地帯では冒頓単于率いる匈奴が勃興し，漢の北辺への侵入・掠奪を繰り返していた。高祖（劉邦）は自ら匈奴親征を決意したが，単于の軍に包囲されて命からがら逃げるという屈辱（平城の恥）を味わう。この時，漢側から匈奴に対し，宗室の女性を嫁がせ，毎年多額の歳幣を献上する和親を結んだ。

紀元前141年（翌年，建元と改元）に16歳で即位した武帝は，屈辱外交を潔しとしなかったが，即位当時は祖母の竇太后（文帝の皇后）が実権を握っており，若い武帝ができたのは，西域に探検隊を派遣する程度であった。

現在の甘粛省の西側に住んでいた月氏と呼ばれる遊牧騎馬民族は，前200年ごろに匈奴に追われてパミール高原の西に移り，大月氏と称した。武帝は，その大月氏と共謀して，東西から匈奴を挟み撃ちできないかと考えた。

前139（建元2）年，使者に選ばれた張騫【図Ⅲ-4】は，匈奴人の甘父と100人のキャラバンを率いて長安を出発したが，途中で匈奴に捕らえられ，抑留される。匈奴人の妻を娶って10年，監視の隙をついて脱出し，前129（元光6）年，大宛を経て大月氏にたどり着く。しかし，大月氏は大夏（バクトリア）を滅ぼし，すでに匈奴への復讐心も消え失せていた。結局，張騫は目的を達することなく帰途に就く。帰路でも匈奴に捕まり，1年余り抑留されたが，単于が死亡した混乱に乗じて脱出し，前126（元朔3）年，長安に辿りつく。100人のキャラバンのうち，帰りついたのは張騫と匈奴人の妻，甘父の3人だけであった。

張騫が実際に訪れたのは大月氏の外は大宛，大夏，康居だが，烏孫，奄蔡，安息（パルティア），条支（シリア）の情報を中国に初めて伝え，大夏で四川産の竹の杖と 蜀 の布を見て，身毒（インド）と四川を結ぶ，雲南ビルマルートの存在を示唆した。帰国した翌年には，張騫は衛青とともに匈奴戦争に出征し，博望侯に封じられる。だが，前122（元狩2）年，李広将軍の救援に間に合わず，

▷1 ⇨Ⅲ-1

▷2　冒頓単于
匈奴の単于（匈奴の君主の称号），在位は前209～前174。前209年，父の頭曼単于を殺して単于となる。秦朝が崩壊する一方，匈奴は冒頓のもと東胡や月氏を撃破するなど，北方諸民族を征服し隆盛を極めた。

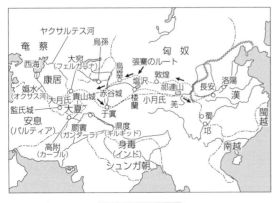

図Ⅲ-4　張騫の遠征

出典：小谷（1999）。

官位爵位を失う。失態を取り返すため，張騫は天山山中の遊牧民族，烏孫との同盟を進言し，前119（元狩4）年，自ら使者に立った。部下300人と莫大な黄金，大量の絹織物を手に，大宛，康居，大月氏，大夏，安息，身毒などの国々への使者をも引き連れていた。しかし同盟はならず，帰国後，前114（元鼎3）年に没した。

　漢は張騫の2度の大旅行により，西域への知見を得，その文物に触れ，西域経営に乗り出すことになる。新たな道を開いた張騫の大旅行を，『史記』は「鑿空」と称する。

② 南越征伐と西南夷の服属

　現在の広東省からベトナム北部を支配した南越国の王・趙佗（ちょうだ）は元は秦の地方官で，漢に服属していた。前137（建元4）年に趙佗が死亡すると，隣国の閩越（びん）（現在の福建省）からの攻撃にさらされ，南越は漢に救けを求める。前135（建元6）年，竇太后が崩御して親政を開始した武帝は，南越へ派兵し，戦闘に及ぶことなく紛争は解決した。

　この派兵をきっかけに，蜀と南越を結ぶ西南夷（せいなんい）（現在の貴州・雲南省周辺）への探検が始まる。10年後，張騫によって示唆された蜀と身毒国とを結ぶ雲南・ビルマルートの存在を確かめるため，武帝は西南夷を通って身毒へ至る使者を派遣したが，使者は途中の昆明で足止めされ，身毒に至ることはできなかった。その後，南越に反意ありとみなした漢は前111（元鼎6）年，南越国を滅ぼし，その領域に儋耳（せんじ），珠崖（しゅがい），南海，蒼梧（そうご），九真，鬱林（うつりん），日南，合浦（ごうほ），交阯（こうし）の9郡を設置した。

▷3　中華 ⇨ Ⅱ-3

　東の朝鮮半島では，衛満が燕，斉からの亡命者を集めて衛氏朝鮮を建国していたが，前108（元封3）年，武帝は朝鮮王を降して楽浪，臨屯，玄菟（げんと），真番の4郡【図Ⅲ-5】を置いた。

　前漢武帝の時代，「中華」は南，そして東へと拡大し，東の海まで漢帝国となった。

③ 匈奴戦争──シルクロードの開通と東西交渉

○衛青・霍去病（かくきょへい）の活躍──第一次匈奴戦争【図Ⅲ-6】

　16歳で即位した武帝は，祖母・竇太后の干渉下にあり，匈奴との屈辱外交に甘んじていたが，前135（建元6）年に竇太后が崩御すると，積極策に転じた。

　前133（元光2）年，単于を奇襲する作戦を立てたが，直前で察知されて不発に終わる（馬邑（ばゆう）の役）。匈奴に対抗できる英雄的な将軍は，意外なかたちで登場した。

　武帝は伯母・館陶公主の後押しで皇太子となり，館陶公主の娘，

図Ⅲ-5　漢代の朝鮮4郡

出典：西嶋（1997）。

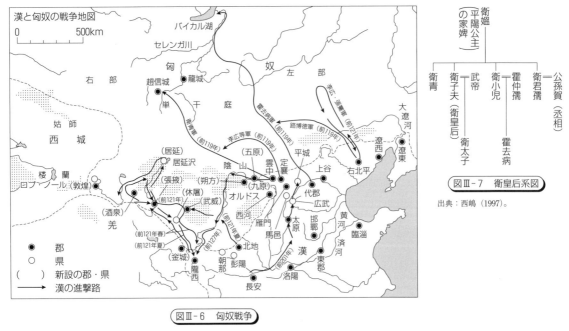

図Ⅲ-6 匈奴戦争

出典：松丸・永田（1985）。

図Ⅲ-7 衛皇后系図

出典：西嶋（1997）。

陳氏を皇后に立てた。しかし，陳氏との間に子は生まれず，武帝は姉，平陽公主の家内奴隷であった衛子夫を寵愛した【図Ⅲ-7】。武帝は衛子夫の立場を守るために衛青を取り立て，匈奴征伐の将軍に任命した。姉の七光りで登用された衛青だが，かつて，匈奴との境界に近い平陽（山西省）で羊飼いをし，匈奴の風俗や戦法に通じていた。

　前129（元光6）年，衛青は車騎将軍として匈奴征伐に向かい，1万騎を率いて匈奴の本拠地・龍城に攻め入り，首級700余を得て帰るという殊勲を上げた。前128（元朔元）年は衛子夫が待望の皇子を産んで皇后に冊立された歳で，この秋，衛青は3万騎を率いて再び勝利を収める。さらに前127（元朔2）年，衛青は山西省の雲中より長城の北側を回って甘粛の隴西に至り，オルドスを支配下におさめる。漢はこの地に朔方郡を立て，初めて朔漠を直接支配下に置いた。前124（元朔5）年，衛青は10万以上の兵を率いて朔方郡から出撃し，捕虜と敵の首級5,000以上を得，大将軍に任命される。前123（元朔6）年にも2度にわたって出撃し，度重なる功績を上げ，衛青の活躍が衛子夫の立場をより強固なものとした。前122（元狩元）年，衛子夫の産んだ皇子が皇太子となる。

　その後は，衛子夫・衛青の甥・霍去病が活躍を見せる。弱冠18歳で初めて出撃し，前121（元狩2）年，わずか20歳で驃騎将軍として匈奴の属国の王を斬り，渾邪王の王子を捕えた。その秋には渾邪王が4万人以上を率いて降り，漢はその故地に武威，張掖，酒泉，敦煌の河西4郡を設置し，祁連山脈と北の砂漠地帯に挟まれた河西回廊が漢の支配下に入った。

　紀元前119（元狩4）年，大将軍衛青，驃騎将軍霍去病は各々5万騎を率いて

▷4　張騫の帰国
この翌年の前126（元朔3）年，匈奴では軍臣単于が死去して継承争いが起き，その混乱に乗じて張騫が帰国し，張騫のもたらした情報が対匈奴戦争に生かされた。

出撃し、衛青は漠北で単于と遭遇してこれを包囲し、単于は命からがら遠く砂漠の彼方に逃げ去った。霍去病は左賢王と戦い、斬首と捕虜、合わせて7万以上を得る。

しかし2年後、霍去病はわずか24歳の若さで病死し、武帝の匈奴戦争も小休止となる。霍去病は渭水の北、武帝の茂陵の側、祁連山を象った墓に葬られた。

○大宛遠征と第二次匈奴戦争
——弐師将軍李広利と李陵・蘇武の悲劇

霍去病の死後、武帝の関心は南越や朝鮮へ向かう。しかし、西域に産する汗血馬と呼ばれる名馬をめぐり、西域の大宛（フェルガーナ）と諍いが起こり、前104（太初元）年、武帝は大宛への遠征を決意する。

武帝は当時寵愛していた李夫人の兄、李広利を将軍に任命したが、衛青・霍去病ほどの華々しい戦果を上げることはできなかった。

弐師将軍と号した李広利は数万の兵を率いて玉門関から大宛に向かうも、食料不足や兵士の脱走に悩まされ、いったん敦煌まで引き返したが、武帝は帰還を許さない。前101（太初4）年、追加で派遣された6万の兵を率いて大宛の都を包囲し、大宛王を斬り、汗血馬を手に入れた。

前99（天漢2）年、武帝は**弐師将軍李広利に匈奴征伐**を命じた。李広利は前97（天漢4）年、前90（征和3）年と匈奴に出撃するが、「巫蠱の禍」と呼ばれる大疑獄事件で李広利の家族が収監され、李広利は匈奴に降った。結局、匈奴で殺されたが、単于は祟りを恐れて、李広利のための祠を立てた。

武帝の置いた河西4郡は匈奴戦争の最前線基地であり、漢は長城と烽燧（のろし台）【図Ⅲ-8】を築き、屯田を開き、戍卒が防衛に従事した。居延・敦煌などの漢の軍事施設の遺跡から当時の木簡が出土し、軍事行政や兵士たちの日常を読み取ることができる。漢と匈奴の関係は、武帝の死後、匈奴の内紛にも助けられて次第に漢優位へと傾いていく。前51（甘露3）年には呼韓邪単于が自ら入朝して「藩臣」を称し、漢の宣帝もまた、単于を国内の諸侯王よりも序列を上に置いて優遇した。次の元帝時代にも入朝した呼韓邪単于は、前33（竟寧元）年元帝に願い出て、後宮にいた王昭君を妻にして連れ帰り、寧胡閼氏（閼氏とは匈奴単于の夫人の称号）と称した。

宣帝・元帝は西域都護や戊己校尉を置いて西域諸国をも監督させ、匈奴の衰退もあって、西域一帯における漢の優位は前漢の滅亡まで続いた。

（保科季子）

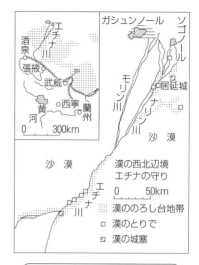

図Ⅲ-8　西域辺境エチナ河の烽火台

出典：山田（1985）。

> ▷5　李陵と蘇武
>
> 李広利の配下であった李陵は、前99年、5千の歩兵を率いて居延の北から出撃し、匈奴単于直属の3万騎の精鋭と遭遇して、壮絶な戦いの末に匈奴に降った。李陵が裏切ったという噂が流れ、武帝は李陵の家族を殺してしまう。しかし、これは人違いであった。李陵は深く漢を恨み、その後、20年以上を匈奴の地で生きて死んだ。李陵を弁護した司馬遷もまた、武帝の怒りに触れて宮刑に処せられ、その恥辱を越えて大著『史記』を完成させた。同じころ、蘇武は前100（天漢元）年に匈奴への使節として赴き、匈奴に捕らえられてしまう。匈奴単于の説得にも屈せず、北海（バイカル湖）の畔で羊飼いをし、「雄の羊が子を産んだら帰してやる」と言われても節を曲げず、李陵の説得をも退け、19年間の抑留を生き抜いて帰国した。武帝はすでに亡くなり、次の昭帝の時代になっていた。

3 ## 儒教の隆盛と王莽の簒奪

① 太学の設立——儒家官僚の登用

孔子[1]を開祖とする儒家は，秦始皇帝の焚書坑儒[2]で経典のかなりの部分を失い，大きな打撃を受けた。若き武帝[3]は，壮麗なる文明の形成こそ天子の道と説く儒家に強く惹かれたが，熱心な黄老思想[4]の信奉者であった祖母・竇太后の干渉により，雌伏を余儀なくされる。竇太后の死後，匈奴戦争も佳境を迎えた前124（元朔5）年，武帝は公孫弘の建言に従い太学を設置した。太学生から試験（射策）によって官僚を登用するルートが開かれ，太学を頂点とする「学校」制度は改変を加えながらも清朝まで継承される。漢代の官僚登用制度は，郷里の優れた人材を地方長官が中央に推薦する郷挙里選であり，儒教的な価値観である孝悌などが重視されるようになる。儒教の教養を持つ士大夫[5]が官僚となり，皇帝を頂点とする社会を支えていく「儒教国家」としての中国社会は，漢代の武帝期に始まる。

武帝に続く昭帝・宣帝時代は優秀な地方官が数多く輩出し，地方の開発が進む。地方豪族層を母体とする儒家官僚が官界に進出し，皇帝の祖先祭祀である宗廟や，天地の祭祀である郊祀を，儒教の礼制に合わせる改革が進む。しかし，これらの祭祀は皇帝権威の源泉でもあり，漢の伝統的な祭祀を変更することには反対も多かった。

儒教の隆盛が進むに従い，儒教内部の学派の対立も起こる。漢代の太学では漢代通行の隷書で書かれた「今文学」が教授されたが，戦国期の経典（古文経）が世に現れ，民間の「古文学」と政府公認の「今文学」の対立が始まる。

② 王莽の登場——外戚政治と礼制改革の完成

成帝には後継となる皇子が生まれず，伝統的な祭祀のやり方を改めたことが，先祖や天地の怒りを買ったせいだと考え，漢の伝統的な祭祀に戻した。しかし，子のないままに崩御し，甥の哀帝が即位した。哀帝も子供に恵まれず，帝位は従弟の平帝へと受け継がれた。わずか9歳の皇帝の輔政として，平帝の祖父元帝の皇后であった，太皇太后王氏が臨朝称制[6]し，甥の王莽に政治を委ねる。

外戚として奢侈に耽る王氏一族の中で，王莽は一人，儒教を修めて衆望を集めていた。権力を握った王莽は儒教的な祭祀制度への改革を断行し，長安の南郊外に儒教天子の教化の象徴である明堂と辟雍【図Ⅲ-9】【図Ⅲ-10】を造り，

太学を拡張整備して，漢は一気に「儒教国家」へと塗り替えられていく。娘を平帝の皇后にした王莽は安漢公と呼ばれ，国家権力のすべてを掌握した。

③　王莽の簒奪──「新」朝とその滅亡

　5（元始5）年12月，平帝が急死し，王莽は2歳の孺子嬰を皇太子に指名しながら，幼すぎることを理由に自ら摂皇帝を名乗り，元号を居摂と改元した。平帝の死因に疑問を抱く地方の劉氏や官僚が王莽に対して叛乱を起こしたが，王莽によってすべて平定されてしまった。8（居摂3）年11月，王莽は仮皇帝と名乗って始初元年と改元した上で，始初元年の12月朔日をもって始建国元年正月と改元し，ついに孺子嬰より禅譲を受けて真皇帝に即位し，国号を「新」と改めた。ここに前漢王朝は滅亡する。

　真皇帝となった王莽は，より過激に**儒教的な改革**[47]に邁進する。官名，地名，地方行政区画の頻繁な改名により，官吏や民衆は大混乱に陥った。**匈奴単于**[48]に対しては蛮夷として侮蔑的な態度を取り，単于は反発して辺境は一気に緊迫した。漢の五銖銭を廃止して新しい貨幣を発行したが，人々は慣れ親しんだ五銖銭を使い続け，五銖銭を私鋳する者が後を絶たなかった。塩・酒・鉄の専売を強化して違反者は厳しく取り締まった。特に銭の私鋳には厳罰を以て臨み，連座して刑罰に陥る者が全国に溢れた。恐怖政治と経済政策の失敗に天候不順が重なり，関東（函谷関・武関よりも東側）に深刻な飢饉が発生して，王莽に対する失望が広がった。

　17（天鳳3）年，南方の荊州で盗賊が蜂起し，緑林軍と号した。18（天鳳4）年には山東の琅邪で赤眉軍が起き，盗賊集団や民間信仰を取り込みながら勢力を伸ばしていった。21（地皇2）年には緑林軍が荊州牧の率いた官軍を撃破し，北上して南陽郡に入り，22（地皇3）年に南陽郡で起きた劉秀（後の光武帝）らによる豪族の叛乱と合流する。23（地皇4）年，叛乱軍は「漢」の復興を唱えて劉玄（更始帝）を皇帝に擁立し，**更始元年の元号**[49]を立てた。

　南陽の「漢」に対し王莽が派遣した100万の大軍勢は，6月，潁川郡と南陽郡の境近くの昆陽で，わずか1万足らずの劉秀軍に大敗，壊滅する。「漢」軍は関中に攻め入って，9月，長安の未央宮は炎上して王莽は殺害され，儒教国家「新」はわずか15年で潰えた。

（保科季子）

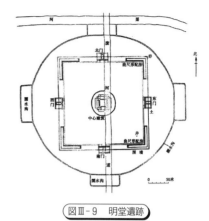

図Ⅲ-9　明堂遺跡

中央の建物が明堂，周囲の水が辟雍とされる。
出典：中国社会科学院考古研究所（2003）。

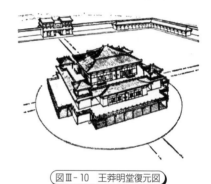

図Ⅲ-10　王莽明堂復元図

出典：中国社会科学院考古研究所工作隊ほか（2006）。

▷9　王莽の地皇4年と更始元年の1か月のズレ

　更始帝（劉玄）の皇帝即位は，『漢書』王莽伝では地皇4年3月，『後漢書』光武帝紀では2月とあり，長安の陥落も『漢書』では10月3日庚戌，『後漢書』では9月庚戌とされ，正確に1か月ズレている。王莽が漢から簒奪する時に，居摂3年の11月に始初元年と改元し，その12月朔日を始建国元年正月朔と改めた結果，もともと漢の暦に対し，新の暦は1か月進んでいたことになる。更始帝が「漢」を復興したとき，漢の暦に合わせて1か月ずらしたと考えれば，その後，王莽が滅ぶまでのズレの理由が説明できる。

4 # 後漢王朝と対外政策

1 王莽の蛮族蔑視政策と匈奴の強盛

　劉 秀（光武帝25〜57）は後漢王朝（25〜220）を建国する。中期以降は外戚の専横と宦官の跋扈が続き，儒家官僚（清流派）と激烈な政治闘争を繰り広げた。清流派への二度の**党錮の禁**（166年・169年），その後の184（霊帝中平元）年の**黄巾の乱**をきっかけに帝国が瓦解するまで，西のローマ帝国と並ぶ東の大帝国を築いた。

　前漢末，匈 奴単于は漢に入朝し，「藩臣」と称しながらも対等に近い形で扱われ，両国は穏やかな関係を維持していた。しかし，9（始建国元）年，帝位を簒奪した**王莽**は蛮夷蔑視の外交政策を取る。漢が匈奴に与えて，「匈奴単于璽」という最高レベルに優遇した印璽を，王莽は「新匈奴単于章」に改めた。これは匈奴を隷属国とみなすもので，怒った匈奴単于がもとの印の返還を求めても応じず，両国関係は一気に悪化した。王莽は匈奴の弱体化を狙い，呼韓邪単于の子15人を単于に任命して匈奴を分割しようとしたのに対し，烏株留 若鞮単于は，辺境に大規模な侵攻を行った。

　匈奴との関係が悪化したまま王莽の新は亡び，中国国内は群雄割拠の騒乱へとなだれ込む。匈奴はその混乱に乗じ，呼都而尸単于の下で強盛を誇る。匈奴は中国の西北辺境で漢武帝の曾孫・劉文伯を偽称していた盧芳を支援し，北辺への侵攻を繰り返した。

　しかし呼都而尸単于が死ぬと烏株留若鞮単于の子・比が呼韓邪単于を名乗り，これ以後，匈奴は南匈奴（呼韓邪単于）と北匈奴（蒲奴単于）に分裂した。50（建武26）年，南匈奴の呼韓邪単于は来朝し，漢に臣従の礼を取ったが，北匈奴の問題は和帝期まで持ち越されることになる。

2 東アジア周辺諸国・諸民族の動向【図Ⅲ-11】

○ベトナム——徴姉妹の乱

　前漢の**武帝**が南越国を滅ぼして以来，現在のベトナム周辺は漢の直轄地となっていた。王莽時代に一時期自立したが，光武帝が後漢王朝を建国すると，29（建武5）年に帰順した。40（建武16）年，交阯（現在のハノイ）郡の徴 側・徴弐姉妹を指導者とする大規模な反乱が起きた。徴姉妹の父は，南越の土着世襲の指導者で，姉妹は非常に勇猛で，後漢から派遣された交阯太守と対立して蜂起に至る。叛乱は急速に拡大して，九 真・日南・合浦のおよそ65城が呼応し，

徴側は自立して王となった。後漢は伏波将軍・馬援と楼船将軍・段志を派遣するも、段志が合浦で病没し、馬援はその士卒をも併せ率いて、42（建武18）年に交阯で叛乱軍と交戦し、翌43（建武19）年の正月には徴姉妹を斬った。その後も徴姉妹の残党は抵抗を続け、44（建武20）年までには叛乱は鎮定された。馬援は灌漑を整備し、当地の旧法と漢律で齟齬のある場合、従来の慣習に従うことを約束するなど、原住民の風俗・習慣との協調をはかり、ベトナム支配の維持に努めた。

○中国東北部──烏桓・鮮卑・高句麗

烏桓と鮮卑はもとは東胡と呼ばれ、匈奴に服属していた。前漢武帝時代、霍去病が匈奴の東側を攻撃したとき、烏桓を上谷・漁陽・右北平・遼西・遼東の5郡の長城外に移動させ、護烏桓校尉を置いて匈奴との連絡を絶った。後漢の初、烏桓・鮮卑は北辺への侵寇を繰り返したが、匈奴の分裂を受けて翌48（建武24）年、烏桓の大人ら922人が後漢に朝貢し、後漢は再び烏桓校尉を置いた。南匈奴が漢に服属したのを見て、鮮卑もまた49（建武25）年、後漢に服属した。

鮮卑は和帝時代に竇憲が北匈奴を討伐すると、逃げ込んだ北匈奴の一部をも取り込んで強盛となり、桓帝の時には檀石槐が周辺の諸部族をまとめ上げ、東は朝鮮半島の扶余に接し、西は敦煌・烏孫に至る、かつての匈奴の故地全体に及ぶ広大な地域を支配するようになる。しかし檀石槐の死後は大帝国を維持できず、再び分裂してしまう。

鮮卑の東方には扶余と高句麗があり、高句麗は32（建武8）年に朝貢して服属した。前漢武帝時代に朝鮮半島に置かれた楽浪・玄菟・真番・臨屯の4郡のうち、漢が半島内で維持できたのは楽浪郡のみで、高句麗は楽浪郡や遼東郡などに来寇を繰り返し、後漢の東北辺境を脅かした。

○「漢委奴国王」──倭国の朝貢と三韓諸国

楽浪郡以東の朝鮮半島東部では、30（建武6）年、楽浪郡の在地豪族王調が叛乱を起こし、半年以上も楽浪郡を占拠した。この結果、光武帝は在地の豪族を県侯に封じて、直接の郡県支配を放棄し、実質的な支配地は遼東郡まで後退した。当時の朝鮮半島南部は、馬韓、辰韓、弁韓の三韓に分かれ、小国家が山間部に点在していた。44（建武20）年、廉斯の人である蘇馬諟なる者が楽浪郡に朝貢してきたので、光武帝は「漢の廉斯の邑君」という称号を与えた。57（建武中元2）年、楽浪郡のさらに海の向こうから、倭奴国の使者が朝貢してきたので、光武帝は倭奴国王に印綬を賜わった。安帝時代の107（永初元）年には、

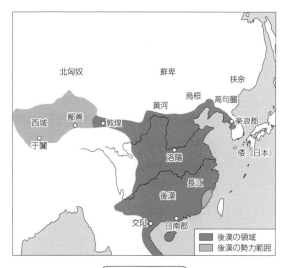

図Ⅲ-11　後漢全図

出典：目黒（2017）に基づき作成。

▷6　鮮卑 ⇨ Ⅳ-1

▷7　楽浪・玄菟・真番・臨屯の4郡 ⇨ Ⅲ-2

▷8　「漢倭奴国王」
江戸時代の1748（天明4）年、福岡県の志賀島で発見された「漢倭奴国王」の金印（⇨ Ⅶ-4）がこの時のものとされる。

倭国王帥升が奴隷160人を献上するなど，倭国の朝貢は続く。後漢の東方政策は匈奴への対策が中心で，楽浪郡以東の朝鮮半島にはほぼ興味を持たなかったが，唯一東方に開かれた楽浪郡を窓口に，東アジアの国際関係がゆるやかに形成されつつあった。

3 後漢の西域経営とシルクロード

❍「虎穴に入らずんば虎子を得ず」――西域都護・班超の活躍

▷9 ⇨Ⅲ-2 Ⅲ-3

後漢を再興した光武帝には，王莽が破壊した，匈奴及び西域諸国との関係◁9の再構築も課せられたが，疲弊した国内の再建を優先した【図Ⅲ-12】。

73（永平16）年，明帝は竇固に命じて北匈奴を討伐させる。竇固は西域諸国に使者として班超らを派遣した。班超は36人の仲間とともに，鄯善へ赴く。たまたま北匈奴の使者も滞在中で，班超は鄯善王が匈奴にすり寄る気配を察知し，一か八か夜襲をかけた。「虎穴に入らずんば虎子を得ず」――危険を冒さなければ大きな利益は得られない――。仲間たちを叱咤激励し，匈奴の使者を皆殺しにして鄯善王に脅しをかけ，たった36人で一国を服属させてしまう。その後も増員を断って36人で于闐・疏勒を次々に服属させた。

74（永平17）年，竇固が車師国を破って西域都護と戊己校尉を置き，後漢の西域経営がようやく軌道に乗り始める。が，その矢先の75（永平18）年6月，焉耆，亀茲の2国が西域都護を攻殺し，北匈奴と車師が戊己校尉を包囲する。8月に明帝が崩御して援軍も来ないまま数か月，戊己校尉は鎧や弩を煮込んで食い繋ぎ，翌76（建初元）年にやっと救援が至り，北匈奴を撃退して車師を降した。

同じ時，疏勒にいた班超も孤立無援に陥り，新たに即位した章帝は班超を呼び戻した。于闐まで引き返した班超は于闐王に泣いて引き留められ，再び疏勒に戻って西域の防衛に徹する。80（建初5）年，ようやく送られてきた増援はたったの1,000人。しかし班超は莎車国を攻め，疏勒王の裏切りや康居の干渉に対し，月氏王に賄賂を贈るなどの硬軟織り交ぜた戦略を駆使する。86（元和3）年には再び背いた疏勒王を殺害し，87（章和元）年に莎車国を討伐して西域の全域が漢の勢力下に入った。西域が漢に服属すれば北匈奴の勢力は弱まり，内部分裂を起こして28万人が漢に降服した。

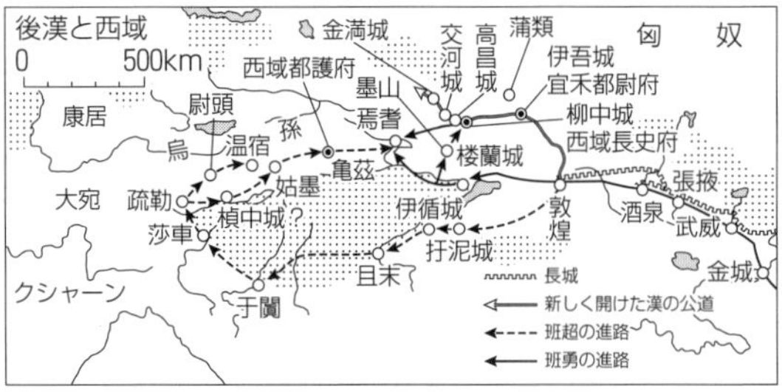

図Ⅲ-12 後漢と西域

出典：山田（1985）。

章帝が崩御し，幼い和帝が即位すると，章帝の皇后の兄・竇憲は死罪を贖うために北匈奴へ出兵し，89（永元元）年，北匈奴を大いに破る。その翌年にも大将軍として北匈奴を討ち，ついに北匈奴も漢に服属した。

匈奴の脅威が消えると今度は月氏が台頭し，90

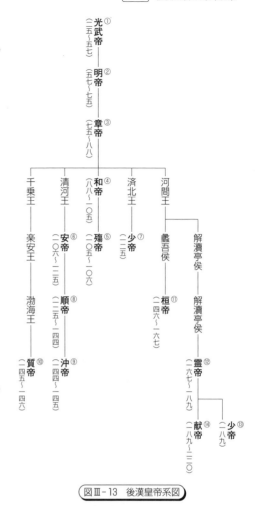

（永元2）年，7万の兵が班超のもとに攻め寄せたが班超の守りは固く，月氏は糧食が尽きて兵を引き，漢に朝貢した。91（永元3）年，途絶えていた西域都護に班超が任じられる。最後まで漢に従わない焉耆，危須，尉犁の3国も，94（永元6）年，亀茲，鄯善など8か国の兵7万人で屈服させ，西域の50か国以上が全て，漢に服属した。

○甘英の大秦国への派遣

班超の活躍によりシルクロードが開通し，安息（ペルシア）からも使者が訪れ，安息の向こうに大秦（ローマ）という大国が存在することがわかった。班超は97（永元9）年，甘英を大秦国へ派遣した。甘英は条支（シリア）まで至るものの地中海を渡ることを断念して引き返す。中国の絹を独占したい安息国が，2国の直接交渉を阻んでいたともいう。70年ほど後の166（桓帝の延熹9）年，大秦王安敦（ローマ皇帝マルクス・アウレリウス・アントニヌスに比定される）が，現ベトナムの日南郡の南方より，海路で象牙や玳瑁などを献上し，ここに東西の二大帝国は初めて邂逅した。

○班超の帰国と西域支配の終わり

班超は西域に止まること30年，102（永元14）年，洛陽に帰国し，その年の内に71歳で死亡した。班超が帰国し和帝が崩御すると，西域支配は動揺して，107（安帝永初元）年には西域都護を廃止して西域の放棄を余儀なくされる。漢が西域から撤退すれば北匈奴が再び強盛となって西域を支配し，辺境は匈奴の来寇に苦しむことになる。

班超の息子，班勇が123（延光2）年に西域に派遣され，鄯善・亀茲らの諸国を支配下におさめ，一時，西域諸国は再び漢に服属したが，班勇が帰国するとすぐに離反してしまう。ただ，シルクロードの交易は長く続けられた。

○仏教伝来

西域との交易ルートの開通によって，中国に仏教が伝来する。仏教初伝の正確な時期ははっきりせず，前漢哀帝の元寿年間（前2～前1）とも，後漢明帝の永平年間（59～75）とも言われるが，明帝の異母兄・楚王英が浮屠（ブッダの音訳）を信仰していた記録が残っている。桓帝時代に安息から安世高が洛陽に至り，仏典の漢訳を行った。桓帝は「浮図・老子を祠った」とあり，仏教信仰は中国古来の黄老思想と結びつく形で，後漢時代には確かな足跡を刻んで中国に根を下ろしていくのである。

（保科季子）

図Ⅲ-13　後漢皇帝系図

出典：松丸・永田（1985）。

周辺民族の中国流入と自立

▷1　群雄

後漢末の群雄は，もっぱら地方長官が軍閥化したものである。後漢時代になると，かつて郡県にたいする監察官であった州刺史が地方長官となり，州が最上位の地方行政単位となった。さらに，長官は刺史から牧へと改められて地位が引き上げられ，権限も大幅に拡大した。そのため後漢末の群雄の多くは現任の州牧や州牧経験者，さらには州牧を自称するものたちであった。

▷2　烏桓と鮮卑

東胡の後裔とみなされる烏桓と鮮卑であるが，鮮卑は檀石槐の時期にモンゴル高原を支配したこともあって，華北に広く分布することができたのに対し，烏桓は五胡十六国時代以降，史料から姿を消してしまう（⇨ Ⅲ-4 ）。

1　三国の鼎立

前後あわせて約400年続いた漢帝国は，184年に勃発した宗教反乱である黄巾の乱によって疲弊した。さらに霊帝没後の混乱に乗じて洛陽に乗り込んだ董卓が皇帝を廃立し，その董卓が暗殺されると，後漢は無政府状態となり，**群雄**◁1が割拠する乱世となった。ここから台頭したのが曹操である。曹操は許昌に献帝を奉迎すると，200年には，官渡の戦いに勝利して河北を掌中にした。その後，赤壁の戦い（208年）に破れて天下統一は叶わなかったものの，華北を勢力におさめた。のこる華南は長江中下流域を孫権，長江中流域の四川盆地一帯を劉備が領有した。曹操の子・曹丕が，220年に後漢からの禅譲によって帝位に即き，魏（曹魏）帝国を成立させると，対抗する劉備も漢王朝の存続を名目として221年に皇帝となり（蜀漢），おくれて孫権も229年に帝号を称した（呉）。かくして中国には三人の皇帝が鼎立することとなった【図Ⅳ-1】。

三国の各政権は，その領域内あるいは外辺に居住する非漢族を自己の勢力下に置こうとした。曹操は袁紹を破ると，その麾下の**烏桓**（**烏丸**）◁2を騎兵として活用し，また後漢初期に帰順していた**南匈奴**◁3を現在の山西省一帯に移住させている。蜀漢においては，諸葛亮による南征が有名であるが，それ以外にも，西辺に居住する氐を領域内に移住させてもいる。呉は福建省一帯に居住していた**山越**◁4を徹底的に攻撃し，その男子を兵士として転用した。さらに人狩りを目的として，夷州と亶州（それぞれ台湾と日本とする説もある）に兵を派遣している。このように，三国の各政権は，非漢族と積極的にかかわりをもち，それを活用しようと試みたが，その代償を払わされたのは次の王朝であった。

2　晋による統一と非漢族の自立

三国のうち，まず蜀漢が魏に滅ぼされると（263年），禅譲によって魏は晋に交替し（265年），この晋によって呉が平定されて，280年に天下は再統一された。分裂が終息すると，後漢から三国時代にかけて中国内地に移住させられていた非漢族が問題視される様になった。当時の非漢族のうち，中国の北辺や西辺を原住地とするものを胡（胡族）と称したが，胡族のうちとくに問題視されていたのが

図Ⅳ-1　三国鼎立時代

出典：松丸ほか（1996）に基づき作成。

匈奴と羌[5]である。匈奴の居住地が首都の洛陽に近いという危険性，また関中
（陝西省）に移住させられていた羌と漢族との軋轢が指摘された。こうした問題
を解決するために，中国内地に移住させられた胡族を原住地に還すべきだとい
う「徙戎論」が提唱されたが実施されなかった。

　こうした現状に目を背けて，晋の皇族は権力争いに没頭し，ついには武力闘
争に発展した。これを八王の乱と呼ぶ。この闘争の間，匈奴と鮮卑が兵力とし
て動員されるまでに至ったが，彼らは漢人の消耗品であることに甘んじず，自
己のアイデンティティを取り戻そうとしていた。

　八王の乱が終息した後，匈奴は山西方面にて自立し，かつて匈奴の君主であ
る単于が漢の皇帝と通婚していたことを根拠に，国号を漢とした。漢はのちに
国号を趙（前趙）とあらためるが，洛陽を攻略して晋の懐帝を拉致・殺害，さ
らに長安にて即位した愍帝をも同様に拉致・殺害したことにより，統一王朝と
しての晋は滅んだ（317年）。これをうけて，建康（現在の南京）に拠っていた晋
の皇族である司馬睿が帝位に即いたが，その支配領域はもっぱら華南に限られ
ていた。これ以降の晋を東晋と呼び，統一王朝の方を西晋と呼んで区別する。
匈奴の自立から西晋の滅亡にいたる一連の動乱を永嘉の乱と称するが，匈奴の
みならず，中国内地の鮮卑や羌・氐[6]も自立して建国したため，華北は混乱に陥
った。

③　北魏の華北統一

　匈奴や鮮卑・羌などの胡族が小国家を乱立させたこの時代を五胡十六国時代
と呼ぶが，各政権は胡族のみにて運営されていたわけではない。たとえば，匈
奴の漢は領民のうち漢人を左右司隷に，胡族を単于左右輔に管轄させていた。
こうした体制を胡漢二元体制と呼ぶ。中国内地の胡族は，漢人と激しく対立も
したが，共存するシステムが生み出されたのである。

　永嘉の乱後，華北の覇権を握ったのは後趙であったが，君主の石虎が没した
後，東に慕容鮮卑を中心とする前燕，西に氐を中心とする前秦が対峙する情勢
となった。前秦は前燕を征服すると376年には華北の統一に成功し，残るは江
南に割拠する東晋のみとなった。しかし，前秦は383年に淝水の戦いで東晋に
敗れると，統一はあっけなく瓦解し，華北はふたたび小国が分立する状況とな
った。この中から台頭したのが，拓跋鮮卑[7]を中核とする代である。代は395年
に参合陂の戦いで後燕を破ると，勢力を拡大し，国号を魏（北魏）とあらため
て，華北に残る国々を次々と滅ぼして華北の統一を達成した（439年）。これを
もって五胡十六国時代は終わりを告げ，華北の北魏，華南の宋（劉宋・南朝宋）
とが対峙する南北朝時代へと移行する。

（藤井律之）

▷3　南匈奴　⇨ Ⅲ-4
▷4　山越　⇨ Ⅳ-3
▷5　羌
チベット系の民族で，青海
地方を原住地とした。羌は
後漢の初期に帰順し，後漢
政府はその一部を甘粛省
から陝西省，山西省方面に移
住させる政策をとったため，
羌は華北西部に幅広く分布
するようになった。ただ，
移住させられた羌はしばし
ば反乱を起こしたため，後
漢はその対応に苦慮した。

▷6　氐
氐も羌と同じくチベット系
の民族で，やはり青海地方
を原住地とする。遊牧を主
とする羌にたいして，前漢
時代にはすでに農業を主と
していた。後漢末，曹操に
よってその一部が甘粛省・
陝西省方面に移住させられ，
三国時代には，その居住地
の一部が蜀漢の領土に組み
込まれた。

▷7　拓跋鮮卑
拓跋とは鮮卑を構成した部
の一つ。他の部として，五
胡十六国時代に前燕・後燕を
建国した慕容部や，段
部・宇文部などがある。ま
た，南涼を建国した禿髪部
は拓跋の同音異訳と考えら
れており，北魏の漢化政策
によって拓跋部のものが元
という中国風の姓を称する
ようになると，禿髪部のも
のは源という姓を称するよ
うになった。

2　北朝の諸相と胡漢の対立・融合

1　胡漢の対立と克服

五胡十六国時代の華北において，胡族は支配者となったとはいえ，その絶対数は漢人に比べて少なく，政権運営のためには漢人の協力が必要不可欠であった。先述の**胡漢二元体制**[1]はその産物であるといえる。しかし，胡と漢が必ずしも協調できたわけではなく，後趙の石虎が没した際には，冉閔による胡族虐殺事件のような悲劇も起きた。

▷1　胡漢二元体制
⇨Ⅳ-1

永嘉の乱後前後に生じた胡漢の対立は長い時間をかけて克服されてゆくのだが，それは自然発生的なものではなく，胡族支配者の強い意志が作用した。その一例が前秦の苻堅である。前秦はチベット系とされる**氐**[2]族の苻氏を君主とする国で，後趙に服属していたが，皇帝の石虎の没後に自立し，関中盆地を占拠して長安を都とした。のち，華北に割拠する諸政権を全て滅ぼして華北の統一を達成したのが苻堅である【図Ⅳ-2】。苻堅は前秦建国に功績のあった氐の豪族たちによる専横を抑え，漢人である王猛を宰相に起用した。さらに，前秦と敵対していた胡族の羌や鮮卑出身の人間も積極的に登用した。こうした苻堅の方針は，胡族と漢族の協調の試みであったと評価できる。

▷2　氐　⇨Ⅳ-1

苻堅は天下統一を急ぎ，東晋平定に向かったが，前述したように，淝水の戦いにて大敗して華北統一は瓦解し，再び小国が割拠するようになった。そうした小国を打破したのは，**拓跋鮮卑**[3]を中核とする北魏であり，第三代皇帝の太武帝が華北の統一に成功した。北魏は，当時の中国北辺にあたる平城に都を置き，モンゴル高原における覇権も志向していたが，第六代皇帝・孝文帝の時期になると漢化を志向し始める。これは孝文帝の祖母で，幼い孝文帝に代わって政務をみていた漢人の文明太后の意向が強いのだが，拓跋鮮卑のなかにも，漢文化を愛好するものがあらわれていた。

▷3　拓跋鮮卑　⇨Ⅳ-1

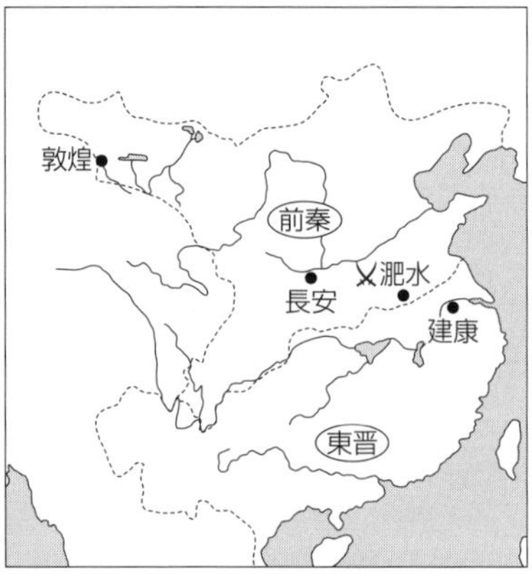

図Ⅳ-2　前秦による華北統一

出典：川本（2005）に基づき作成。

文明太后はさまざまな制度改革を実行したが，中でも**均田制**[4]はのちの隋唐

▷4　均田制　⇨Ⅴ-3

のみならず，日本にも強い影響を及ぼしている。文明太后没後も，孝文帝はその路線を推し進めた。493年には首都を平城から中国の中心とみなされていた洛陽へと遷し，自身を含めて姓を中華風のものに改めると同時に**姓族分定**を行い，鮮卑由来の胡服，さらには母語である胡語すら（このときは朝廷においてという限定があったとはいえ）禁じたのである。こうした急激な改革に対して不満がなかったわけではないが，一気に顕在化したのは孝文帝の孫にあたる孝明帝の時期である。遷都によって多くの人々が洛陽に移住させられたが，北辺を防衛する人々は取り残された。彼らはかつては首都圏防衛を担っていたが，洛陽遷都により辺境守備へと地位を格下げされた。そうした人々の不満が爆発したのである。これを六鎮の乱と呼ぶ（523年）。

② 北朝の分裂から中国の再統一へ

　六鎮の乱は広範囲に波及したが，それを鎮圧したのは爾朱栄であった。爾朱栄はその功績をもとに北魏を牛耳ろうとし，皇太后や大臣たちを粛正して孝荘帝を擁立したが，その孝荘帝と対立して暗殺され，その報復として孝荘帝も殺害された。この大混乱の中から台頭したのが高歓と宇文泰である。彼らは二人とも爾朱栄の配下であった。高歓は爾朱氏を倒して北魏の実権を掌握するも，彼を嫌う孝武帝が宇文泰の割拠する長安に出奔してしまった。これに対抗して高歓は孝静帝を擁立して鄴に遷都した結果，北魏は，高歓が牛耳る東魏と宇文泰が牛耳る西魏とに分裂した（534年）。高歓・宇文泰の没後，彼らの子らは禅譲によってそれぞれ北斉（550年）・北周（556年）を建国した。

　この東西両国のうち，優盛だったのは東魏——北斉であった。河北平野をおさえ，兵力となる六鎮の残存勢力を多く擁していたからであるが，河北を基盤とする漢人貴族と，六鎮出身の将軍でおもに胡族からなる勲貴とは折り合いが悪かった。北斉皇帝はこの両者の調停に苦慮したが，財力によって皇帝に取り入ろうとする恩倖がそれをかき乱したため，北斉では胡漢の対立を解消することはできなかった。

　一方の西魏は，東魏に対抗するため制度を大きく改めた。まず宇文泰を含めた西魏建国の功臣八人を柱国大将軍とした（これを八柱国という）。この八名から宇文泰と元欣を除いた六人にそれぞれ二人の大将軍を所属させ，その大将軍にさらにそれぞれ二人の開府を所属させた。この計二十四の開府からなる二十四軍を西魏の中央軍とした。これが隋唐における**府兵制**の淵源である。また，西魏は東魏と異なり胡族出身の兵士が少なかったため，関中在地の豪族を積極的に府兵制に組み込んだ。さらに，官制も儒教経典の『周礼』に依拠して全面的に改めた。その一方で，孝文帝によって中華風に改められた胡族本来のもの（虜姓）に戻し，さらに漢人にも賜姓している。このように相当な力業ではあるが胡漢の融合を達成してみせたのである。また，八柱国を始めとした西魏の

▷ 5　姓族分定

姓族分定とは家柄の格付けであり，華北における漢人の家柄の序列と，それに対応する胡族の家柄の序列を定めたもので，この序列にしたがって婚姻などが行われた。ただ，華北漢人の家柄は，九品官人法（⇨ IV- 3 ）など魏晋以来の歴史的伝統が蓄積されて形成されたものであったが，孝文帝は北魏における各家の祖先の官歴を序列の基準としたため，格付けに対する不満を生むこととなり，北魏以降もこうした家柄の序列化がしばしば行われることとなった。

▷ 6　府兵制　⇨ V- 3

上層部では姻戚関係が結ばれており，その子孫が隋唐帝国の皇帝となる。西魏を建国した集団は，宇文泰の出身地にちなんで武川鎮軍閥，あるいは関中を根拠地としたことによって関隴集団と呼ばれる。

　西魏に続く北周では，皇族である宇文氏の間で権力争いがあったものの，宇文邕（武帝）がそれを終息させ，胡漢対立によって戦力を落とした北斉の征服に成功した（577年）。しかし，武帝はすぐに没し，かわって外戚の楊堅が実権を握ると，禅譲をうけて隋を建国した（581年）。楊堅こと文帝は589年に南朝の陳を滅ぼし，永嘉の乱以来の分裂時代は終わりを告げた。

▷7　隋　⇨ V - 1

③ 仏教の流行とその影響

　当時の社会において特筆すべきは仏教の流行である。仏教は，後漢時代には中国に流伝していたが，当時は儒教が強い影響力を有していた。しかし，後漢の衰退・滅亡によって儒教の権威が弱まると，仏教の信者も増加していった。

▷8　仏教伝来　⇨ Ⅲ - 4

仏教は，西北インドから中央アジア——いわゆる西域を経由して中国に伝播したため，初期の中国仏教においては，西域出身の僧侶が重要な役割を果たした。当時の中国における西の玄関口というべき敦煌においては，西域の月氏に出自する竺法護が訳経に励んで敦煌菩薩と称された。中国内地で活躍した西域出身の僧侶として，亀茲出身の仏図澄が後趙政権において尊崇を受けた。同じ亀茲出身の鳩摩羅什は還俗と妻帯を迫られるなどの苦難を乗り越えて訳経に従事した。鳩摩羅什以前の訳を古訳，以後を旧訳と称するように，彼は仏教経典翻訳の歴史において一時代を築いた。旧訳の時代は唐の玄奘にて終わり，それ以降を新訳と称するが，鳩摩羅什の翻訳した『仏説阿弥陀経』は，いまなお日本において誦読されている。また，鳩摩羅什は最初の三蔵法師でもある。

▷9　訳経
仏教経典を漢訳するにあたり，訳経者は，中国に存在しない概念をどう表現するか苦心した。たとえば，「縁起」や「輪廻」などは，仏典漢訳の際に生み出された熟語である。また，魏晋時代に流行した玄学（『易経』と『老子』・『荘子』を解釈する学問）の成果も利用されたが，時として仏教教義にたいする誤解を生んだため，訳の改訂がなされた。

　つづく北朝においても仏教は流行したが，国家による仏教弾圧——廃仏が行われている。中国では王朝主導による大規模な廃仏が四回行われており，これを三武一宗の法難と呼ぶ。三武一宗という名称は，廃仏を行った皇帝，すなわち北魏の太武帝，北周の武帝，唐の武宗，後周の世宗にちなむものだが，三武一宗のうち二人が北朝の皇帝である。太武帝は長安の寺院から武器が大量に見つかったことを契機に廃仏を行っ

図Ⅳ- 3　雲崗石窟大仏

出典：水野・長廣（1954）。

た。これが三武一宗の法難の第一にあたる。この廃仏は，つづく文成帝によって取りやめられ，仏教はふたたび保護された。このころ，首都の平城郊外に石窟寺院（雲崗石窟）【図Ⅳ-3】が開鑿された。この石窟寺院もインドから西域にかけて行われていた寺院の形式である。雲崗石窟には五体の大仏が造営されたが，特筆すべきは，それらが北魏の皇帝を模したものだという点である。これは「皇帝即如来」という概念にもとづくものであるが，外来宗教が胡族君主と融合して中国に顕在化したことになる。孝文帝が洛陽に遷都すると，雲崗にかわって洛陽郊外の龍門に石窟寺院が造営された。

　北魏の東西分裂後，北周の武帝が廃仏を行った。これが三武一宗の法難の第二にあたる。ただ，太武帝が仏教を弾圧して道教を保護したのに対して，武帝は道教も禁止し，還俗させた僧侶・道士を通道観の学士として教義の研究を行わせている。子の宣帝が即位すると廃仏は取りやめとなり，隋唐時代にかけて仏教はさらなる隆盛を迎えることとなる。

　当時における西域からの影響について附言すると，現在のウズベキスタンやタジキスタンを原住地とするイラン系のソグド人は，いわゆるシルクロードにおける中継貿易の担い手として中国内にもコロニーを築き，商業活動を行うとともに西域文化を伝播し，さらには北斉の恩倖として政治的な役割をも担った。とくに，彼らが用いたソグド文字はウィグル文字のもととなり，さらにはモンゴル文字，**満洲文字**に発展した。

▷10　満洲文字　⇨ Ⅹ-1

④ 南北朝間の交流

　永嘉の乱によって南北が分裂した後は，南北間の商取引である互市や，鳩摩羅什と東晋の慧遠との間でなされた，仏教の教義をめぐる問答などといった南北交流が行われたが，特筆すべきは，大きな軍事衝突がないときには，北朝と南朝の間で相互に修好のための使者を派遣していた，という点である。北朝からは馬や毛皮，南朝からは錦や柑橘など，それぞれの特産物が贈答された。また，北魏の孝文帝は，北朝に書物が少なかったことから，南朝（当時は斉）から本を借りようとしている。この試みは失敗に終わったが，北朝が南朝の文化にコンプレックスを有していたこと，軍事的に劣勢にあった南朝は文化面においては北朝の優位に立とうとしていたことを端的に示している。それでも，北朝の使者は南朝の宮殿をスケッチし，それを洛陽の宮殿造営に役立てる，という成果を挙げた。

▷11　永嘉の乱　⇨ Ⅳ-1

（藤井律之）

南朝の興亡と江南の発展

① 東晋から南朝へ

九品官人法とは，曹魏の陳羣が制定した官吏登用法で，各郡に（のちには州にも）置かれた中正が，任官希望者を審査して一品から九品までの郷品によって等級付け，それに従って任官するものである。本来は個人の才能や徳行が審査の対象であったが，父や祖先の経歴——とくに官歴が参照される傾向にあったため，本人の才能・徳行とは関係なく，高官の子弟であれば高官に到達しやすくなるという悪循環が生まれ，早くも西晋時代において「上品に寒門なく，下品に勢族なし」と称されたように，門閥貴族を形成・維持する装置へと変質した。

永嘉の乱で西晋が滅んだ後，司馬睿は建康（現在の南京）を首都とした亡命政権を建てた。これを東晋と呼ぶ。東晋は，九品官人法の影響もあって，北方からの亡命者達が南方の有力者を押さえつける体制をつくりあげることに成功した。その結果として，東晋およびそれに続く南朝政権においては，司馬睿の東晋建国に貢献した王導の一族（琅邪王氏）と，東晋中期に桓温による簒奪を阻止し，また淝水の戦いにて前秦の大軍を退けた謝安の一族（陳郡謝氏），両者あわせた王謝を頂点とする家柄のランクが形成されることとなった。東晋はその後，下級軍人から成り上がった劉裕によって簒奪されるが（劉宋，南朝宋。420年），その出自ゆえに王謝の権威はときとして劉宋以後の皇族をもしのいだのである。

劉宋建国当初は，華北が分裂状態だったこともあり，その前半期の治世は安定していたが，北魏が華北にて領土を拡大するにつれて，劉宋の領土も浸食され，さらには皇帝暗殺や廃立などといった皇族間の争いによって混乱する。その中，蕭道成が劉宋を簒奪して南斉を建国するが（479年），やはり皇族間の争いによって混乱し，はなはだ短命の政権となった。その南斉は同族の蕭衍（武帝）に簒奪されて梁となる（502年）。幸運なことに，同時期の北魏は六鎮の乱，さらには東西分裂によって南朝に圧力をかける余裕はなく，また蕭衍が長命であったこともあって，梁は繁栄を謳歌した【図Ⅳ-4】。しかし，東魏からの降将である侯景が起こした反乱により（548年），その繁栄は霧散し，梁は実質的に滅んだ。その後，陳霸先が陳を立てたが（557年），589年に，隋によって滅ぼされ，300年近く続いた分裂の時代は終わりを告げた。

② 江南の開発と繁栄

東晋と南朝諸政権，およびそれに先立つ呉の首都となった建康（建業）は長江下流域の南岸に位置し，この一帯を江南と呼ぶ。江南は，先秦時代においては中華世界の周縁，あるいはその外側と見なされてきたが，始皇帝の中国統一によって中華世界に完全に組み込まれた。

図Ⅳ-4　東魏・西魏・梁の鼎立時代
出典：愛宕・冨谷（2005）に基づき作成。

後漢^{▷5}時代になると江南の人口も増加し，それにともなって開発も進展したが，同時に周辺地域の住民との摩擦も拡大した。とくに問題となったのが，江南の山岳地帯を主な居住地とする，山越と呼ばれる人々である。三国鼎立^{▷6}後，建業を都とした呉にとって，山越対策は焦眉の課題であった。呉は山越との融和ではなく対決を選び，徹底的に攻撃し，住民を捕らえて兵士にするなどして，山越を消滅させた。さらに永嘉の乱によって，華北から多数の難民が流入すると，東晋さらに後継政権の支配者層は，彼らを労働力として江南を開発していった。開発は平野部だけに留まらず，山林や湖沼にもおよんだ。貴族たちはそうした場所に大規模な荘園を経営し，果物などの食品のみならず，瓷器のような加工品【図Ⅳ-5】も製造した。それらの品物は建康に運ばれて消費され，商品経済の発展をうながし，建康の繁栄を支えたのである。こうした繁栄のもと，のちに「南朝四百八十寺」と詠われることになる多数の仏寺が造営された。

図Ⅳ-5　青瓷の香炉

出典：張柏（2008）。

3　三教交渉

　江南はもとより，華南においても仏教は大いに流行した。東晋時代には僧侶が皇帝に敬礼すべきか否かという「致敬論争」など，仏教に対する批判もありはしたが，北朝のような国家主導の廃仏は南朝では起きなかった。東晋・南朝政権の支配者層において，仏教は個人的な信仰であったが，それを政治に反映させたのが梁の武帝である。武帝は仏教思想にもとづいて，国家祭祀にもちいる犠牲をやめ，また自身を「三宝の奴」と称して寺に捨身し，その都度家臣が買い戻すというパフォーマンスを行うに至った。

　この時期には仏教とならんで道教も発展した。道教は中国土着の信仰が神仙思想や老荘思想と融合して宗教化したもので，太平道の信者たちによる反乱──黄巾の乱が後漢滅亡の端緒となったのは象徴的である。また，同じく後漢末に四川省北部にて創始された五斗米道^{▷7}は，天師道，さらには正一教と名を変えて後世に受け継がれている。つづく魏晋時代には老荘思想が流行し，そこから生まれた形而上学的な学問である玄学は儒教や仏教にも影響を与えた。また，斉から梁にかけて，陶弘景が茅山派^{▷8}を大成した。

　仏教と道教，さらに儒教は互いを非難しつつ，その長所も積極的に取り入れた。これを三教交渉と呼ぶ。たとえば，南朝において儒教経典の解説書として数多く記された義疏は，仏教における講義の形式を取り入れたものであり，それらの義疏は唐代に『五経正義』として集大成されることとなる。

（藤井律之）

▷7　五斗米道
後漢末期，張陵によって創始された。祈祷による病気治療の謝礼として五斗の米を出させたため五斗米道と呼ばれた。また，張陵が天師として崇められたため，天師道とも呼ばれる。

▷8　茅山派
茅山とは，前漢時代の仙人である茅盈ら三兄弟の名にちなむ，道教の霊山のひとつであり，陶弘景はこの地に隠棲したため，茅山派と呼ばれた。また，『上清経』を主要な経典としたため，上清派とも呼ばれる。

魏晋南北朝時代の周辺諸国と冊封

1　王・将軍・都督

冊封とは，冊書によって封建することを意味し，冊封される対象は中国の内外・胡漢を問わないのであるが，ここでは中国が諸外国の自領支配を承認し，（形式的であっても）中国との君臣関係を構築することを冊封と定義する。

三国時代になると，各国が自国の勢力拡大や辺境の安定，兵力の補充などを目的として，中国外の諸国と交流し，また衝突したことは前述した。なかでも曹魏は，西は西域諸国との交流を再開し，東は遼東に割拠する公孫淵政権を滅ぼし（238年），さらに高句麗をも攻撃して首都の丸都を陥落させた（244年）。この頃，倭国より，邪馬台国の卑弥呼が曹魏に使者を派遣しているが，曹魏の影響力が朝鮮半島にまで拡大したことを受けてのことである。遣使の結果，卑弥呼は「親魏倭王」として冊封された。つづく西晋には臺与（壹与）が遣使しているが，それ以降は永嘉の乱の影響もあって，中国と倭国との交渉はしばらく途絶えてしまう。

東晋以降になると冊封の形式が変化する。それまでは外国の首長に対して「某々王」のような爵位のみを与えるのが一般的であったが，それに加えて将軍の称号（将軍号）と都督をも与えるようになったのである。将軍号には序列があり，都督は軍事的支配を及ぼしえる範囲を示す。そのため，単なる爵だけの賜与ではわかりにくかった，冊封された諸外国間の上下関係が，将軍号と都督の賜与によって明瞭となった。このことを冊封される国々も理解し，少しでも高い将軍号，少しでも広い区域の都督を求める国があらわれた。その代表例が倭国である。倭国は5世紀，劉宋にしばしば使者を派遣した。いわゆる倭の五王による遣使であるが，倭王は自称するところの将軍号と都督を追認するよう要求したのである。要求の目的は，朝鮮半島における倭国の権益に対してお墨付きを得ることであったが，南朝は必ずしもその要求全てを認めたわけではなかった。というのも，当時南朝が重要視していた冊封国は，朝鮮半島にて倭国と対立していた高句麗だったからである。高句麗は北魏と国境を接しており，南朝は冊封によって，北魏に対する軍事力行使を期待していたのである。

2　冊封による周辺秩序と現実

南朝は北朝に対して劣勢ではあったが，劉宋が現在のベトナムに位置してい

た林邑を攻撃し，首都の典冲を陥落させたことで，東南アジアに位置する諸国に影響力を及ぼすことに成功した。また，六鎮の乱によって北魏が混乱に陥り，北からの圧力が軽減すると，当時の南朝であった梁は，武帝が仏教の熱心な信者であったことが功を奏し，仏教を信奉する東南アジア諸国からの遣使をうけた。こうして，梁において活況を呈した外交状況をもとに，東は倭国から，南はインド，西はペルシアにいたるまでの使者の姿を描き，簡単な説明を附した「職貢図」がつくられた。ただし，そこには6世紀の倭人（梁には朝貢していない）が裸足で描かれる【図Ⅳ-6】など，当時の中国人の想像もある程度含まれている。ちなみに「職貢図」には北魏（あるいは東魏）の使者とおぼしき姿も描かれてはいるが，虜国（魯国）という蔑称が記されており，国号は記されていない。

　南朝に対する北魏も周辺国家を冊封し，将軍号と都督を賜与した。そのため高句麗などのように南朝からも北朝からも冊封を受ける国もあった。しかし，北魏にとって最も重要な外国とは，モンゴル高原を拠点とする遊牧騎馬民の国家・柔然（蠕蠕，芮芮とも表記する）であった。ただし柔然は，冊封の対象ではなく，モンゴル高原の覇権をかけて争う相手であり，この両国はしばしば死闘を繰り広げた。北魏の末年になると柔然は衰え，それを滅ぼしてモンゴル高原の主となったのは突厥であった。その頃，北朝は北斉・北周に分かれていたが，突厥の君主である可汗はそれに乗じて両国を「二人の息子」と呼び，しばしば朝貢を要求するなど圧力を加えた。こうした突厥との関係が逆転するのは，隋が中国を統一して以降のことであり，それを契機として，中国と周辺諸国の関係は新たな段階を迎えることとなる。

（藤井律之）

図Ⅳ-6　職貢図倭人

出典：CPC.

▷8　林邑
林邑とはインドシナ半島東南部に位置した，チャム人による王国で，のちには占城と称された。前漢が南越を滅ぼした際，現在のベトナム中部に日南郡を置いたが，後漢末になると，同郡の象林県の功曹（人事を担当する役人）であった区連が反乱を起こして建国した。その後，王統は区連の外族にあたる范氏にうつった。また，同地域が海上交通の重要拠点であったことから，中国文化のみならずインド文化の影響も受けていた。

▷9　梁　⇨ Ⅳ-3

▷10　突厥　⇨ Ⅴ-1

▷11　隋　⇨ Ⅴ-1

5　書芸術の成立と王羲之の登場

▷1　六芸
古代中国において知識人に必要とされた6種の基本的教養，礼・楽・射・馭（御）・書・数をいう（『周礼』）。また，南北朝時代の顔之推は，書を経学・史学・文学など諸学問に次ぐ最高の技芸として位置づけている（『顔氏家訓』）。
▷2　⇨Ⅱ-コラム
▷3　楷書
長沙出土の「東牌楼後漢簡」に「三節構造」をもつ文字が確認できることから，楷書の発生時期は後漢末期まで引き上げられる。
▷4　書の芸術的自立
最初期の書論である「非草書」は，張芝らの草書の芸術性が称揚され，尺牘のための草書を美しく書こうという意識が芽生えていたことなど，書芸術の成立が窺える状況を活写する。
▷5　東晋の成立
⇨Ⅳ-3
▷6　王羲之
王羲之の書作の意味について，流行した道教と関連づける研究や，「陶写」「散懐」などの語から，義之を含めた貴族らの表現活動における普遍的態様を指摘する研究が行われている。
▷7　⇨Ⅴ-5
▷8　伝存する王書
「楽毅論」「蘭亭序」「十七帖」【図Ⅳ-9】など数多の書蹟が伝存するが，真蹟

書は，中国において文字（漢字）を素材として発達した芸術である。知識人必須の教養たる「六芸」のひとつとして，「詩書画三絶」「琴棋書画」という彼らの私的生活を彩る嗜みとして，長く愛好された。本節では，書の芸術としての成立から，今なお「書聖」と敬仰される王羲之の権威化までを概観する。

1　漢字書体の変遷と書芸術の成立

　秦始皇帝によって「統一」された文字は，書体の上では基本的に篆書と隷書との併存構造の中で変遷していく。やがて前漢後期には，隷書の中から，様式化・正書化への志向により収筆部に美しい波磔をもつ「八分」が，一方で行政文書の増加による速写の必要から隷書を更に書き崩した草書（章草）が書体として成立し，のち後漢時代において，前者は「礼器碑」「曹全碑」【図Ⅳ-7】など隷書碑の流行，後者は尺牘（書簡）の流行といった現象をともなって盛んに行われるようになった。また後漢後期には，草書の崩し方を抑制しようとする中で隷・草の中間的書体である行書が，その行書をより整えて書いた楷書が萌芽し，のち三国時代を経て南北朝時代になると楷書がようやく正体の地位を占めるに至った。

　このような書体の分化・発達の中，紀元前後，すなわち前漢末期から後漢時代にかけて，書かれた文字のもつ美しさが審美眼の対象として意識・共有され始め，尺牘などの書蹟を鑑賞・収蔵するとともに，更には自らがそれを表現しようという風潮が生じた。後漢時代にはまた，篆・隷・草各書体にわたって専門の名家が輩出したり，趙壱「非草書」をはじめ特定の書体を評した「書論」が著されたりもした。つまり，後漢時代とは**書が芸術的自立**を果たした画期として位置づけられるのである。

図Ⅳ-7　「曹全碑」
出典：全国大学書道学会（2020）。

　後漢末から魏初に活躍した鍾繇（151〜230）は，「草聖」と称された後漢の張芝とともに，後世において名書家の誉れが高い。西晋・衛恒『四体書勢』は鍾繇の「行書法」が当時大いに流行したというが，実際に楼蘭で出土した西晋時代の残紙に，「繇頓首頓首」の語句が確認できるもの【図Ⅳ-8】があり，鍾繇の尺牘を習書した墨蹟と考えられている。とすれば，鍾繇がよくしたという「行狎書」の実態を解明する重要資料となるだけでなく，後漢時代に芸

術性を獲得した書文化が西域まで伝播し，その代表的書人である鍾繇の書蹟が「法書」としての役割を果たしていたことを如実に証明している。

❷　王羲之の登場と南朝における権威化

　317年の**東晋の成立**[5]は，華北から江南への人々の移動とともに，如上の書文化の移入をも齎した。この激動期に生まれた**王羲之**（303?～361?）は，のち書文化の絶対的存在として不動の地位を獲得し，中国のみならず日本や朝鮮にも絶大な影響を及ぼすことになる[7]。彼は当時一流の名族たる琅邪王氏に出自し，東晋成立に尽力した王導の従子にあたる。

　三国・西晋時代以降，本格的な紙の普及・浸透によって，尺牘の流行とともに，現行の楷・行・草（今草）の各書体が徐々に成熟し，また貴族層の中で洗練されていった。王羲之はあらゆる書体をよくしたと伝えられ，書人として一頭地を抜いていたのはまさにこのオールラウンドな技量によるであろうが，**伝存する王書**[8]はいずれも上記の三体に限られ，またそのほとんどが尺牘である。彼は，張芝・鍾繇を能書として尊崇し（「自論書」），各書体を芸術的に完成されたレベルにまで昇華させ，後世において「飄たること浮雲のごとく，矯たること驚龍のごとし」（『晋書』王羲之伝）と絶賛される書風を形成した。

　420年に成立した劉宋より以後，文学や**仏教・道教**[9][10]とともに，書画芸術も盛んとなり，当時の貴族文化を形成していった。この状況の中，王羲之および子の献之（344～388?）の書蹟が，より一層収蔵・鑑賞されるようになる。その先導的役割を担ったのが，劉宋の明帝や梁の武帝ら南朝の諸帝である。王羲之の権威化の道程において，彼ら皇帝を中心とした国家レベルでの王書の蒐集・鑑蔵は極めて重要な意味をもち，またのちの王朝で行われる「**書文化政策**[11]」の濫觴となった。皇帝による周期的ともいえる文化の先導・推進・総括こそ，書が歴史的一貫性をもった芸術として継承されてきた主たる要因と見なし得る。

　南朝ではまた，書に関する言及が増え，専門的な著作が撰述されるようになった。後漢時代からの書体論は西晋時代に『四体書勢』として結実し，次いで劉宋・羊欣「古来能書人名」など書人論が発達した。更に，書人の優劣を比較する書品論が発生し，梁・庾肩吾『書品』が著された（なお，かような品第法は，謝赫『古画品録』・鍾嶸『詩品』といった絵画論や文学論にも見られる）。このような**書論の展開**[12]の中で，張芝・鍾繇・王羲之・王献之を「四賢」（「古今書評」）と仰ぐ書人のヒエラルヒーが形成され，また彼らの書蹟が「法書」としての価値を獲得することになったのである。
　　　　　　　　　　　　　　　　　　　　（増田知之）

図Ⅳ-8　楼蘭出土晋人墨跡

出典：西川（1991）。

は存在せず，すべてが後世の臨摹本か拓本である。王書の真相解明の比較資料として，西域で出土した，ほぼ同時代の「李柏文書」「張超済文書」が知られる。

▷9　**仏教**
北朝においても仏教は隆盛し，造像記や写経が多く生み出されたが，それらは王羲之書法とは異なる。北朝の書が高く評価され書法史に位置づけられるのは，はるかのち清代後期である。

▷10　**仏教・道教**⇨Ⅳ-3

▷11　**書文化政策**⇨Ⅴ-5 Ⅶ-2 Ⅷ-4 Ⅹ-5

▷12　**書論の展開**
書論の発展にも皇帝が深く関係する。劉宋・虞龢「論書表」は明帝への上表文であり，また梁・袁昂「古今書評」は武帝の命により書人を論評したものである。

図Ⅳ-9　王羲之「十七帖」

出典：王羲之（1985）。

隋の統一と崩壊

① 隋の中国の統一と運河建設

▷1　魏晋南北朝時代
⇨Ⅳ

　魏晋南北朝時代は，中国が北の地域と南の地域に分裂した時期である。北朝では相次ぐ戦乱と目まぐるしい政権交代により荒廃が進みながらも胡漢の融合が進み効率的な政治社会制度が追求された一方で，南朝では漢人の貴族政治によって政治制度の改革は停滞したものの，江南地域の開発が進み農耕経済が発展した。この二つの中国は，581年に北朝の隋が南朝の陳を破ることによって，再び一つに統合したのである。

　隋はこの二つに分裂した中国地域を政治的・経済的に一つにすること，そして中国王朝の支配領域をさらに拡大することを目指した。そこで政治の中心であった黄河流域の長安，洛陽における需要に応えるため，開発が進んだ長江下流域から物資を運ぶ水路の建設がはじまった。もともと物資運搬に水路を利用すること自体は，戦国時代や漢代の頃からその例はあるが，それらはローカルの地域を相互に結ぶこと自体が目的であった。しかし隋の水路建設は，広大な中国地域，中国の南北を長い水路で結ぼうとしたところに特徴があり，この時代にはじめて黄河と長江が運河で繋がったのである。

　運河【図Ⅴ-1】開鑿は文帝のときにはじまり，まずは長安と黄河を結ぶ広通渠が，そして淮河と長江を結ぶ山陽瀆が建設された。次の煬帝のときに大きく拡大し，黄河から涿郡までの永済渠，黄河と淮河を結ぶ通済渠，そして昇州から杭州までを結ぶ江南河が建設された。これにより運河は杭州から洛陽まで，さらには軍事的前線基地である涿郡（北京）にまで繋がった。北京から杭州にまで南北に連なるこの水路は隋だけでなく，唐以後の中国経済の根幹となり，2014年には京杭大運河として世界遺産に登録されている。

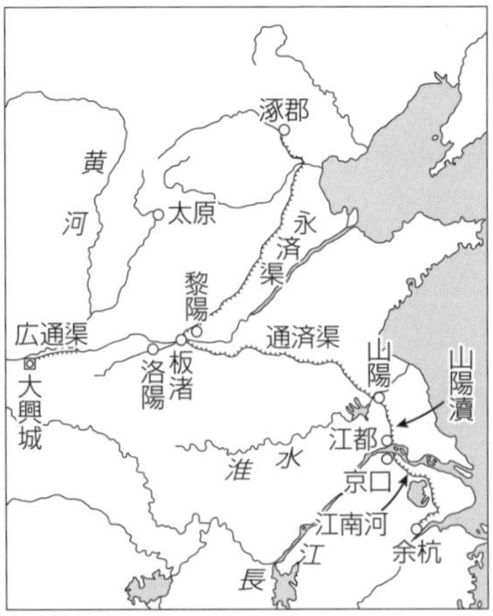

図Ⅴ-1　隋の運河

出典：星（1971）を基に一部補正。

② 国際秩序の構築

隋が対外政策においてまず重要視したのが，北アジアの遊牧国家突厥と西域諸国である。6世紀の中頃，柔然の後を継いでモンゴル高原を支配した突厥は583年に東西に分裂し，そのうちの東突厥は6世紀末，啓民可汗のときに隋に服属していたが，607年，608年に煬帝はさらに自ら内モンゴルまで出かけ，隋の威光を見せつけた。続く609年に青海地域を拠点として東西交易路を牛耳っていた遊牧国家吐谷渾を撃ち，西域諸国への道を開いた。そして610年には西域諸国の長を洛陽に集めて大規模な交易会を挙行し，統一中国の存在を強くアピールしたのである。

隋にとって残る懸念は東北地域の高句麗である。北アジアから中央アジア地域をおさえつつあった隋に対して高句麗は警戒を露わにし，隋の推進する国際秩序に対抗して独自外交を展開していた。高句麗に対し，煬帝は黄河と涿郡をつなぐ永済渠を開鑿して対高句麗戦に備え，また百済や新羅と手を結んだ。しかし，満を持して612年にはじめた大規模な高句麗遠征は，補給の失敗によって30万の兵士のうち2,700人しか帰還できなかったという。翌613年と，また614年にも遠征が企画されたものの失敗に終わった。隋の対外政策はここに破綻したのである。

③ 隋から唐へ

煬帝期には，相次ぐ運河の開鑿や洛陽城の建設などの相次ぐ大規模工事に加え，煬帝自身が何度も行う行幸により，隋の財政は逼迫し，民衆の負担は重くなる一方であった。その結果，610年に入ると反乱が頻発するようになった。

610年の正月，弥勒教の信者数十人が洛陽城の門を襲うという事件が勃発した。事件自体はごく小規模なものですぐに鎮圧されたものの，これが隋末の反乱の嚆矢となった。高句麗遠征の最中に将軍の楊玄感が反乱を起こしたことをきっかけとして（613年），反乱は全国に波及して各地に群雄が割拠し，ついに煬帝は反乱の中で絞殺されてしまったのである。

反乱は各地の実力者同士が天下統一をめぐる戦いへと移行し，河北の竇建徳，河南の李密たちがしのぎをけずる中，太原（山西省）を拠点とする李淵がいち早く長安に入城し，帝位について唐を建国した。

隋は，長い分裂期の総まとめとして現れ，中国国内の政治的・経済的統一と，中国を中心とした国際秩序を目指した。一旦はそれらを確立することに成功したものの，あまりに急ピッチで進められたために却って国内の矛盾を生み，ついには内乱によって滅んでしまった。しかし，隋の後に天下をおさめた唐は，隋の遺産を継承することにより300年に及ぶ統一王朝を築き上げることになったのである。

(岩尾一史)

▷2　柔然　⇨ Ⅳ-4
▷3　突厥
トルコ系の遊牧民で6世紀中頃以降中央アジアから中国の東北地域までを支配した（突厥第一帝国）。583年の東西分裂後，682年に再び突厥第二帝国を建てたが，744年にウイグルなどのトルコ系の連合により滅ぼされた。遊牧国家として初めて文字文化を有し，突厥文字はオルホン碑文などに残る。
▷4　吐谷渾
鮮卑系の慕容氏の一部が青海地域に移動して4世紀初頭に創立した国家。東西交易のルートを支配して繁栄した。隋に続き唐の太宗のときに攻撃されて弱体化し，670年以降は新興の吐蕃に従属することになった。
▷5　高句麗
⇨ Ⅲ-4　Ⅳ-4

▷6　弥勒教
未来仏である弥勒が現世に下生して人々を救うという民俗宗教。弥勒仏の下生を唱えて世直しをはかる蜂起はすでに北魏のころにはじまり，隋唐以降にもしばしば乱を起こした。隋でも613年に宋子賢が弥勒を自称して乱を起こしている。

2 唐と突厥，ウイグル

1 天可汗の誕生

　中国内地を統一したばかりの唐にとって，最大の外敵はモンゴル高原にいる**東突厥**[1]であった。東突厥は啓民可汗のときに隋に服属したが，息子の始畢可汗の代になると再び勢力を盛り返した。隋末の動乱の諸勢力はそれぞれ東突厥と手を結びながら互いに戦い，そして李淵率いる唐もその例外ではなかった。唐初においても東突厥との関係は継続されたと推測される。しかし626年に**玄武門の変**[2]にて政権を獲った太宗は，一転して東突厥への攻撃をはかり，天候不順により突厥の国力が弱ったところを突いた。そして630年，時の支配者であった頡利可汗を捕まえて，ついに東突厥を滅したのである。

　ここにおいて，突厥に服従していた諸部族は太宗を遊牧世界の支配者であるとみて「天可汗」の称号を贈った。北魏から唐に至るまでの中国の北朝系の王朝は鮮卑の**拓跋氏**[3]の血を引いており，トルコ系の遊牧民たちは唐のことをタウガチュ（tabγač）＝拓跋，と呼んでいた。ここにおいて唐太宗は，中国世界の皇帝であるだけでなく，遊牧民の支配者としても君臨したのである。

2 西域と高句麗への進出

　モンゴル高原の遊牧集団を服従させた唐が次に目指したのは，西域方面と東北地域への進出である。西域諸都市へ進出するため，まずは青海地域に展開していた**吐谷渾**[4]を破り，ついで高昌国を滅ぼし，さらに天山山脈以北に軍を展開して，オアシス諸都市を支配してきた**西突厥**[5]に挑んだ。

　651年から始まった唐と西突厥の戦争は，657年に首長の阿史那賀魯を破ることによって唐側の勝利で終わる。唐は西突厥の故地を支配するとともに，西突厥が支配していたタリム盆地周辺のオアシス諸都市を獲得し，ここに**安西四鎮**[6]と呼ばれる軍事基地を置いた。また668年には東北方面にも進出し，**高句麗**[7]を制圧することにも成功した。ここに，唐は漢人居住地域の周辺に大きく広がる領域を支配することになった【図Ⅴ-2】。

3 羈縻支配

　新たに獲得した広大な非漢人地域を支配するにあたり，唐は羈縻支配と呼ばれる方法をとった。これは，唐の行政区画と行政官を当てはめるものの，実際

図Ⅴ-2　唐の都護府と節度使

出典：藤善（1995）より一部加工して転載。

には各地の首長や有力者が任命され，支配するというものである。6つの都護
府と7つの羈縻州が辺境に置かれ，都護府には辺境を統治するための官吏が派
遣されて都護府管轄下の羈縻州を監督した。羈縻支配地域は，東は朝鮮半島の
北，中国東北部から大興安嶺を超えてモンゴル高原，中央アジアのソグディア
ナにまで至った。そして彼らのうちの一部は遠征の際に軍隊として駆り出され
ることになった。

　しかし670年代になると，羈縻支配の下にあった集団が唐に反旗を翻しはじ
めた。特に突厥は再独立を目指して蜂起を繰り返し，ついには50年におよぶ唐
の支配から脱して682年に突厥第二帝国を建立した。また契丹（キタイ）の動きが活
発化し，さらに東北では698年に**渤海国**▶8が建国される一方で，チベット高原で
は7世紀前半に**吐蕃**▶9が青海方面の吐谷渾などを支配下に入れて拡大をはじめた。

　羈縻支配が限界を迎え，唐の辺境における戦闘が長期化すると，農民を一定
期間徴兵する**府兵制**▶10を前提とした都護府ではもはや軍事力をまかなえず，専門の
軍人が必要になった。そこで登場するのが**藩鎮制**▶11である。

　もともと辺境では現地における兵士の募集が状況に応じて行われていたが，
これが常態化し，募兵を管轄する軍鎮が各地に置かれた。さらにこれら軍鎮を
束ねて軍隊組織を一定の裁量を持ち運用することができるように，節度使とい
う官職が新たに導入された。節度使とその役所は，各地に置かれた州県制や都
督制とは別に軍政を司る権力であり，そして節度使に属する兵は，長征健児
と呼ばれる現地雇いの募兵で構成されていた。710年に西域の入り口である河
西地域に河西節度使が置かれると，各地の辺境に相次いで節度使が設置され，
各方面の辺防を司った【図Ⅴ-2】。そして節度使は，後に辺境のみならず内地
にも設置されるようになっていった。

　また玄宗の頃，皇帝の近衛軍である禁軍も，募兵制へと切り替えられた。律

▶8　渤海国 ⇨Ⅵ-4

▶9　吐蕃 ⇨Ⅵ-2

▶10　府兵制 ⇨Ⅴ-3

▶11　藩鎮制
⇨Ⅵ-1 Ⅵ-6

▷12 北衙禁軍 ⇨ Ⅵ-1

令制度の下では府兵制度に基づく南衙禁軍が存在していたが弱体化し，**北衙禁軍**[12]と呼ばれる宮廷の家兵組織が規模を拡大化した。この動きは唐後半の禁軍増強へと繋がっていく。

　さらに，蕃将や蕃兵と呼ばれる非漢族の集団が唐に属し，辺境で活躍した。当初蕃将は皇帝との個人的紐帯を強めて禁軍職についたが，玄宗期には辺境の節度使職につくようになり，軍事力が地方に集まることになった。

　領土の拡大と辺境の戦闘の長期化は，文学にも影響を与え，辺塞詩（辺境地帯に言及した詩）が盛んに詠まれた。王維の詩「送元二使安西」には，漢人官吏として安西（クチャ）に派遣される元氏が登場し，「西出陽関無故人」（西のかた陽関を出れば，知り合いもいない）とうたわれる。安西は唐の領土ではあるものの，陽関よりも西は辺境であり非中国地帯なのであった。

④ 安史の乱勃発

▷13 ソグド人 ⇨ Ⅴ-4

　このような状況の下で登場した蕃将の一人が安禄山である。安禄山は**ソグド人**[13]の母と突厥人の父の間に生まれ，六種類の言語を操りながら非漢族世界と漢族世界の交わる営州，幽州を拠点に，ソグド人のネットワークを利用しつつ仲介業者として，そして軍人としても活躍した。さらに彼は中央に参内するたびに時の皇帝である玄宗と楊貴妃に取り入り，玄宗の恩寵によって中国東北の軍政を一手に担うことになった。742年に平盧節度使に任じられ，744年には范陽節度使，さらに751年には河東節度使という三節度使を兼任することになったのである。この三節度使の兵に加えて安禄山は，仮父子関係を結んだ奚，契丹などからなる私兵集団や，元突厥の精鋭部隊であった同羅などさまざまな諸部族を配下に置き，着実に自らの軍事力を養ったのである。

　ところが楊貴妃の一族である楊国忠が宰相の位につくと，楊は安禄山をライバル視して追い落としをはかろうとした。それが直接の原因かどうかはわからないが，755年の冬，安禄山は盟友の史思明とともに，時の宰相・楊国忠を排除するという名目で突如蜂起したのである。軍はまたたくまに洛陽を陥落させ，安禄山は大燕皇帝（燕＝北京地域の雅名）を名乗った。安禄山軍はさらに西進し，関所の潼関を破って長安を陥落させた。長安陥落の直前に玄宗は四川の成都に逃げたが，途上で楊国忠と楊貴妃は乱の責任を兵士に咎められて殺されてしまった。一方で皇太子は朔方節度使の本拠地である霊武に向かい，そこで即位して唐軍の立て直しをはかったのである（粛宗）。

⑤ ウイグルと安史の乱

▷14 ウイグル
テュルク系の遊牧民族で6世紀末頃に初めて史料に現れ，744年から840年までモンゴル高原を支配した。ソグド文字を改良したウイグル文字を使用し，マニ教を国教とした。帝国崩壊後にウイグル人が南下し，中央アジアのトルコ化を推進した。

　未曾有の危機に際し，粛宗は諸国に救援を求めた。救援に応じた中で最大の勢力が，**ウイグル**[14]である。ウイグルはトルコ系の遊牧民で，元々は突厥の配下にあったが，突厥第二帝国が弱体化すると台頭し，744年にウイグルの初代可

汗が即位し，モンゴル高原を支配するに至っていた。第２代可汗の磨延啜（葛勒可汗）は唐と婚姻関係を締結するなどして唐の宗室との関係を強化し，唐軍とともに安禄山軍を攻撃して長安・洛陽を奪還したのである。

　その後，乱の情勢は目まぐるしく変化した。腫瘍と眼病を患いノイローゼとなった安禄山が757年に息子の安慶緒に暗殺されると，その２年後に安禄山の盟友史思明が安慶緒を殺して大燕皇帝の位につき，再び洛陽を奪還した。しかし761年に史思明は息子の史朝義により殺されてしまった。

　この頃，上皇の玄宗と皇帝の粛宗が相次いで亡くなった。史朝義はこれを好機と捉えてウイグルの第三代可汗である牟羽可汗に協力を求め，なんとウイグルは唐を攻めることを決定したのである。しかし唐側はすんでのところでウイグルの説得に成功し，唐・ウイグル合同軍は史朝義の拠点である洛陽を奪還した。763年正月に史朝義は自殺し，ついに安史の乱は収束をみたのであった。

❻　安史の乱の意義

　こうして安史の乱は収束したが，唐は領土の大幅な縮小という大きな代償を払うことになった。また，律令国家や羈縻体制といった体制は事実上崩壊していたが，安史の乱はその現実を否応なく唐につきつけ，国家体制の根本的見直しをせまることとなったのである。

　では，安禄山はどうして反乱を起こすことになったのであろうか。中国史の文脈では，玄宗皇帝の恩寵をめぐる宮廷での争いが原因であるとする見方や，魏晋南北朝時代にまで遡る関中地域（唐の本拠地）と河北地域（安禄山の本拠地）との対立が背景にあるとする見方など，様々な解釈がある。確かにそのような見方も成立するであろうが，一方で安史の乱の特徴の一つは，安禄山側も唐側も様々な集団が参加していた点にあり，特に唐側へ加勢した大食はアッバース朝に弾圧されてソグディアナに逃げていた武装集団であったという指摘がある。このような多様な人々の参加は，突厥の崩壊やササン朝からアッバース朝への交代など，７世紀以来起こっていたユーラシア規模の人の移動が背景にあるはずであり，安禄山の反乱とはそのような人の移動の活発化をうまく利用した結果である，というのが稲葉穣氏や森部豊氏の指摘するところである。

　また森安孝夫氏はユーラシア史の視点から安史の乱の再評価を試み，10世紀以降には少数の遊牧民勢力が大人口の農耕民・都市民を支配するというタイプの国家（遼や五代の沙陀系の諸王朝など）が登場するが，安禄山の「乱」とはそのようなタイプの国家を目指そうとする先行例である，とする。

　安史の乱の意義は，東アジアのみならず，より広い視点から考えなければならないのである。

（岩尾一史）

3 唐の国家制度の整備

1 均田制・租調庸制・府兵制

　均田制[1]は農民に土地を均等に授与し，かわりに税として租（粟）・調（絹や麻）庸（力役または絹・麻）などを徴収するもので，北魏時代には女子や奴婢・耕牛にも支給されていたものが，唐では成人男子のみに限定して実施された。

　この制度はもともと一般農民たちをその生産手段も含めて管理統制し，国家統治に転用するための制度で，兵制ともつながっており，農民らは農閑期に兵士として徴兵され，折衝府で教練された。これが**府兵制**で，唐前半における軍の主力はこれら農民兵であった。

2 中央官制—三省六部制

　唐代の官制【図Ⅴ-3】は，隋の三省六部制を継承した。三省とは，皇帝の秘書役を果たす中書省と，貴族勢力の意思を代表する門下省，六部を属下にして政策を実行する尚書省を指している。詔勅の原案は，皇帝の諮問を受けて中書省で立案されたあと門下省に回され，門下省はこれを審議し，もし貴族の承認を得られない場合は差し戻された（「封駁」）。門下省で承認されると，皇帝の最終的な裁可を経て正式な詔勅となり，尚書省に回されて実行された。その間のやりとりの痕跡は，現存する**告身**（辞令書）など詔勅の実例に残されている。つまり唐朝においては，皇帝の命令はそれのみでは正式な命令とはならず，貴

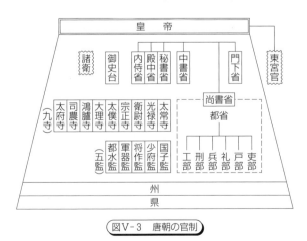

図Ⅴ-3　唐朝の官制

出典：愛宕・冨谷（2009）。

▷1　均田制 ⇨ Ⅳ-2

▷2　府兵制 ⇨ Ⅳ-2

▷3　告身
隋唐時代，任官時に朝廷から官僚に与えられた辞令書。もらった官僚は引退までの告身を保存しておき，場合によっては刑罰を軽減するのにも使われた。官職の高下によって形式は異なり，顔真卿の「自書告身帖」のようにいくつかの現物が残されている。

▷4　身・言・書・判
身なり，言葉遣い，楷書体，判決文を指し，特に前二者は地方出身の受験生にとって不利であった。

▷5　武周革命
第三代高宗の皇后武氏は，息子の中宗を廃位，睿宗を傀儡としたのち，中国史上唯一の女帝として即位し，神聖皇帝と称した。この事件を武周革命と呼ぶ。非貴族出身者を積極登用し，死後，「大聖則天皇后」と諡され，一般には則天武后や武則天と呼ばれる。

族の承認を得てようやく命令となったことを意味しており，当時の政治は，皇帝と貴族との合議政治であったといえる。

尚書省の下には吏，戸，礼，兵，刑，工の六部という実施機関が置かれ，それぞれ文官人事，財政，祭祀・外交・文教，軍事，司法・刑獄，土木を担当したが，さらに漢代以来の九寺五監も置かれた。これは北朝と南朝の制度が組み合わされたものであり，同じような職務を行う官署が複数存在していた。

❸ 科挙制

中国を統一した隋の文帝は，試験によって官僚を登用する科挙（貢挙）を実施した。唐もこれを引き継ぎ，主要な三科のうち秀才科は早くに衰え，儒教の知識を問う明経科と，文学の才能をみる進士科とが行われ，やがて後者が主流となっていった。

しかし唐代の科挙【図Ⅴ-4】は，受験資格が学校の学生か，地方から推挙された者（「郷貢」）だったが，都にある学校は高級官僚の子弟のみが入学でき，郷貢も多分にコネが作用した。さらに受験生は試験前に試験官へ自作の詩文を進呈できるなど，事前運動が認められており，総じて有力者の子弟に有利な制度だった。

加えて科挙自体は礼部が実施する官僚資格試験で，そのあとに吏部による採用試験があり，「**身・言・書・判**」[4]の貴族的な要素を問われたから，吏部を牛耳っていた貴族らに認められなければ，実際に官僚となるのは難しかった。

また，父祖の地位に応じて子や孫を官に就ける恩蔭（任子）の制が広範に維持され，官僚未満の流外官（吏職）から昇進するルートもあったから，科挙以外の出身者の方が数多く存在していた。唐代前半における科挙は，あくまでも官僚登用の一手段にすぎなかった。

しかし，他に比して圧倒的に高難易度の試験をくぐり抜けてきた科挙官僚は，やがて官界で一目置かれる存在となり，**武則天による武周革命**[5]はその流れに拍車を掛けた。やがて科挙官僚がそれなりの政治的地位を持つようになると，高級貴族の子弟たちからも，科挙を受ける者が出現するようになる。

❹ 律令制の本質

以上の諸制度は法令のかたちで整備され，「律令」のうち「令」として編纂された（律は刑法，令は行政法）。唐では高祖朝の武徳令以来，幾度か改訂され，玄宗朝の開元二十五年令が最も完備された**唐令**（『**唐令拾遺**』）[6]だとされる。唐の律令は整然と整えられた法令で，前代からの試行錯誤を経て，貴族制による支配体制を保障するものだった。したがって，その完成期であった玄宗朝では，唐初のような貴族制下の支配体制が崩れつつあり，すでに律令の内容と現実とが乖離しつつあったことは注意されるべきである。

（藤本 猛）

図Ⅴ-4 唐の科挙制度

出典：小島（2005）。

▷6 『唐令拾遺』
唐令は早くに散逸してしまったため，日本人の仁井田陞は諸書から令の断片を集めて唐令を復元した。その後これを補訂する『唐令拾遺補』も作られ，両書はこの分野の研究に必携の書となった。さらに近年，宋代「天聖令」が発見され，その中に唐令の一部が残されていたことが話題になった。

4 唐の国際性

1 ソグド人と三夷教

　唐は国際色豊かな王朝であった。胡漢文化融合の**北朝**[41]の流れを継承した唐では，**突厥**[42]を代表とする遊牧世界と内陸アジアを支配下に組み込むことにより，西方に開いた世界が誕生した。そこにイラン系**ソグド**[43]の商業民が「胡風」の文化を持ち込んだのである。

　ソグド人とは，中央アジアのザラフシャン川中流域の諸都市国家【図Ⅴ-5】に居住していた人々である。彼らの居住地域はユーラシア大陸の東西通商路の結節点に位置しており，ソグド人たちは遅くとも前2世紀頃から東西に進出して商業ネットワークを広げた。その活動は商業にとどまらず，通訳，国家の相談役，護衛，武将などあらゆる方面にわたった。彼らは中国に入ると，サマルカンド出身であれば「康」というように，出身都市によって特定の中国姓を名乗るのが通例であった。中国地域にも多くのソグド人が移住していたことは，伝世の文献や各地で発見されたソグド人の墓からもわかる。

　ソグド人が持ち込んだ中央アジア風の文化は胡風として中国で受け入れられた。長安ではソグド風ダンスの胡旋舞や胡騰舞が披露され，貴族たちはソグド風ファッション（胡服）を愛用した。また当時中国で普及し始めた粉食（小麦粉を使った料理）が流行り，長安の公設市場には小麦粉屋が軒を連ね，餅食（パン，ナン）がもてはやされた。この時期の小麦粉の需要は大きく，小麦を挽くための水車が川沿いに大量に設置され，川の流れが阻害されるほどであった。

　外来宗教もソグド人をはじめとする非中国人によって中国地域に持ち込まれ，当時世界宗教であったゾロアスター教（祆教），マニ教（摩尼教），景教（東シリア教会のキリスト教，いわゆるネストリウス派）は，三夷教と呼ばれた。

　ソグド人によって持ち込まれたゾロアスター教は，各地に教会と祠（祆祠）が建てられた。信者は基本的にソグド人やペルシャ人であり，各教団のトップはソグド人商隊長である薩宝（サルトポウ）が任じた。景教はシリアに拠点を置き西・中央アジアで流

図Ⅴ-5　ソグディアナのオアシス都市

出典：森安（2016）。

行したが，太宗のときに中国へ伝来し，高宗のときに各州に景教の寺院を建立することが許された。長安には波斯寺（後に大秦寺）が建てられ，中国人にも多数の信者を得たという（**大秦景教流行中国碑**）。また3世紀にマール・マーニーにより創始され，ローマ世界では一時期キリスト教と覇権を争うほどに流行したマニ教は，遅くとも694年には中国に伝道され，中国人の間にも信者を得た。

しかし三夷教は894年の武宗の外来宗教迫害によって打撃を受け，信者は南方に逃れて信仰を続けた。特にマニ教は江南にその拠点を移し，14世紀頃まで残った。驚くべきことに江南で作成されたマニ教絵画が日本に持ち込まれ，現在まで保存されていたことが最近の研究で明らかになっている。

❷ 遣唐使

唐の**冊封体制**のもと，国際都市の長安には周辺国家の使節団が到来した。使節団には多くの商人や留学生が同行したのであり，日本も例外ではなかった。最澄や空海，吉備真備など有名な留学生たちはみな遣唐使とともに入唐して大量の書物や文物，そして最新の知識を日本に持ち帰った。唐末の入唐僧円仁は，その行程の詳細な日記を残しているが，ちょうど武宗の外来宗教迫害下の中国を記録している（『入唐求法巡礼行記』）。

2004年，日本人留学生の墓誌が発掘されて話題になった。井真成というこの留学生はおそらく10回目の遣唐使のときに入唐したが，734年，36歳で病死したという。井真成は墓誌が発見されるまで存在すら知られていなかったのであり，同じように唐にわたった日本人は我々が知る以上にいたのであろう。　（岩尾一史）

❸ ムスリム商人の来華

唐代中国には中東のムスリムも多く到来した。漢文の記録には，高宗のとき（651年），第三代カリフ・ウスマーンから派遣された使節のことが見える。この使節にムスリムが含まれていたとすれば，これがムスリム来華の最初の記録といえる。また，漢文の諸記録は，海路中国に到達したアラブ・ペルシア系のムスリム商人が，8世紀後半の揚州に相当数逗留していたことや，9世紀前半の揚州，広州，泉州に来集していたことを示唆する。加えて，9世紀半ばまでのインド・東南アジア・中国，およびその海域に関する，ムスリム海商の見聞を記した，アラビア語史料『中国とインドの諸情報・第一の書』（851〜852年成書）には，広州に居留するムスリム海商たちが，広東市舶使が任命したムスリム代表者のもと，イスラーム法にもとづく自治を行っていたことを伝える。また，同書の補遺『第二の書』（915〜943年の間成書）は，**黄巣の乱**で，広州の，ムスリムを含む12万人の外国人が殺害されたと記し，来華ムスリム海商の輻輳を物語る。逆に，『**経行記**』は，アッバース朝の最初の都クーファに，漢人の職人が存在したと報じる。　（中西竜也）

▷4　**大秦景教流行中国碑**
781年，景教の流行を記念して建てられた。明末に偶然発掘され，それ以来特に西洋において中国におけるキリスト教関連の史料として知られるようになった。原碑は西安にあるが，模造の石刻碑が作られ，ヴァチカンや京都大学博物館などに保存されている。

▷5　**冊封体制**
唐は，周辺勢力を羈縻支配（⇨Ⅴ-2）によって間接的に統御したほか，その外側の諸国の幾らかについては，南北朝同様（⇨Ⅳ-4），朝貢関係を結ぶことで，中国を中心とする緩やかな国際秩序に組み入れた。ただし，遣唐使を派遣した日本は，唐からの冊封は受けていない。

▷6　**黄巣の乱**　⇨Ⅵ-1
▷7　**『経行記』**
タラス河畔の戦い（751年）でアッバース朝軍の捕虜となった杜環が，当時の都クーファに連行される道すがら見聞したことを記録したもの。杜佑『通典』などに引用されて一部が残る。

5 唐代における王羲之尊重と書文化の日本への伝播

▷ **1　南朝以来の貴族文化**
孔穎達らが太宗の勅命を奉じて編纂した『五経正義』においても，南朝の学説が多く採用された。
▷ **2　王羲之** ⇨ Ⅳ-5

▷ **3　太宗と書**
太宗の書としては，王羲之書風を体現した「温泉銘」など行書碑が名高い。フランスのペリオが敦煌で発見した，653年の紀年をもつ本碑の唐拓本が，現存最古の拓本として知られる。

▷ **4　「蘭亭序」**
353年，蘭亭で流觴曲水の宴を催した際に作られた詩集の序文。遒媚勁健な書風で，書法史上屈指の劇蹟である。太宗が入手する経緯は「賺蘭亭」の故事で知られる。褚遂良『右軍書目』に著録されるも，真蹟は昭陵に殉葬されたといわれ，臨摹本や刻本で伝えられた。『晋書』王羲之伝は太宗自ら論賛を加えており，更に「蘭亭」全文を収録する。『万葉集』「梅花歌 卅二首」の序には，雅会という舞台設定や「忘言一室之裏」「快然自足」との表現に，その影響が垣間見える。また，『遍照発揮性霊集』によれば，空海が9世紀初頭に入唐したのち，嵯峨天皇に「蘭亭碑」を献上しており，拓本の存在と流通が認められる。

▷ **5　太宗の書文化政策**
門下省に弘文館を設置し，

唐代文化の特徴は，豊かな国際性とともに，**南朝以来の貴族文化**[41]が継承され更に発展したことにある。書もまた同様であり，太宗の推進した文化政策によって，南朝を通じて尊崇された**王羲之**[42]が絶対的地位を獲得し，その書の権威化は唐代のみならず，のちの書法史の趨勢をも決定づけた。また，唐の書文化は日本にも移入され，当時の日本の書に多大な影響を与えることになった。

1 唐太宗による王羲之書法の尊重と「初唐三大家」

「貞観の治」を現出し，自らも書をよくした**太宗**[43]は，歴代書人の中でも王羲之の書を酷愛し，「善を尽くし美を尽くし」た最高の存在として位置づけた（『晋書』王羲之伝）。また，国家事業として王書の大規模な蒐集が行われ，南朝以来の名蹟の大半が唐朝の所有に帰したという。中でも，楷書「楽毅論」と行書「蘭亭序」[44]【図Ⅴ-6】は，太宗の最も誇るべき名品であった。太宗は蒐集にあたり，魏徴（580〜643）や虞世南（558〜638），のちには褚遂良（596〜658）に書蹟の鑑定・整理を命じるとともに，搨書人の馮承素らに真蹟をもとに精巧な複製を作らせ，更に諸王や功臣たちに下賜した。この「皇帝の王書尊崇→蒐集→鑑定・整理→複製→下賜」というフローによって権威づけられた王羲之の書蹟が，唐朝だけでなく，日本など周辺諸国にも伝播していったのである。

太宗の書文化政策[45]を支えた重要な人物として，欧陽詢（557〜641）・虞世南・褚遂良，すなわち「初唐三大家」が挙げられる。彼らは王羲之の正統を奉じ，またそれぞれが完成された楷書表現によって唐代楷書の典型を示した。欧陽詢，虞世南はともに南朝陳に生まれ，特に虞は，王羲之7世の孫の智永より直接筆法を授けられたといい，「孔子廟堂碑」が有名である。欧陽詢は，王法を基礎としつつも「険勁」と評される新書風をうちたて，中でも「九成宮醴泉銘」【図Ⅴ-7】は楷書の最高の模範とされた。また，彼の書名は存命中より国外にまで聞こえ，日本にも真蹟が将来されている。褚遂良は，前述のように膨大な王書の鑑定を行い，『右軍書目』を著した。また，大慈恩寺の大雁塔にある「雁塔聖教序」は，王羲之の「媚趣」を得たと評される婉美な書風で名高い。

図Ⅴ-6　神龍半印本「蘭亭序」

出典：全国大学書道学会（2020）。

太宗が推進した王羲之を尊重する書文化は，その後も継承される。672年には，僧懐仁（えにん）によって内府所蔵の王書から集字した「集王聖教序（46）」が作られ，その拓本は大いに流行した。武則天の時代には，697年に王氏一族の王方慶が家蔵の王氏歴代の真蹟を進上した。真蹟はのち返却され亡佚するも，その際に作製されたという摹本（もほん）が『万歳通天進帖（ばんざいつうてんしんじょう）』として現存している。

② 日本における唐代書文化の受容

遣隋使を引き継いで630年に始まった遣唐使（47）は，8世紀に入り日本が「朝貢」する形式をとるようになって安定期を迎える。これにともなって，唐の文物や制度が積極的に移入された。書もまたこの流れを受け，遣唐使や吉備真備（きびのまきび）（48）ら留学生，また空海ら学問僧を通して，唐代書文化の精粋が多数齎され，盛んに鑑賞・学習されることによって，日本の書文化を形成していった。日常的書写空間で使用された木簡においてさえ，8世紀になると，それまでの「奇古」な書風から，整斉で端正な唐代書風への移行が確認できると評される。

唐より舶載された豊富な文物は，正倉院の宝物や『東大寺献物帳（とうだいじけんもつちょう）（49）』などにより確認できる。献物帳の第一「国家珍宝帳」に，「搨晋右将軍王羲之草書巻第一」以下，王羲之の「書法廿巻（にじっかん）」がある。これらはすべて搨摹本であり，前述した太宗の書文化政策によって量産された王書の一部と考えられている。なお，現存する「喪乱帖（そうらんじょう）」【図V-8】「孔侍中帖（こうじちゅうじょう）」は，「書法廿巻」の断簡と推定され，当時の複製技術の高さを如実に物語る。

正倉院には褚遂良の書風が看取できる聖武天皇「雑集」や，光明皇后「楽毅論」【図V-9】「杜家立成雑書要略（とかりっせいざっしょようりゃく）」が収蔵されている。「楽毅論」は，744年に王羲之「楽毅論」を光明皇后が臨書したものであり，王書の中でも正書第一と称され，唐代に複製が作られたという「楽毅論」が日本まで伝播し，実際に学ばれていたことを示している。また，当時「楽毅論」など王書が学書の対象となっていたことは，「地下の正倉院」とも称される平城宮木簡の習書簡や，正倉院文書の落書によっても証明できる。更に『万葉集』には，「定義之（さだめてし）」「結大王（むすびてし）」など，「てし」に「手師」たる王羲之（大王は羲之のこと）をあてたものが散見する。このように，当時の日本において王羲之は広く深く浸透していたのであり，その背景に，前述した唐代の最先端の書文化が厳然として存在していたのである。

（増田知之）

図V-7　欧陽詢「九成宮醴泉銘」

出典：全国大学書道学会（2020）。

欧陽詢・虞世南を招いて貴族の子弟に楷法を教授させた。また，科挙では遒美な楷書を求めた（⇨V-3）。更に，顔師古に作らせた『五経定本』により，五経の文字の字体が統一された。

▷6　「集王聖教序」

本碑の出現はのちの集王碑・行書碑の流行を招来したが，王羲之書法の通俗化・形骸化をも惹起したとされる。

▷7　遣唐使 ⇨V-4

▷8　吉備真備

吉備真備は帰国後の735年，「種種書跡」を聖武天皇に献上した（『扶桑略記』）。また，754年に渡来した鑑真も，王羲之・王献之の「真跡」を献上した（『扶桑略記』『唐大和上東征伝』）。

▷9　『東大寺献物帳』

756年から758年にかけて，聖武天皇の遺愛の品を東大寺盧舎那仏（るしゃなぶつ）に奉献した際の目録5種の総称である。

図V-8　王羲之「喪乱帖」

出典：全国大学書道学会（2020）。

図V-9　光明皇后「楽毅論」

出典：全国大学書道学会（2020）。

1 安史の乱以降の唐朝

1 安史の乱の終結と藩鎮

　755年から足掛け 8 年続いた**安史の乱**▷1 は，最終的に唐側の勝利に終わったが，唐も大きな代償を払うことになった。唐はウイグルに対して援軍を要請し，その見返りとして大量の絹の支給や公主を降嫁することを余儀なくされ，乱が終結してからも増大するウイグルの要求に応え続けた。一方，西域，隴右では，吐蕃が混乱の隙をついて徐々に領地を獲得し，ついに西域の南半分と隴右は全て吐蕃の支配下に入った。安史の乱以降，唐は北・中央アジアへの影響力を著しく衰えさせたのである。

　国内の体制も大きく変わった。辺境防衛のために設置された**藩鎮**▷2 （節度使や観察使，防御使など）が内地にも置かれ，地方に軍事力が蓄えられた。特に乱の根拠地となった河朔三鎮（盧竜，成徳，魏博節度使）【図Ⅵ-1】は，租税を納めず官吏を勝手に任命するなど独立的地方政権として振る舞った。

　著しく勢力を縮小した唐朝であるが，しかし次に述べるように財政的には南の豊富な物資によって支えられながら，自らの国家体制を変化させることによって，さらに 1 世紀近く存続したのである。

2 唐の変質▷3

　律令国家の基盤である**均田制・租調庸制**▷4 は，玄宗の頃に崩壊し始めていた。重税に苦しむ農民が戸籍から逃れ（逃戸），貴族や官僚の荘園に囲い込まれる（客戸）事態が起こっていた。国家が管理しない大土地所有が広がり，そして安史の乱後には租調庸制はもはや機能しなくなっていた。そこで宰相の楊炎は780年，現有の土地の広さに応じて夏と秋に納税する両税法を導入したのである。

　またそれに先立ち塩の専売がはじまった。専売は安史の乱中の756年に江淮地方にて始まり，その効率のよさから758年に全国で実施されて，江南の物資を運河経由で運搬する経費に充てられた。

　租調庸制に代わる新しい税制—両税法，塩の専売，

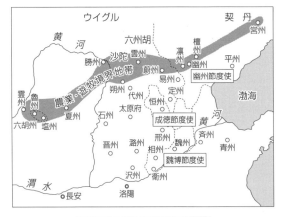

図Ⅵ-1　9世紀前半の河朔三鎮

出典：森部（2013）より転載。

そしてその他の目的税—の導入によって国家財政は維持され，そして新体制を支えるために財務に関係する三司（塩鉄転運使，度支，戸部）が重視されるようになる。南の経済力でもって北の軍事を賄う構図がこうして完成した。国家財政を背景にした唐は，公然と対抗する藩鎮への軍事的対策のために，募兵によって皇室の家兵組織である**北衙禁軍**◁⁵を強化した。その結果，憲宗期には藩鎮や吐蕃など対外勢力と対抗する力を再び身につけ，河朔三鎮を除く藩鎮は唐に帰順したのである。

　官制も大きく変化した。玄宗期には時代の変化に合わせて新官職（令外の官）が創設されたが，節度使，観察使や塩鉄使などがその例であり，彼らは裁量によって自分の部下である幕僚を組織した（辟召）。これにより門蔭，科挙に加えて第三の任官ルートが登場し，官僚階層の流動化が進んだ。ただしこの頃から官僚同士の連携や党派的団結が生まれ，ついには官僚同士の党争に発展して政治が空転する事態にまで至った（**牛李の党争**◁⁶）。

　宦官の著しい政治進出も唐後半の特徴である。宦官は皇帝の意思を伝える連絡係として起用され，機密を扱う枢密院や軍隊の監査を行う監軍使，また禁軍の中心部隊である神策軍を宦官が管理して軍事力をも把握するに至った。文宗は宦官打倒を企てたが，事前に露見したために失敗した（835年，甘露の変）。そして宦官の勢力はむしろ盛んになりついには皇帝の地位まで左右したのである。

③　社会不安

　南に財政を頼る構図のもと，物資の徴収は次第に過度になり，社会へは不満が蓄積した。塩の専売は国家財政の根幹となったが，塩の末端価格は高騰して当初の30倍を超えるまでに至り，塩の密売が盛んに行われるようになっていた。また藩鎮では待遇を不満とする兵士たちが相次いで反乱を起こし，特に868年の龐勛の乱は華中から華南を巻き込む広範囲へ影響を与えた。

　社会不安が深刻化するなか，873・874年に黄河下流域で起こった凶作と蝗害をきっかけとして，河南省の東にて塩商人の王仙芝が反乱を起こし，翌875年に黄巣が合流して，各地を転戦しながら不満分子を吸収して大軍となった。王の戦死後は黄巣が指導者となり，ついに880年には長安を獲得して自ら帝位につき大斉と名乗るまでに至った（黄巣の乱）。しかし，確たる国家ビジョンを持たなかったために迷走をはじめて徐々に唐側に追い詰められ，884年の黄巣が自殺したことにより乱は収束した。

　しかし唐朝もかつての栄光を回復することはできず，乱の平定に功績があった朱全忠（朱温）や**李克用**◁⁷など軍閥が相争う時代に入った。朱全忠はまず902年に長安の宦官を皆殺しにし，さらに905年には滑州白馬にて高官の貴族たちを黄河に放り込んで溺死させた。魏晋時代以来続いてきた貴族制はここに終焉したのである。

（岩尾一史）

▷5　北衙禁軍
宮城の北に駐在した皇帝の近衛軍。南衙禁軍は南側に駐在した。唐後半期には，府兵制を基盤にする南衙禁軍が有名無実となる一方，募兵による北衙禁軍は増強され，特に神策軍は唐後半の主力軍隊へと成長した。

▷6　**牛李の党争**
⇨Ⅵ-6

▷7　**李克用**　⇨Ⅵ-3

安史の乱と吐蕃

① 吐蕃の勃興と安史の乱

　唐一代を通じた最大のライバル国家である吐蕃は，5世紀末から6世紀初に突如としてチベット高原を統一した新興国家である。ヤルルン渓谷を本拠地としたプギェル氏は他の氏族と同盟を結んでラサ周辺に進出し，羊同，蘇毗といった異民族集団を支配下に入れ，6世紀半ばにはワッハーン～タリム盆地と青海地域への進出を開始した。618年，唐と吐蕃の最初の軍事的衝突が松州で発生して以来，両国は戦闘を繰り返した。7世紀後半の一時期には吐蕃がタリム盆地に進出したが，その後その地は唐に取り戻され，8世紀半ばまでは両国の支配領域が大きく変化することはなかった。唐は河西地域とタリム盆地周辺を支配する一方，吐蕃はかつて**吐谷渾**の地域であった青海地域を支配下に入れたものの，唐軍によってそれ以上の勢力拡大を阻まれていたのである。

　しかし755年に勃発した**安史の乱**を契機に，両国のパワーバランスは大きく変化した。安史の乱を境に唐の中央アジア地域への影響力は大きく低下したのであるが，それとは逆に吐蕃は広大な領域をもつ多民族国家へと成長したのである。安史の乱勃発とともに唐の精鋭は中央アジアから内地へと戻ったが，その隙に吐蕃はその支配領域を広げ，タリム盆地の南辺諸都市と河西地域を手に入れた。

　さらに吐蕃の前線軍は固原から隴山山脈の西側に常駐して度々長安近郊に迫り，763年には長安を二週間占領するにまで至った。さらに，安史の乱以前には両国の境は赤嶺（青海省）【図Ⅵ-2】に置かれていたのだが，以後には長安から西へ向う通路の関所が置かれた隴山（陝西省と甘粛省の間）にまで迫っていたのである。

　唐はその領域を大きく削られただけでなく，軍馬の生産地であった隴右地域を吐蕃に奪われてしまい，それ以降唐は，**ウイグル**から軍馬を輸入せざるを得なくなった（**絹馬貿易**）。安史の乱以降に唐の対外軍事行動が振るわなくなった理由の一つは，隴右地域を失ったことにもあるのである。

安史の乱以降，唐はウイグルから馬を受け取る代わりに絹織物を差し出した。馬の価格は高額でウイグルから強制された貿易という見方が支配的であったが，実際には唐にも軍馬の需要があったことが判明している。

図Ⅵ-2　赤嶺の日月山

出典：筆者撮影。

②　両国の外交

　唐と吐蕃は断続的に戦争状態にあったとはいえ，両国は皇室同士の婚姻によって外交チャンネルを保持していた。婚姻関係を結ぶことは，唐からみると和蕃公主政策の一環であり，吐蕃からみると皇室と他の氏族との紐帯を強めるための母方のオジ＝オイ関係（舅甥関係）の構築でもあった。唐から吐蕃の皇室に輿入れした文成公主と金城公主の二人によって，両国は常に「舅甥」の関係を意識して外交を進め，時には公主自らが仲介役を買って出ることもあったのである。

　両国の和平交渉が首尾よくいけば盟約を結び，国境を画定している。記録に残るだけでも合計7度の盟約が結ばれ，821年には両国最後の盟約が結ばれた（長慶会盟）。この時，締結を祈念して両国の首都に碑文が建てられ，盟文の概要がチベット語・漢語の両方で刻まれた。長安に建てられた碑文は失われてしまったが，チベット自治区のラサにはこの時の碑文が現存し，**唐蕃会盟碑**【図Ⅵ-3】と呼ばれる。

図Ⅵ-3　唐蕃会盟碑

出典：筆者撮影。

③　吐蕃の躍進

　長慶会盟以降，吐蕃の崩壊（842年）に至るまで両国には約20年の間，目立った戦争は起きなかった。その点においてこの盟約は両国の外交史上重要な意義を持つのであり，唐もそれを認識していたようで，この盟約の過程についての詳細な記録が『新唐書』などに残されている。しかしそれにもまして重要なのは，この盟約に対する吐蕃側の意図である。

　安史の乱以降，唐が吐蕃の伸長を看過していたわけではなく，780年頃からウイグル，南詔と提携して吐蕃を包囲する作戦を進行した。この作戦によって黄河の屈曲地帯に進出していた吐蕃軍は徐々に押し戻され，また四川地域に進出した吐蕃軍も唐に大敗を喫したのである。

　唐の包囲網に対し，吐蕃は外交によって対処した。吐蕃は密かにウイグル，南詔，そして唐と個別に和平交渉を進め，そして見事に3つの盟約を成立させた。つまり吐蕃側からすると，唐との長慶会盟とはその3つの盟約のうちの1つに過ぎないのである。

　翻って考えると，吐蕃の勢力拡大は，安史の乱という唐の「敵失」に乗じたものであった。しかし780年代以降におこなわれた唐の対吐蕃軍事・外交戦術に対して，吐蕃は自らの外交術によってその危機を脱した。吐蕃という新興国家の拡大と成熟は，唐という敵国があってこそ実現したのである。

（岩尾一史）

▷5　唐蕃会盟碑
823年に建立された碑文で，ラサのジョカン寺院前に現存する。長慶盟約の要約や，盟約に参加した両国の高官の名がチベット語と漢語の両方で刻されている。歴史史料としてだけでなく，当時の漢字の発音を知る音韻資料としても有名である。

3 五代と遼

1 黄巣の乱

安史の乱以後，唐王朝は塩の専売収入を重要な財政源としたが，これは塩の密売を招くこととなった。その塩の密売人である黄巣が875年に起こしたのが**黄巣の乱**である。当時の唐の領域のほぼ全域を巻き込み，都の長安も一時占拠された後に884年に乱は鎮圧されたが，唐王朝はこの乱で事実上滅亡したとも評される。

乱の鎮圧には，現在の河南省開封市を本拠地とする宣武軍節度使の朱温や，山西省太原市を本拠地とする河東節度使の李克用が活躍した。彼らが次の**五代**につながる勢力となっていく。

2 後梁

五代第一の王朝後梁は，朱全忠（後梁太祖）が創建した王朝である。朱全忠とは朱温のこと。朱温は元々黄巣の一味であったが後に唐に帰順し，その忠義を称えられて「全忠」の名を賜った。その朱全忠がライバルの李克用を劣勢に追い込むと，実力で事実上唐を乗っ取った上で，907年に自ら皇帝となり最終的に唐を滅亡させた。朱全忠はその間に宦官や貴族の虐殺も行っており，現在の視点からは残虐極まりない。だが唐後半期の主要な政治勢力を一掃したという点では，宋代以降の士大夫階層出現を導く象徴的な事件でもある。

後梁の都は朱全忠の即位以前からの根拠地だった開封である。開封は洛陽や長安に比べて伝統的権威に欠けるが，大運河が通じる流通上の要衝であった。後梁が開封を都としたことは，五代に続く北宋も開封を都とする遠因となるが，巨視的には中国王朝の財政重視化の象徴でもある。

3 後唐・後晋・後漢・後周【図VI-4】

五代第二の王朝後唐の初代皇帝は李存勗（後唐荘宗）だが，事実上の建国者はその父李克用である。彼らは**沙**

図VI-4　五代十国

出典：松丸ほか（1997）。

陀というトルコ系遊牧民に出自し，李姓は唐から皇室の李姓を賜ったもの（元来は朱耶氏）。李克用は唐の滅亡後も唐から授かった晋王の称号を使用し唐の年号（天祐）を用い続け，唐の復興を目指す立場を示して後梁と対抗した。908年に後を継いだ李存勗も923年に皇帝を称するまで同様であり，皇帝と称した直後に後梁を滅ぼした。

　これに対し，後唐以降の後晋・後漢・後周は全て前王朝の有力武将が節度使等の立場から皇帝となっている。そのため国家体制はかなり踏襲されており，これは北宋も同様だった。その点で，後唐から北宋（特にその初期）までを一連の王朝ともみなせる。なお後唐・後晋・後漢の皇帝はみな沙陀に出自し，後周・北宋もその影響を受けているため，「沙陀国家」と一括することもある。

　後唐から後周にかけての皇帝の中で特筆すべき者として柴栄（後周世宗）がいる。柴栄は，後周の初代皇帝郭威（後周太祖）の妻の甥に当たる人物である。柴栄の事業は多岐にわたり，それは続く北宋の礎となった。ここでは北宋に受け継がれる兵権の中央集権を図る改革の一環として，従来からの禁軍である侍衛親軍のほかに皇帝直属の性格がより強い殿前司を強化したことのみを挙げておく。そして，その殿前司のトップが趙匡胤（北宋太祖）であった。

❹ 五代と遼（契丹（キタイ））

　五代の歴史に大きな影響を与えたのが次節で詳述する遼（契丹）である。唐末の905年に耶律阿保機（後の遼太祖）が李克用と義兄弟となった一方，阿保機は李克用・李存勗父子を後梁と挟撃する態勢もとった。李存勗が最終的に皇帝を称したのも，遼と後梁に挟撃され追い詰められた側面がある。その直後に後梁が滅亡すると，以後は遼と「沙陀国家」の対峙が遼と北宋まで継続し，君主間の擬制親族関係（義理の親族関係）の設定も遼と北宋まで続く。

　その中で特に遼優位となったのが後晋との関係である。936年，当時河東節度使だった石敬瑭（後晋高祖）の後晋建国時に耶律堯骨（遼太宗）は援軍を派遣し，その見返りに燕雲十六州の割譲を受けた。この結果，同地は北宋に至るまで南北の係争地となる。建国の経緯から石敬瑭は耶律堯骨に対して臣下の礼をとり，また年少の堯骨を「父」と称すなど恭順な態度に務めたが，その後を継いだ甥の石重貴（後晋少帝）がこれを嫌って対遼関係が悪化すると，947年に耶律堯骨は親征して後晋を滅亡させ，一時都の開封を占領するに至った。

　その後，国力を充実させた柴栄が959年に逆に遼を攻撃して燕雲十六州のうち二州を奪還したが，遠征中に病気となり没した。その結果，対遼関係は懸案として北宋に引き継がれることとなる。

（毛利英介）

▷4　沙陀
元来はより西方に居住した集団だが，唐末には大同盆地一帯を本拠としていた。ただし唐末の段階では他の種族と混合しており，ソグド人の影響を受けた姓を有するものが多い。

▷5　北宋 ⇨ VI-5

▷6　遼（契丹） ⇨ VI-4

▷7　燕雲十六州
現在の北京市（燕）・山西省大同市（雲）を中心とする地域。特に「燕」は長城以南であり，遼の騎馬兵は平原地帯を遮られることなく黄河まで侵入することが容易となった（次頁【図VI-5】参照）。

4 遼とは何か

▷1　遼
ここでは便宜的に「遼」を国号，「契丹」を種族名とするが，実際には「契丹」が国号の時代も長期にわたる。なお契丹語では常に「契丹」に当たる語が国号であり，「遼」は国号としては用いられない。

▷2　契丹
現在の内モンゴル自治区東部の草原を根拠地とし，モンゴル語に近い契丹語を用いた遊牧民の集団。遼建国以前には北方の突厥・ウイグルと南方の隋・唐に挟まれて，双方の政治・文化的影響を強く受けた。

▷3　ウイグル ⇨ Ⅴ-2

▷4　奚
契丹に文化・言語的に近似した遊牧民の集団。唐代には両者を併せて「両蕃」

1 遼の建国と発展

遼【図Ⅵ-5】は契丹を中心とする王朝である。後の遼太祖である契丹人の耶律阿保機は，唐・ウイグルが衰退・滅亡した中で奚など近隣の遊牧集団を征服して勢力を拡げ，907年に契丹の君主（カガン）に，916年に中華風の皇帝となり遼を建国した。この間，本拠地の草原地帯に皇都（後の上京）を含め多くの城郭を建造し，捕虜や投降してきた漢人を居住させてその文化・技術や経済力も獲得した。阿保機は，契丹語を表記する契丹文字の制定でも知られる。

勢力を拡大・安定させた阿保機は晩年に二大親征を行った。まずは925年の漠北（＝ゴビ砂漠以北）遠征である。阿保機自ら従軍したほか，遠征軍の一部は中央アジアまで進出した。これ以降，漠北は遼の影響下に入る。翌年に阿保機は渤海を攻撃し滅亡させた。その帰途に阿保機は没し，程なく遼は旧渤海領の統治をほぼ放棄するが，その際に遼河流域に多くの渤海人を入植させ，遼の経済力がより高まった。その他，渤海人の文化・技術も遼において重要であった。

阿保機の後を継いだ息子の耶律堯骨（遼太宗）は，前節の五代の項で述べたように，936年に後晋から燕雲十六州を獲得した。同地域は南侵に際して重要だったほか，多数の漢人が統治下に組み込まれ遼の生産力も大幅に向上した。人口面ではこれ以降漢人が遼の最大多数となる。ここに遼は主に契丹・奚・渤海・漢人からなる複合的国家となった。これに対応し，地方では部族制と州県制がとられるなど，遊牧民・定住民それぞれに適した統治が行われていく。

2 遼の中興

947年の堯骨死去後に停滞した遼を中興したのが蕭燕燕（承天皇太后）である。蕭燕燕は当初第五代皇帝耶律明扆（景宗，在位969〜982）の皇后として，景宗の死後も1009年に死去するまで皇太后として息子の聖宗朝前期にかけて権力を握った。

蕭燕燕率いる遼は，「宋朝の成立」の項で述べるように1004年に北宋との間で実質的に遼有利な澶淵の盟を締結して毎年大量の銀と絹を獲得した。

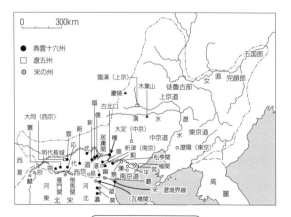

図Ⅵ-5　遼と燕雲十六州

出典：松丸ほか（1997）。

分権的な遊牧民を中核とする遼では，君主が諸勢力に財貨を分配して求心力を維持する必要があったが，澶淵の盟はそれを可能にした。つまり対宋関係の安定は遼国内の安定につながった。また遼は1004年に漠北の拠点として鎮州を築城し，漠北での影響力を確立した。その他，993年に遼は高麗に侵攻して遼側を君主とする冊封関係を樹立しており，「宋朝の成立」で述べる（建国前の）西夏との関係も含め，蕭燕燕期に遼は騎馬兵の軍事力を背景にユーラシア東部の中心的存在となった。

③ 遼の繁栄

その後の六代皇帝耶律文殊奴（聖宗）・七代皇帝耶律只骨（興宗）・八代皇帝耶律査剌（道宗）の三代（ほぼ11世紀に相当）の治世が遼の全盛期である。ここでは，その全般的特徴について述べる。

遊牧民である契丹人を中核とする遼では，朝廷は毎年草原上の特定の地点の間で季節移動を行った。遼では皇帝の季節移動による滞在先を契丹語で「捺鉢」と呼ぶ。つまり遼代を通じ政治の中心は捺鉢であった。他方で，遼には**五京**以下の多くの城郭都市が存在し，各地の拠点として定住民の統治などに重要な意味をもったが，いずれにも皇帝は常駐しなかった。

遼の文化では仏教が重要であり，今でも嘗ての遼の領域には多くの遼代の仏塔が遺る。遼の仏教は漢文仏典に拠る中国仏教だが，仏教は普遍宗教であることもあり，遼の統治下にある契丹人・漢人を初め多様な種族の人々に階層を問わず支持された。その結果，政権にとって統治に有用な存在としても保護を受け，皇帝自身も「菩薩」と称されて，その宗教的権威が政治上も意義を有した。

以上のように，遼の歴史は中国史と中央ユーラシア史双方の文脈で理解できる。例えば燕雲十六州では唐代以来の**節度使体制**が存続しつつ，北宋同様に科挙に伴う「科挙社会」が萌芽的に形成されたともされ，**唐宋変革**という中国史の視点から分析可能だろう。他方でその主要な節度使（南京・西京の長官を含む）の多くは契丹人有力者であり，科挙の最終段階である殿試は皇帝が居する草原で実施された。このように両者の緩やかな統合に遼の繁栄の理由がある。

④ 遼の滅亡

遼は第九代天祚帝の時代に金により滅亡する。**金**は1115年に建国すると程なく遼の東部を席巻し，1125年には天祚帝を捕虜として遼を滅亡させる。ただし，皇族の一人耶律大石が中央アジアに移動して政権を存続させた（**西遼・カラキタイ**）。その間，金は北宋と同盟を結んで遼を挟撃するが，遼の滅亡後両者は対立し，金は遼に続いて北宋も滅亡させることとなる。

（毛利英介）

と称することもあった。

▷5 契丹文字
⇨ Ⅶ-4

▷6 渤海
渤海は，698年に建国され，現在の中国東北地方を中心に，ロシア沿海州から北朝鮮に及ぶ広大な領域を統治した国。当時の日本と同様に，唐の制度・文化を導入して繁栄を誇った。古代日本との交流も有名である。

▷7 蕭燕燕（承天皇太后）
『楊家将演義』の登場人物としても有名である。皇后としては睿智皇后であり，皇后当時から既に「朕」と称していたとされることから，事実上の皇帝であったと言って良いだろう。近年遼寧省北鎮市で関連の遺跡の発掘が進んでおり，今後の研究の進展が待たれる。

▷8 宋朝の成立
⇨ Ⅵ-5

▷9 五京
上京・東京・南京・中京・西京。上京と中京は現内モンゴル自治区赤峰市，東京は遼寧省遼陽市，南京は北京市，西京は山西省大同市。

▷10 節度使体制
⇨ Ⅴ-2

▷11 唐宋変革 ⇨ Ⅵ-6

▷12 金 ⇨ Ⅶ-3

▷13 西遼・カラキタイ
⇨ Ⅶ-3

宋朝の成立

1 太祖と北宋の建国

柴栄（後周世宗）[1]が病死して息子の柴宗訓（恭帝）が7歳で即位すると，960年に禁軍トップの殿前都点検であった趙匡胤（北宋太祖）がクーデタにより即位し，引き続き開封[2]を都として北宋が成立した。皇帝となった趙匡胤は，国内では，五代以来の政策を踏襲して節度使の勢力を弱体化させて禁軍を強化すると同時に，自らが禁軍トップから皇帝となったことに鑑みて禁軍の将領を抑制する策をとった。

一方趙匡胤は対外的にも柴栄を踏襲して統一事業を進めた。北宋建国時，南方にはなお十国[3]が割拠し，北方でも太原に五代後漢の残存政権である北漢が遼[4]の支援のもとに存在した。趙匡胤は遼との対立を避けて南方諸国の平定を進め，975年には十国中最大勢力の南唐を滅亡させる。

2 太宗と北宋の発展

976年に趙匡胤が亡くなると，弟の趙光義（北宋太宗）が第二代皇帝となった。趙光義が趙匡胤を殺害したとの風説も存在する。

趙光義は趙匡胤の統一事業を引き継ぎ，978年に呉越[5]などを帰順させ南方平定を終えると，979年には北漢を滅亡させて，ひとまずの中国統一を果たす。

しかし遼が支援する北漢への攻撃は，北宋の遼との正面対決を招いた。北漢を滅亡させた趙光義は，その余勢で遼に侵攻したが大敗し，986年にも燕雲十六州の奪還を目指して大規模な対遼攻勢をかけるが失敗に終わった。これ以後趙光義は対外的に消極的な態度をとる。同時に，後述の西夏につながる勢力もこの頃から勢力を増した。こうして，北宋の領域がほぼ確定した。

3 真宗と北宋の安定—澶淵の盟

997年に趙光義が死去して息子の趙恒（真宗）が即位した後，遼・北宋間で1004年に澶淵の盟[6]が結ばれた。当時の遼の皇帝は耶律文殊奴（聖宗）だが，実権は母の蕭燕燕（承天皇太后）が握っていた。その母子を擁する遼の騎馬兵が黄河の渡し場の澶州（＝澶淵）まで南侵して盟約が結ばれたためその名がある。盟約の内容は，以下のように概括できる。

①北宋は遼に対して毎年銀10万両・絹20万匹を贈る（＝歳幣）

②国境は現状を維持する

③互いに亡命者の受け入れなどの背信行為を行わない

軍事面で優位に立つ遼が歳幣に関しては有利だが，その負担は北宋の財政上は大きくない。そしてそれ以外の名分面では両者は対等だった。また国境の明確な存在も，後述の北宋・西夏関係と同様の特色である。この盟約の成立を機に，趙恒と蕭燕燕・耶律文殊奴母子の関係が各々おい叔母・兄弟とされ，以後両国の皇帝代替わりを経てもこの関係を基準に**擬制親族関係**が引き続き設定されていった。つまり，在位の皇帝間の関係性は世代の上下実年齢により変化した。また毎年相互に相手の皇帝・皇太后の誕生日の祝賀と賀正の使節が派遣され，両国は約120年にわたって概ね平和的に共存した。こうして五代以来の懸案だった対遼関係が安定した結果，北宋の国内体制も安定期に移行していく。

④ 西夏との交渉【図Ⅵ-6】

西夏の事実上の建国者は李継遷である。北宋が979年に中国をほぼ統一すると，983年に**定難軍節度使**の李継捧は北宋へ帰順したが，同族の李継遷はこれを承服せず対宋闘争を開始した。だが李継遷は単独では北宋と対抗出来ず，遼に臣下の礼をとり，遼の皇女（と称する女性）と政略結婚を行った。遼との政略結婚は後述の李元昊（りげんこう）を含め計三回行われ，対遼協調が西夏の基本政策となる。

李継遷は1002年には北宋の西北方面での拠点である霊州を陥落させ，本拠地もここに移動する。そして1004年に遼・北宋両国が澶淵の盟を結ぶと，同年に李継遷の後を継いだ息子の李徳明は両国へ臣下の礼をとる政策に転じた。

李徳明の息子の李元昊が1032年に父の後を継ぐと，1038年には大夏皇帝と称し，興州（現在の寧夏回族自治区銀川市）を興慶府と称して首都とし独立国としての体制を整えた。李元昊は対外的にも北宋に対し同年に大夏皇帝と称して臣下の礼を廃した。これは事実上の独立宣言で，両国は全面戦争に突入した。対西夏情勢は，北宋第四代皇帝趙禎（ちょうてい）（北宋仁宗（じんそう））期における一大課題となる。

その後1044年に両国間で和議（＝盟約）が結ばれた。西夏が北宋に対してあらためて形式的に臣下の礼をとる一方で，北宋が西夏に毎年大量の銀・絹・茶を下賜する条件であった。当時の北宋の年号を用いてこれを慶暦和議と呼ぶ。

ただし遼・北宋関係が安定的だったのに比べ，西夏・北宋間ではこれ以後も戦争と和議，国境の再画定が繰り返された。その間，北宋が西夏に侵攻するのが常態で，西夏は遼の支援により持ちこたえることとなる。

（毛利英介）

▷7 （遼・北宋間の）擬制親族関係

趙恒と耶律文殊奴の間の兄弟関係は，前者が3歳年長だったため兄とされた。そして趙恒が亡くなりその息子の趙禎（北宋仁宗）が即位すると，耶律文殊奴からは兄の息子に当たるため，両者の間には叔父おい関係が設定された。以後も同様のことが繰り返された。

▷8 定難軍節度使

夏州を中心とする節度使。唐末以来タングート（党項）の李氏が世襲しており，事実上の独立勢力だった。タングートはチベット系の言語であるタングート語を用いる集団。

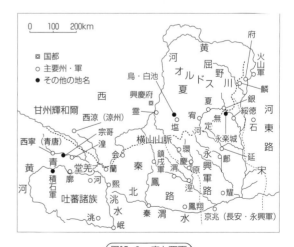

図Ⅵ-6 宋と西夏

出典：松丸ほか（1997）。

唐宋変革

　唐代と宋（北宋）代のあいだは，長い中国の歴史上でも政治・経済・文化など様々な面でとりわけ大きな変化が存在した時期であり，その違いは時代を区分することが出来るほどのものだった。この大きな変化をまとめて「唐宋変革」と総称する。

1　政治上の変革——貴族の没落

　まず最も大きな特徴として挙げられるのが政治上の変化で，その本質は何といっても，数百年の歴史をもつ門閥貴族の没落・衰退であった。後漢末・魏晋以来，貴族はずっと存在して**南朝**の政治的実権を握り，それを模倣した**北朝**においても，関隴集団が貴族となって隋・唐までつづいてきた。そのため本質的には，皇帝の権力は貴族らによって掣肘されており，同時に貴族らの政治的な協力を必要としていた。

　この状況に一石を投じた**科挙**の導入は，当初は単なる官僚登用制度の一手段にすぎなかったが，時間を経るごとに存在感を増して，やがて貴族らも無視し得ない制度に成長した。貴族らが科挙に応じ始めたということは，それまでの歴代王朝で，門地を頼りに，皇帝や王朝の助けを得ずとも政治権力を獲得してきた貴族らが，国家や皇帝の実施する制度を通じて権力を得る存在に近づいたことを意味する。王朝と不即不離だった貴族が，次第に王朝への寄生の度を高めていき，両者はまさしく運命共同体となっていった。

　この事態にさらに追い打ちをかけたのは，**藩鎮**の出現であった。安史の乱後に内地にも出現した藩鎮が地方政治の実権を握るようになると，貴族が各地に持っていた経済的な基盤である荘園などは，在地勢力によって侵食された。特に河朔三鎮を中心とする華北の反抗的な藩鎮は，朝廷の税収すら横領して上供しなかった。ましてや華北を本貫地とする貴族らの財が収奪されたことは想像に難くない。

　さらに，そのとき**幕職官**として藩鎮に協力し，結びついたのは，地域の有力者のみならず，貴族らにより吏部試などで中央政界から排除されることの多かった科挙官僚らであった。彼らは地方にあって藩鎮の辟召（特別召集，臨時任用）を受けて一定期間を幕職官として活動すると，その実績と藩鎮の推薦を受け，中央政界に戻るようになる。それまで貴族が独占してきた中央官界のポジションに，やがて彼らが食い込んでくるようになった。

▷1　南朝　⇨Ⅳ-3
▷2　北朝　⇨Ⅳ-2

▷3　科挙　⇨Ⅴ-3

▷4　藩鎮
⇨Ⅴ-2　Ⅵ-1

▷5　幕職官
藩鎮には，節度使・観察使として支配地全域を統治する使院と，刺史として直轄地の民政を統治する州院の二つの機関があった。うち使院にあった文武官は幕職官と呼ばれ，幕僚として藩鎮の支配を助けた。

また，徐々に影響力の低下していく貴族らが，「牛李の党争」と呼ばれる官僚間の政争を繰り広げている間に，北衙禁軍の神策軍を掌握し，皇帝の側近たる枢密使を務めた宦官が政治の実権を握っていく。門閥貴族らは政治権力の中枢からますます遠ざかり，その勢力は衰退していった。

② 経済上の変革——専売・両税法の実施

基本的に自立農民の存在を前提とし，彼らを土地に縛り付けて管理するのが律令制の根幹だったが，支給田土の不均衡と税役・兵役負担の重さなどから，農民たちの逃散が多くなってきていた。すでに玄宗朝ではこの事態に何とか対処しようと，逃亡農民を追跡・慰撫する括戸政策が宇文融によって実施されていた。

そうした中で安史の乱が発生すると，律令制を弥縫することはほぼ不可能となり，税収が滞る非常事態を前に，朝廷は塩の専売をはじめとして，様々な特別税を導入することで財源を確保しようとした。これらの税はもちろん律令には規定の無いもので，当初は緊急措置とされていたが，やがて恒久的な財源として実施されるようになる。特に塩の専売は唐後半の王朝を支える主要財源ともなっていき，やがてその税率も異常なほどの高騰を見せるようになっていく。

乱の終息後，ようやく安定を取り戻した徳宗朝において，崩壊した租調庸制に代わる新たな税制が導入される。これが両税法である。農民に対し，現住地で現有資産に基づいた税額を，夏と秋に銭納させることとした。これは中国史上における大きな変化であり，国家による課税が人頭税から資産税へ，現物納から銭納へと変化した。これは裏を返せば中国経済が（まだ未熟ではあるが）貨幣経済の段階に達したことを示しており，この両税による税制は，以後明代にまで継承されていく。

③ 官制上の変革——使職の登場

上で述べたような経済政策の変化は，律令制には規定されないものであったから，それを担当する官職もまた律令の規定にはないものであった。例えば塩の専売に関しては塩鉄使が，漕運の改革に対しては転運使が，それぞれ必要に応じて設けられていった。いわば「令外官」であるこれらは，後ろに「使」が付く名称のものが多かったため，まとめて「使職」と総称される。すでに律令的府兵制が成立しなくなり，募兵制がとられたときに設けられた節度使は，その代表的なものである。

このような官制上にも現れた変革の跡は，使職の出現にとどまらず，既存の官職の上にも現れた。例えば御史台関係の官職（憲官）が，法曹とは全く無関係な官僚，特に藩鎮体制下の幕職官に広範に授与されるようになるなど，唐代

▷6 牛李の党争
9世紀のはじめ，牛僧孺・李宗閔らの牛党と李徳裕らの李党との間で起こった権力争い。その本質については，科挙官僚派と門閥貴族派の争いであるとか，宦官との提携をめぐる争いであるとか，さまざまな説があるが，定説はまだない。

▷7 北衙禁軍 ⇨ Ⅵ-1

▷8 安史の乱 ⇨ Ⅴ-2

▷9 塩の専売 ⇨ Ⅵ-1

▷10 両税法 ⇨ Ⅵ-1

図Ⅵ-7 韓熙載夜宴図
五代の貴族が夜ごと開いた酒宴のさまを描いたもの。
出典：伊原・梅村（1997）。

▷11 府兵制 ⇨ Ⅴ-3

▷12 節度使 ⇨ Ⅴ-2

後半の官制は，その名称が元来持つ意味と実際の職務が乖離し，あるいは単なる給料の指標としての「寄禄官」となった。比較的整然と並べられていた唐代前半の律令的な官職体系は，同じ名称でも複雑で，ひと目では理解しがたい官制となっていく。この状況は五代を経て，そのまま北宋時代にまで受け継がれ，元豊の官制改革⑬でひとまず解消されるまで続くことになる。

❹ 学問・文学上の変革──道統，古文

　貴族らが衰退すると，彼らによって独占されていた学問・知識の解放もはじまる。特に象徴的なのは，唐末に門閥貴族が完全に消滅したあと，五代・後唐のときに，はじめて経書が印刷⑭されたことである。印刷技術はすでに唐中期頃には仏典などに活用されていたが，政治哲学でもある儒教の経書にはなかなか適用されなかった。それが，ここで解禁されたのである。

　そもそも中世中国では仏教と道教が一世を風靡し，儒教は政治思想として，またその一環としての教養・倫理の学問として存在するのみで，人々の関心から遠いものとなっていた。その儒教を中国古来の思想だとして称揚し，人が生きるための指針ともなりうる宗教・思想として革新していく道筋に大きな足跡を残したのが，韓愈⑮であった。

　彼は「原道」を著し，その中で仏教・道教を厳しく批判する一方，中国古来の伝統思想としての儒教を信奉して，その衰微を何とか挽回しようとした。その主張の中で，古代の聖人から孔子，孟子まで受け継がれた思想を「道」と表現し，その道が孟子以降長らく途絶えてしまっていると主張した。次代における宋代の儒教刷新運動，のちに朱子学⑯として大成されることになる近世儒教の学者たちは，韓愈のこの「道統」の考えを継承しており，その意味では韓愈は彼らの先蹤をなす人物であった。

　また韓愈は，自らの考えを表現するために文体の変革も行った。貴族らに重視されたのは，何よりも見た目と発音の美しさ，そして典拠ある言葉の利用で，そのために四字・六字で句作りし，発音上のリズムとして韻を踏み，平仄を並べた駢文が主流だった。これでは形式にとらわれすぎ，内容が二の次になってしまう。自らの思想を主張するためには，何よりもまず内容を正しく，説得力をもって伝えることが必要であり，そのために見出されたのが，漢代などで使われていた「古文」だった。いわゆる古文復興運動だが，単なる復古主義ではなく，貴族的な形式主義からの脱却であった。この流れに同調した柳宗元とともに，韓愈は「唐宋八大家」と称される名文家に数えられている。

❺ 唐宋変革──財政国家への変革

　以上のように唐宋変革とは，唐と宋とのあいだにあった様々な方面での変化をまとめていうものであった。まさに時代の画期とするに相応しい大きな変化

であり，本書ではこれをもって中世から近世への変革と考える。念のために申しておくが，ここでいう「中世」「近世」という言葉は，かつてのような強い意味を込めていうものではない。世界史の法則云々などを踏まえたものではないし，もはやそのような必要もないであろう。中国社会の諸事象を歴史的に通観し，ごく自然なかたちとして時代を区切っているにすぎない。

すでに見てきたように，唐王朝は主に北朝からの系譜を引き，自立農民を土地と結びつけ，それを経済力と軍事力に転化する律令制の中世帝国として出現し，制度的に完備されたその影響力は周辺国にも及んだ。しかし社会の変化にともなって律令制は維持しがたくなり，そのひずみは政治面にも及び，安史の乱につながった。

その帰結として唐王朝は，専売制や両税法など新たな税制によって財源を確保し，それを使って兵を募り，軍事力を維持する体制に変質した。このように，何よりも財政を第一とする国家のことを財政国家と呼ぶとすれば，唐は前半と後半とでは国家のかたちが違っているということになる。周辺国との関係も前後で大きく違っており，いわゆる「世界帝国」として捉えられるのは，前半期の律令国家としての唐王朝であったと言わねばならない。

ただ唐後半に財政国家としてのかたちが定着したかと言えば，そうではなかった。からくも財源を依存していた江南経済が**黄巣の乱**で破壊されると，途端に王朝の運営は機能不全に陥り，あっという間に唐王朝は崩壊した。そのあとを受けたのは，唐王朝の獅子身中の虫であった藩鎮勢力であった。漢族や**沙陀**も含めて，かつての藩鎮勢力は各地域で培った統治方法を帝国の装いに拡大し，適用しようとした。しかし武断的方法で中国を統治しようとする五代諸王朝の試行錯誤は，結局のところ失敗する。成功したのは，六代目の王朝として登場しながら，やがて武断政治をやめて文治主義に移行した宋王朝であった。宋朝は，五代のあいだに徐々に進行した**禁軍強化・君権強化**の果実を得て，成長した在地勢力を科挙で政権に取り込む（「**士大夫**」）ことにより，ようやく安定した支配のかたちを見出したのである。

注目すべきは，この宋朝が基本的にはやはり財政国家であったことで，これは唐後半で試行された国家のかたちが，五代という産みの苦しみの過渡期を経て，宋朝で結実したものということができる。政治・経済・文化あらゆる方面を含む国家のかたち全体が，一定の時間をかけて大きく変質したこと，これが唐宋変革だったといえよう。

（藤本 猛）

図Ⅵ-8 宋人人物冊

琴棋書画を楽しむ宋代文人の風雅なようす。
出典：冨谷・森田（2016）。

▷17 黄巣の乱 ⇨ Ⅵ-1

▷18 沙陀 ⇨ Ⅵ-3

▷19 禁軍強化・君権強化 ⇨ Ⅵ-5
▷20 士大夫 ⇨ Ⅶ-1

7　唐宋の仏・道教

武則天は華厳宗を保護したのみならず，寵愛する薛懐義という僧侶に，『大雲経』にもとづいて，武則天が弥勒の下生であるという説を流布させて皇帝即位の足がかりとするなど，積極的に仏教を政治利用した。また，洛陽に開鑿された竜門石窟には奉先寺という寺院があり，盧舎那仏の大仏が彫られているが，その顔は武則天の顔を模したという説がある（ただし，武則天を弥勒とする説と合致しないなどの問題があり，否定する説の方が有力である）。

道教では不老長生を追求するが，道教成立以前の老荘思想においても，呼吸法などの養生法が存在した。その中には仙薬を服用する服食という手法があり，これが魏晋時代に発展を遂げた。服食では薬草だけではなく，金属も用いられ，これらを合成した仙薬を丹薬，また体外から摂取するため外丹（術）と称した。しかし，丹薬の原料には水銀やヒ素

仏教の復興

北周武帝の死によって**廃仏**[▷1]が終わると，仏教は従来以上に盛んとなった。**隋の文帝**[▷2]は，首都・大興城に大興善寺を，各地に舎利塔を建設した。こうした文帝の崇仏ぶりは遠く倭国にも伝わり，「海西の菩薩天子」と称された。

隋唐時代には，中国の外からは達磨笈多（ダルマグプタ）や不空金剛（アモーガヴァジュラ）らが来訪して経典を翻訳あるいは教義を伝え，中国からは玄奘や義浄がインドへと求法に赴き仏典を将来してその翻訳に励んだ。とくに玄奘の**仏典翻訳**[▷3]は従来と比べて非常に正確であり，仏典翻訳の歴史においては，玄奘以降を新訳と称するほど画期的であった。

また，隋から唐初にかけてさまざまな宗派が花開いた。智顗は天台宗を確立し，智儼は華厳宗の教理的基礎を築き，玄奘の弟子である窺基は唯識宗（法相宗）を開き，不空金剛は密教を大成した。また道宣が開いた南山宗は律宗を代表する宗派となり，彼による『四分律』の注釈は大きな影響を及ぼした。善導は「称名念仏」を勧めて浄土宗を広め，中国にて独自に発生した宗派の禅宗では，神会が師である慧能の頓悟禅を宣揚して，士大夫階層に受容される素地を作った。禅宗はのちに儒教・道教にも強い影響を与えることとなる。これらの諸宗派は，最澄や空海などの留学僧によって，日本にも伝播した。

仏・道の対立・融合と皇帝権力

仏教と並び道教も盛えた。特に**上清派**[▷4]は，老子（李耳）が唐の皇室・李氏の祖先とみなされ，老子は玄元皇帝と追尊されて全国で祭られるようになり，『老子道徳経』は科挙の科目とされるに至った。道教はこのように唐朝に深く食い込んだが，仏教の側も権力と密接に結びついた。智顗は隋の晋王・楊広（のちの**煬帝**[▷5]）に菩薩戒を授け，嵩山少林寺は唐初期に僧兵を派遣して秦王・李世民（のちの**太宗**[▷6]）を救援したことにより，寺領が安堵された。また華厳宗は**武則天**[▷7]【図Ⅵ-9】の庇護を受けた。皇室との関係から「道先仏後」と定められたが，仏道二教は優劣を競い合い，また，法門寺より仏舎利を長安に奉迎しようとした憲宗を儒者である**韓愈**[▷8]が批判したように，儒教も含めた三教が激しく対立し合うこともあった。しかし，**玄宗**[▷9]が『孝経』・『金剛般若経』・『老子道徳経』に自ら注釈をつけて「三教闕くるなし」と述べたように，儒仏道三教

の融合もまた進展したのである。

　ただし隋唐時代において宗教と皇帝権力がつねに蜜月関係にあったわけではない。玄宗も，従来不要とされてきた君親への拝礼を僧侶や尼に強要している。この措置は粛宗(しゅくそう)が撤回し，そもそも仏教への弾圧ではなかったが，**武宗**(ぶそう)[10]が道士の趙帰真(ちょうきしん)を重用するなどして道教に傾倒した結果，四千六百もの寺院を廃し，二十数万人の僧尼を還俗させるという仏教への大規模な弾圧が行われた。これが会昌の廃仏であり，三武一宗(さんぶいっそう)の法難の第三に当たる。この廃仏では仏教のみならず，マニ教・ゾロアスター教・ネストリウス派キリスト教も弾圧の対象となり，三武一宗の法難のなかでも最大のものとなった。なお武宗は廃仏開始の翌年に丹薬(たんやく)[11]による中毒で死亡し，つづく宣宗(せんそう)が仏教復興を宣言した。

　三武一宗の法難の第四について付言すると，唐滅亡後，五代最後の王朝にあたる後周の**世宗**(せいそう)[12]は，三千三百あまりの寺院を廃してその財産を没収した。廃仏の際，没収した銅の仏像を銭に鋳造しなおしたり，徭役(ようえき)・兵役から逃れるために勝手に得度した僧侶（私度僧）を還俗させるなど，財政上の目的が含まれ，世宗の廃仏は宗教弾圧というよりも，財政改善としての性格が非常に強い。

③ 宋代における仏・道教

　唐代に花開いた仏教諸宗派は，宋代になると，煩瑣な教義解釈よりも理念や実践を求める風潮により，禅宗と浄土宗を残して衰退した。北宋時代の禅宗として雲門宗と臨済宗が盛んとなり，後者の僧・圜悟克勤(えんごこくごん)が解説した『碧巌録(へきがんろく)』は日本でも盛んに読まれた禅の公案集である。浄土宗は阿弥陀(あみだ)信仰とともに民衆に広まった。また宋朝は仏教寺院への統制を強めることに成功し，南宋では官寺を序列化する五山十刹制が導入され，日本でも模倣された。

　対する道教はなお皇帝権力と密接であった。真宗(しんそう)は澶淵(せんえん)の盟締結の反動から，王欽若(おうきんじゃく)と道士が捏造した天書にもとづき太中祥符と改元し，封禅(ほうぜん)（天下泰平を実現した皇帝にのみ許された，泰山での祭祀）を行った。また真宗は『大宋天宮宝蔵』という道蔵（道教の大蔵経）を編纂させた。同書は散佚したが，その抜粋である『雲笈七籤(うんきゅうしちせん)』が伝わる。**徽宗**(きそう)[13]も「教主道君皇帝」と名乗るほどの道教好きで崇道政策を行ったが，民間の神々に国家の権威を付与したことは冥界秩序が確立する契機となり，民間の呪術を公認した結果，正一教などの教団がそれを採用して教勢を伸ばすなど，後世に大きな影響を与えた。

（藤井律之）

が用いられたため，たいていの場合，深刻な薬害を引き起こした。唐の皇帝は，武宗以外も多く丹薬による被害をこうむっている。

　これにたいして，自分の身体を炉鼎とみなし，自身の体内の精や気を薬の材料として，丹田にて丹薬を錬成するのが内丹（術）であり，胎息や導引などといった古くからの養生法が発展して形成されたものである。隋代の道士・蘇元朗(そげんろう)は，遠くの仙薬を得られないことを嘆く弟子に，自身の体内に求めるよう諭し，『旨道論』を著して内丹の修練法を明らかにしたという。内丹の手法は唐代に発展し，宋代には外丹にかわって流行することになる。北宋の張伯端は内丹の鍛錬法を『悟真篇(ごしんへん)』として整理・大成した。張伯端の内丹説は，金代に王重陽(おうちょうよう)がおこした教派・全真教にも取り入れられた。

▷12　世宗 ⇨ Ⅵ-3
▷13　徽宗 ⇨ Ⅶ-1

図Ⅵ-9　龍門奉先寺洞窟盧舎那仏

出典：筆者撮影。

宋朝の国家と社会

▷3　斧声燭影
雪の夜，太祖と太宗が兄弟二人だけで宴を開き，蝋燭で二人の影は見えていたが，斧で雪をたたく音と太祖の掛け声が聞こえた。夜が明けると太祖は急死していたという。太宗による太祖暗殺が疑われるが，これは「千載不決の議」と呼ばれ，真相は千年経っても明らかにならないとされた。

1　科挙制度の整備

　五代における武人政治の混乱に終止符を打ち，**宋朝**は文治政治を推進したが，そのために必要な文人官僚には，科挙制度の拡充によって新興の知識人層を登用した。**唐代の科挙**は多くの請託を許容し，あくまでも貴族中心の政治体制の補助的役割を果たしたにすぎず，純粋な能力主義を体現した制度ではなかった。これが北宋時代の前半にかけて次第に整備され，徐々に公明正大な制度になっていく。

　まず初代太祖のとき，不正発覚にともなう再試験をきっかけに，皇帝が直々に試験官となって宮殿で実施する殿試が加えられ，宋代の科挙は解試（地方試），省試（中央での試験），殿試の三段階になった【図Ⅶ-1】。これにより，従来からあった，試験官と合格者との間に発生する師弟関係が，皇帝と合格者（「進士」）との間の紐帯となり，新官僚の皇帝に対する忠誠度を高める効果をもたらした。しかし，まだこの太祖朝では，科挙合格者数は治世18年間で合計402名に過ぎず，規模は大きくなかった。

　その太祖の後をやや不自然なかたちで継いだ（「斧声燭影」）弟の太宗は，兄のような武人皇帝ではなかった上，親征した**契丹（キタイ）（遼）**に二度も大敗北を喫したとあって軍事的カリスマ性に乏しかった。そこで，実務能力が抜群であった彼は，一気に文治主義を推し進め，自らの手足となって活躍できる文人官僚を獲得するため，科挙を大いに拡充した。まず即位翌年の977年に500名，980年は655名，985年は957名という，前代よりも圧倒的多数の合格者を生み出した。また科挙合格者を優遇する象徴的意味合いもあって，977年の科挙での状元（主席合格者）であった呂蒙正は，わずか十数年後に宰相にまで昇った。

　第三代真宗は自ら「勧学文」を作ったとされ，そこでは「書中自ずから黄金の屋あり」などといい，皇帝自ら科挙合格の見返りに富貴を約束し，学問を人々に奨励した。

　第四代仁宗のときには，糊名法と謄録法が実施された。糊名法は解答用紙の受験者名を糊付けして封印すること。謄録法はすべての答案を別の者に筆写させ，受験者の筆跡を分からなくすること。いずれも誰の答案かわからぬ状態で採点するための措置で，コネを利用した不正を防止する措置である。このようにして科挙制度の至公性は保障されるようになった。

その後，神宗のときには諸科が廃されて進士科のみとなり，経義・論・策のみが出題されたが，のちには詩賦進士が復活するなど，以降も若干の制度的変化はあった。しかし基本的にはこの北宋のときに，科挙は誰もが認める公明正大な制度として確立し，明清時代に受け継がれていく。

2 士大夫の時代

宋代，科挙に合格して官僚になった人々は「士大夫」と呼ばれ，前代の貴族に代わって皇帝を支え，政策を遂行した。彼らは家柄に頼ることなく，自らの儒教的学識によって身を立てたため，社会からの尊敬を集め，また彼ら自身も人々の興望を担う自負をもっていた。広い意味で庶民階層の出身者も少なくなく，率先して人々のために政治を行おうという清新さを持ち合わせていた。このような士大夫像の代表的人物が范仲淹【図VII-2】である。

范仲淹は，幼くして父を失い，母の再婚先で別の姓を名のって育ったが，学校で学問に励んで科挙に合格し，本姓に復した。文官でありながら軍事指揮官として対西夏戦で活躍し，期待を受けて参知政事（副宰相）に昇進し，慶暦の新政と呼ばれる政治改革に取り組んだ。結局この改革は，実施以前に失敗してしまうのだが，その出自といい，活躍ぶりといい，范仲淹はまさに宋代士大夫の代表者として認識されている。

彼の言葉として有名なのが「先憂後楽」で，「天下の憂いに先んじて憂え，天下の楽しみにおくれて楽しむ」（「岳陽楼記」）という言葉は，まさしく当時の士大夫の気概を表したものとされ，彼らが多く活躍した仁宗朝は，士大夫政治の黄金時代とされた。

一方で士大夫には，唐後半以降の社会情勢のなかで成長した在地勢力の出身者が少なくなく，彼らは地域の富裕な新興地主層であった。科挙に合格すれば官僚としての収入（役得も含む）とともに免役の特権が得られ，その恩恵は親族にも及んだ。そして約束された富貴を得た彼らは，一代でそれを手放すことを惜しみ，手にした権益を何とか維持しようとする。最も良い手段は子孫がまた科挙に合格し，家産と社会的地位を維持することである。そこで彼らは一族を集め，優秀な子弟を育てることを考えた。「宗族」の形成であり，その最も著名なものは，范仲淹の形成した「范氏義荘」であった。

しかし科挙合格は至難の道である。そこで科挙以外にも官僚となる道が残されることになる。恩蔭の制である。たしかに宋代は科挙が軌道にのり，科挙官僚でなければ宰相など上級官僚にはなれなかったが，科挙以外の手段で地方や末端の官になる道も残されていた。

3 党争の伝統

士大夫には，人々を救うため政治を領導するという理念的，公的な側面と，

▷ 5 西夏 ⇨ VI-5

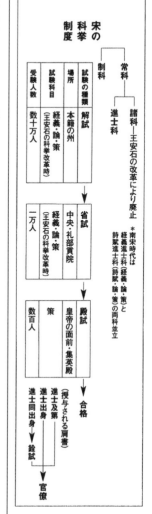

図VII-1 宋の科挙制度

出典：小島（2005）。

図VII-2 范仲淹

出典：竺沙（1995）。

既得権益者として自分の利益を守ろうとする私的側面が存在していた。こうした様々な側面をもつ士大夫らは，あるいは純粋な正義感から，あるいは地縁的・学派的な利害関係から複雑多岐に徒党を組み，時々の政治問題に対処した。自らの党派の利益を，儒教的理念によって糊塗しつつ主張し，激しい論争が繰り広げられた。これを「党争」と呼ぶ。

　特に，澶淵の盟が結ばれて当面の軍事的緊張が緩和されると，士大夫らはしばしば党争を展開した。先に述べた范仲淹らによる慶暦の新政や，それ以前にあった，「五鬼」と呼ばれた王欽若ら江南出身者と，寇準ら華北出身者との争い，第五代英宗の即位後に発生した濮議などがそうである。その中で後世最も大きな影響をもたらしたのが，第六代神宗のときに起こった新法にまつわる新法党と旧法党との党争であった。

④ 新法と党争の激化

　唐代後半から五代にかけて，律令制崩壊以後の諸制度は，様々に変化する情勢にその場しのぎに対処することしかできず，長期的視野から整序だった制度を形成することはできなかった。禁軍の強化と科挙拡充による文治主義の導入でようやく安定をえた宋朝であったが，建国後100年ほども経つと，それぞれの利点がかえって弊害をもたらすようになった。低下した軍の質を補うために過剰な兵力の増強が行われ（「冗兵」），科挙官僚の増大にともなうポスト不足が引き起こされ（「冗官」），それらにともなう経費の増大（「冗費」）といった「三冗問題」が発生していたのである。

　すでにその兆候を憂えて提唱された慶暦の新政が失敗すると，1067年に即位した青年皇帝神宗は，その積弊を取り除く抜本的な改革を志す。このとき神宗に見出されたのが，科挙官僚でありながら家庭の状況から地方官を歴任していた王安石【図Ⅶ-3】であった。副宰相に抜擢された王安石は，『周礼』などに基づく自らの思想（「新学」）を実践するかたちで体系的な改革を断行し，青苗法・募役法・市易法などを実施した。青苗法は春に朝廷が農民に銭を貸し付け，収穫期に利子を合わせて穀物で返還させるもの。募役法は農民に負担の大きい差役（力仕事をともなう地方行政の実務）をやめ，広く各階層から免役銭を徴集し，これを使って実施者を募るもの。市易法は市易務を設置して小売商を登録させ，これと客商との仲介を行う問屋的役割を果たすものであった。

　その他，保甲法・保馬法・方田均税法などがあり，あわせて新法と総称される。この改革の主眼は，朝廷と自立農民が直接結びついて彼らの生産活動を保障する一方，そこから得られる利益の一部を吸い上げて国家財政に組み入れようと企図されたものであった。王安石が実施したこれらの経済政策は功を奏し，赤字だった国家財政はわずか数年で黒字に転じたという。

　しかしこの新法改革は，それまで地主層などが得ていた中間利益（マージン）

▷6　濮議
第五代英宗が傍系から即位すると，その亡父である濮安懿王をどう呼んで祭祀すべきかが議論された。「皇親」と称すべきとする意見や，実父にもかかわらず「伯父」と称すべきという意見に分かれた。

図Ⅶ-3　王安石

出典：小島（2005）。

を国家が奪う政策であり，在地有力者としての私的側面を持つ多くの士大夫らの利益に反するものであった。それもあって多くの士大夫らから新法は強烈な反発を食らった。彼らは，朝廷たるもの，商業に携わり，民と利を争うべきではない，と主張した。この新法反対派の人々は，主張する内容も背景となる党派も少しずつ違っていたが，まとめて「旧法党」と総称された。これら反対の声に対し，王安石は皇帝権威を強化し，その強力な支援を受けて旧法党の士大夫らを中央から追い出した。その中には王安石の先輩格にあたる韓琦（かんき）や，友人であった**司馬光**[47]【図Ⅶ-4】らも含まれていた。

その後，天変などもあって王安石が失脚すると，神宗自身が新法を継続させ，その間には元豊の官制改革も実施された。しかし若くして神宗が崩じ，幼い哲宗（てっそう）が即位すると，神宗の母・宣仁太后高氏は新法を破棄し，司馬光ら旧法党の人々が復権した。すると今度は旧法党が内部で分裂し，派閥争いを繰り広げた。やがて太后が亡くなり，哲宗が親政をはじめると再び新法が推進され，哲宗が崩じるとまた旧法党の一部が復権するなど，政策は目まぐるしく変化する。その変化のたびに報復人事が行われ，凄惨な疑獄事件も発生するなど，政策の実は挙がらず，権力闘争のみが激化した。

⑤ 近世における皇帝像

このような北宋後半における党争の激化は，文治主義のもたらした議論倒れの悪しき弊害だとされる。だがその党争の経過を見てみると，士大夫らが君主・皇帝に求める役割が変化してきていることが浮き彫りになる。

既述のように，宋代の文治主義は，地方の新興勢力層を科挙制度を通じて朝廷内に取り込み，彼ら士大夫による開明的な政治の実践を期待するものであった。そこでは君主は政策立案を士大夫らに委ねるべきで，士大夫の輿論にこそ重きがあるとされた。士大夫政治黄金期の仁宗は，まさしくそのような皇帝で，主体性のない受動的な君主像が理想とされていた。

それが新法においては，神宗皇帝に為政者としての姿を期待する傾向が現れ，王安石も君主の権威化に取り組んだし，神宗自身もそうした役割を自認して「皇帝親政」をおこなった。彼はまさしく主体的に，能動的に政治をおこなう皇帝であった。新旧党争は求める皇帝像の違いともつながっていた。

この皇帝像の変化がどのようなかたちに落ち着くのか。そこで登場したのが徽宗（きそう）【図Ⅶ-5】である。稀代の文人皇帝とされる徽宗は，蔡京（さいけい）らを重用して趣味にかまけ，政治を顧みなかったとされてきたが，彼は彼なりに政治に取り組み，その結果として**靖康の変**[48]（せいこう）を招いてしまった。北宋の滅亡，北方への連行，客死というかたちで，彼は自らがおこなった「皇帝親政」の政治的責任をとったのだと考えられる。

（藤本 猛）

図Ⅶ-4 司馬光

出典：小島（2005）。

▷ 7 司馬光
王安石と同年代の科挙官僚。新法に反対して洛陽（らくよう）に左遷されたが，この間に後世著名な歴史書である『資治通鑑（しじつがん）』を編纂した。『資治通鑑』は，経書である『春秋』のあとを受ける編年体の歴史書で，その書名は神宗により命名された。

図Ⅶ-5 徽宗

出典：小島（2005）。

▷ 8 靖康の変 ⇨ Ⅶ-3

2　宋代における新たな書文化

宋代において，政治や社会の中枢を担った新興の**士大夫**◁1たちは，当時の文化の主導者として清新な文化を創出した。本節では，やや遡って唐代中期以降の書文化の変容と，**宋代の新たな書文化**◁2の展開について概観する。

1　唐後半期における書文化の変容――革新書派の出現

王羲之◁3を最高権威として仰ぐ書文化は，東晋以降，南朝を通じて醸成され，のち唐太宗が推進した書文化政策◁4によって決定的になった。しかし，8世紀，玄宗の治世になるころには，貴族を基盤とする社会体制が次第に崩壊していく中，書文化もまた旧来の王羲之書法が形骸化し，マンネリズムに堕していった。古文復興運動の先駆となった韓愈（768～824）が「羲之の俗書，姿媚を趁う」（「石鼓歌」）と，表面的美しさを追い求める王法を「**俗書**◁5」として痛烈に批判しているのは，実に象徴的である。この状況はやがて革新的な風潮を惹起する。その代表的存在が，「**狂草**◁6」で知られる**張旭**◁7や懐素，そして**顔真卿**◁8（709～785）であり，いずれも王羲之とは異なる新たな書風によって名を残した。中でも，「剛直の忠臣」たる顔真卿は，その人格を反映したかのような剛気に満ち溢れた力強い書風【図Ⅶ-6】をうちたて，のち北宋時代に蘇軾らに絶賛されることになる。このほかにも，泰山山頂の「紀泰山銘」などの隷書碑を残した玄宗，篆書に秀でた李陽冰といった，篆隷書の名家が輩出したことも注目に値する。

2　『淳化閣帖』の刊行とその意義――伝統の継承と新たな展開

文治政治を推進した北宋の太宗は，唐太宗に同じく書を愛好し，また二王（王羲之・王献之）を尊崇した。992年，太宗の勅を奉じて模勒上石され，「法帖の祖」として後世に甚大な影響を及ぼしたのが，**『淳化閣帖』**◁9【図Ⅶ-7】である。この**法帖**◁10には上古から唐代までの名蹟が刻入されているが，南北朝では南朝諸人の書蹟が選定され，二王の書蹟が全10巻のうち5巻を占めるなど，唐以来の伝統的書文化を継承し集大成したものといえる。また，学術・文化の発展に寄与した印刷術の普及と，書文化における法帖刊行の勃興との関連も指摘できる。唐代に展開した「書蹟蒐集→複製→下賜」

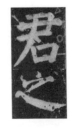

図Ⅶ-6　顔真卿「顔氏家廟碑」

出典：全国大学書道学会（2020）。

▷1　士大夫　⇨Ⅶ-1

▷2　宋代の新たな書文化
金石学の勃興，徽宗ら皇帝や士大夫によるコレクション形成，鑑賞の深化，題跋の隆盛，「無心筆」の発展なども挙げられる。

▷3　王羲之　⇨Ⅳ-5

▷4　⇨Ⅴ-5

▷5　書の通俗化
張懐瓘『書断』（727年成書）や「歴代書論集成」たる9世紀の張彦遠『法書要録』には，「書訣」など通俗的書論を排除し，六朝以来の正統書論を継承する姿勢が看取できるという。これらは逆説的に通俗書論の盛行を示す。

▷6　狂草
文字を極端に崩し連綿を多用した狂逸的草書。革新的表現だが，検証可能な遺品はほとんど伝わらない。

▷7　張旭
8世紀に活躍し，顔真卿に同じく蘇軾らに推賞される。顔真卿に筆法を授けたとされるが，慎重な検討を要する。また，朱長文『続書断』では，顔真卿・李陽冰とともに「神品」にランクされる。

▷8　顔真卿
「顔氏家廟碑」などの楷書碑，行草書では「祭姪文稿」「争坐位文稿」が知られる。その評価は，五代十国期には毀誉相半ばし，南唐の李煜などは痛罵する。なお，宋初の『淳化閣帖』には顔書は刻入されていない。

という書文化政策が，宋代において複製の形式を量産型の法帖に変え，また収録対象を二王を中心としつつも，各時代を覆う複数書人の書蹟に拡大することによって，「文治主義」を標榜する皇帝権威をまとった数多の「法書」をより広汎に伝播・浸透させたのである。更に，『淳化閣帖』やその**翻刻本・増補本**の▷11刊行・普及は，幅広い知識人層の書文化への参入を促し，所刻の名蹟の「鑑賞」を通して歴代の書に対する理解を深めるだけでなく，学書者・鑑賞者の趣向に沿った書蹟の「選択」をも可能にした。文人趣味の盛行，個性の尊重といった宋代文化の一端をも如実に示している。因みに，王羲之「蘭亭序」の再発見とその伝播も見逃せない。慶暦年間（1041〜1048），河北定武において「蘭亭序」の刻石が発見された。この**「定武本」**の出現を契機として，臨摹や摹刻が▷12繰り返され，様々なバージョンの「蘭亭序」が急激に世に流布していった。

③　宋代書文化の新生面——人間性の発露と顔真卿の称揚

　北宋初期の書文化は，『淳化閣帖』の刊行に象徴されるように，一面では守旧的・伝統的なものであった。しかし仁宗朝以降，文学における古文復興，儒教における**宋学**の興起と連動するかのように，伝統的技法への拘泥や他者の模▷13倣を排し，「意」のままに豊かな個性を発露するという，自由かつ清新な士大夫的書文化が形成されていった。この新時代を拓いたのが，古文復興運動の領袖たる欧陽脩（1007〜1072）や，「**宋の四大家**」と称される蘇軾（1036〜1101▷14【図Ⅶ-8】）・黄庭堅（1045〜1105）・米芾（1051〜1107）らである。「我が書は意造，本より法無し」「吾が書…自ら新意を出だし，古人を践ま（ず）」との蘇軾の言に，当時の書文化の思潮が端的に表れている。一方で米芾は，厳密には士大夫とはいい難いが，書画の閲玩と鑑識にすぐれ，歴代法書の臨摹によって独自の書風を確立し，宋代文化に典型的な高い趣味性を発揮した書人といえる。蘇黄米三家の書風は，のち南宋や**金朝**において数多くのエピゴーネンを生み出すほ▷15どに流行し，彼らの書論もまた明清時代に至ってもなお強い影響力をもった。

　顔真卿の書の評価が急激に高まったのも，宋代の特筆すべき現象である。その理論的先導者が欧陽脩である。彼は，顔真卿の剛勁な書を「忠臣烈士，道徳の君子の如し」と，その人間性の反映として尊重した。この考え方はのち蘇軾によって敷衍され，「雄秀独出して，古法を一変すること，杜子美（杜甫）の詩の如く，格力天縦にして，漢魏晋宋以来の風流を奄有せり」と，顔書そのものを画期的な書として書法史上に位置づけた。更に黄庭堅も激賞し，かくして顔真卿の評価は決定づけられた。

（増田知之）

▷9　『淳化閣帖』
欧陽脩『集古録跋尾』が初出史料だが，刊行の経緯は推測の域を出ない。また，先行する法帖に南唐の『保大帖』『昇元帖』などがあるというが詳細は不明。

▷10　法帖　⇨Ⅸ-4

▷11　『淳化閣帖』の翻刻本・増補本
『絳帖』『潭帖』『大観帖』など多数刊行された。それとともに『淳化閣帖』など法帖の研究も盛行した。

▷12　「定武本」
史料では，遼太宗が「蘭亭序」の刻石を持ち帰ろうとしたが，その死により途中で捨て置かれたという。「中国」で保持された伝統的書文化の周辺地域への伝播を象徴的に示している。

▷13　宋学　⇨Ⅶ-5

▷14　「宋の四大家」
蘇軾・黄庭堅・米芾と蔡襄（あるいは蔡京）を指す。

▷15　金朝の書文化
宋文化の移入とともに蘇黄米らの清新な書風が求められ，王庭筠ら書人が輩出した。また，金文化の黄金期を現出した章宗は徽宗の書に傾倒し，見紛うほどの「痩金書」をものした。

図Ⅶ-8　蘇軾「黄州寒食詩巻」

出典：全国大学書道学会（2020）。

3 金の興起と諸民族の動向

▷3　海東青
鷹狩りに用いるハヤブサ。現在のロシア連邦沿海州地方に多く生息した。これを愛用した契丹(キタイ)は，女真にその調達を命じ，毎年使者を派遣して貢納を求めた。その厳しい取り立てが，完顔阿骨打らの挙兵を引き起こした要因の１つとされる。

1 金・南宋

　遼（キタイ）・宋間における**澶淵の盟**[1]や宋・西夏間における**慶暦の和約**[2]など，国家間における盟約の締結により，11世紀中頃よりユーラシア東方では長期におよぶ共存の時代が現出した。澶淵体制とも称される安定的な国際秩序のもと，各国ともにその盛期を迎えることとなるが，これを揺るがす動きが，12世紀初めのマンチュリアに生じ，ユーラシア東方の勢力図を大きく塗り替えていくこととなる。生女真の完顔部による金の建国である。遼の東部辺境にあたる松花江流域に展開した完顔部は，遼の権威を利用するとともに，**海東青**[3]や貂皮などの交易の利を得ることで急成長し，日本海沿岸地域にまで勢力を広げた。その過程において，金や鉄などの鉱物資源とその加工技術を獲得した完顔部は，ツングース系諸集団の統合に成功するのである。

　1115年には完顔阿骨打【図Ⅶ-9】が皇帝に即位し，金の建国が宣言された。ついで遼との本格的な戦端が開かれ，遼東へと進出した金は渤海人や熟女真などの集団を取り込み，勢力を拡大する。さらに，宋との間で海上の盟と呼ばれる軍事同盟が結ばれると，金はまたたくまに遼の中京，上京を攻略し，宋が行うはずであった南京（燕京）の攻略までも成し遂げ，モンゴル高原を除く，遼の領域のほとんどを支配下に収めた。1125年に天祚帝を捕らえて遼を滅ぼした後，金の太宗は宋の背信行為を責め，２度にわたって開封を包囲し，1127年に宋を滅ぼした。この時，徽宗と欽宗の父子と皇室や後宮の女性たち，官僚らを含む数千人が拉致され，マンチュリアの五国城の地に連行された（靖康の変）。

　この直後，開封を離れていた徽宗の子の趙構（高宗）が南京応天府（宋州）にて即位し宋の継承を宣言した。しかしながら，金の攻撃の前になすすべなく，江南へと逃れ着いた高宗は，杭州を「臨安」もしくは「行在」と称し，あくまで中原の地を回復するまでの仮の居所であるという姿勢を国の内外に示した。ただし，その後も和平と抗戦との間で方針は揺れ動く。金との和議を推し進める秦檜らに対して，抗戦を主張する岳飛ら諸将は宋の旧都開封と歴代皇帝が眠る陵墓の地の回復を目指して北に軍を進めたが，和平推進派によって進軍は阻まれ，岳飛は謀殺された。一方，華北を占領した金は宋の旧臣を擁立して，かいらい国家の楚や斉を建てて間接統

図Ⅶ-9　金太祖（完顔阿骨打）陵の石棺

出典：北京市文物局（2003）。

治に乗り出したが，政権内部における政争の末に，斉を廃して直接統治へと方針を変更した。1142年には南宋との間で盟約を結び，その臣属と貢納を認めることで，淮河（わいが）を境とする南北の共存状態が確定した。

　その後，熙宗（きそう）を殺して金の帝位に即いた海陵王が南北の統一を目指し，自ら軍を率いて南征を開始したことで和平は崩れ去る。しかし，クーデタにより遼陽で世宗（せいそう）が即位する中，海陵王は揚州で部下に殺害された。これを機に南宋は反攻に転じたが，金により撃退されると，次第に両国の方針は和平へと傾き，1164年にあらためて盟約が締結され，南宋の金への臣属は解消された。その後，寧宗の即位にからんで実権を握った韓侂冑（かんたくちゅう）は朱熹ら道学派官僚を弾圧するとともに，1206年には金への軍事侵攻（開禧用兵（かいき））を引き起こしたが，南宋側の劣勢の中，韓侂冑は史弥遠（しびえん）らによって暗殺され，その首は金に送り届けられた。ここに改めて盟約が締結され，つかの間の平和が訪れたが，北からモンゴルの侵攻を受けて，金が都を中都から開封へと遷し河北の地を喪失すると，南宋は再びこれを好機として中原の回復を目指し，モンゴルとの南北挟撃を推し進めていくこととなる。

② カラキタイ（西遼）

　金の攻撃から逃れ，トーラ川河畔の鎮州可敦城（かとん）（チントルゴイ）に拠った耶律大石（りつだいせき）は，大量の馬群を飼育する軍馬牧場を手に入れると，遊牧諸集団の長を集め，天祚帝の救出と遼の復興を呼びかけた。これにより1万を超える騎馬軍団を得て勢力を回復し，西夏や宋との連合による金への対抗を目論んだが，逆に金の攻撃を受けて西方への転進に方針を転換することとなる。

　1130年，耶律大石はイェニセイ川上流のクルグズを攻めた後，さらに西に向かいアルタイ山脈を越え，イルティシュ川とエミル川の流域へと至った。エミルに都市を築いて根拠地とし，さらなる勢力拡大のためウイグルとの連携を求めて軍を進めると，**天山ウイグル**の王ビルゲ・ハンは耶律大石への帰属を表明した。しかし，耶律大石の軍がカシュガルで**カラハン朝**のアフマドに敗れると，ウイグルはこれを見限り，配下を捕らえて金への帰属を求めたが，後に耶律大石の攻撃を受けて再びこれに服属し，代官が派遣され間接支配の下に置かれることとなる。

　トルコ系諸部族を含む4万戸にのぼる集団を率いる勢力へと成長した耶律大石は，エミルにおいて遼の皇位の継承を宣言し即位を果たした。その号は天祐皇帝，元号は延慶と定められ，国号は耶律阿保機から天祚帝に至る東遼に対して西遼と呼ばれた。また，イスラーム史料においては全世界のハーンを意味するグル・カンとして現れ，その国はカラキタイと称された。その後，西に向かいカラハン朝の主力であったカンクリを従えた耶律大石は，カラハン朝の都ベラサグンを攻略して新たな都と定め，フス・オルドと呼んだ。さらに，サマル

▷5　天山ウイグル

8世紀半ばから，突厥（とっけつ）第二帝国（⇒Ⅴ-2）に代わってモンゴル高原を支配したウイグル帝国（⇒Ⅴ-2）は，840年，イェニセイ河上流にいたクルグズの攻撃で崩壊すると，集団に分かれて散った。一部は，850年頃ビシュバリクやトゥルファン盆地を拠点に天山ウイグル王国を形成し，後にはジュンガル草原やタリム盆地をも支配した。治下では仏教文化が開花し，住民の言語的テュルク化とウイグル遊牧民の定住化が進んだ。のちモンゴル帝国に服属し，王は準王家の扱いを受け，民はモンゴル帝国の様々な分野で活躍した。

▷6　カラハン朝

チュー河畔のベラサグンを中心に，テュルク系のカルルク人が建国。西走したウイグルの一部を吸収し，9世紀末にカシュガルに進出，さらに11世紀初めにタリム盆地西部を制圧，また10世紀末にサーマーン朝を滅ぼしてマーワラーアンナフル（アム河とシル河の間）を征服した。その支配のもと，タリム盆地西部では住民の言語的テュルク化が急速に進んだ。また，属下のテュルク系の人々がイスラームを受容し，同地のイスラーム化の端緒を作った。11世紀半ばにシル河を境に東西に分裂，それぞれ13世紀初頭にナイマンのクチュルクとホラズムシャー朝に滅ぼされた。

▷7 セルジューク朝
（1038～1194）
トルクマーン（突厥時代の
オグズのうち，イスラーム
を受容した人々）のトゥグ
リル・ベグがニシャープー
ルで建国。最盛期には中央
アジアからシリアやアナト
リアまでを支配した。

▷8 西夏 ⇨ Ⅵ-5

カンド北方のカトワーンの地における**セルジューク朝**のサンジャルとの決戦に[47]勝利し，ホラズムからイェニセイ川上流域におよぶ広大な領域を有することとなる。耶律大石の没後には，幼子の夷列を補佐するため，母の塔不煙が摂政となり，夷列の没後には妹の普速完が摂政となった。普速完が誅殺された後，直魯古が即位したが，チンギスの圧迫を受けて西走したナイマンのクチュルクによってその座を追われた。

3 西夏，青唐，大理

　カラキタイと金との中間に位置した**西夏**は，1124年に金に臣属し，宋の西北[48]方面への侵攻を強めた。その結果，陝西北部からオルドス東部に至る新たな領域を獲得するとともに，黄河上流の湟水流域に進出し，最大版図を実現した。当時のチベットは，吐蕃滅亡の後から続く小王国の分立状態にあり，その1つである青唐王国も12世紀初めには西夏によって滅ぼされた。また，各地に僧院が再興され，吐蕃時代の仏教がよみがえり，教団内の主要な地位を一族の子弟が継承する氏族教団が現れた。後にモンゴルの帰依を受け，帝師を輩出するサキャ派もその1つである。

　チベットの南に位置する雲南では，10世紀以来，段氏が大理国の王位を継承したが，11世紀末に高昇泰により王位が簒奪され，大中国が成立した。高昇泰の遺言により段氏に王位が戻ったが，その後もモンゴルの攻撃によって大理国が滅亡するまで，高氏が実権を握り続け，段氏の王位は名目的なものに過ぎなかった。1116年に大理国から宋への正式な使節派遣が実現すると，徽宗は段和誉を雲南節度使・大理国王に封じた。南宋の時代には西北方面からの軍馬輸入の道が閉ざされたため，それに替わる軍馬供給地として広西との取引が活発化する。広西と雲南を結ぶ馬交易のルートが繁栄し，貴州地域の小国から買い入れた馬が大理国に集められ，そこから南宋に転売された。

4 高麗

　10世紀に朝鮮半島に建国された高麗にとっても12世紀は大きな転機であった。ツングース系諸集団の統合を進める中で高麗への侵攻を繰り返した完顔部に対して，尹瓘は東北方面に9城を建設して防衛に努めたが，その攻勢を防ぎきれず，9城を譲り渡す結果となる。金が建国されると，その矛先はさらに厳しく高麗へと向けられた。それまでは金を兄，高麗を弟とする擬制親族関係が設定されるに止まっていた両国の関係であったが，1126年には金への臣属が求められ，朝貢が開始された。この年，国内では王をしのぐほどの権力を握った門閥官僚の李資謙と，これを憎む仁宗らとの争いが内乱に発展した。さらには政情不安の中で西京（平壤）への遷都論を説き，金への抵抗を訴えた仏僧の妙清らが西京を拠点に反乱を起こした。

　1170年には李義方ら武臣を首謀者とするクーデタが勃発し，毅宗の廃位と追放，つづく明宗の擁立がなされた。これをきっかけにそれまで文臣によって独占されていた政府の要職に武臣が進出し，武臣政権時代を迎えることとなる。さらに，崔忠献が権力を安定させると，私兵集団である都房の制度を採用し，政府機関たる教定都監を新設するなどして権力機構を整えた。その地位を継承した崔怡の時代には，新たな治安部隊として夜別抄が組織され，私邸に政房を設置して官僚人事を掌握するなど，政治・軍事両面の権力が確立された。後にモンゴルの侵攻に対して徹底抗戦を唱えた崔氏政権は，金俊らのクーデタによって崩壊するが，その後も武臣政権はモンゴルの本格的な支配が始まる1270年まで続くこととなる。

⑤ モンゴル

　金とカラキタイとの勢力の狭間に置かれた12世紀のモンゴル高原は，大小の遊牧集団が乱立する群雄割拠の状態にあった。その中から頭角を現したのが，モンゴル部キヤト氏族のテムジンである。父イェスゲイがタタル部に謀殺された後，氏族が離散するという苦難を乗り越え，ケレイト部のトオリル（オン・カン）の後ろ盾のもと，再びキヤト氏族をまとめ上げ族長に推戴された。さらに，金に背いたタタル部を討つため，金の遠征軍を率いた完顔襄に従い，1196年のウルジャ河の戦いでこれを討ち滅ぼした。モンゴル高原における遊牧集団の対立・抗争は，西方のカラキタイにつく勢力と東方の金につく勢力との間での代理戦争という意味合いを持つものでもあった。金側についたテムジンはカラキタイ側のタタル部や盟友であったジャムカを滅ぼし，さらにはケレイトのトオリルを討ち，ナイマン部を滅ぼして，モンゴル高原の統一を果たす。

　1206年にクリルタイ（集会）で衆に推されたテムジンはチンギス・カンを名乗り，その国をイェケ・モンゴル・ウルス（大モンゴル国）と称した。さらに遠征を続け，南に向かい金を討ち，西に向かってはカラキタイを滅ぼし，**ホラズムシャー朝**を打ち破ったチンギスであったが，西夏との戦いの最中，広大な帝国を残して急逝した。うち続く征服戦争の中，キタイやウイグル，さらには中央ユーラシアのキプチャクやカンクリ，アスなどの遊牧集団を「モンゴル」という人間集団の中に取り込むことで，帝国は多人種・多言語・多文化のハイブリッドな様相を深めていく。本来，一部族の名に過ぎなかったモンゴルは，彼らを中核として結びついた人間集団を意味する共通意識となり，その集団の膨張に伴って帝国はさらなる拡大を遂げていくのである。

（井黒　忍）

▷9　ホラズムシャー朝
セルジューク朝期のホラズム（アム河下流域）で台頭。アラーウッディーン（在位1200〜1220）が君主のとき中央アジアやイランを支配したが，チンギス・カンの西征によって崩壊した。

4 周辺諸国・諸民族の文字文化の形成──契丹・西夏・女真の文字と言語──付・仮名

10〜12世紀,**宋朝**の周辺地域に,非漢族を主体とした新しい国家が次々に建った。中国北方で有力だった契丹族（きったん（キタイ））の**遼**（907〜1125）,党項族（タングート）の**西夏**（1038〜1227）,女真族の**金**（1115〜1234）は,とりわけ注目される。これらの民族は,字形は一見漢字に酷似しながら,異なる文字の構成要素を考案し,それらを独特な方法で組み合わせた**表音文字**と**表意文字**を創り出した。漢字に大きな影響を受けつつ独自の文字体系を構築してそれぞれの言語を表記しており,一般に「擬似漢字」と呼ばれる【表Ⅶ-1・Ⅶ-2】。みずからの思想と文化をみずからの言語と文字で記録する。こうした画期的な媒体の発明は,それぞれの固有の文化に対する強烈な自負心に起因するが,同時に彼らの政治・軍事力の強大化が背景にあったことも考慮せねばならない。

表Ⅶ-1　三種類の「擬似漢字」に関する諸情報

擬似漢字	およその字数	創立時代	終焉時代	現存書体
契丹文字	大字1,860 小字　410	遼	西遼	篆・楷・行・草
西夏文字	6,100	西夏	明	篆・楷・行・草
女真文字	1,500	金	清朝初年	楷・行・草

出典：筆者作成。

表Ⅶ-2　三種類の「擬似漢字」字形の比較表

意味	1	2	3	4	5	猿	犬	年	山
契丹小字	乇	圣	包	乇	乇	鍰	伏力	书	灰
契丹大字	一	二	三	世	五	牛	允	米	山
西夏文字	刻	橛	骹	緬	瘀	翔	藗	緅	犇
女真文字	し	二	头	卡	礼	戈乱	库夯	弅	毗列

出典：筆者作成。

契丹文字と女真文字

　契丹文字とは,**モンゴル系**古代言語のひとつである契丹語を表記するために,遼を建国した太祖**耶律阿保機**（やりつあぼき）が920年に公布した「契丹大字」,その後かれの弟の迭剌（てつら）が創った「契丹小字」,この二種類の文字の総称である。契丹大字は,

図Ⅶ-10 契丹大字楷書

出典：耶律祺墓誌（劉 2014）。

図Ⅶ-11 契丹小字行書

出典：遼道宗耶律洪基哀冊（京都大学人文科学研究所所蔵）。

図Ⅶ-12 契丹小字篆書

出典：遼道宗耶律洪基哀冊（蓋，京都大学人文科学研究所所蔵）。

基本的には漢字を変形もしくはそのまま借用した表意文字だが，一部に表音文字も存在するらしい。日本語の「万葉仮名」や「漢字の訓読」に似て，各文字は単音節にも複音節にもなる【図Ⅶ-10, 13】。逆に契丹小字は，基本的には単音節を表記する単位の「原字」を連ねる表音文字だが，全体の約7分の1は表意文字である。原字1つのみの単体字，ハングルのように2～7つの原字を積み重ねる合体字がある【図Ⅶ-11, 13】。契丹文字の資料は，いまのところ約80件の墓誌・碑石・木札などの銘文・墨書，および草書体の冊子1件しか残っていない。墓誌の蓋は篆書や楷書で，碑文は楷書や行書で書かれた【図Ⅶ-10～Ⅶ-12】。

女真文字は，契丹文字の作字方法によって，ツングース系の女真語を書き表したものである。1119年以降，大字（主に表意），小字（主に表音）を相次いで創ったが，それらを区別するのは難しい。既知の女真文字は，殆どが契丹大字のような表意・表音の混成に見える。現存資料は契丹文字より更に少なく，20件程度の石碑・銘文，明代に編まれた『華夷訳語』【図Ⅶ-14, 15】，そして紙文

図Ⅶ-13 契丹大字と契丹小字の語例

出典：劉（2014）に基づき筆者作成。

中は漢字の「国」。右は「国」に対応する女真文字。左は女真語の発音を漢字で表記したもの。

図Ⅶ-14 『華夷訳語』の女真文語例

出典：Staatsbibliothek zu Berlin-PK 所蔵。(http://resolver.staatsbibliothek-berlin.de/SBB000103AF00000000)

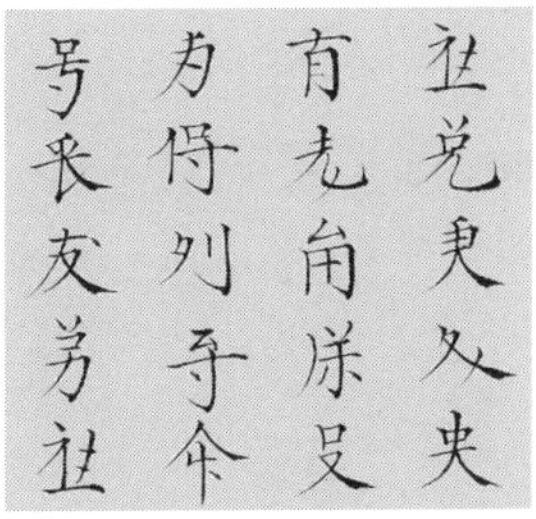

図Ⅶ-15 『女直館来文』より

出典：（公財）東洋文庫所蔵。

▷10 ハングル
1446年，朝鮮王朝第4代世宗の命で国字として作られた表音文字。体系は『訓民正音』で解説される。「諺文」とも呼ばれた。

▷11 ツングース系言語
シベリア東部・サハリン（樺太）・中国東北部等のツングース語の総称。モンゴル諸語・テュルク諸語と同様，アルタイ語に属する。ナナイ語・エベンキ語・ウイルタ語・満洲語・女真語等。

▷12 『華夷訳語』
明・清時代，中国の外交・翻訳機関（四夷館・四訳館）により編纂された中国語と周辺の諸外国語の対訳語彙集（＝訳語）と上奏文（＝来文）の文例集。蒙古・女真・日本・琉球・朝鮮・ペルシア・チベットなど十数ヶ国語分，作成された。

（左）吉川本　　（右）島津本・北条本系統

図Ⅶ-16　『吾妻鏡』の諸写本の移録

出典：国書刊行会（1915），野田庄右衛門（1661）。

図Ⅶ-17　シャイギン城址から出土した銀牌

出典：吉林省（2013），愛新覚羅（2004）。

女真文字	復原の発音	日本語訳	満洲語訳
(花押記号)		花押	
圀土	guru-un	国	グルン イアクドゥン gurun-i-akdun
羊	-ni	の	
夯昊	xada-(x)un	信	

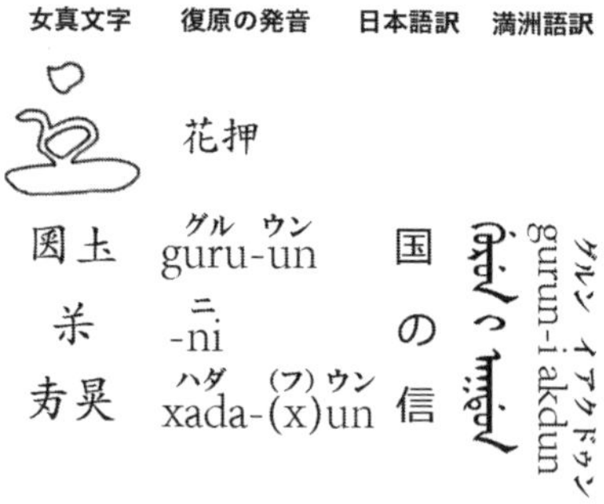

図Ⅶ-18　銀牌の女真文字の解読

出典：吉林省（2013），愛新覚羅（2004），金（1984）に基づき筆者作成。

書の残片数件にとどまる。楷書・行書・草書体が見つかっている。幸い，女真語は満洲語の近縁語なので，意味と発音は満洲語およびその他ツングース系諸語によって推測・再構築することが可能である。

　鎌倉時代の初め，承久の乱の二年後の1223年，越後国の寺泊浦に高麗船一隻が漂着した。かれらの所持品の明細書が『吾妻鏡』に見えているが，そのうち一枚の銀簡の上に，四つの文字が刻まれていた【図Ⅶ-16】。750年の間，誰にも解読できなかったが，1976年に，ソビエト連邦のシャイギン城址で銀牌一枚が出土してはじめて，ようやくかの文字の正体は，金国が高麗人に授けた証明書だと判明したのである【図Ⅶ-17】。『吾妻鏡』の謎の文字は，花押と「国の信」を意味する女真語だった【図Ⅶ-18】。

② 西夏文字

　西夏文字は，1036年に西夏王国の国定文字として公布された，チベット・ビルマ系の党項の言語を記録するための表意文字である。外来語を音訳するために，専用・転用の表音文字もある。総数6,000字以上の膨大な文字体系を有している。漢字の"六書"のように，要素に置き換えて文字を形成しており，したがって漢字と同様，部首・偏・冠等の文字要素に分解できる。形成された文字の間には，発音と意味上の派生関係がある。漢字および他の「擬似漢字」と比べると，西夏文字の字画・字形は極めて複雑だが，一つの文字は必ず一音節しか表さない。契丹文字・女真文字との違いはまさにそこにある【図Ⅶ-19】。西夏文字の資料は，ほぼ中国西北地方の乾燥地域にある仏塔や石窟など遺跡か

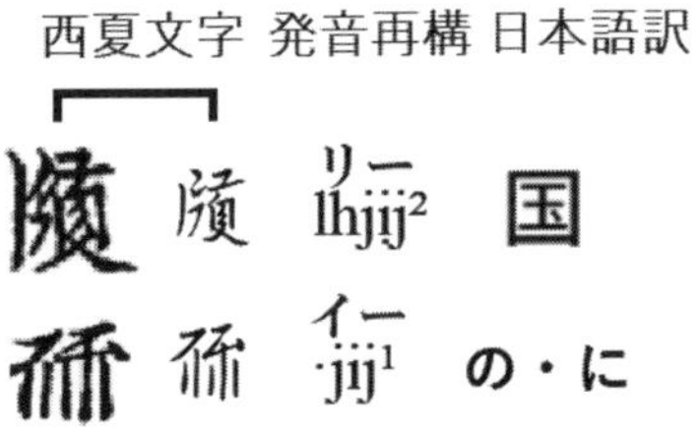

西夏文字　発音再構　日本語訳

図Ⅶ-19　西夏文字の語例

出典：『類林』（俄羅斯 1999）の西夏文字に基づき筆者作成。

中央2行：西夏語彙とその漢訳
右：西夏語彙の漢字音写
左：漢訳の西夏字音写

図Ⅶ-20　『番漢合時掌中珠』より

出典：俄羅斯（1999）。

木版本，楷書体
唐代・于立政の古代人物故事集

図Ⅶ-21　『類林』の西夏語訳本より

出典：俄羅斯（1999）。

墨書巻子本，行書体
右：処方の表題
中央と左：生薬の名前と分量

図Ⅶ-22　「三稜煎丸」写本冒頭より

出典：俄羅斯（1999），呉（2010；2018b）。

墨書綴じ本，草書体

図Ⅶ-23　『孝経伝』の西夏語訳本より

出典：俄羅斯（1999）。

陰刻，篆書体

図Ⅶ-24　「感通塔碑」（西夏文面）の拓本より

出典：京都大学人文科学研究所所蔵，呉（2018a）。

陰刻，印篆体

図Ⅶ-25　西夏文字「首領」官印

出典：羅福頤等（1982）。

ら発見されている。大量の仏典・漢籍の訳本・契約書をはじめとする各種紙媒体の文書，および碑石・銅銭・官印などである。なかでも字書・韻書・西夏語─漢語／チベット語対訳文献は，言語体系の解明に大きく寄与した。書体としては，楷書【図Ⅶ-20・Ⅶ-21】，行書【図Ⅶ-22】，草書【図Ⅶ-23】，篆書【図Ⅶ-24・Ⅶ-25】が確認されている。

❸　契丹・女真・西夏人の言語

　契丹・女真・西夏のひとびとは，歴代王朝の政策もあって，しだいに漢化が進み，ほんらいの言語・文字・文化を保持する後裔は稀少になってしまった。ソグド語と同様に「胡語」（非漢語）の範疇にいれられ，現在ではほとんど死語と化したそれらの文字の解読と言語の復元は，上記の古文献の研究を主軸に，中国各地に散在する「少数民族」の村落あるいはユーラシアに広く末裔を探し，かれらに対する言語調査を実施しながら，進めてゆくしかない。

　近年，各種建設工事による偶然の発見や積極的な考古学調査によって，契丹

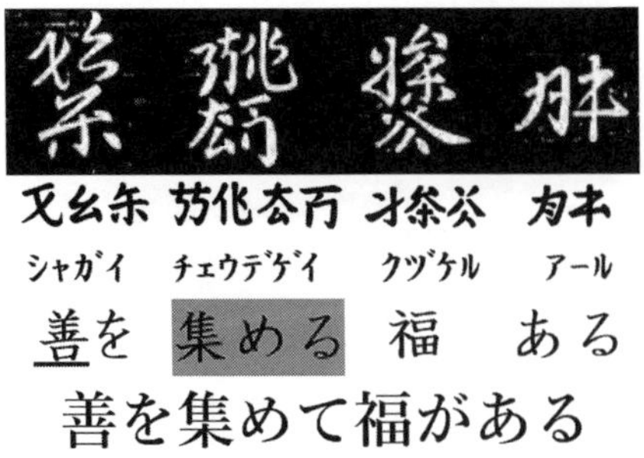

シャガイ　チェウデゲイ　クヅケル　アール

善を　集める　福　ある

善を集めて福がある

図Ⅶ-26　契丹語の語例

出典：大竹（2015），遼道宗宣懿皇后哀冊（京都大学人文科学研究所所蔵）の拓本に基づき筆者作成。

女真語　udigen abxa i　fejile　taiping　be dondibi

満洲語　udigen abka-i　fejile　taifin　be donjimbi

野人は　天の　下　太平　を　聞く

野人は天下太平を聞く

図Ⅶ-27　女真語の語例

出典：愛新覚羅（2009）に基づき筆者作成。

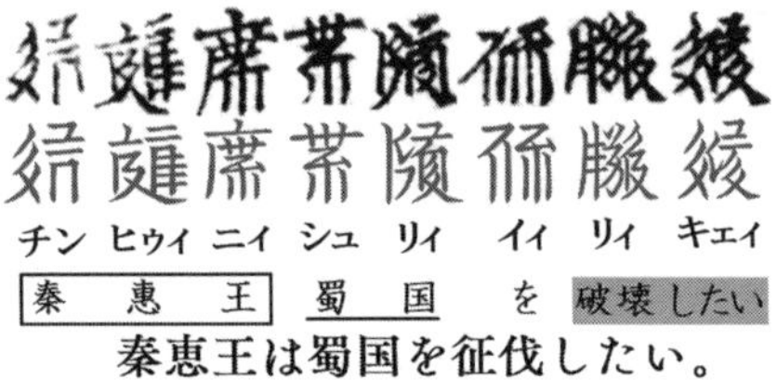

チン　ヒウィ　ニイ　シュ　リィ　イィ　リィ　キエイ

秦　恵　王　蜀国　を　破壊　したい

秦恵王は蜀国を征伐したい。

図Ⅶ-28　西夏語の語例

出典：『類林』（俄羅斯 1999）の西夏例文に基づき筆者作成。

文字の碑文が少なからず出土し，契丹小字の解読はかなり進展した。とはいえ，ロゼッタ・ストーンのような対訳資料は少ないので，音価と意味の不明な字形と用法はいまなお数多くのこされている。契丹大字の研究は，年号・人名・官職など僅かな単語の比定にとどまり，殆ど未解読のままである。

　いっぽう女真語については，満洲語や『華夷訳語』を参照することで，文法の大要が解明された。西夏語も，『文海』，『同音』などの字書が幸運にも伝来しており，また漢籍や仏典の翻訳が多いことから，原書との比較分析によって解読が順調に進み，既知の文献の7割以上の内容が判明している。

　契丹語・女真語・西夏語は，おおまかに言えば，日本語と同様いわゆる「膠着語」の系統に属する。「てにをは」などの助詞によって，語の機能と用法を示す。したがって名詞・代名詞は格助詞と，動詞は助動詞などと接続する。語順も日本語と似ており，"主語−目的語−動詞"が基本である。こうした膠着語の特徴は，遼・西夏・金の各時代の漢語の口語にも影響を及ぼした。例えば，契丹の子供たちは漢文を学ぶさいに，日本の漢文の読み方と同じような訓読や返り読みをしながら，方位詞を助詞として使った。唐の詩人である賈島の名句「鳥宿池中樹，僧敲月下門」を「水底裏樹上老鴉坐，月明裏和尚門子打」（水面の中の樹の上にからすが坐る，月明かりの中で和尚が門を打つ）という風に読んだ。異文化接触の最前線の一齣である【図Ⅶ-26〜Ⅶ-28】。

（呉　国聖）

④　仮　名

　本節の最後に，同時期の日本における仮名文字の普及について概観したい。固有の文字をもたなかった日本には，「漢委奴国王」の金印【図Ⅶ-29】の存在からも明らかなように，遅くとも1世紀には中国より漢字が齎された。のち

▷20　仮名

日本語を表記するために漢字をもとにして作られた音節文字。名称の由来は，漢字が正式な文字の意味で「まな（真字・真名）」と呼ばれたのに対し，略式（補助的）の文字という意味で「かりな（仮字・仮名）」と呼ばれたことによる。「かりな」が「かんな」に転じ，のち「かな」となった（表Ⅶ-3「仮名の種類」）。

86

漢字文化の受容は進行し，5世紀（あるいは6世紀）の遺品である「稲荷山古墳出土鉄剣銘」「江田船山古墳出土大刀銘」などから，地名や人名などの固有名詞が，漢字を表音文字として用いて表記されるようになったことがわかる。すなわち，「仮名」[20]の使用の始まりである。更に，7世紀半ばには，2006年に難波宮跡より出土した木簡【図VII-30】に「皮留久佐乃皮斯米之刀斯」とあるように，日本語の文章や和歌が一字一音の仮名で表記できるようになった。こ

図VII-29 「漢委奴国王」金印

出典：森岡（2006）。

のような「万葉仮名」[21]は総数1,000字近くにのぼるという。以後，日本語の音や使用される字数の減少とともに，字体の簡略化も進行していく。そして9世紀から10世紀にかけて，万葉仮名を草書体に書き崩した「草仮名」【図VII-31】が，更に略体化した「女手」（平仮名，【図VII-32】）が成立した。また一方で，偏や旁など万葉仮名の一部を独立させた片仮名が生まれた。10世紀後半に成った『宇津保物語』には，仮名の手本を男手・草仮名（男手にもあらず女手にもあらず）・女手・片仮名・葦手に書き分けたという記述が見えており，この時期にはすでに，仮名の普及とともに仮名の分化も進展し，また多様な書表現が定着していたといえる。このような仮名文字の普及・浸透について，西嶋定生氏は，上記の契丹・西夏・女真における文字文化の形成と関連づけて，「漢字文化からの離脱現象」と見なしている。

図VII-30 難波宮出土木簡

出典：名児耶（2009）。

表VII-3 仮名の種類

昔の名称	今の名称
男手・真仮名	変体仮名
草仮名	
女手	平仮名

出典：名児耶（2009）。

▷21 万葉仮名

「真仮名」や「男手」とも称される。日本語表記のために漢字の音・訓をかりて使用したもの（ただし，一字一音とは限らない）。『万葉集』での用法が多種多様であることからこの名がある。また書体としては，はじめ楷書で書かれていたが，のち行書や草書でも書かれるようになっていった。

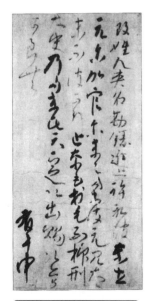

図VII-31 「藤原有年申文」

出典：森岡（2006）。

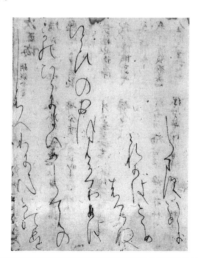

図VII-32 「虚空蔵菩薩念誦次第紙背仮名消息」

出典：名児耶（2009）。

（増田知之）

5 朱子学の登場

▷1　范仲淹　⇨ Ⅶ-1

▷2　欧陽脩(1007〜1072)
范仲淹と同じく幼くして父を亡くしたが，科挙に合格し，仁宗朝の副宰相に昇進した。唐宋八大家の一人として著名であるが，多彩な才能はそれにとどまらず，儒学・文学・史学・考古学の各分野に多大な功績を残した。

▷3　王安石　⇨ Ⅶ-1

▷4　南宋　⇨ Ⅶ-3

1 儒教の復興──宋学の展開

　宋代になると，儒教知識を問う科挙が確固として整備され，范仲淹らによる学校制度の充実もあって，思想としての儒教は非常に活性化した。前代，貴族制下にあった唐以前の儒教は，家学など師説の継承を第一とし，狭隘な訓詁学の深みに落ち込んでいた。これに対して宋代士大夫らは，単に学説を師承するのではなく，自らの能力を使って経書に直接取り組み，自由な学説を展開した。これらを総称して「宋学」と呼ぶ。

　その宋代において士大夫の学問に大きな影響を与え，また儒教を復興する立役者としてまず指を屈せねばならないのは欧陽脩である。胡瑗・孫復・石介ら「宋初三先生」と同年代の彼は，唐代に儒教復興を志した韓愈を敬愛し，古文復興を推進したが，科挙の責任者となったときに古文を合格基準の文体としたことで，これを定着させた。欧陽脩は緯書を退けて，経書そのものに取り組み，儒教本来の教説を学ぶべきだとした。

　その欧陽脩の弟子として活躍したのが王安石・王雱父子の新学であり，蘇軾・蘇轍兄弟の蜀学であった。王安石は経書に独自の注を施し（新義），それは新法党政権のとき，科挙試験の基準思想にもなっていた。

　また彼らと同時期に活躍したのが程顥・程頤兄弟の二程ら（洛学）で，その系譜の上に登場するのが朱熹【図Ⅶ-33】であった。

2 朱子学の登場

　南宋初期に生まれた朱熹は，北宋後半に主流であった王安石らの新学を否定し，自らの道統として北宋の周敦頤・張載・二程を見出し，孟子以来の道統は，彼らを経由して自分に受け継がれたと主張した。いわゆる「濂洛関閩の学」で，道統を強く意識することから「道学」とも呼ばれ，最後に朱熹が大成したことから「朱子学」とも呼ばれる。朱熹は，易の思想を取り入れて万物の原理を説く周敦頤の『太極図説』や，万物の生成を「気」の集散とする張載の「気一元論」，「天理」の存在を主張し，人間の「性」は本来は絶対的な規範である理であるとする程顥・程頤の「性即理」の考えを継承した。

　特に「性即理」の考えから，精神修養を重ねることで，阻害要因である気を取り除き，理たる本来の性に立ち返ることができる。そうすれば完全無欠の人

格者である聖人になることができる。そのためには「居敬」（心を静めること）と「格物窮理」（読書して物ごとの規範を探究すること）が必要だとした。

　一方，宋学としては，南宋に入って朱熹のみがいたわけではない。友人である張栻や呂祖謙もいれば，ライバルとして陳亮・葉適らの事功学派（永康学派）や陸九淵がいた。彼らは手紙の遣り取りなどで始終議論し，切磋琢磨していた。時には直接対面して問答することもあり，1175年の鵞湖の会では，呂祖謙の仲介によって朱熹と陸九淵が直接討論をたたかわせた。

　朱子は晩年には政争に巻き込まれ，その学派は「偽学」として弾圧されてもいる（「慶元偽学の禁」）。また朱熹自身が妥協を許さない性格で，執拗に他者を攻撃する面も持ち合わせていた。それでも朱子学が多くの支持者を得ていた背景としては，一つには完成度の高い，体系化された世界観を持っていたこと。また世界の秩序・規範と人間の内面を結びつけ，それによって心の安定をもたらす方法を提示したことがあったであろう。さらには，朱熹が著作を多く執筆し，それをさかんに印刷して広めたということもあった。朱熹が活動したのは当時出版がさかんな地域であり，この印刷技術が朱子学の伝播にも大きな影響力を持っていた。

③ 四書の重視

「聖人学んで至るべし」というのが，朱熹も含めた道学者たちのスローガンであったから，大先達である儒教の祖・孔子こそ，学んで聖人となった人物だと考えられるようになった。

　孔子はあくまでも古代の聖王ら聖人らを尊崇し，祖述した人物であったから，それまで重視されたのは，先人らの言葉の集積たる経書（五経）であった。ところがその孔子が聖人であったということになれば，彼自身の言行録である『論語』も重要だということになる。孔子の聖人化にともない，『論語』が神聖化されたのである。

　同じく孔子から道統を受け継いだとされる孟子への尊崇が，『孟子』の重視につながる。さらに，朱熹は『礼記』中の2編を『大学』『中庸』として取り出し，先の二書と合わせ，それまでの注を集成した上で自らの注を加えた。これを『四書章句集注』と総称する。以降，朱子学では五経よりも四書が中心的な文献とされた。

　またこの「四書五経」という連称と同じく，経書をひとまとめにして「十三経」と呼ぶことが，この宋代に定まった。いまだ新たな学風が現れぬ宋初，経書に注疏を加える風が残っており，『論語』『孝経』『爾雅』の疏が作られ，九経と合わせて十二経となった。南宋になって『孟子』の疏が加えられ，十三経という枠組みが確定した。このかたちも明清時代まで継承されていく。

（藤本　猛）

▷5　慶元偽学の禁
南宋の慶元年間（1195〜1200），外戚である韓侂冑の専横を批判した朱熹に対して，韓侂冑は朱熹とその一党の出仕や著書を禁じた。その背景には光宗退位後における韓侂冑と宰相・趙汝愚との政治的対立があった。「慶元党禁」とも言う。

図Ⅶ-33　朱熹

出典：小島（2005）。

6 宋と海の道

① 南海貿易の隆盛

▷1　南海貿易　⇨Ⅴ-4

　中国の政府や商人と，アラブ・ペルシア系のムスリム商人との交易，いわゆる「**南海貿易**」は，9世紀後半のアッバース朝の混乱や同時期の中国を荒廃させた黄巣の乱によって，一時衰微した。しかし，五代十国時代に広州を拠点とした南漢劉氏のもとで再興し，宋代には朝廷の奨励でさらに発展し，政府の重要な財源となった。宋朝は，広州，明州（現在の寧波），杭州，泉州などに市舶司を置き，関税徴収（抽分），政府独占・先買品の買上（博買），積み荷や出入港人員のチェックなどの貿易事務を管理させた。ムスリム商人の中には「朝貢」や「進奉」の名目で到来して宋朝から返礼（回賜）を受ける者もあった。また，宋の王族や官僚たちは，ムスリム商人の貿易活動に出資して利潤を得た。南海貿易の貿易港としては，当初広州が最も栄えたが，南宋時代になると泉州の重要性が増し，広州に比肩するようになった。南海貿易における中国の輸入品は，香料・薬品・宝物類などで，とくに乳香や胡椒が重要であった。中国からの輸出品は，絹織物や陶磁器，金銀，銅銭であった。中でも銅銭は国外に大量流出して問題になった。宋銭は当時，東南アジアで通貨として用いられた。また，19世紀に南インドや東アフリカでも発掘されている。

▷2　⇨Ⅴ-4

　西アジアから海路を伝って南シナ海にやって来たムスリム商人は，中国や東南アジアの港市に居留区を築き，風待ちや，本拠，中継の基地として利用した。中国では広州や泉州に，このような居留区が設けられ，「**蕃坊**」と呼ばれた。また，ムスリム商人たちは「**蕃客**」と呼ばれた。「蕃坊」は，「**蕃長**」が統率し，唐代同様，自治を行った。ムスリム商人が内地へ行商に出る場合は，宋朝政府から許可証（公憑）が発給された。ムスリム商人の中には，居留区を出て中国人と雑居する者，港市を出て内地に住む者，中国人女性を娶る者，中国に滞在して何世代にも及ぶ者もいた。

▷3　臨安開城　⇨Ⅷ-1
▷4　ダウ船
三角帆の木造船。釘を使わず船材を縫合して組み上げられた。

▷5　ジャンク船
竜骨を備えた木造帆船。船底に隔壁があって，一部を破損しても沈まない構造になっていた。

　中国で誕生したムスリム商人の子は，「土生蕃客」と呼ばれたが，中でも有名なのは，南宋末元初に貿易商として活躍した蒲寿庚である。その六代前の祖は北宋の高官で，父の代に広州から泉州へ移った。蒲寿庚は，蒲一族や外国人ムスリム商人との連携のもと，私兵を養って海賊を防ぎながら，泉州での貿易を独占的に取り仕切った。南宋最末期には短期間ながら福建提挙市舶に任ぜられた。南宋の首都**臨安**（杭州）**開城**後は，大元ウルスに帰順し，泉州を中心と

する福建南部の統治に参画しつつ，この立場を利用して，自身の交易網の拡大を図った。

② 中国商人の海洋進出と地理認識の拡大

10世紀半ば，以前は広州まで来ていたムスリム商人の**ダウ船**[44]は，マレー半島西岸のカラフをターミナル港とするようになった。同じ頃，中国人商人の乗り込んだ**ジャンク船**[45]が南シナ海に進出するようになったからである。東西アジアを行き交う海商たちは，カラフで，アラビア海・ベンガル湾を行き交うダウ船と，南シナ海を航行するジャンク船との乗り換えを行った。12〜13世紀になると，この乗り換え地点は，クーラム・マライなどマラバール海岸（南西インド）やスリランカに移った。

南海貿易の発達と中国人商人の海洋進出は，中国にイスラーム世界に関する知識の拡大をもたらした。それは，南宋時代，周去非の『嶺外代答』（1178年成書）や趙汝适の『諸蕃志』（1225年成書）のような地理書に結実した。

③ 日宋貿易と南蛮文字

宋代には中国と日本との交易も発展を見た。はじめは中国人海商が中国から日本に来ていた。11世紀半ばになると，彼らは博多に「唐坊」という居留地を営むようになった。「博多綱首」と呼ばれた彼らは，日本の寺社権門の依頼出資を受けて「倭商」として中国に来航した。13世紀になると，日本人商人も中国へ渡航するようになった。日本は，金，木材，硫黄を輸出し，銅銭や陶磁器をはじめ様々なものを輸入した。宋銭は日本でも通貨として流通した。また，貿易船往来に伴い，日本から中国への**留学僧**[46]，中国から日本への**渡来僧**[47]が多く行き交った。彼らは，禅宗や朱子学のような宗教・学問，漢籍刊本，書画ないしその技法，喫茶の習慣など，宋の新しい文化を日本へもたらした。

また，入宋の留学僧の中には，来華ムスリム商人と接触する者もあった。1217年（南宋時代，鎌倉時代）に中国へ渡った日本の僧侶，慶政上人は，泉州でムスリム商人と思しき人物と会い，交流の記念としていわゆる「南蛮文字」（「南番文字」）【図Ⅶ-34】を書いて贈られた。「南蛮文字」はその実，アラビア文字で記されたペルシア語であり，少なくとも三種類の韻文から成っていた。うち二つの韻文の出典はそれぞれ，**フィルダウスィー**[48]の『王書（シャーナーメ）』と**グルガーニー**[49]の『ヴィースとラーミーン』であり，第三の韻文はおそらく即興で作られたものであった。

（中西竜也）

▷6 留学僧
臨済宗の開祖栄西や曹洞宗の開祖道元などが有名。栄西は，『喫茶養生記』を著して喫茶文化を日本に紹介したことでも知られる。

▷7 渡来僧
鎌倉建長寺開山の蘭溪道隆が有名。

▷8 フィルダウスィー
あるいは，フィルドゥースィー。生没年934〜1025。イラン東部のトゥースの生まれ。『王書』は，ペルシアの神話，英雄譚，サーサーン朝史を描いた一大叙事詩で，ペルシア文学史上の最高傑作のひとつ。

▷9 グルガーニー
1073年頃没。イラン北東部のグルガーン出身。『ヴィースとラーミーン』は，パルティア時代の伝説に取材して不倫の恋を描いた叙事詩。イスラーム倫理に照らしてしばしば非難の対象となったが，人々に愛読されて今に伝わる。

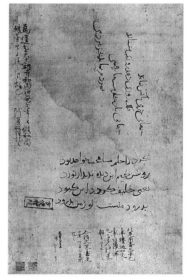

図Ⅶ-34 南蛮文字

慶政上人は帰国後，南蛮文字を明恵上人に贈与したので，同文書はもともと京都の高山寺支院方便智院に所蔵されていた。
出典：羽田（1958）。

コラム

中国と治水

歴史を考える際に，無意識のうちに現在の景観をそのまま過去に投影してしまうことがある。しかし，過去の自然環境がそのまま現在に残ること自体が稀であることは，12世紀から19世紀中頃に至るまでの黄河の下流が現在とは全く異なるコースをたどっていたことなどからも明かであろう。河道の復元を通して，自然環境の歴史的変遷を明らかにするとともに，これと政治，経済，社会や人々の生活など，様々な人間活動と

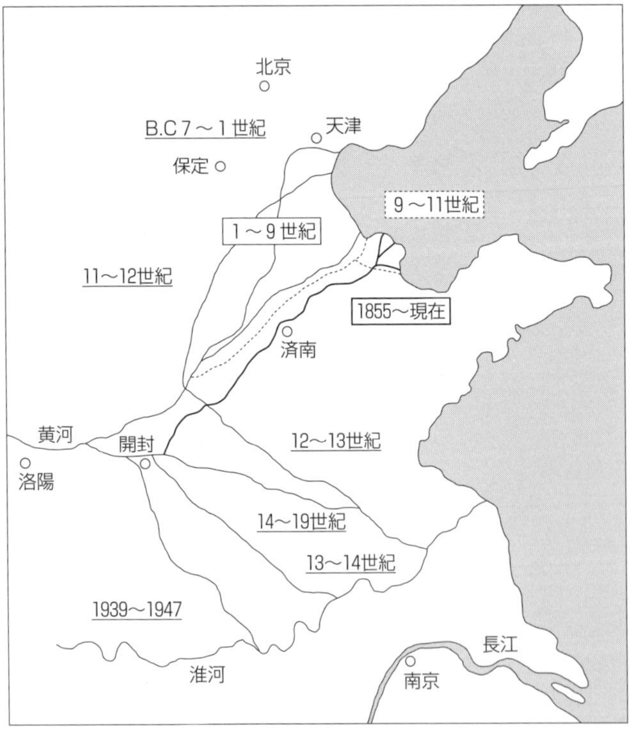

図Ⅶ-35　黄河河道変遷図

出典：星（1971）を基に作成。

の相互関係を解き明かすという環境史の手法は，現代の歴史学に不可欠なものとなっている。

春秋五覇の1人に数えられる斉の桓公に仕えた管仲の書──『管子』によれば，国を治める要点は水の害をはじめとする，5つの害を取り除くことにある。水のコントロールが失われると人は傷つき，人が傷つけば貧しくなり，貧しくなれば法を軽視し，法を軽視すれば統治が困難となるというのである。中国における治水は，災害の防止という意味にとどまらず，国家の統治を左右する大問題であり続けたのである。

中国史上における治水のカリスマと言うべきは，夏王朝の創始者，禹である。禹は氾濫を治めるため黄河の流域をくまなく巡り，高きより低きに流れる水の性質に逆らうことなく，土地の起伏にしたがってその流れを導き，海に注ぎ入れることに成功した。自らの身を顧みず，天下のため治水に尽力した禹は，聖王にして水神であると崇められ，後世における理想の帝王像・為政者像を形づくったのである。

前漢の武帝（⇨Ⅲ-2）の時代に，泛濫を繰り返した黄河は，ついに瓠子の地において大決壊を引き起こし，南へとその流れを変えた【図Ⅶ-35】。氾濫の被害が長期にわたって続いた原因は，丞相の田蚡らが自身の所領への被害を避けるため，天災やむなしと主張し，これを放置したことにあった。

その後も人智を超える黄河の河道変化に対して，放置して自然の流れに任せるか，あるいは人事を尽くして流れをコントロールするかという相反する2つ方針の間で議論は揺れ動いた。

黄河の氾濫に対して無為を説いた代表的な人物に王莽がいる。彼は祖先の墳墓への洪水被害を避けるため，意図的に黄河の氾濫を放置した。これにより2度に亘る大決壊が引き起こされ，甚大な被害が及んだ黄河下流域では赤眉の乱が勃発し，戦乱は全国に広がることとなる。

後漢の明帝の時代に，王景によって積極的な治水策が推進されると，前漢の末より続いた黄河の氾濫もようやく終息に向かう。以降，黄河は安定を取り戻し，唐代中期に至るまで大規模な洪水が引き起こされることは稀であった。その背景には黄河流域の黄土高原地帯が，魏晋南北朝から唐代にかけて遊牧民の活動域となって（⇨ Ⅳ-1 Ⅳ-2 Ⅵ-2）牧地化され，植生が回復したことにより，土壌の流出が減少したためとする説もある。

唐の玄宗の時代，黄河は数百年ぶりに大規模な泛濫を起こし，再び河道の変化が生じるきざしを見せた。唐末に朱全忠（⇨ Ⅵ-3）が堤防を破壊し，黄河の流れを2筋に分けて海へと導くことで頻発する氾濫に対処しようとしたが，これが数百年続く黄河の不安定化の要因となる。宋代には2筋に分かれていた黄河の流れに対して，これを1筋にまとめるべきとする王安石らの新法党（⇨ Ⅶ-1）と自然に任せて2筋の流れをともに維持すべきとする旧法党との間で議論が戦わされたが，政争の具となり効果的な対策を打ち出すことはできなかった。

靖康の変（⇨ Ⅶ-3）の後，金の追撃を食い止めようと，宋側が黄河の堤防を決壊させるなどしたため河道の変化は激しさを増し，12世紀中頃には北への流れを止め，南に向かって淮河の流れと1つになった。黄河下流と一体化した淮河は金と南宋との国境となり，

治水がなされぬまま放置された。南北を統一した元代においても黄河の河道の安定化は実現されないまま，14世紀中頃の大泛濫を迎える。治水に当たった賈魯は製塩地帯や内陸水運の保護を目的として，淮河に合流する南流への固定化を成し遂げたが，大規模な治水事業による負担は，頻発する自然災害ともあいまって地域社会を直撃し，紅巾の乱（⇨ Ⅷ-2 Ⅷ-5）の引き金となった。

明代から清代中期まで黄河は引き続き南流を維持したため，内陸水運の基幹として南北をつなぐ大運河を洪水被害から守るための対策が模索された。明代万暦期に治水を担当した潘季馴は，堤防を強化して河道を狭め，黄河の流れを速めることで，河床に堆積した土砂を海に流し去るという方法を用いた。清代においても黄河治水の重要性は変わることなく，康熙帝（⇨ Ⅹ-2）が親政直後に掲げた主たる政策課題「三藩，河務，漕運」のうち2つまでもが治水に関わる内容であった。康熙帝の命を受けた靳輔は10年以上もの月日を費やし，堤防の修築と河道の浚渫につとめ，黄河の安定化を実現した。しかし，その努力もむなしく，1855年に黄河は大きく流れを変えて北へと向かい，渤海湾へ注ぐ現在の流れを形成することとなる。

日中戦争期（⇨ ⅩⅣ-2）に蔣介石が日本軍の侵攻を食い止めるため，花園口において黄河を決壊させると，流域は深刻な洪水被害に見舞われた。中華人民共和国の建国以降，毛沢東の主導により，科学技術の導入によるダム建設などの方法を通して，黄河や淮河，長江といった大型河川の治水事業が推進された。現代においても，黄河の断流や淮河の水質汚染，長江流域の大洪水など，多様化する水環境問題への対応が重要な政策的課題となるとともに，南水北調と呼ばれる南方から北方への水輸送を実現する巨大プロジェクトが実施されていくのである。

（井黒　忍）

モンゴル帝国の成立

1 オゴデイ時代

　チンギスは麾下の遊牧民を95の千戸集団に再編し，これらの大半をチンギスと末子のトルイに直属する中央ウルスに，その他をチンギスの弟のジョチ・カサル，カチウン，テムゲ・オッチギンに属する左翼ウルスとチンギスの子のジョチ，チャガタイ，オゴデイに属する右翼ウルスとにそれぞれ分属させた。ヘルレン川上・中流域の中央ウルスを中心として，諸弟の左翼ウルスを東方の興安嶺方面に，諸子の右翼ウルスを西方のアルタイ山脈方面に配置するという中央・左右翼体制は，匈奴以来の遊牧集団の伝統に由来するものであり，これが以降の遠征軍の編成や所領の設定に関する基本構造となった。

　チンギスの死後，カアンに即位したオゴデイは，引き続き対外戦争を積極的に進めていく。その第一歩は中都から開封に都を遷した金への侵攻である。トルイが右翼として陝西方面から開封の南へと向かい，オッチギンが左翼として華北平原を南下する中，オゴデイ自身は中軍を率いて山西から開封に迫った。こうした三軍団方式は中央・左右翼体制に基づくものであり，その体制は華北における一族・功臣の所領の設定にも反映された。三峰山の戦いに敗れた金軍は実質的に崩壊し，1234年のモンゴルと南宋の両軍による攻撃の前に，哀宗と末帝が蔡州に没して金は滅んだ。

　金朝攻略と平行して，オゴデイの子のグユクにはマンチュリアの征服が委ねられ，北インドへと逃れたホラズムシャー朝のジャラールッディーンにも軍が差し向けられるなど，東西両面において軍事行動が展開された。翌年，カラコルムに都城を建設したオゴデイは，東西に向けてさらに大規模な遠征軍を繰り出した。西北ユーラシアのキプチャク草原の制圧を目指す西征軍の総司令官にはジョチの子のバトゥが任じられ，その軍にはオゴデイ家のグユクやトルイ家のモンケなどの面々が参加した。キプチャクを吸収し巨大な軍団へと変貌を遂げた西征軍は，ロシアを経てハンガリー，ポーランドへと侵攻し，ウィーン郊外にまで迫ったが，1242年のオゴデイの死去により帰還を余儀なくされる。その後，バトゥはヴォルガ川下流に留まり，黒海・カスピ海・アラル海の北に広がる草原地帯にジョチ家のウルスが形成された。

② グユクからモンケへ

オゴデイの死去により，空位となったカアンの座は，**ドレゲネ**の
多数派工作が功を奏し，その子のグユクに引き継がれた。即位の後，
西征へと旅立ったグユクの前に対立していたバトゥの軍が迫る中，
両軍の激突を前にしてグユクは急死する。バトゥ主導のもとで開催
された2度のクリルタイを経て，カアンに選出されたモンケは，対
立してきたオゴデイ家とチャガタイ家に対する報復を行うとともに，
同母弟のクビライとフレグを中心とした遠征に乗り出す。

図Ⅷ-1　モンケが攻めた釣魚山城

出典：2016年，舩田善之氏撮影。

　イランへの侵攻を委ねられたフレグは，暗殺者教団と恐れられた**ニザール
派**が拠るアラムートの山城を攻略して教団を滅ぼすと，1258年にはバグダード
を陥落させ，アッバース朝カリフの政権を打倒した。さらにアゼルバイジャン
やシリアを攻略したフレグのもとには，アナトリアの**ルーム・セルジューク
朝**も服属し，イランを中心とするフレグ・ウルスが形成された。

　フレグの西征と時を同じくして，クビライ率いる南征軍は，南宋を側面から
攻撃するため雲南へと侵攻し，**大理国**を滅ぼした。その後の攻略をウリャンカ
ダイに委ね，クビライは自らの根拠地と定めた灤河上流の金蓮川へと帰還した。
しかし，これを不満としたモンケは，自らが中軍を率いて四川攻略へと旅立つ
も，釣魚山城攻撃のさなか突如病死した【図Ⅷ-1】。これにより，フレグの
西征とモンケの南征はいずれも中止をやむなくされることとなる。

③ クビライの即位

　前線におけるモンケの死去は，ふたたびカアン位をめぐる抗争を引き起こし
た。クビライは，金蓮川に建設された開平府にてクリルタイ（集会）を開催し，
カアンへの即位を宣言した。これに対して，モンゴル高原のおさえを任されて
いた末弟のアリクブケは，モンケの葬儀を執り行った後，クリルタイを開催し
てカアンに即位する。チャガタイ家やオゴデイ家などの諸集団を巻き込んだ両
者の軍事的対立は，1264年にクビライの勝利に終わる。

　クビライの次なる課題は南宋の攻略であった。1268年に漢水中流域の軍事的
要衝である襄陽と樊城への攻撃が開始されたが，呂文煥は幾度もその攻撃を
防いだ。しかし，イランからもたらされた回回砲（大型投石機）の威力の前に
なすすべなく，ついに1274年に呂文煥はモンゴルに投降する。これにより南宋
の防衛体制は瓦解し，1276年に**臨安**は無血開城した。実質的に南宋はここに滅
び，南北の統一が完成されたのである。モンゴルの日本に対する遠征のうち，
初回の1274年の遠征は対南宋作戦の一環として，日本が南宋に協力し援助する
ことを妨げるために行われたものであり，2回目や実施には至らなかった3回
目の遠征とは，目的を異にするものであった。　　　　　　　　　（井黒　忍）

▷5　ドレゲネ

ナイマン出身で，オゴデイ
の6番目の皇后となり，グ
ユクを生んだ。オゴデイの
死後，チンギスの弟のオッ
チギンを抑えて，グユクに
葬儀を取り仕切らせるとと
もに，4年の月日を費やし
た多数派工作によって，そ
の即位を実現させた。

▷6　ニザール派

イスラームのシーア派の分
派であるイスマーイール派
のさらなる分派。

▷7　ルーム・セルジュー
ク朝

セルジューク朝王家出身の
スライマーンがビザンツ帝
国治下のアナトリアのニカ
エア（現イズニク）を1074
～1075年に征服して建国。
のちアナトリアの大半を支
配した。

▷8　大理国　⇨ Ⅶ-3

▷9　臨安　⇨ Ⅶ-3

2　大元大モンゴル国の中国統治

1　巨大中国の誕生──儒教経典を纏った遊牧国家

　クビライは，**大理・南宋遠征**[1]のための大軍，東方の諸王家・華北軍閥の協力，密かに蓄えた金銀と人脈を利用してアリクブケに勝利し，唯一の**カアン**[2]となった。マムルーク朝，ヨーロッパを目指して進軍中だった次弟フレグは，カアン位のかわりに西征で得た領土を全て己の版図とした（フレグ・ウルス／イル・カン国）。

　チンギス・カン以降，大モンゴル国（イェケ ウルス）の拡大にともない，北中国・中央アジア・イラン方面の三管区に行政府を設置，カラコルムから腹心の財務官僚を差し向けて，ジョチ，チャガタイ，オゴデイ，トルイ以下諸王家の所領・権益を守る代官たちの長となし，戸籍調査・徴税等の業務を統括させていた（キプチャク草原からロシア方面のみオゴデイの死後の長期混乱とモンケ擁立の功績により，ジョチ家に丸ごと委ねられた）。ところが，アリクブケと彼を支持するジョチ家への対抗手段とはいえ，この中央集権のシステムを放棄し，クビライ，かれと手を組んだチャガタイ家のアルグとフレグの三人で行政府を一つずつ接収した結果，カアンがこれらの地域全体を実効支配することは不可能となった。

　クビライとしては，モンケに匹敵あるいはかれを凌ぐカアン，連邦の宗主国たるために，まずは国家体制の再編・整備と財源の確保，後者に関連して新たな版図の獲得──南宋の接収が至上命題であった。

　1264年，クビライは元号を"**中統**"[4]から『周易』の"至る哉坤元（＝大地）"を出典とする"至元"に改め，首都ならびに**ジャムチ**[5]（駅伝）の基点を，カラコルムから，北中国を管理する行政府の官庁が置かれていた燕京すなわち旧金朝の中都（カンバリク）に移し，そこに祖宗を祭る太廟も設置した。しかも北東に隣接して新たに空前の規模の都城建設を宣言したのである。ジョチ家以下一族の代表・重臣が一同に会する大聚会（イェケクリルタイ）の開催に向けて，あるいは諸国の使節団に，自身の正当性，富と権力を見せつけるためだった。太廟や朝廷での演奏用に，儒学の聖地たる山東曲阜で保存されてきた雅楽隊を再編制し，烈祖イェスゲイ，太祖チンギス・カンと4嫡子，定宗グユク，憲宗モンケに奉納する楽曲，ケレイト王国，西夏，金，ホラズム王国（シャー），大理を滅ぼし，高麗，ベトナムを帰順させてゆくさまを象った舞を準備させたことも，それを裏付ける。

　新都の骨格の設計は，儒・仏・道の三教に通じる劉秉忠を中心に進められ，可能な限り『周礼』「考工記」の理念に沿い，門や坊の数・名は『周易』に依

拠したものとなった。もっとも，クビライの嫡子マンガラの京兆府（けいちょうふ）（いまの西安）や曾孫の武宗カイシャンの中都（内蒙古自治区張北）城址基盤下からは，アラビア数字の36桝の魔方陣が出土しており，新都にも同様の呪（まじな）いが施された可能性がある。着工に際しては，チベット仏教サキャ派の国師（のちに帝師）パクパが，クビライを四洲——過去・現在・未来，全世界に君臨する金転輪（こんてんりん）聖王（じょうおう）に擬して〝白傘蓋（はくさんがい）の仏事〟を執り行い，その支配の正統性を強調した。

　儀式等に用いる宮殿・楼閣は，均整美と威容を誇る中国建築——瑠璃瓦や大理石をふんだんに使用し，金箔，螺鈿（らでん），最高水準の絵画・彫刻で装飾する——が選択されたが，カアンたちは，ふつうはケシク集団とともに，城外で野営するか，宮闕（きゅうけつ）西側の緑地すなわち太液池のそばに設えられた宮帳（オルド）【図Ⅷ-2】で寝泊りした。象・犀・ライオンなど海外から贈られる珍獣たちの動物園もあった。国内外のさまざまな物資を城内中心部の巨大な湖潭（こたん）に運びこむべく，技術官僚の郭守敬（かくしゅけい）が複数の運河を掘削・整備し，やがて岸辺の官営バザールは多国籍の商人で賑わうようになった。諸官庁はもちろん，天壇・地壇，五行（ごぎょう）の色に塗り分けられたチベット仏教寺院の塔，寺刹，道観，祠廟（しびょう），モスク，教会などが次々に建てられていった。四合院と呼ばれる邸宅には，高官や富裕層が入居した。現在の北京の基本形は，まさにクビライの治世に創られたのである。

　この新都を冬の首都とし，夏の首都たる上都（シャンドゥ）（＝開平府）との間を移動しながら国政を執る。漢地経営に際しては，金朝風の制度で運用してきたが，南宋接収も見据え，劉秉忠や朱子学者で国子監の総長の許衡に命じて，政務を総括する中書省・兵権を握る枢密院・監査役の御史台（ぎょしだい），それらの支部たる行省（こうしょう）・宣慰司（こうたい）・行台の三権以下，内外百官の名称・人数・位階・俸給・遷転・封蔭（ほういん）・服色等を整理し直し，官庁間の文書書式についても細かな規定を設けさせた。もっとも，政府首脳部はカアンのケシクに属するモンゴル貴族によって占められ，万事，合議で最終決定が下された。また中書省とは別に，財務・経済政策に特化した尚書省を設置，アフマド・バナーカティーを重用した。行省は，金・畏吾児（グル）（ウイグル）・西夏・大理・高麗の旧領を踏まえて設置，可能な限りその固有の制度・文化を尊重した。路＞府＞州＞県の行政区画は，オゴデイ〜モンケ時代のモンゴル諸王の投下領（とうかりょう）を下敷きにしており，それぞれにモンゴルのダルガチ（鎮守官），漢児やムスリムの副官を配置した。金朝以来の華北の軍閥は解体して，契丹（キタド）・女真（ジュルチェ）・西夏（タングート）の軍団に準じ，いくつかの遠征・駐屯軍に組み込まれた。

　クビライはこの新体制を踏まえ，4嫡子（長子は早世）のうち次男の燕王チンキムを中央政府に置き，三男の安西王マンガラを陝西・四川方面に，四男の北平王ノムガンをモンゴル高原に，庶子の雲南王フゲチと西平王アウルクチを旧大理国，吐蕃（トゥブト）にそれぞれ大軍を付して配した。1271年，総仕上げに従来の国号大モンゴル国（イケ・ウルス）に元号と対の〝大元〟——『周易』の〝大いなる哉乾元（かなげんうえ）（＝上天）〟を冠し，新都を大都（ダイドゥ）と名づけ，金朝の『泰和律令』の運用を止めた。

図Ⅷ-2　オルドでクルアーンを読むアーナンダ父子

出典：Komaroff＆Carboni（2003）.

▷7　ケシク
四班に分かれて三日ずつ輪番でカアンや王族の護衛・身辺の世話をする当直。古参の家臣，有力部族，帰順した王族等の子弟で構成。帯弓箭人（コルチ）・傘蓋持ち（シュクルチ）・食膳係（バウルチ）・環刀持ち（ユルドゥチ）・鷹匠（シバウチ）・通事（ケレメチ）・書記（ビチクチ）のほか，季節移動に関連した宿営官（ヌントゥクチ）・遺失物係（ブラルグチ）など。鮮卑拓跋（たくばつ）の北魏，北斉等にも確認される。

▷8　宮帳
カアンやカン，后妃たちの移動式住居ないしその所在地。円形，柳の骨組み，毛織物製が一般的だが，外側を虎皮や棕櫚の葉で飾ったり，内装も金箔の柱，天窓まで張り巡らした高価な錦，絹の絨毯など豪華絢爛，「金帳」とも称された。大聚会（クリルタ）や大宴会用の天幕は，数百人から二千人を収容でき，外交使節団のほとんどの報告書（⇨Ⅷ-3）が言及する。

▷9　投下領　⇨Ⅷ-3

▷10　契丹・女真・西夏の軍団
こんにち中国西北部・沿岸部を中心に点在するムスリム社会の多く，雲南の契丹

族，河南省濮陽や安徽省合肥の西夏遺民の集落は，モンゴル時代のオルトク（⇨Ⅷ-3）や駐屯軍に起源をもつことが確認されている。

▷11 商税
販売地で支払う30分の1の売上税。各州を通過するたびに2％の税を徴収する南宋の制度は世界規模の物流の障碍になると考え，踏襲しなかった。

▷12 紙幣 ⇨Ⅷ-3

図Ⅷ-3 大元ウルスの紙幣

出典：邵清隆（2008）。

▷13 義倉
飢饉に備え豊作の年に収穫の一部を供出させておく穀物倉。

▷14 『農桑輯要』
北魏の『斉民要術』に倣い，金末〜大モンゴル国初期の農業・養蚕の精髄を集成した技術書。桑はもとより，木綿・西瓜・甘蔗等新来の作物の栽培方法，養蜂の記事が目を惹く。

▷15 ⇨Ⅷ-3

▷16 マニ教
ゾロアスター教にキリスト教・仏教の要素を取り込み，天地万物を善悪二元論で考える。唐代にソグドやウイグルを介して伝来，明教とよばれた（⇨Ⅴ-4）。慶元・福建から日本に輸入された関連絵画が数点，今に伝わる。

そして1276年，終に南宋が無血開城し，まもなくクビライ固有の版図は，北はモンゴル高原，西は天山山脈一帯からチベット，南はパガン朝，ベトナム，東は高麗に至った。ここに，唐朝を凌ぐ「大きな中国」，「北京発信の世界戦略」の記憶が刻まれることとなった。

❷ 画期的な経済振興と諸民族共生のための文化政策

大理と南宋の旧領は世界屈指の金・銀の鉱脈に恵まれ，後者は国家専売の対象となる塩や茶の生産にも適していた。海外からの商品が荷揚げされる広州・泉州・杭州・慶元（いまの寧波）・揚州などの貿易港では，巨額の**商税**[11]が見込まれた。事実，それらの税収は国家歳入の大半を占め，クビライは，ムスリム商人と結びついたサイイド・アジャッルやアフマドの一族，ウイグル・ネットワークを背後にもつ官僚を絶妙のバランスで各行省に配し，**紙幣**【図Ⅷ-3】[12]・為替手形の流通を支える銀や塩の増産・管理を任せた。

また，"蘇湖熟シテ天下足ル"といわれるように，当該の地域において水利事業と屯田開発を大々的に進め，毎年，三百万石に上る米を，ほかの物資とともに南北を繋ぐ大運河と海路から大都，モンゴル高原へと輸送する体制も整えた。ちなみに，クビライたちは"食"の確保こそ治安維持の最善策と考え，全土に遍く，最末端組織として村落の五十家を単位とする一種の互助組織"社"を設けた。そして各長に風紀・初等教育・**義倉**[13]・戸籍の出入等を管理させ，地域・時宜に照らした農作物・果樹の栽培，公道への植樹，灌漑用水の整備，池の掘削と魚や鴨の養殖・蓮根の栽培，蝗害の予防等の指導にあたらせた。そのために，大司農司（≒農林水産省）では，**『農桑輯要』**[14]と"不毛の地"用の「区田の法」を編纂し，何度も頒布した。特に桑の栽培が推奨されたが，食用・燃料以外に，紙幣や重要な輸出品目である絹の生産に直結していたからである。

そのほか，『授時暦』，**『回回暦』**[15]に基づく具注暦の販売収益，浮梁局（江西省景徳鎮の官窯）で開発された高額の輸出商品——回回青とよばれるコバルト顔料で白磁に絵付けした青花（＝染付）などが注目される。

これらから得た巨万の富を大モンゴル国の各国に分配し，世界経済を活性化することにより，クビライは名実ともに宗主として公認されたのである。

ところで，クビライはパクパを帝師としたが，チンギス・カンの聖なる訓えを守り，実母の信仰したネストリウス派キリスト教（＝景教／秦教）をはじめ，イスラーム，ユダヤ教，**マニ教**[16]，仏教，道教，儒教等，全て平等に扱った。オゴデイ等と同様，諸税や労役等の義務を免除し，施設の補修や新築に莫大な資金を援助した。①上天（＝神）に自分たちの長寿と幸福を祈ってくれる巫師，古代からの英知を継承しつつ最先端の医・薬・天文などを扱う学者・技術者を輩出する教育機関，②民族・地域社会の拠り所と理解していたからである。

そして，かれらの「知」を時代・地域を越えて伝え得る媒体——書籍の編

纂・刊行に着目した。とくに、**旧南宋領の不満分子**＜417となり得る失職した官吏・科挙を志していた階層のために雇用創出を図らねばならず、儒教保護を宣言し、全国津々浦々に孔子廟・官学・書院を設立していったが、そこで用いる教材をはじめ官民共同による出版事業の展開と一大産業化、出版助成金と著者の官吏・教職への推薦制度は、政策の大きな目玉となった。『大元通制』や『大元聖政国朝典章』といった政書に収録された判例の数々は、多様な民族社会の小さな摩擦や妥協、各階層の生活を垣間見せてくれる。また、朱子学に基づく経典注釈、『十八史略』や『古文真宝』、挿絵入りの『三国志平話』や百科全書で"士大夫の暮らしの手帖"とでもいうべき『事林広記』や『居家必用』等は、高麗・日本でも熱心に読まれた。書物も重要な輸出品目だったのである。

③ 遺産の食い潰しとシステム崩壊

　クビライの後を継いだ孫の成宗テムルは、馬に乗れず象の牽く車を常用、跡継ぎの男児にも恵まれずといった病弱さで、ブルガン皇后と取り巻きが実権を握った。それがもたらす巨万の富ゆえに、ブルガンは夫の崩御後も手放さず、夫の従兄弟の安西王アーナンダを宮中に迎えいれた。かれは、早くから資金・情報集めのためムスリム商人たちをとりこんでいた【図Ⅷ-2】。フレグ・ウルスでは当主がムスリムに改宗しており、中央アジアのチャガタイ家とオゴデイ家にもムスリムの王が少なからずいた。アーナンダは、「イスラーム」を看板に自身のカアン位の承認を得ようとした。しかし、ウイグルや漢族の商人たちの庇護者、既得権益を奪われそうになった官僚たちは、秘密裏に成宗テムルの甥のアユルバルワダに連絡をとり、クーデタを起こした。そこへ、アユルバルワダの同腹兄のカイシャンが大軍を率いて対中央アジア戦線から帰還し、新カアンとなった。これを機に、カンクリ・キプチャク・アス族の軍官たちの発言力が高まった。そして、皇后ないし皇太后とその寵臣が恣意的にカアンを選ぶ、カアンが短期間のうちに暗殺される、という異常事態が繰り返されてゆく。『元代帝后図冊』の成宗テムル以降のカアンはみな大粒の宝石で全身を飾る【図Ⅷ-4】。それが象徴するように、クビライを越える有効な財政政策を創出することもなく、ただ贅沢を享受した。いっぽうで、"小氷河期"による地球規模の災害・飢饉・黒死病をはじめとする疫病は、交易活動を沈滞させ、各地で叛乱を招いた。黄河も大氾濫を繰り返し、流域では**"紅巾"の賊**＜418が暴れまわった。江南において張士誠・方国珍などの武装勢力が台頭した結果、大都までの運河・海路ともに遮断され、クビライの築いたシステムは、急速に崩壊していった。　　　　　　　　　（宮 紀子）

▷17　旧南宋領の不満分子
戸籍の分類上は、旧金朝領の漢児（キタイ）に対して蛮子（マンジ）と呼んだ。武官・軍人は能力別に振り分けて、相応の職に任ずるか、クビライと対峙していたオゴデイ家のカイドゥやアリクブケの子孫等のいる中央アジア戦線・東南アジア・日本等の遠征軍に投入、あるいは屯田兵として雇用した。いっぽうで、イギリス統治下の香港のごとく、モンゴル名をなのる者も続出した。

▷18　紅巾の賊　⇨Ⅷ-5

図Ⅷ-4　世祖クビライ（左）と成宗テムル（右）

出典：劉芳如・鄭淑方（2015）。

3 アフロ・ユーラシアをめぐる 人・物・知

① 東西交流を促進した諸制度

　モンゴル時代の人・物・知の交流を支えた重要な制度がいくつかある。

　まず，版図の拡大とともに張り巡らされていった駅伝網 "ジャムチ"。とくに大元ウルスの南宋接収と東南アジア遠征によって，1280年代後半，泉州や広州からインド，ペルシア湾，アラビア半島，アフリカ東岸と地中海に至る "海の道" が確保され，アフロ・ユーラシアの陸路・内陸河川・海路は，ほぼ完全に連結した。各国（ウルス）は，道路の舗装，運河・港湾の整備に努め，街道・沿岸に軍隊を配置，往来する隊商や外交使節団を盗賊から守った。牌子（バイザ）と政府発行の証明書さえ持っていれば，15里（≒5.7 km），60里ごとに設けられた郵亭・館駅で休憩・宿泊し，換え馬（場所によっては駅馬，牛，駱駝，それらが牽く車，犬橇）や食事を提供してもらえた。安全の保障は，経済活動を活発にした。

　次に "投下領（とうかりょう）"。チンギス・カンは，4 嫡子の国（ウルス）の間で末代まで連絡を密に取りあい，「大モンゴル国（イェケウルス）という統合体あっての繁栄享受」と忘れぬよう，意図して各国（ウルス）に他の 3 兄弟の分地を設定していた。分地内の税収や特産物等を一定の割合で受け取る権利，管理官の任命権，当該地の特殊技能をもつ住民たちの保有権を与えたのである。弟・庶子の系譜に属する諸王，后妃（カトゥン），公主（ベキ）と駙馬（ギュレゲン），功臣も，モンゴル高原の本領に加え，各国（ウルス）内に分地を有した。この制度は，世代を越えて踏襲，新たな版図を得た場合にも適用された。ほかにも "歳賜" や臨時見舞金として与えられる巨額の金・銀錠があり，王族たちはこれをオルトクに貸し付け利潤を得たので，交易がより促進された。チンギス家と特定部族の "通婚" や "ケシク" の子弟の補塡も重要な素因で，自らの国（ウルス）で適当な候補がいない場合，ほかの国（ウルス），投下領から調達した。南宋接収を任された将軍バヤンも，フレグ・ウルスからやって来たのである。

　かくて，君臣ともども兄弟・親族が世界各地に散らばりゆき，人間・物資・情報を互いの国（ウルス）に届けるべく，年中，使節団・隊商が往来することとなった。

② 多様な言語のユーラシア横断記

　1219年のチンギス・カンのホラズム王国（シャー）遠征の際，契丹王族の末裔で金朝の高官の子という出自，早々の投降を買われた耶律楚材は，占者兼書記（トレゲチ・ビチクチ）として扈従した。西遼（カラキタイ）の旧領を通りヒンドゥークシュ山麓まで，道中の見聞を書き

▷1 ⇨ Ⅷ-1

▷2　牌子
地位，緊急度によって金・銀・銅製，短冊形・円形，装飾の別があり，契丹文字，漢字，ウイグル文字，パクパ字，アラビア文字表記のものが知られる。1270年，クビライは，海東青（⇨ Ⅶ-3）をデザインした軍事緊急用の円牌に，あえてチンギス・カンの花押を刻ませた（⇨ Ⅶ-4）。

▷3　公主と駙馬
チンギス・カンの血をひく姫君とその婿殿。その間に生まれた子女もモンゴル王家と通婚を繰り返す。有力部族，歴史ある小王国との「血」の融合は，大モンゴル国を磐石にする有力な手段であった。クビライ時代には，高麗王室が数年にわたる請願のすえに晴れて駙馬国となった。

▷4　オルトク
テュルク語の "仲間" に由来，御用商人，ウイグルやムスリムが一族で経営する商社を指す。

残した。二年後には，新興の道教教団である全真教の丘処機が李志常ほか18名の弟子を連れて，ほぼ同じルートを辿った。金や南宋からの使節も次々にチンギス・カンの陣営を訪れ，破竹の勢いを目撃した。

ヨーロッパでも，1236年以降，ジョチの息子バトゥ率いる大軍がポーランド，ハンガリーへと迫り来ると，"地獄の民"の呼称を以てモンゴルの脅威が記録され始める。為政者たちは情報収集に躍起になり，1245年，教皇インノケンティウス４世は，フランチェスコ会の修道士プラーノ・カルピニのジョヴァンニ等をカラコルムに，ドミニコ会のサン・カンタンのシモン等を中東方面に，外交使節・諜報員として派遣した。1252年には，フランク国王ルイ９世が，フランチェスコ会のルブルクのギヨームを憲宗モンケのもとに遣わした。周辺地域の情報は人づてだったが，世祖クビライの即位・遷都以降，使節団はじっさい漢地へ入ることになった。ヨーロッパ侵攻の可能性が薄まると，モンテ・コルヴィーノのジョヴァンニ，ペルージアのアンドレア，ポルデノーネのオドリコのように，大都や泉州に腰を据えて教会を建設，モンゴル語を学び聖書を翻訳出版するなど，布教活動に重心が移ってゆく。

以上の修道士たちはみな，詳細な報告書を主にラテン語で書き残している。使節団の幾つかについては，大元ウルス側の記録も参照できる。とくに，1342年にマリニョッリのジョヴァンニが恵宗（順帝）トゴンテムルへの贈物として届けた漆黒の駿馬，それを描写した漢語の詩賦と絵巻は有名である。

ぎゃくに，大都郊外の景教十字寺で修行していたオングト族のバール・サウマは，1276年頃，クビライの聖旨を奉じて，陸路フレグ・ウルスを訪れた。やがてキリスト教諸国に対マムルーク朝の軍事同盟を呼びかける使臣に選ばれて，1287年にイスタンブル，ジェノヴァ，ローマ，ボルドー等を歴訪した。パリでは，大学を熱心に視察し，フィリップ４世の案内でノートルダム大聖堂にて"棘の冠"等の宝物も実見した。モンゴル語とペルシア語の報告書があった筈だが，シリア語の簡訳版しか伝来しない。ただ，この前後の外交書簡が複数現存しており，サウマの歴史的旅行を保証する。

▷5　ノートルダム大聖堂
2019年４月に一部焼失。

マルコ・ポーロの一行【図Ⅷ-5】に代表されるヴェネツィアやジェノヴァの商人たちも，大抵はこうした外交使節団に付き従ってユーラシアの東西を往復した。マリニョッリと同時期に，フィレンツェのバルディ商会のフランチェスコ・ペゴロッティが『商業指南』を著しており，各地の度量衡，換金率，関税等について教えてくれる。また，モロッコ生まれのイブン・バットゥータのアラビア語旅行記（1355年）には，かれ自身の体験とともに，ムスリムのネットワークからの知識が満載されている。

東南アジアについては，1295年，成宗テムルの聖旨を奉じてカンボジアを訪れた周達観が，アンコール遺跡や当地の風俗について詳

図Ⅷ-5　カタラン・アトラスに描かれたマルコ・ポーロ一行

出典：高田（2019）。

細な報告書を認め，インド洋一帯を二度に亙り航海，諸国の特産や貿易品を扱った汪大淵の『島夷誌』は，1351年に泉州の地方志の附録として刊行された。

③ 「技」と「知」の革新，異文化の受容

西はイベリア半島から東は日本まで，さまざまな言語で書かれた年代記や百科全書等の文献資料は，大元ウルスの輸出入品目，数量，取引先を教えてくれる。世界各地の遺跡，墳墓，沈没船等から出土する陶磁器，工芸品，金銀貨，文書等はそれを裏付けるまたとない証拠であり，情報を地図に落としてゆけば，絹のみならず陶磁や**書物の道**がジャムチと重なって出現する。品々は運ばれた先で消費され，当地の衣食，文化に刺激を与える。たとえば，室町時代の禅僧が『居家必用』収録の多国籍のレシピを読んでラーメンを作ってみたり，青磁がイスラーム圏の食器様式を取り入れ，マムルーク朝で**青花**の模造陶器が作られたように。同様の現象は科学技術分野にも確認される。

暦については，つとに耶律楚材が中央アジアのサマルカンド滞在中に"時差"の存在とムスリムの暦の優位性を痛感，金朝の『大明暦』の修正と『麻答把暦』の編纂を行っていた。後者は**セルジューク朝**スルタン・サンジャルのZīǧ al-Mu'tabar『権威暦』（ウマル・ハイヤーム等の太陽暦の改訂版）の翻訳と見られる。同じく西域出身の官僚や技術者との接触が多かった全真教の道士たち，劉沢，李治，元好問といった旧金朝の官僚は，**天元術**にはじまる高次方程式，球面三角法などの研究に飛躍的な成果をあげ，王恂，郭守敬など優れた人材を輩出した。

モンケも，若い頃から同腹弟のクビライ，フレグ等とともに，東西の学者から英才教育を受け，ユークリッド幾何学にも親しんでいた。世界統一後を見据え，天文台建設と新暦のため，フレグに**ニザール派**の山城から高名な学者ナスィールッディーン・トゥースィーと観測機器・蔵書の救出を命じ，アッバース朝バグダードの「知」の宝庫も接収させた。同じ頃，医学に造詣の深い常徳をフレグのもとに派遣したのも，東西の薬草の名前を照合させるためだった。ナスィールッディーンは，フレグの侍医で全真教の道士の傅野（字は孟質）から，『大明暦』，『符天暦』等中国天文学の概要を学び，のちにそれを最高水準の回回暦『イル・カン暦』に反映させている。

モンケの構想はクビライも承知しており，大都に**回回**と漢児の司天台を併置，秘書監（≒文部科学省）の管轄とし，トルイ家の投下領ブハラの出身で一切の事情を心得る学者ジャマールッディーンを長官に任じた。南宋接収後，ただちに宮廷の蔵書を大都に運び，郭守敬，王恂等が準備を始めた。フレグのマラーガ天文台に倣って巨大な観象台が作られ，各種機器もイスラームのそれを参考に設計された。全国27箇所の観測データと新得の数学知識を駆使し，1280年に『授時暦』が完成した。空前の精度を誇る中国暦で，以後400年近く用い

られることになるが，歴代カアンは，回回司天台の『万年暦』（マラーガの観測データも参照）と併用し，一層の正確さ，占星術と直結する職掌への緊張感を求めた。1283年には，医薬・天文の知識を以てジャマールッディーンの副官を務め通訳でもあった景教徒のイーサーがフレグ・ウルスへ資料収集に遣わされ，その帰還を俟って，東西の知見を注ぎ込んだ図鑑『大元本草』の編纂，「天下地理総図」の製作等が進められた。いずれはヨーロッパのより詳細な情報も補うつもりだった。慶元（いまの寧波）の港，高麗を経て日本に伝来する「混一疆理歴代国都之図」は，亜流の亜流に過ぎない世界地図だが，それでもアフリカやヨーロッパの大まかな姿，地名を把握している。

　イーサーとともにフレグ・ウルスに赴いたモンゴル貴族のボロトは，政争に敗れての永久追放で，当地の丞相として知見を活かすこととなった。国子監で中国史や儒教の経典を学び，大元ウルスの制度設計に携わり，勧農・水利事業を統括，紙幣運用や金銀の純度・度量衡の統一に向けた政策も見ていたからである。歴代カンの侍医兼財務大臣として辣腕を振るうラシードゥッディーンは，モンゴルと世界の歴史・地理・支配者の系譜からなる『集史』【図VIII-6】，農業技術書の『遺跡と生物』等に，ボロトからの情報を記した。また，中国独特の医薬書で挿絵が豊富な李駉『脈訣集解』，王惟一『銅人腧穴鍼灸図経』，『大元本草図経』，1271年まで使われていた『泰和律令』を選んで翻訳，叢書『珍貴の書』とした。『脈訣集解』は，ほぼ同時期の日本でも読まれていた。

　なお，『集史』をはじめ14世紀以降のイスラームの写本は，中国絵画の影響を強烈に受けた細密画で飾られた。ティムール朝，オスマン朝に継承された画帳には，"漢児の巨匠たちの優良作品集に属す"絹地の諸図像とともに，宮廷画師の学びの数々が貼付される。たとえば，儒・道・仏の融和を謳う「三教合面図」の構図を借り，阿弥陀・文殊・普賢の化身とされる唐代の豊干禅師・寒山・拾得を描く「三隠図」，その三人が豊干の騎乗用の虎と添い寝する「四睡図」の模写，**東方キリスト教諸派**^{▶12}の「エフェソスの七睡（と犬）」（『クルアーン』「洞窟章」にも採りあげられた伝承）への応用【図VIII-7】。原図の趣旨を理解したうえでの画題選択と様式模倣で，東西交流の結晶といってよい。

（宮 紀子）

▷12　東方キリスト教諸派
ローマ・カトリックと袂を分かったネストリウス派（＝景教），非カルケドン派（ヤコブ派ことシリア正教，コプト正教等），ギリシア正教。

図VIII-6　『集史』「中国史」が紹介する魏・蜀・呉の皇帝

出典：Blair（1995）.

図VIII-7　三隠図

図VIII-7　四睡図

図VIII-7　七睡図

トプカプ宮殿所蔵の「三隠図」とペルシア風アレンジ

出典：Grube & Sims（1980）.

4 モンゴル朝廷と漢字文化

「暴虐で野蛮なモンゴルの支配によって，伝統ある中国文化が粗略に扱われた暗黒の時代」，「知識人たちの諸活動は，朝廷と完全に独立して展開した」，このように一面的で否定的なイメージが，中国史，書道をふくむ文化史の研究に長らく継承され，影響を及ぼしてきた。例えば，当時を代表する士大夫の趙孟頫（字は子昂）の書法を「東晋の王羲之を奉じて伝統的書道文化を守ろうとする"復古主義"」と位置づけたように。しかし，研究の進展により旧来の理解は払拭され，この時代ならではの多様で豊潤な文化空間の広がり，官民共同の事業の実相などが明らかになりつつある。本節では同時代の文字文化の一端を紹介しよう。

(増田知之)

① 正確な翻訳形式と徹底した文書行政

　世界制覇を目指し，言語や文字を異にするユーラシアの諸国をつぎつぎと接収していった大モンゴル国は，カアンを筆頭にみずからの**発言・指示**を精確に伝達する必要があった。**鮮卑**文字の記録は伝わらず，モンゴルは文字を持たなかったとされるが，ケレイトやナイマンの王国を打破・接収する過程で，ウイグル文字とその書記文化を借用し，王族・貴族たちの子弟に習得させた。

　モンゴルは，家畜に自家の記号を烙印する習慣があり，文書への印璽押捺や偽造を防ぐ勘合，責任の所在を明確にする**花押**を速やかに受け入れた。各種役職への叙任状，**ジャムチ**の利用，軍隊への物品支給，宗教団体への免税等については，固有名詞や数字のみ書き換えればいいように，文面の定型化が図られた。**別里哥文字**とも称されるこれらの文書は，カアンが代わるたびに無効，再度認可が必要となるので，すべて案件ごとに整理・保管された。漢語をはじめ多言語を操るウイグル，財務処理に長けるムスリムの高官たちに，**青冊**という戸籍台帳や**亦思替非文字**と呼ばれる財務帳簿の管理を任せるいっぽうで（年次報告書は漢語・モンゴル語・ペルシア語の三種を作成），監査体制を整備し，そのために必要な語学・数学の人材養成も進めていった。

　カアン以下王族と高官たちの会話・議論は，ケシクの書記がウイグル文字で逐一書きとめる。決定事項は蒙古翰林院とよばれる官庁に送付され，そこで清書し直すなり，**パクパ字**に変換するなりした原文に，波斯・大食・畏吾児・漢児・土蕃・西夏等，当該地域の言語の翻訳を作成して添付する。担当官や地域等の条件に影響されず均一な訳が提供されるように，モンゴル語の文法・

▷ 1　発言・指示
カアンの言葉のみ聖旨。王族の命令は令旨。漢語では，皇太子・大王，各国の君主は令旨，后妃・公主は懿旨，貴族・大臣は鈞旨または言語，と使い分ける。

▷ 2　鮮卑
⇨Ⅳ-1 Ⅳ-2 Ⅴ-1

▷ 3　花押 ⇨Ⅶ-4

▷ 4　ジャムチ ⇨Ⅷ-3

▷ 5　別里哥文字
"符印"が押された証明書，いわゆる"お墨付き"。

▷ 6　亦思替非文字
アラビア，ペルシアで発達した計算術，特殊記数法を駆使する簿記。

▷ 7　パクパ字
1269年，クビライがチベット文字を基に作製させた新字。理論上はあらゆる言語を転写できる表音文字。各種命令の正本に用い，副本は発令先の文字で書く。左から縦書きが原則。漢字との対照表『蒙古字韻』（1308年）が伝来。ハングル創製時にも参考にされた。方形字と呼ばれるごとく印章に適しているため，室町時代の複数の僧侶も所蔵印に採用。速記しにくいのが欠点。

語順のままに逐語訳する方式，"直訳体"が採用された。

　カルピニの報告書^{◁8}には，教皇インノケンティウス4世が定宗グユクに宛てた書簡が翻訳される経緯，返書の作成法が逐一述べられる。返書のラテン語訳は同行したベネディクト修道士が記録しており，ペルシア語訳はなんと現物が伝来する。

　金・南宋・高麗^{◁9}などの地域には，漢語でもあえて**口語**^{◁10}の語彙を用いて直訳した。遊牧民独特の重要な概念や習慣については，たとえばビチクチを必闍赤と表記するように音訳するか，"住夏"・"駐冬"で季節移動を示すように新語を創って対処した。モンゴルの王族・高官たちが直接に介在しない官庁間の事務処理には，従来どおり**吏牘体**^{◁11}と呼ばれるお役所独特の用語・書式が使用された。即位・改元など荘厳な式典を伴う際の聖旨は，翰林国史院の学士が直訳体から再度，中国古典を踏まえた四字・六字句からなる美麗な漢文に直す。孔子への加封や『授時暦』頒布のように，カアンが主旨のみ指示し，翰林国史院が潤色・代作した場合は，"詔"と呼び区別した。詔もパクパ字で音訳表記して発令，漢文版はあくまで副本だった。ふつうは紙に墨書するが，功臣を顕彰するような特別な場合には，専門の部局で絹地に刺繍したものを下賜した。

② 石に刻まれたカアンの命令

　聖旨，詔，王族の命令，公文書のなかでも，行政上特に重要な判例は，『大元通制』等に収録されるが，核心のみを切り取って編集しており，原形を窺うことが難しい。交通の要衝，重要な軍事拠点だったカラホトや敦煌からは，聖旨以下の各種現物が，ときには正本・副本貼り合わされた状態で，出土している。

　いっぽう，文書を受け取った側が，自分たちの権益を広くかつ後世に知らしめるために碑に刻む事例が見られる。ほんらい横長な文書を丈高な碑石に移録することが多いので，原寸大ではなく行数等にも変化が生じるが，できるかぎり忠実に写す（聖旨・詔を縁取る刺繍の龍や鳳凰の紋様まで模刻した例もある）。

　たとえば，1307年冬，孔子の顕彰と儒学振興の宣言からやや遅れ，曲阜の顔子廟にも従来どおり庇護を保証する文書が，**武宗カイシャン**の認可のもと中書省から送付されている。さっそく立派な碑に仕立て上げられたが【図Ⅷ-8】，聖なる文字のなかでも"皇帝"，"世祖"，"聖旨"は二字，"詔書"と"亜聖兗国公（顔子）"は一字分，行替抬頭する。末尾には，文書内容を要約するアラビア文字ペルシア語文，パクパ字モンゴル語が添えられ，改竄を防ぐために日付の上に捺されたパクパ字 džuŋ-šeu-šiŋ-yin「中書省印」や担当官の

図Ⅷ-8　曲阜顔子廟にのこるモンゴル政府の立札

花押も写されている。

　立石にあたっては，盛大な式典が開催され，地元の官僚や有力者が臨席する。かれらの名を歴史の証人として碑の余白や裏側に刻み，日誌にも記録する。式典の顛末を別碑に仕立てる場合さえある。創立記念誌等を編集する際には，これらについて言及，できれば全文を収録し，国費出版を目指す。権威付けのため，序文の執筆を文化人や官僚に依頼し，**筆跡・印章**も忠実に模刻する。宮中や官庁にも献本しておく。不動産や納税をめぐる訴訟に巻き込まれた場合，原文書が失われていても，拓本や刊行物を資料として提出できるからである。

　碑と典籍をセットで公刊する意識が特に強かったのが全真教教団だが，ほかの集団も追随した。モンゴル自体も後世にのこる立碑・出版を好み，しばしば資金を援助した。結果，書道史の資料が格段に増えることとなった。碑額や印璽に用いられる**篆書の字典**が陸続と出版されたのも特筆すべき事柄である。

❸ フレグ・ウルスへの影響

　ウイグル活字や漢文の書物を見ようが，印刷術を決して導入しなかったムスリムも，定型化されたモンゴル命令文の書式，印璽や聖なる文字の擡頭，文書発給のシステムは受け入れた。ペルシア語**インシャー術**の書籍も複数編まれており，直訳体と四六文体（駢儷体）に相当する雅文訳があったことがわかる。ウイグル文字の国書やアラビア文字の発給文書現物には，フレグ・ウルスの歴代カンがカアンより下賜された漢字篆書の「輔国安民之宝」，官印の「王府之印」，「行戸部尚書印」【図Ⅷ-9】，『元史』にも特記される功臣チョバンへのパクパ字「翊国公印」などが，朱も鮮やかに捺されている。その影響か，やがて篆書やパクパ字を模倣したクーフィー体のアラビア文字方印も出現する。

　ラシードゥッディーンは，大元ウルスにおける文書行政について，『集史』「クビライ・カアン紀」で丁寧に解説，漢文資料では当たり前過ぎて言及されない情報——裁判調書の作成時の指紋採取も伝える。だが，かれが最も興味を奪われたのは，表意文字たる漢字の構造と機能，印刷術と国費出版のシステムだった。『集史』「中国史」や『珍貴の書』の序文で，その優点を詳しく紹介している。なんと，『百家姓』，『千字文』，『蒙求』，『説文解字』等の書名はもちろん，出版に際して当代の名筆が版下を書くことまで知っていた。

❹ カアンが発信する流行の書法

　クビライ時代までの質実剛健なイメージと同様，金朝の版図であった華北では，当初は唐の**顔真卿**の書体が好まれており，学校教育の場でも，1295年の時点では模範とされていた。ところが，科挙再開に合わせて1315年に出版された国家の儒学教育マニュアル『（程氏家塾）読書分年日

図Ⅷ-9　横向きに捺されたフレグ・ウルスの「行戸部尚書印」

出典：Soudavar（1992）.

程』の習字では，隋の智永と当代の趙孟頫の『千字文』が推奨されている。その間，わずか20年。

　じつは，趙孟頫体の流行は，仁宗アユルバルワダが先導した。かれは，南宋の皇族の血脈につらなる趙孟頫の書画をこよなく愛し，皇太弟時代，挿絵入りの『孝経』，『列女伝』を国費出版した際，すでに版下の作成を任せていた。即位後は，ただちに文官の最高位に引き上げて傍らに置いた。自身は漢文を読めず，常にウイグルの文官にモンゴル語の翻訳を附してもらっていたが，「上下五百年，縦横一万里に及ぶ者無し」と謳われた流麗な書体，絵に漂う気品を看取することはでき，すっかり魅せられてしまったのである。「秘書監の裏に有る　的　書画の籤貼の無い的は，趙子昂を教て都写かせて了者」，「趙子昂毎が写い来　的　『千字文』の手巻一十七冊は，秘書監の裏に裱褙せ教めて，好生収拾せ者」といった聖旨ものこる。顔真卿体の『農桑輯要』をみて，「這の『農桑』の冊子は字様が不好。真謹なる大字もて書写，開板せ教め者」と言い放ち，建国以来，重臣を輩出してきたジャライル国王家の『東平王世家』の国費出版にあたっては，「趙子昂に写かせ了刊行せ者」と命じた。功臣の顕彰や寺観の庇護のために碑を立てる場合にも，つねに趙孟頫に文字を書かせた。

　1330年刊行の劉因『四書集義精要』【図Ⅷ-10】の冒頭には，国費出版を命じる文書が附されており，買天祐等4名が版下を作成したことがわかるが，全巻ほとんど同じ筆跡である。それほどに趙孟頫体の学習が徹底して行われていた。

　惠宗トゴンテムルにいたっては，『読書分年日程』を実践し，公務の合間に秘書監の歴代法書を手本に書道へ邁進，これをみたウイグル官僚オグリュンチュサンガは，智永『千字文』の最上の真蹟"七十三行本"を大枚叩いて購入，献上に及んだ。喜んだトゴンテムルは，**王羲之『蘭亭帖』**⊲16とともに，当代の名筆で篆書研究でも知られた周伯琦に命じて石に刻ませた。そこから採った拓本に，同じくかれに特別に作らせた篆書の玉璽「宣文閣宝」を捺したうえで，ご進講に臨席する寵臣，文才ある官僚，通訳等に下賜しはじめた。文壇はこの話題で持ちきりとなった。まさに，カアンが流行を先導していたのである。

（宮 紀子）

　このようなカアンや朝廷による書文化への積極的関与は，**唐太宗**⊲17や**北宋太宗**⊲18の流れを承け，**清朝諸帝**⊲19による政策へと繋がり得る重要な結節点として位置づけられる。また，王羲之など古の名筆のみならず，同時代の特定個人の書法の伝播を国家が強力に推進したという点は，空前の現象として特筆に値しよう。

（増田知之）

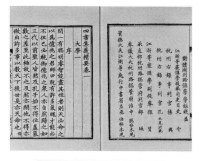

（図Ⅷ-10　趙孟頫体の国費出版物）

出典：『影印元本　四書集義精要』。

▷16　王羲之『蘭亭帖』
⇒Ⅳ-5　Ⅴ-5

▷17　唐太宗　⇒Ⅴ-5
▷18　北宋太宗　⇒Ⅶ-2
▷19　清朝諸帝　⇒Ⅹ-5

5 明朝の成立──洪武帝と永楽帝の時代

▷1　紅巾の乱　⇨Ⅷ-2
白蓮教徒の反乱。朱元璋は初めこの反乱軍に身を投じて頭角を現わしたが，後に指導者の韓林児を暗殺（1366）して白蓮教と訣別した。

▷2　一世一元
皇帝一代につき元号は一つということ。明より前は一人の皇帝の在位期間中に複数の元号が用いられたが，明以降は皇帝の代替わりごとに改元され，その治世の間は同一の元号が用いられるようになった。ゆえに，明清の歴代皇帝は，元号で同定・呼称される（ただし，明の英宗は重祚しており，正統と天順，二つの元号を用いた）。

▷3　科挙
⇨Ⅴ-3　Ⅶ-1
受験資格は生員（府州県や

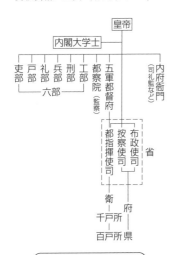

図Ⅷ-11　明代の行政機構

出典：岸本・宮崎（1998）。

1 朱元璋の王朝創業

クビライの皇統を戴いて中国内地・周辺を支配してきた大元ウルス（元朝）の末期，**紅巾の乱**に呼応して中国中・南部各地に蜂起・割拠した群雄の一人，朱元璋は，集慶（現・南京）に拠って王朝交代，中国全土支配を目指した。他の軍閥を打倒すると，1367年に大元ウルスへの北伐を発動し，翌年に首都・応天（集慶から改称）で帝位に即き，国号を「大明」と定めた（以下「明」と呼ぶ）。彼は，**一世一元**の元号によって「洪武帝」と呼ばれる（廟号によって，明の「太祖」とも呼ばれる）。明の北伐軍は1368年中に大都を攻略するなどして，大元ウルス政府をモンゴル高原へ駆逐した（以後，大元ウルスは北元とも呼ばれる）。ただし，大元ウルスは以後もモンゴル高原のみならず雲南や遼東でも侮れぬ勢力を維持し，明と対峙した。その状況がひと段落するのは，洪武帝が1382年に雲南，1387年に遼東を平定し，翌年にモンゴル東部ブイル湖畔で大元ウルス主力を破るまで待たねばならなかった。

即位した洪武帝（在位1368～1398）は，儒教知識人をブレーンとして，統治体制を整備した。まず，皇帝独裁を目指し，建国の功臣を様々な嫌疑で大量粛清しつつ，宰相を廃し，中央でも地方でも，分権的な各官僚機構【図Ⅷ-11】が皇帝に直属する体制を築いた。中央では六部（行政実務），都察院（監察），五軍都督府（軍務）などの官庁が置かれた。地方では最大行政区の省（承宣布政使司）ごとに，布政使司が民政・財政，按察使司が司法を分掌して，下位行政区の府・州県の地方官を従え，都指揮使司が軍事を担当して後述の衛所を管理した。後代には地方の統制強化や組織間協調・軍事危機対応のため，各省を総轄する巡撫，複数省を束ねる総督が臨時に置かれた。文官官僚の多くは，儒教経典の知識などを問う**科挙**で選抜された。

洪武帝はまた，全人民を「**里甲**」という組織に編成し，その組織を徴税や労働徴発の基本単位とし，治安維持，道徳教化にも利用した。加えて，一般人民を「民戸」という戸籍で把握し，彼らを州県に管理させるいっぽう，一部の人民は世襲軍人身分の戸籍（軍戸）に登録し，各地の**衛・所**【図Ⅷ-11】の管轄下に置き，彼らから兵士を徴発した。辺境の非漢人も，その従来の首長を土司や，衛所を模した羈縻衛所の軍官に任命し，間接的に支配した。

（行政機構の図）
皇帝
内閣大学士
吏部　戸部　礼部　兵部　刑部　工部　──六部──
都察院（監察）
五軍都督府
内府衙門（司礼監など）
都指揮使司　按察使司　布政使司　省
衛　府
千戸所　県
百戸所

❷　朝貢体制

　1367年の北伐開始の際，「胡虜を駆逐して中華を恢復(かいふく)せん」と唱えた朱元璋(しゅげんしょう)は，中華と夷狄(いてき)（文明と野蛮）の別にもとづく儒教的秩序（華夷秩序(かいちつじょ)）を，明朝の内外に確立しようとした。国内では，大元ウルス治下で中国に蔓延したモンゴルの風俗を禁じた。対外的には，周辺君長が中華天子の徳化を慕う臣下として続々と貢物をもたらす「四夷朝貢(しい)」の盛時，儒教的聖王だけが実現できるその御代を招来すべく，諸外国に朝貢を呼びかけた。朝貢する者には，明朝に臣従する外国君主として地位を承認する旨の，爵位(ほうごう)（封号）・印誥(こう)（印章と辞令）を授与した（これを「勅封(ちょくほう)」，「冊封(さくほう)」という）。その上，貢物への多額の返礼（回賜）のほか，付帯貨物を政府が買い上げたり，「徴税」（付帯貨物の一部を政府が無償で取る「抽分」）を免除したりすることで報いた。また，政府から支払われた対価や買い上げられなかった余りの貨物による民間との取引を許可した。朝貢使節団による政府や民間との付帯貨物を介した交易を「朝貢貿易」と呼ぶ。回賜・貿易の利益や，明による君権追認に魅力を感じた首長たちが，朝貢の呼びかけに応えた。

　なお，当時南北朝時代だった日本は，はじめ大宰府に拠った南朝方の懐良親王(かねなが)が朝貢使節を送ったが，その直後に彼は北朝方に攻められて敗走した。ゆえに，明朝がその朝貢に応えて送った使者を迎えたのは，懐良親王でなかった可能性が高い。該明使来日（1372年）後，懐良として朝貢したのは，おそらく彼の名を騙った何者かであった。その後，足利義満も朝貢しようとしたが，臣を称さず，侵攻さえ仄(ほの)めかしたため，洪武帝に激怒・拒絶された。義満が「日本国王」に封じられたのは，永楽帝の時代になってであった。

　洪武帝の対外政策としてはもうひとつ「海禁」が重要である。それは，元末の群雄の残党による反明活動，および中国人海賊や倭寇による略奪が横行していた中国沿海部の治安維持のために，これら海上勢力と沿海民との結託を防ぐべく，後者が許可なく海上に出るのを禁じたことに起源する。やがて洪武帝は民間人と朝貢使節団員以外の外国人との貿易を一切禁止した。その理由は，海上の合法な交易と不法な活動の識別が不可能なため，あるいは侵攻を匂わす足利政権への経済制裁のため，と言われる。いずれにせよそれで海禁は，海外貿易を朝貢貿易に限定することを意味するようになった。以後，明朝との貿易を望む周辺の首長は，原則として冊封を受けること，そして中華皇帝に対し，外交儀礼の上で臣下として振舞い，実質的にもある程度従順であることが必要となった。1383年からは，この秩序に従う首長に「勘合」が支給され始め，それ

図Ⅷ-12　洮州衛(とうしゅう)（甘粛省臨潭新城鎮）の城の遺構

周辺のチベット人（洮州十八族）の反乱後，防衛体制強化のため，1379年に洮州衛が設けられた。ここに洪武帝の西北征服はひと段落する。同衛は，清代に洮州庁，民国に臨潭県の治所となり，現存最大の衛城として今に残る。
出典：筆者撮影。

中央の学校に入った者）に与えられた。生員は，まず省ごとに行われる郷試を受験し，及第者は挙人と呼ばれた。次いで，首都で行われる会試を受験し，さらに皇帝が試験官となる殿試を受験し，これに合格すれば進士となった。清朝もこの制度を踏襲した。

▷4　里甲

百十戸を一里とし，そのうち富裕の十戸は「里長戸」，残り百戸は「甲首戸」とし，甲首戸十戸を一甲として十甲を編成する。毎年輪番で，里長戸の一戸に「里長」，各甲において一戸に「甲首」を担当させ（十年で一巡），徴税や治安業務に従事させた。また，里内の有徳者を「里老人」として調停や教化に当たらせた。里甲に編成された各戸は，その人員や所有不動産が，「賦役黄冊(えきこうさつ)」という戸籍台帳で把握された。当該台帳は，徭役割当(ようえき)（労働徴発）に利用された。また，土地税徴収のため，「魚鱗図冊(ぎょりんずさつ)」という土地台帳も作成された。

▷5　衛・所

一衛は，五の千戸所から成

が正規の朝貢使節の証明となった。かくして，治安維持を目的に始まった海禁は，やがて私貿易の禁止という性格を帯び，かつ朝貢儀礼を通じた国際的華夷秩序建設の一環として運用されるようになった。

明は国際秩序建設に当たって，華夷の別をはじめとする儒教の尊卑の倫理・規範（礼）を重んじた。そのため簒奪者は，原則，明から朝貢を拒絶され，時に討伐を受けることもあった。しかしそれはあくまで建前で，たとえば李成桂が1392年に**高麗**国王を廃して即位した際，「高麗権知国事」（仮に国事を執る者，の意）への就任と，高麗から朝鮮への国号変更を，明から許された例があるように，簒奪が問題視されないこともあった。いっぽうで明は，しばしば礼への違反を名目に，朝貢の拒絶，貿易の停止で脅迫したり，それを断行したりして，周辺勢力の制御に利用した。

3 洪武帝の国内経済政策と文化的多元主義

洪武帝は，元末の経済混乱で疲弊していた華北農村の復興を企図して，徴税（両税法）を貨幣によらず現物で行い，財政を現物で運営した。いっぽうで，国内の商業取引のため銅銭を鋳造し，通貨不足を解消して商業発展を促すために，不換紙幣の「大明宝鈔」を強制流通させた。また，当該紙幣の価値を保つために，国内での金銀による決済を禁じた。この経済的措置は，海禁による貿易統制と相まって，大明宝鈔が流通する中華と，金銀を用いる夷狄とを区別し，華夷秩序建設とも連動していたと言われる。

といっても洪武帝は，非漢人を軒並み夷狄として中華の外に排除したわけではなかった。彼が，「四夷朝貢」を実現した理想の中華皇帝像を，元の世祖クビライの中に見ていたように，華夷の別とはそもそも，民族的な区分ではなく，儒教的価値観に照らして文明的であるか否かを基準とする。明朝領内には，天子たる洪武帝の教化ないし支配を受け入れた「文明的」非漢人が多数存在し，中には彼に仕えて活躍する者もいた。たとえば，サマルカンド出身のムスリムの馬沙亦黒が，洪武帝の命で，ペルシア的要素を含むイスラーム天文学にもとづく暦書や，ペルシアの天文学者クーシュヤールの占星術書を，それぞれ『回回暦法』『明訳天文書』として漢訳したことはその一例である。これはまた，洪武帝が排他的中華原理主義者でなかったことを物語る。

4 聖王を目指す永楽帝（在位1402〜1424）

洪武帝は，モンゴルに備えて，自身の息子たちを重兵とともに北辺に配置していた。洪武帝の没後，遺詔によって，長男の忘れ形見が，この叔父たちを差し置いて帝位を継いだ。建文帝という。彼は応天にあって，北の叔父たちの軍事力に脅威を感じ，順次，彼らから兵権を奪取していった。しかし，そのうち最大の実力者で，燕王として北平（旧・大都，現・北京）を守っていた，洪武帝

▷6 高麗 ⇨ Ⅶ-3

り，千戸所は十の百戸所から成る。一衛の兵数は原則5,600人。

▷7 鄭和
永楽帝，洪熙帝に続く宣徳帝の治世にも，航海を一回行った。都合七回に及んだ遠征の中で，鄭和艦隊は遠く東アフリカ海岸まで到達し，分遣隊はメッカに至った。途中，武力を行使することもあった。たとえば，スマトラ島のパレンバンでは，すでにこの地に一定の勢力を築いていた華僑同士の抗争に介入した。鄭和は，しばしば現代中国の海外発展のシンボルとして回顧される。2008年の北京オリン

の四男，朱棣が，これに抗って反旗を翻して内戦となった。これを「靖難の変」（1399～1402年）という。結果は，朱棣が勝利して即位した。これが永楽帝（成祖）である。

　甥から帝位を奪った彼は，皇位継承の正当性の欠を補うべく様々な事業を行った。まず，「四夷朝貢」の実現を，洪武帝よりも積極的に追究した。たとえば，ムスリム宦官・鄭和を大艦隊とともに南シナ海・インド洋方面へ1405年以来6度も送り出し，各国に明朝への朝貢を促した。結果，遠方の国々から，

図Ⅷ-13　普度大齋の際に現れた瑞祥の様子を描いた『奇跡の絵巻』

同図は，おそらくは明の宮廷画家の手になったと考えられている。解説文は漢語，アラビア文字ペルシア語，百夷語（タイ系言語），チベット語，モンゴル語で書かれている。

出典：甲央・王明星（2000）。

冊封を受けず貿易の利だけを求める使節が多く到来するようになったが，永楽帝は，これらを「絶域の朝貢国」の使節と位置づけて相応に処遇した。さらに，宦官・亦失哈を派遣してアムール河口に奴児干都司という機関を設けさせ（1409年），その管轄下に一帯の女直（女真）の人々を羈縻衛所に組織した。加えて，宦官・侯顕をチベットに派遣してチベット仏教カルマ派の活仏（五世カルマパ）を招聘し，この高僧に封号・印詰を与えた。そしてその際（1407年），この活仏に，応天の霊谷寺で洪武帝とその皇后の追善供養の仏事（普度大斎）【図Ⅷ-13】を行わせ，国家的なチベット仏教尊崇の風潮を作った。さらに永楽帝は，自身の徳治に応えて活仏の霊力が奇跡を起こした旨を『御製霊谷寺塔影記』に著し，自身の統治の正当性がチベット仏教の聖者からも承認されたことを誇示した。

　また永楽帝は，安南（ベトナム）で明朝の公認する陳朝の君主が胡氏の簒奪を被ったのを受けて，朝貢体制の秩序を正すべく同地に出兵したほか（1406年），モンゴル高原へ1410年から5度親征した。ならびに，中国支配と，対モンゴル防衛・進出とを両立させるために，農耕・遊牧両世界の接壌地帯に位置する北平を国都と定め，これを順天と改名して（1403年），遷都を敢行した（1421年）。永楽帝は，朝貢体制の充実化，チベット仏教による王権荘厳，モンゴル親征，北平遷都により，父も憧れたクビライの治世に自らのそれを近づけようとしたようである。さらに永楽帝は，文化の隆盛を演出するために，学者たちを動員して中国最大級の「類書」，『永楽大典』を編纂させた。加えて，朱子学に基づく王朝公認の儒教学説を『四書大全』『五経大全』『性理大全』にまとめさせ，儒教による教化を任とする中華皇帝の理想像に忠実な様を示すとともに，体制教学を確立した。そのほか彼は，皇帝の政務を内閣大学士に補佐させる「内閣制度」を発足させたり，宦官を長とする皇帝直属の秘密警察組織「東廠」を設置したりして，皇帝独裁体制の洗練強化に努めた。しかし東廠の設置は，宦官たちの権力を増した。

（中西竜也）

ピック開会式の，彼を主題とした出し物は，中国の海洋進出や中東・アフリカとの関係強化への意欲を示唆していた。中国中心の国際秩序建設を進めた，この歴史上の人物は，2013年以降，「一帯一路」政策の下でも再び注目を集める。

▷8　女直（女真）
⇨Ⅶ-3

▷9　クビライ　⇨Ⅷ-2

▷10　類書
項目毎に諸書から説明（用例）を抜き出し集めた書籍。

▷11　内閣大学士
勅命（上諭）の草稿の起草（票擬）を職務とした。当初は官位（品秩）が低く抑えられていたが，やがて六部の長官（尚書）を兼ねるようになると，名実ともに政務を総覧する宰相と変わらなくなった。

▷12　宦官
後宮での奉仕のため去勢された男性たち。皇帝の側近く仕え，中国史上しばしば権力を握った。とくに後漢，唐，明はその専横に悩まされた。明の宦官は，洪武帝に政治関与を禁じられたが，永楽帝に重用されて以降，次第に力を増し，ついには政治を壟断し，明朝衰亡の原因となった。

6　明代前葉の中国と周辺

① 洪武〜永楽期のモンゴル・中央アジア情勢

　1388年，洪武帝軍がブイル湖畔で大元ウルス軍を大破し，大元カアンのトクズ・テムルがアリクブケ（クビライの弟）裔のイェスデルに殺されると，クビライ家の皇統は途絶えた。モンゴル高原では，代わってイェスデルが「大元カアン」として即位した（1392年）が，その死後まもなくモンゴルは，**オイラト**（瓦剌）部族との抗争に入り，永楽帝の親征も重なって衰微した。

　中央アジアでは，チャガタイ（チンギスの次男）裔のドゥア（1306年没）が建てたチャガタイ・ウルスが，1340年代に東西に分裂して各々チャガタイ裔やオゴデイ（チンギスの三男）裔の人物をハーンに戴くようになった。イリ河谷やタリム盆地などを支配した東の政権を**モグール・ウルス**，マーワラーアンナフル（アム川とシル川の間）の地に拠った西の政権をチャガタイ・ウルスと呼ぶ。後者では，1340年代後半からハーンに実権のない群雄割拠の様を呈するが，やがてその群雄の一人ティムールが台頭し，ティムール帝国の建設へ進んだ。彼はマーワラーアンナフルを統一した後（1370年），中央アジアや西アジアを中心とする大領域を征服し，最晩年には，**永楽帝**治下の明への遠征を敢行した。しかし中途で陣没し（1405年），両雄の衝突は回避された。

　ティムール没後，彼の息子シャー・ルフが，後継争いで分裂した帝国を再統一し，ヘラートに拠って支配した。シャー・ルフは，明と敵対した父とは異なって，永楽帝と通交関係を有した。永楽帝は当初，中華皇帝が全世界を統べるとの理念的立場を表明し，シャー・ルフを臣下の如く扱って朝貢を促した。しかし関係の破綻を恐れ，後には対等の立場で接した。その際，シャー・ルフに送ったペルシア語の手紙では，送り主の名を宛名に対して抬頭する（右から左へ書くペルシア文で，右の余白に突出させる）形式【図Ⅷ-14・Ⅷ-15】で，かろうじて自身の優位を示すに止まった。しかし，その手紙に応えて派遣されたシャー・ルフの使節は，永楽帝への叩頭を強要された。明側は，その叩頭によって，彼らの主君が永楽帝に臣従することを意味するのではないと言い訳しながらも，形の上で中華皇帝の至尊を保つことを欲したのであった。

▷1　⇨ Ⅷ-5

▷2　**オイラト**
もとイェニセイ河上流（現在のトゥヴァ共和国のあたり）にいた遊牧集団。モンゴル時代のオイラト王家はチンギス家と姻戚関係を結ぶ名門だったが，アリクブケに味方したため，オイラト出身者は大元ウルスの下では振るわなかった。その因縁から，オイラトはアリクブケ裔のイェスデルを支持し，クビライ朝打倒に寄与した。

▷3　**モグール・ウルス**
チャガタイ家出身といわれるトゥグルク・テムルが，チャガタイ・ウルス東部で自立して作った政権。トゥグルク・テムルがムスリムとなり，治下のイスラーム化が進んだ。15世紀前半のヴァイス・ハーンのとき，トゥルファンに直接支配を及ぼすが，オイラトの圧迫を受けた。その後，さらに東西に分裂した。

دایمینهاک پادشاه معظم ارسال میفرمایید به
شاه رخ سلطان تامل میکنیم

図Ⅷ-14　ブロシェが復元した，永楽帝からシャー・ルフへのペルシア語の手紙の冒頭

「偉大なる大明の帝王（バードシャー）」の語が「シャー・ルフ・スルターン」の語よりも右に突出している。
出典：Blochet（1910）.

② オイラトと明朝

　永楽帝が没して約十年後，モンゴル高原では，オイラトの首長のトゴンが，クビライ裔のトクトア・ブカをカアンに奉じ（1433年），自らは丞相を称し，威勢を振るっていた。やがてその指導下にオイラトがモンゴルに代わって覇権を握るようになった。トゴンの子エセンが後を継ぐ（1439年）と，太師を称し，モンゴル高原を支配したのみならず，東はマンチュリアの**女直人**を従え，西はモグール・ウルスを圧迫した。彼は，東西交易の要衝ハミをおさえ，明との貿易で経済力を増した。永楽帝以降の明は，北方遊牧勢力を，軍事によらず**朝貢貿易**を通じて制御する方針を採ったが，これは結果的にオイラトを強大化させ，欲望を煽り，その侵攻を招く遠因となった。エセンは，朝貢するたびに，使節団の規模に比例増大する回賜を目当てに，定員を超過して派遣人数を増やした。負担を嫌った明は，回賜を，彼らの交易品である馬への対価ともども減額した。これに怒ったエセンは，大挙して明領に攻め込んだ。明の正統帝（英宗）は，宦官・王振に唆されて自らこれを迎撃したが，敗北して捕えられた。これを「土木の変」（1449年）という。貿易を優先するエセンは，正統帝の身柄をすぐに返還したが，以後の明は，北方に対して長城の守備を固め守勢に徹するようになった。いっぽうエセンは，1452年にトクトア・ブカを討ち，翌年に自ら大元のカアンを称したが，カアン位はチンギス裔だけに許されるとの通念（チンギス統原理）に背いたため人心を失い，翌年，部下の反乱に遭って殺され，オイラト帝国は瓦解した。その後，モンゴル高原ではしばし混乱が続いたが，1487年にクビライ裔のバト・モンケがダヤン（大元）・カアンとして即位するに及んで，再びモンゴルが統一を取り戻し，草原の主となった。

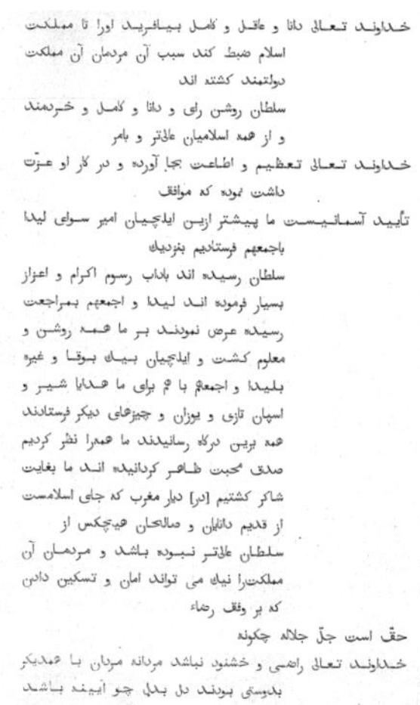

③ ムスリムの動き

　ユーラシアの東西が統合されたモンゴル帝国時代，アジア各地から多くのムスリムが中国に到来・定着したが，その流れは衰えながらも明代も続いた。とくに，オイラトの侵略や，その後の諸勢力の度重なる襲撃に晒された**ハミ**から，戦乱を逃れたムスリムがしばしば集団で明領へ移ってきた。また，ムスリム朝貢使節やモンゴル高原で活動していたムスリムの帰化もあった。こうした移民を，明朝はその中葉まで比較的前向きに収容し，時に官職を与えるなど厚遇した。この措置が，ムスリム移民の中国流入を促進したことは疑いない。1516年にオスマン朝治下のイスタンブルで完成した，アリー・アクバル・ヒターイーのペルシア語作品『中国の書（ヒタイ・ナーマ）』にも，英宗治下の中国でムスリムが多くの栄誉を与えられたとある。

（中西竜也）

خداوند تعالئ دانا و عادل و فاصل بيساميد اورا تا مملكت
اسلام ضبط كند سبب آن مردمان آن مملكت
نواخته گشته اند
سلطان روشن راى و دانا و كامل و خردمند
و از همه اسلاميان ظاهر و باهر
خداوند تعالئ تعظيم و اضاعت جا آورد بر كار او عزت
داشت بوده كه بواقف
تأييد آسمانيست ما بشتر آزى ابلاجمان امير سوى ليدا
باجمعهم فينتابعم بترتبة
سلطان رسيده الله ياب باب رسوم اكرام و اجزار
بسيار فرموده انده اسعاد و اجتمعم بمراجعت
رسيده عرما نموده اند بر ما همه روشن و
معلم كشت و ابلاجمان بسياه بسطا و غيرا
بليميا و اجتمع با او بواى ما فحدانا شمر و
اسپان تازى و بوزان و جيورقاى ديكر فرستادند
همه بوى درله رسايدلند ما قمرا نظر كرديم
صدى عبب طاغر كرتابيده انده ما بعابت
شاكر كشتيم ادرا دلر مغرب كه جاى اسلاميت
از قديم دافلان و صلكان هيجكس از
سلطان ظاهر نسميده باشنده و مردمان آن
مملكتيرا نياه مى توليد امان و تسكين دايم
كه او واقف رهبا
حق است بن جل جلاله جلچه
خداوند تعالئ رابخى رامنى و خشنود نيافت مرداه ميزان با انتدايكر
بدوسى بريند دل بدل جو آيينه جاكباه

図Ⅷ-15 ブロシェが復元した，永楽帝からシャー・ルフへのペルシア語の手紙の本文一部

「神」ないし「天」に関わる語が抬頭されている。
出典：Blochet（1910）.

▷4 永楽帝 ⇨Ⅷ-5
▷5 女直人 ⇨Ⅷ-5
▷6 朝貢貿易 ⇨Ⅷ-5

▷7 ハミ
明朝は，ハミを支配していたチャガタイ家のチュベイの末裔に忠順王の王号を与え，ハミ衛を置き，河西の要とした。オイラトが後退した後，15世紀後半から16世紀前葉，この地には，出自不明の遊牧ムスリム勢力，次いでモグール・ウルスの東部勢力が，相継いでトゥルファンから進出した。モグール・ウルス東部のハーン，アフマド（1485年頃即位），マンスール（1501～1502年即位）による度重なる襲撃の後，明朝は1529年にハミ支配を放棄した。

「北虜」と「南倭」

① 明末という時代

　16世紀は明の半ばから後半にあたり，伝統的に内憂外患の時代とみなされてきた。この時代から明の滅亡までは一般に「明末」と通称され，華やかな都市文化の繁栄の陰に色濃い衰微の相が現れる。国内的には世相の頽廃，汚職の蔓延，反乱の続発といった負の印象がついてまわるが，その辺境をとりまく形勢はしばしば「北虜南倭」と形容され，対外的にも多難な時代であった。北虜とはモンゴルや**オイラト**など北方モンゴリアの遊牧民，南倭とはいわゆる倭寇である。これらの軍事的危機は単に外的要因によるものではなく，明の一官人の観察によれば，「華人が外夷に入る」事態によって惹き起こされたものであった。内憂と外患は分かちがたく結びついていたのである。

② 銀と徭役

　明代後期の繁栄の原動力は，15世紀後半から顕著な発展を遂げた商業経済であった。長江下流域の江浙地方では，蘇州の絹，松江の木綿をはじめとする手工業が発達し，またその人口圧を支えたのは，「湖広熟すれば天下足る」の俗諺にいう長江中流域の湖広地方から輸入された農産物であった。商業化の持続的発展には，価値の安定した貨幣が不可欠となる。明の建国当初に導入された宝鈔という紙幣は，百年をへずして価値が暴落し，これにかわる通貨として，明代半ばには銀が広く用いられるようになっていた。

　銀は租税の代納物にも採用された。当時，一般人民から徴発された徭役は，地方当局の一存でさまざまな名目が加増され，本来の租税をはるかに上回る重圧となっていた。とりわけ，特権もコネももたない社会的弱者にこの種の負担が集中しがちであった。こうした徭役負担の平均化をはかるため，16世紀前半から江南各地の府州県を中心に，各種名目が錯綜する賦課を銀に換算して総計し，各戸の壮丁数や田地面積に従って割り当てる方法がとられた。これは一条鞭法と呼ばれ，各地で相応の実績を上げていた。

　万暦初年の内閣**首輔**・張居正は，中国全土に一条鞭法を施行した。その改革は負担の不均衡を是正しただけでなく，全国的な土地の丈量に基づいたため，国庫の歳入も充実させた。しかし，張居正はその強引な政治手法から政敵が多く，死後，反対派によって名誉を剥奪され，その一党は粛清された。いったん

▷1　オイラト　⇨ Ⅷ-6

▷2　**首輔**
内閣（⇨ Ⅷ-5 ）の筆頭大学士。これに次ぐ者を次輔という。正式な官職ではなく慣例上の地位だが，嘉靖以降，実質的に官僚機構の中での最高権力者と見なされ，「宰相」「相国」とも通称された。張璁・夏言・厳嵩・張居正など「専権」を指弾される存在も現れたが，生殺与奪は皇帝の一存にかかることから，その従属度は高かったとされる。

整序された徭役も，その後次々と新たな名目が加増され，以前と同じ状態にもどってしまった。

　明という王朝は，弱きを助け強きを抑える建国当初の理想を，すでに16世紀の段階で失いつつあった。圧政に倦んだ人々は，あるいは反乱に加わり，あるいは生計の場を域外に求めることで，その繁栄を内外から切り崩していく。

③ 北虜の侵攻

　15世紀末，**チンギス**の後裔を称するダヤン・カアンは，オルドスやトゥメトなど中国北辺の遊牧諸部を服属させ，オイラトにかわってモンゴリアに覇を称えた。ダヤンは現在の内モンゴル諸部に息子たちを分封して王統の安定をはかったが，その死後，トゥメト部を領した孫の**アルタン**が実力においてダヤン嫡流のチャハル部をしのぎ，漠北や青海にも進出して元以後のモンゴルに最盛期をもたらした。中国にも連年侵攻を繰り返して辺郡を略奪し，1550年には北京を数日間包囲する勢いを見せた。

　明は北辺長城の要所上に九辺鎮と呼ばれる要塞を設け，それぞれ数十万にのぼる兵士を駐屯させていた。北辺情勢の緊迫化とともに，**開中法**による長城地帯への糧食・銀両納入が再施行されたが，上官の横領によって兵士たちへの支給は滞り，また**山西商人**をはじめとする豪商たちは軍や政府の高官と結んで糧食価格を引き上げていた。不満をいだいた兵士たちはしばしば兵変と呼ばれる反乱を起こした。なかには長城を越えてモンゴル側に逃亡し，バイシンと呼ばれた集住地で農工商業にいそしむ者もあった。遊牧民の侵入のみならず，それを禦ぐはずの軍隊の秩序不安は，長城外に増加する亡命漢人の存在とあいまって，明の北辺を脅かす一大要因となっていた【図IX-1】。

　明蒙関係は，アルタンの孫の一人が明に投降したのを転機に協調に向かった。1571年，明はアルタンを順義王に封じ，宣府や大同などの辺塞における馬市を認め，モンゴルの馬と中国の茶や穀物を交換する交易場が開かれた。明の年号にちなんで隆慶和議とよばれるこの講和により，両者の関係は小康を得た。しかし，かつてアルタンによって東方に追われたダヤン直系のチャハル部は，その後も遼東方面に侵攻を繰り返し，辺郡の警備に要する軍費は国庫を圧迫し続けた。北虜問題は最後まで根本的な解決をみることなく，明の北辺の脅威であり続けたのである。

④ 南倭の跳梁

　明は建国以来，治下人民の私的な海外通交を禁止していた。しかし，法網をかいくぐって行われる密貿易は，15世紀半ばごろから次第に増加した。「下

▷3　**チンギス**　⇨ VII-3

▷4　**アルタン・ハーン**
モンゴル・トゥメト部の族長。ダヤンの孫にあたり，右翼モンゴル（現内蒙古西部）を領した。宿敵オイラトを北方に駆逐し，青海を征服してチベットにまで侵攻するなど勢力の拡大を実現した。その領下には多数の漢人亡命者を擁し，都市フフホトは彼らの集住地に起源する。晩年，チベット仏教黄帽派の高僧ソナム・ギャムツォを崇敬し，はじめてダライ＝ラマの称号を贈ったことでも知られる。

▷5　**開中法**
辺境地帯での軍需品確保を目的とした制度。民間商人に穀物や蒭草などを納入させ，ひきかえに塩や茶など専売品の販売許可証を与えたもの。宋代の折中法に淵源し，明代初期に確立した。明代中期に内地での銀納が認められようになると，新たに揚州などの産塩地に拠点を構える内商が分化した。北辺情勢の緊迫にともない，内商は辺商が受けとる塩引を買い占め，囤商と呼ばれる豪商に成長した。

▷6　**山西商人**
明清時代の中国北方を代表する商人の同郷集団。北辺

（図IX-1　北京郊外の農村）
こうした山地を隔てて明朝は遊牧諸部と対峙した。
出典：筆者撮影。

に接する山西・陝西両省の出身者からなる。開中法の展開とともに塩商として内地に進出，囲商として巨利を博した。商人的倫理に基づく強固な結合で知られ，豪商一族は官僚を輩出して権勢を誇った。

▷7 ⇨Ⅷ-5
▷8 胥吏 ⇨Ⅺ-コラム
▷9 郷紳 ⇨Ⅸ-5
▷10 琉球
かつて沖縄本島を中心に栄えた王国。同島では13世紀ごろからグスクと呼ばれる城塞を拠点に政治集団が出現し，15世紀に中山王尚巴志によって統一された。明の建国当初から頻繁に朝貢を行い，王室が主体となった日本や東南アジア各地との貿易で栄えた。やがて明の朝貢制限，および国際的な密貿易の盛行によって中継貿易を基盤とする国力は衰え，17世紀初頭に薩摩島津氏の侵攻を受けてその政治的な影響下におかれた。
▷11 新安商人
徽州府（現安徽省黄山市）を本籍とする商人集団。山西商人と同じく塩商として台頭し，とくに明清時代の経済的な中心であった江南地方で大きな影響力を持った。米や炭などの日用品か

図Ⅸ-2 福建南部の浜辺

かつての密貿易ものどかな漁村を舞台に行われた。
出典：筆者撮影。

海通番」と呼ばれた当時の密貿易は，現地の富戸が出資し，胥吏が加担し，郷紳が庇護し，地方官が黙認する地域ぐるみの一大産業であった。これにより，琉球・チャンパー・マラッカなど，かつて中継貿易で栄えた朝貢国は衰亡に向かい，新たな国際商業秩序が模索されていた。

　密貿易の主要な担い手は，福建の漳州・泉州，広東の潮州，浙江の寧波などの沿海地方の出身者だが，このころ江南商界の一大勢力であった**新安商人**が，豊富な資本を背景に海外貿易にも進出して隠然たる勢力を保持した。これらの海商は，しばしばアユタヤー・パタニ・マラッカなど東南アジアの港市に密航し，絹織物・陶磁器・各種工芸品などの中国製品を売りこみ，香料・香木・象牙・犀角などの南方物産，およびインド産の綿織物などを買いつけた。彼らは官界ともつながる故郷の族閥に守られたが，官憲の取締りを逃れてそのまま海外諸国の港市に住み着く者も少なくなかった。

　一方，16世紀半ばには，中国東南沿岸の島々もまた，アジア各地から遠来の商客が集まって取引をおこなう国際市場となっていた。往来する商船の多くは東南アジア諸港市の人々が同乗する中国船であったが，とりわけマラッカを拠点とするポルトガル船は，地球を半周できる堅牢な船体に最先端の火器を備え，広州から漳州へ，さらには寧波や長江河口部にまで進出した。こうした状況に，明朝当局も次第に警戒感を強めていった【図Ⅸ-2】。

　しかし，明朝当局によってヨーロッパ人よりも恐れ憎むべき外敵と見なされたのは，日本人であった。原因の一端は，当時の日本人の暴力的な一面にあったが，さらに彼らと結んだ反政府的中国人海商の勢力が劇的に増大したためでもあった。**石見銀山**の開発によって日本がにわかに銀の一大産地となったことで，多くの中国商人が安価な銀を求めて日本に来航し，日本人水夫を兵員として雇い入れた。また，西日本の地方勢力が進貢船と称して中国沿岸に貿易船を派遣し，なかには「ばはん」と呼ばれる強盗稼業に従う者もあった。強大化した武装商人団と，その周辺に出没する盗賊集団は，軍事的・経済的実力において地方官憲を凌ぐ脅威となりつつあった。密航者の潜伏地であり，かつ「ばはん船」の輩出地でもあった日本がそれら諸悪の根源と見なされたのは決して偶然ではない。

　こうした緊張関係は1550年代，ついに大規模な武力衝突に転じる。世にいう嘉靖の倭寇である。この時，少なからぬ日本人を擁した反政府勢力は，経済的な最要地であった江南デルタに出没転戦し，明廷はにわかに危機感をつのらせた。当局者の間でも，対日貿易の規制緩和を唱え，密貿易の黒幕であった王直を仲立ちに，日本国内の実力者と関係を構築することで秩序回復をはかる動きがあった。この計画は，豊後大友氏の使船が寧波近海に来航するところまで進展したが，最終的に使船は駆逐され，王直もまた海賊として処刑され

た。

　対日関係の再構築は不成功に終わったが，明朝当局は，従来非合法な存在と見なしてきた密貿易業者を自陣営に取りこむことで，海上における影響力の回復に努めた。密航者の最大の輩出地であった福建の漳州では，手続きを踏めば日本を除いた海外諸国への渡航が許可され，ポルトガル船もまた官憲に協力した功績によってマカオにおける逗留が認められることとなった。当初は地方レベルの便宜措置として行われたこれらの施策は，結果的に中央の追認を得，多くの中国商船が官憲公認のもとで東南アジア各地に渡航するようになった。

　その後も治安上の理由から日本との通交は厳禁されたが，密航は依然として根絶されず，また琉球など諸港市における出合い貿易や，ポルトガル船の中継貿易などにより，日中間の商品流通は継続した。また，16世紀後半にスペインがフィリピン諸島に入植し，マカオを経由してメキシコ銀が中国に輸入された。イベリア人航海者たちが開拓した地球周回貿易網の一角を，東アジア諸国の商人たちも担っていたのである。

⑤ 亡国の階梯

　隆慶和議の後も遼東から明を脅かしたチャハル部に対し，その撃退にあずかって功を立てたのが遼東総兵の李成梁である。李成梁は毛皮や人参の交易を掌握し，同地で半ば独立国家ともいうべき軍閥政権を打ち立てた。その陰ではのちの清太祖ヌルハチ▷13が力を蓄え，やがて明朝に反旗を翻して女真人の統一政権を形成する。

　1590年代の豊臣秀吉の朝鮮出兵は，韓国では壬辰倭乱，中国では万暦倭寇とも呼ばれるが，それまでの倭乱・倭寇の散発的な侵入と対照的に，日本の統一政権が国を挙げて行った軍事行動である。当初の目的は中国征服にほかならず，危機を察した明朝は，半島を北上する日本軍がその国境に達する以前に朝鮮領内に進軍してこれを迎え撃った。八年もの間断続的に戦われたこの戦争は，結果的に日中両政権の衰亡をもたらし，建州女真が躍進する余地を与えた。

　明はこれを含め，万暦三大征▷14と呼ばれる大規模な反乱鎮圧に国庫を傾けた。財源確保のため地方に派遣された宦官の主導で行われた銀山開発や商税徴収は，そこかしこで東林党など官僚・文人層も含む民衆の反発を招き，そうした政局の混乱は来たるべき破滅的な大反乱を準備した。最終的に漁夫の利を得たのが満洲人である。「北虜南倭」は秀吉やアルタンに完結するものではない。そこに現れた矛盾は膨張を続けて明を滅ぼし，ついに清朝の中国支配をもたらしたのである。

（山崎　岳）

IX-1　「北虜」と「南倭」

ら，絹などの奢侈品，さらには書画骨董などの文化市場にも進出した。明代中期には非合法の海外貿易に進出し，日本銀の密貿易で大きな利益をあげた。

▷12　石見銀山
島根県大田市大森町にあった銀山。大森銀山とも。2007年に世界文化遺産に登録。1520年代に博多の商人神屋寿禎が発見，灰吹法とよばれる新技術を朝鮮から導入し，16世紀から17世紀初頭にかけて最盛期を迎えた。銀は大半が海外貿易に用いられ，中国に流入した。

▷13　ヌルハチ ⇨ X-1

▷14　万暦三大征
万暦年間に行われた三度の戦役の通称で，茅瑞徴の書名に基づく。征戦対象は，寧夏の帰化モンゴル将軍ボバイ，貴州苗族の土司楊応龍，そして日本の豊臣秀吉である。異民族の反乱に対する明朝の勝利が喧伝されたが，戦費は莫大にのぼり，財政の悪化は明の衰亡の一因となった。
▷15　⇨ X-2

2 普陀山信仰からみた東アジア海域

1 観音様の住まう場所

　浙江省寧波沖合の舟山列島に浮かぶ島，普陀山の歴史を知ることは，東アジア海域における人々の交流を知る手がかりとなる。

　この山は観音菩薩の示現する土地として古くから人々の崇敬を集めた。『華厳経』は観音の住む場所をポータラカ（Potalaka）と呼び，漢訳仏典では「補怛洛迦」「補陀落」などと表記された。普陀山の「普陀」もポータラカの音を漢字で表したものである。ポータラカは航海の目印となったインド半島南端の実在する山を指していた可能性が高いが，『華厳経』の伝播とともに各地でポータラカに擬せられた山が信仰を集めた。チベットのポタラ宮もそのひとつであり，観音の生まれ変わりとされるダライラマが居住した。

　東アジアのポータラカである普陀山は海上交通の隆盛とともに史上に姿を現した。この島は豊富な地下水にも恵まれ，風待ちのための港として利用するには最適の場所であった。9世紀に日本人僧侶の**恵蕚**が**五台山**巡礼の際に得た観音像を帰国時にこの地に安置したという開基伝説は，この地が東アジアの海上往来の中で形成された国際的な聖地であったことを物語る。海上交易が活発化した宋代からモンゴル帝国の時代にかけては海商が次々と寄進を行い，東アジアの海を往来する禅僧や西域の僧侶も普陀山で観音を礼拝した。この時期に描かれた「補陀洛山聖境図」には，普陀山の景観の上に仏典に由来する地名や，示現した観音の姿が描かれ，あたかも『法華経』や『華厳経』の世界を再現したかのようである【図Ⅸ-3】。

2 商業の時代と普陀山の復興

　明初の**海禁**により普陀山は一時衰退するが，海上交易の復活に伴い徐々に人々が集まりだす。寧波では監視の目をかいくぐって参詣するための「ブローカー」が暗躍しはじめ，16世紀中頃には，観音様が現れるとされた潮音洞は奉納品で溢れかえった。

　しかし，海賊行為をはたらく「**倭寇**」すらしばしばこの地を巡礼したことは，官憲の強い警戒を招いた。絵画資料や類書の挿絵には倭寇は頭頂部をそり上げた姿で描かれる【図Ⅸ-4】。日本人・中国

▷1　恵蕚

平安時代前期の僧侶。仁明天皇の承和年間（834～847），皇太后の橘嘉智子の命を奉じて入唐し，五台山に袈裟などを寄進した。のち日唐間を幾度も往復し，義空を来日させるなど禅宗の振興につとめた。

▷2　五台山

山西省東北部にある仏教四大名山のひとつ。五峰が聳え立ち，山頂が平坦な台状をなしていることからこの

図Ⅸ-3　「補陀洛山聖境図」

出典：井手（1996）。

人を問わず，「倭寇」に参加する者はこの髪型で人々を恐れさせたに違いないが，この目立つ髪型は，官憲の追撃を逃れる倭寇の残党にとって不都合なことこの上なかった。彼らは残った髪を全てそり上げて，まさに「丸坊主」になり普陀山に逃れ神妙にお経を上げていたとしても不思議ではない。倭寇対策のために普陀山の寺院を破壊して無人化しようとする試みは16世紀後半から17世紀初頭にかけて続いたが，それに抗って巡礼者は押し寄せ続け，最終的に

図IX-4　「倭寇図巻」
出典：上田（2005）。

は王朝から大蔵経が下賜され，絢爛豪華な大寺院が再建されることで，普陀山は国家公認の聖地として復活した。

　普陀山へ堂々と巡礼できるようになると，今度は普陀山参りを口実に船を出し，違法な貿易に手を出す者も増えた。海外交易が開放されていたのは，福建省の漳州[しょうしゅう]▷5 月港のみであったが，東シナ海に面した江南の港には普陀山への巡礼船が頻繁に往来し，それに紛れて私貿易が横行していたことは間違いない。普陀山は多くの人々で賑わいを見せ，様々な地方の方言が飛び交っていたが，中でも漳州の人々の姿が目立っていたという。日本との貿易は厳禁されたままであったが，おそらくこれらの漳州人は何らかの形で日本との貿易に関わっていたであろう。そして，「方言」のなかには日本語を話す者もいたに違いない。普陀山の隆盛と海上交易は表裏一体であった。

　17世紀前半にはこのような商人たちが積極的に寄進を行い，普陀山の僧侶たちも海を渡って広く寄進を呼びかけた。彼らの人脈は江南各地に広がり，そのネットワークは宮廷周辺にも及んだ。金銭・食料品・日用雑貨などありとあらゆるものが寄進され，その寄進は僧侶の生活を支え，ときに巡礼路や寺院の整備にも用いられた。

　明清鼎革期には，戦乱や遷界令▷6 の影響もあり，普陀山への参詣は一時的に下火になる。しかし，鄭氏政権が降伏したのちの康熙帝[こうきてい]の命によって寺院は再び復興され，かつての景観は取り戻された。日本へ渡航する商船もこの地を訪れ，参詣者も続々と海を渡るようになる。ただし，この時期には明末ほどの熱狂は感じられない。鄭氏政権▷7 や清朝を生み出した国際貿易ブームは沈静化し，東アジアの各政権は王朝による安定的な海の管理を目指した。「鎖国」した日本には許可を受けた商人しか渡航できなくなる。江南各地に簇生した参詣拠点はその多くが姿を消した。清代には寺田が増加しているが，これは寄進に頼らない安定した経済基盤を得たということでもある。普陀山は新しい海域の秩序とともに聖地としての性格を変化させていたように見える。

（石野一晴）

名がある。5世紀頃から文殊菩薩[もんじゅぼさつ]の霊場として仏教信仰の中心となり，歴代王朝の庇護を受けた。中国内外からの巡礼者が多く，わが国も円仁[えんにん]や奝然[ちょうねん]ら奈良・平安時代の僧侶が参詣した。中央アジアからも巡礼を多く集め，敦煌の石窟には，彩やかな五台山図が描かれた。吐蕃[とばん]は唐に使者を派遣して，五台山図を求めたことが『旧唐書』に記される。また，2009年に文化遺産として世界遺産に登録された。

▷3　海禁　⇨ VIII-5
▷4　倭寇　⇨ IX-1
▷5　漳州　⇨ IX-1

▷6　遷界令　⇨ X-2

▷7　鄭氏政権
⇨ X-1　X-2

3　江南文化の爛熟

明代を通じて，蘇州をはじめとする江南地方は，中国の経済・文化を代表する地域であった。絹や木綿といった軽工業の発達，それにともなう大商人の出現，またアメリカ大陸や日本で産出された銀の大量流入などの諸状況を背景として，嘉靖・万暦年間，すなわち16世紀から17世紀にかけて，江南諸都市の経済的繁栄は絶頂に達した。このような経済の活況は文化隆盛の土壌ともなり，豪華な庭園や盛行する出版業など，華やかな都市文化を支えたのである。

① 明代文化を支えたひとびと——多様化する「知識人」

江南文化の拠点となった蘇州では，沈周（1427～1509）をはじめ，祝允明（1460～1526）・文徴明（1470～1559）・唐寅（1470～1523）ら「呉中四才」など，個性豊かな文人が輩出した。前近代の中国において，伝統文化を牽引した「**文人**」◀1なる存在は，政治的・文化的支配層である**士人**◀1（士大夫）の私的側面と見なされる。彼ら文人は，官僚としての公的活動から離れた私的生活において，「琴棋書画」といった豊かな**趣味生活**◀2を楽しんだのである。

しかし，このような文人の本来的ありようにも，明代において社会が発展し複雑化するに応じて，多様な形態が見られるようになる。例えば上記の沈周らは，いずれも明代の代表的文人であるが，基本的には仕官せず，詩文書画などで身を立てたものたちであり，「市隠」とも称される。更に明末に至ると，科挙による仕官を求めることなく，文学・芸術など文人らが趣味とした様々な文化的技芸を職業として，生計を営むものが続出した。そのひとつの典型が，「山人」◀3である。彼ら山人や明末には50万を数えたという**生員**◀4といった，狭義の文人・士大夫には区分されないような「中間的知識層」，また更に下層の実用的読み書き能力しかもたない「識字層」をも含めた極めて広汎な階層が担い手となり，大衆化・大量化を特徴とする明代後期の文化が形成されたといえる。

② 出版文化の隆盛と俗文学の流行

16，17世紀の江南文化の繁栄を象徴するものとして，出版文化の隆盛がまず挙げられる。嘉靖・万暦以後，書籍の刊行量が劇的に増加するとともに，それまで官による出版（官刻）と個人出資による出版（家刻）が多数を占めていた状況が一変し，江南地方の諸処において，書肆による営利出版（坊刻）が急増した。このような出版界の興隆は，山人ら新しいタイプの知識人による出版業

▷1　士人と文人
士人とは，「道徳的能力具備を原理とし，古典教養と作詩文能力によって選抜され，官としての統治能力が期待される，儒教的知識人すなわち政治的・文化的支配層」である（井上進氏の見解，『中華文人の生活』3頁）。また，士人と文人とは同一人格の表裏の関係にあり，士人でない文人は「エセ」にほかならない。

▷2　趣味生活
文人らは書斎である「文房」において，筆硯紙墨や金石などの文房具から，服飾，茶・花・香・園芸にいたるまで，あらゆる方面で豊かな趣味性を発揮した。このような「文房清玩」に関する指南書的著作はすでに宋代から見られるが（南宋・趙希鵠『洞天清禄集』など），明代には一層細分化され洗練された。明初の『格古要論』をはじめ，高濂『遵生八牋』・『考槃余事』・文震亨『長物志』などが生み出された。

▷3　山人
16～17世紀，明末に活躍した一群の文化人のこと。本来は山中の隠者をいったが，当時山人と称し，称されたものたちには，歴とした文人だけでなく，詩文書画の才能や知識を生かして様々な営利活動を展開したり，ひいては政界の裏面で暗躍したりするものさえいた。

への参入（その代表格が蘇州の馮夢龍，松江の陳継儒），識字層や書籍需要の拡大にともなう書籍の大衆化・通俗化などの諸現象を招来した。

　当時，多種多様の書籍が刊行されたが，注目すべきは，『三国志演義』『水滸伝』『西遊記』『金瓶梅』（「四大奇書」）をはじめとする白話小説や，『西廂記』『牡丹亭還魂記』などの戯曲，すなわち「俗」文学の作品が次々と登場したことである。明末の思想家である**李贄**[45]は，『水滸伝』や『西廂記』を，「童心」を表出した「古今の至文」として高く評価し，彼の名を冠した批評本【図IX-5】が大いに流行した。このような，いわば「俗」なるものの肯定は，明代末期における新たな文化潮流として位置づけられる。

図IX-5　『李卓吾先生批評西廂記』

出典：町田市立国際版画美術館（1988）。

❸　版画の芸術的自立と文雅の俗化

　出版文化に関連するものとして，版画の隆盛がある。上記の戯曲・小説作品などの俗文学，『農政全書』『天工開物』などの実用書，『三才図会』に代表される図解の類書といった種々の書籍の「挿絵」にとどまらず，歴代の名画を刻した複製名画集たる『顧氏画譜』や多色刷りの『十竹斎書画譜』【図IX-6】などの「画譜」，更には「墨譜」（墨の図案集）や「箋譜」（便箋の図案集）などが盛んに出版され，版画は「芸術的自立」と評されるほどに大発展を遂げた。しかし，これらは金銭を媒介にして広く庶民層にまで開放され，大衆化した印刷品である。特に，**画譜や墨譜，印譜**[46]は，あくまで文人ら少数の選良が独占し享受すべきホンモノのコピーであり，文雅を俗化したもの，すなわち「文雅もどき」として捉えることができ，これもまた明末文化に特徴的な現象といえる。

❹　芸術市場の形成

　明末社会の諸相を活写した謝肇淛（1567～1624）の『五雑組』には，大枚をはたいて法書名画を買い漁る真の鑑識眼を持たない「好事家」や，書画骨董の売買で一儲けを当て込み貴賤の間を暗躍するブローカーの存在，それにより横行する**贋作**[47]，その一方で名家に退蔵される膨大な文物など，当時の諸芸術をとりまく様々な「厄」が列挙されている。また，明末に普及した特筆すべき現象に「潤例」がある。潤例とは，書画篆刻などの定価を規格ごとに公にすることであり，書画作品が確かに商品として流通していたこと，それによって生計を立てていた者が存在していたことを示している。このような芸術の商品化の主な舞台となったのも，蘇州を中心とする嘉興や松江など江南諸都市であり，更にこの芸術市場の形成には，当時活躍した**新安商人**[48]らが深く関わっていた。

（増田知之）

▷4　**生員**　⇨Ⅷ-5
府・州・県学の学生，「秀才」とも称された。明代の科挙では，生員の資格が必要とされた。明末には全国官僚の総数は約25,000人だったが，生員の総数は約50万人にのぼったという。

▷5　**李贄**　⇨IX-5

▷6　**画譜・墨譜・印譜**
これらの「芸術刊行物」は，雅文化の俗化を象徴するものとされるが，オリジナルをコピーによって代替するという行為は，書蹟を集刻した「法帖」も同様である。法帖については IX-4 で詳述する。

▷7　**贋作**
特に蘇州では古画や当代画家作品の贋作が量産され，「蘇州片」として知られる。

▷8　**新安商人**　⇨IX-1

図IX-6　『十竹斎書画譜』

出典：町田市立国際版画美術館（1988）。

4 明代書文化における出版メディアの獲得——「法帖」の流通と出版文化

1 明代における法帖刊行の隆盛

前節[1]で述べたように，明代後半期，蘇州を中心とする江南地方において出版文化が盛行し，その影響は書の分野にも波及することになった。

士大夫ら知識人層の私的生活において主要な役割を果たした書文化は，書蹟（法書）と書論の集積・流通，換言すればモノとコトバとが広く伝播・浸透し，多くの人々に共有されることによって発展したといえる。こと明代では，16世紀，嘉靖年間以降における経済の発展や出版文化の隆盛を背景として，項元汴（1525～1590）ら大収蔵家が輩出し，書画作品が商品として流通するとともに，その目録・解説書である**書画録**[2]や歴代の書論を集成した叢書類（王世貞『古今法書苑』など），そして歴代法書図録ともいえる名蹟の複製たる**法帖**[3]が，民間において盛んに刊行された。いわばモノとコトバとを共有する多様かつ自由な書文化が，出版という手段によって醸成されたのである。

民間における法帖刊行の先導者として位置づけられるのが，蘇州の**文徴明**[4]である。彼ら文氏一族を中心として，多くの文人・収蔵家，更には名工らが刊行事業に参入することにより，「法帖刊行ネットワーク」とも称し得る人的つながりが，蘇州のみならず常州や松江など江南地方の諸処において形成された。彼らは，所蔵の名蹟の豊富さや摹刻・椎拓技術の精妙さを誇るために，また学書者や鑑賞者に裨益すべく，「ステータス・シンボル」として法帖を次々と生み出していった。華夏『真賞斎帖』【図IX-7】・文氏『停雲館帖』・顧従義『淳化閣帖』（翻刻本）などは，現在でも名帖として誉れ高い。

また，明代の書文化が獲得した法帖という量産型メディアは，それまで一部の士大夫や富商らに独占されてきた歴代の法書を，一挙に民間の様々な層へと行き渡らせる役割を果たした。つまり，書文化の「伝統」が庶民層の享受し得る対象へと変わっていったのである。何良俊『四友斎叢説』・謝肇淛『五雑組』・沈徳符『万暦野獲編』などの随筆史料には，粗悪な翻刻や偽刻の流通も含めた，法帖が氾濫する当時の状況が記録されている。

更に，かような法帖を媒介とする書文化の伝播・浸透は，のち清代にも引き継がれ，中国のみならず周辺地域にも影響を及ぼした。例えば，

▷1　⇨ IX-3

▷2　**書画録**
収蔵・過眼した書画作品について，釈文や題跋，収蔵印記，装幀など諸情報が記録されたもので，いわば作品解説書である。朱存理『珊瑚木難』・文嘉『鈐山堂書画記』・張丑『清河書画舫』などがある。

▷3　**法帖**
法書とすべき書蹟の真蹟や

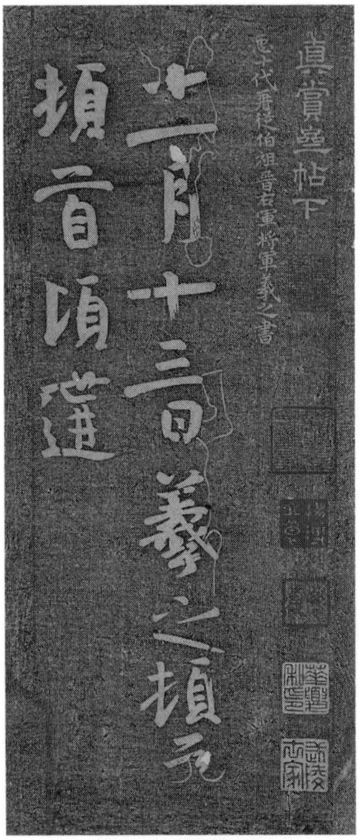

図IX-7 『真賞斎帖』

出典：啓功・王靖憲（2002）。

江戸時代の日本には，明清時代に刊行された各種法帖が数多く舶載され，「唐様書」の流行や「和刻法帖」の隆盛，すなわち中国書文化の実態的拡張を齎した。

② 董其昌による法帖を利用した権威確立への構想

文氏一族ら蘇州文人が牽引した法帖刊行事業は万暦年間中頃まで続くが，のち松江の董其昌（1555〜1636）がその主導的役割を引き継ぎ，戦略的な刊行事業を展開させていく。董其昌ら董氏一族が刊行した法帖は，そのほとんどが董其昌の書蹟を集刻した専帖【図IX-8】であることが最大の特徴である。それらは，日常的な「応酬」の書蹟の代替としての法帖，贋作が横行する中での董書鑑定の尺度としての法帖，単発ではなくシリーズ化された法帖，更には当時の一般書籍にも見られる版権意識を表出させた法帖という，従来の伝統的法帖とは全く異なる「個人喧伝用」の法帖であった。当時，董其昌の書蹟が大流行する中，一方では代作者を雇って贋造を行い，一方では一族に託して真蹟を法帖として流通させた。「贋作の氾濫」と「法帖の量産」とが両輪となって，董其昌権威を構築していったといえる。つまり，董其昌は法帖をブランドイメージ・コントロールのための出版メディアとして最大限に利用したのである。董其昌はまた，当時の芸術市場で活躍した徽州人らと積極的に協力関係を結び，呉廷『余清斎帖』など歴代の名蹟を集刻した集帖を刊行させてもいる。

③ 法帖刊行と出版文化との関連

前述のとおり，明代の法帖刊行は，嘉靖年間において文氏一族を中心とする蘇州文人グループの影響下で発展し，のち江南地方全域に拡大して明末まで至る（一方，北方における刊行は，董其昌と並称された邢侗の『来禽館法帖』が有名であるが，全体としては振るわず）。その間，民間で刊行された法帖は劇的に増加していくが，このような動向を量的側面から見ると，一般書籍の出版の展開と連動し，軌を一にしているかのごとくである。また，明代の民間における法帖刊行は，そのほとんどが文人らによる「家刻」であった。家刻とは本来ならば非営利を標榜するはずであるが，上海の顧氏および潘氏による『淳化閣帖』の翻刻本や海寧・陳瓛の『玉煙堂帖』など，家刻法帖の中には価格を明示したものが確認できる。すなわち，明代において法帖が「商品」としての流通を企図して刊行されていたことを端的に示しており，一般書籍の家刻にも共通する現象である。ただし，「坊刻」については，各種史料中に確認できる書肆による法帖の製造・販売は，いずれも既刊の法帖の「偽刻」であり純然たる坊刻とは見なし難い。民間において法帖の生産が拡大する中で，刊行量の増大や販売目的の刊行など，法帖刊行と当時の出版文化との密接な関連が指摘できる一方で，如上の「坊刻の未成熟」という点において，両者には厳然たる質的差異が存していたといえよう。

（増田知之）

図IX-8 『来仲楼法書』

出典：筆者旧蔵。

臨摹本（あるいは法帖）を石や木に摹刻し，椎拓の上，装幀を施したもの。学書や鑑賞の際に使用された。複数の書人の書蹟を刻した「集帖」（「叢帖」「彙帖」とも），特定の書人の書蹟を刻した「専帖」，一書蹟に限定した「単帖」の種別がある。また，刊行主体により「官刻」「家刻」に区別される。

▷ 4 文徴明 ⇨ IX-3
明代を代表する書画家。長く蘇州芸苑の領袖として活躍し，後世に多大な影響を与えた。その書蹟はまた江戸時代の日本にも将来され，唐様書道の展開に寄与した。著に『甫田集』がある。

▷ 5 董其昌
明代を代表する書画家。書画ともに，実作・鑑賞・理論構築にわたって多大な功績を残した。清代では康熙帝が愛好したことにより，その書蹟が大流行した。著に『容台集』『容台別集』，法帖に『戯鴻堂法書』がある。また一方で，当時の典型的な「郷紳」（⇨ IX-5）としてその悪辣ぶりが明らかにされている。

▷ 6 ⇨ IX-3

▷ 7 『淳化閣帖』
⇨ VII-2

5 陽明学とその時代

▷ 3　**奴僕**
事実上の隷属身分。基本的に奴婢の私有を禁じた国法『大明律』の上では、「雇工人」と呼ばれた。

▷ 4　**東林党**
顧憲成が1604年に故郷無錫で再興した東林書院に集って学術活動を行った人々を中心とする政治的党派。その思想的傾向は「陽明学を経過した朱子学」と言われ、無善無悪説の行き過ぎを批判しつつ、欲望肯定の潮流に棹さしていた。政治的には宦官勢力と対立した。

▷ 5　**宦官の専横**
万暦帝は、1596年に焼失した宮殿の再建のため、全国に宦官を派遣して鉱山開発や商税徴収を行わせた。宦官たちはその名目で人々の財産を不法に奪った。これを「鉱税の害」と呼ぶ。

① 中国社会の多極化

　15世紀、北方防衛の軍需増大▷1は、税役負担に耐えかねた民衆の逃散を惹起し、**里甲制**▷2の崩壊、流賊の発生、治安の悪化を招いた。16世紀、膨張の一途をたどる軍需の負担とあわせて、商業・銀経済・都市の発達は、人の移動や社会層の流動を加速化し、人々のあいだの競争を激化させた。このような状況の下で、「郷紳（きょうしん）」と呼ばれる、地方の有力者たちが台頭した。社会不安が増大する中、自己保全を求める人々が、郷紳の下に集うようになったからである。郷紳は、官僚経験者で休暇や退職などの理由により郷里に在る者をいう。彼らは、官僚収入を土地購入や、親族が経営する高利貸・商業に投資して莫大な富を築き、都市に住みつつ大地主として農村に君臨した。また、地方官と対等に交際（抗礼）し、自らの要求を突き付けてその統治に影響を及ぼし、郷里を牛耳った。さらに、正規の税役以外の雑多な負担（雑役（ざつえき））に関する免税特権を有し、権力や賄賂で正規の税役を免れることも可能だった。そこで人々は、増加する雑役から逃れるために、自身の所有地の徴税台帳上の名義を、郷紳のそれに変える「詭寄（きき）」という方法をしばしば採った。郷紳は、若干の報酬を得てこの名義変更を引き受けた。人々の中には、郷紳に土地財産を献じ（投献）、さらに自らの身をも捧げて**奴僕**▷3となり（投靠（とうこう））、その庇護を得ようとする者もあった。ゆえに郷紳は、土地と人間を結集することで権勢を強化し、ますます求心力を高めた。彼らを核とした人々の凝集が各地で進んだことで、16世紀以降、中国社会は多極化・分節化の様相を呈するようになっていった。

　郷紳たちは、郷里の公益事業を主導するなど、地域社会のリーダーとして振る舞った。明末には、士人（生員や挙人など、未任官の官僚有資格者）などその他の有力者とともに会同して地方の問題を合議する「地方公議」を開き、公論（郷論）を形成し、地方政治を誘導した。いっぽうで、地主としての利益を守るため、中央からの統制や苛斂誅求に抗った。郷紳地主層出身の**東林党**▷4が**宦官の専横**▷5に抵抗したのも、皇帝の一元支配に対抗して地方の富民層の権益を保守しようとしたからであった。

② 陽明学の隆盛と展開

　こうした郷紳層の需要と親和的な思想として、彼らの台頭と時を同じくして

陽明学（心学）が隆盛した。王守仁（号は陽明，1529年没）【図Ⅸ-9】が創唱したそれは，**朱子学**[46]を批判的に継承した。朱子学は，唯一普遍の原理・原則たる「理」を先験的に措定し，世界をかくあらしめているこの不動の「理」に人間も適ってあれと説く。対して陽明学では，諸現実に応答した各人の「心」（「理」たる本性と「気」たる情動との不可分な統一体）の諸判断の中に結果的に察知される条理を，宇宙普遍の「理」に同定する。換言すれば，各人が多様な他者，激動の社会と交渉して思い行う中から，そこに各様に現象する，従うべき道理を動的に把握することを教えたのである。このような陽明学の「理」観は，郷紳たちが，各地の事情や各人の嗜好に応じて郷里経営を行うことに，理論的根拠を与えた。王守仁じしん，独自に「**郷約**」[47]や「**保甲**」[47]を実施し，郷里秩序の再建に取り組んだ。

　ただし陽明学は，変化に柔軟な反面，ともすれば現状に無批判で，無秩序へ向かう嫌いがあった。王守仁は次のように考えた。「理」とは自己の外部から学習される既成の善悪ではなく（無善無悪），各人の心でかくあるべしと直観されるものがそのまま絶対普遍の「理」である（心即理）。万人の心には「理」と相即の道徳性（良知）が生得的に備わるからである。その道徳性を他者への意念・行為において発揮すること（致良知）で，自他のあるべき有様・関係を実現（格物）し，かつその道徳原理（良知）を体認する（知行合一）。これを，日常の中で不断に実践（事上磨練）し，究極には万物のあるべきを実現（治国平天下）して，はじめて内なる「理」を十全に発揮・体認したといえる。自己完成と万物救済は相即に実現される（万物一体の仁），と。

　この発想は，知識人のみならず一般大衆をも魅了し，庶民出の思想家たちを擁する**泰州学派**[48]を興起させ，儒教の大衆化に貢献したが，当該の思想はやがて主観的価値や欲望の肯定へ流れていった。その挙句に李贄（号は卓吾，1602年没）が「無善無悪」説を極端化させ，「理」に定理なく，個々の生存欲以外に「理」はないと唱えた。

　既存の価値観に挑戦する「無善無悪」説は，東林党関係者など，秩序を重視する郷紳層出身の知識人たちから批判された。彼らも，自らの郷里支配の自律性確保のため私欲を肯定した。ただし，人々が地主・小作のような上下の「分」を守って互いの利害を調停しつつ秩序よく遂げる私欲が「理」であるとし，いわば多元一体的な「理」を構想した。同じ文脈で，黄宗羲（1695年没）は，一個人の「私」を天下の「公」とする皇帝独裁を批判し，顧炎武（1682年没）は，人々の「私」を合して「公」とすべしと唱えた。かくして陽明学は，主体的かつ調和的な秩序を確立しようとした郷紳の理念へ変貌を遂げた。

（中西竜也）

図Ⅸ-9　滋賀県高島市安曇川町「陽明園」の王陽明像

出典：「陽明園－王陽明先生石像」By Wadakon 234-own work, CC By SA 4.0（Wikimedia Commons）。

▷ 6　朱子学 ⇨ Ⅶ-5

▷ 7　郷約・保甲
「郷約」は地縁で結びついた人々の日常道徳を軸とする共同体的規約，あるいは当該共同体成員による相互勧善の活動や組織のこと。「保甲」は，当該共同体による自警・自衛を目的とした組織。

▷ 8　泰州学派
王守仁に師事した，泰州（江蘇）の世襲的製塩労働者（竈戸）の王艮（号は心斎，1541年没）にはじまる学派。王艮とともに「二王」と並び称された王畿（号は龍渓，1583年没）の「あるがままで出来あがっている良知（現成良知）」説を取り入れ，欲望を肯定し，陽明学説を先鋭化させたことから，「王学左派」として知られる。

6 中国におけるムスリム社会の成立と展開

1 武宗の時代とその後

▷1　土木の変 ⇨

「土木の変 ▷1」後の明は，北辺軍需の増大と貨幣経済の浸透で疲弊した民衆の諸反乱に悩み，孝宗（弘治帝，在位1487〜1505）の「中興」で小康を得たが，武宗（正徳帝，在位1505〜1521）が継ぐと再び衰微に向かった。武宗は宦官の専横を許して政治を混乱させ，大規模な農民蜂起（劉六・劉七の乱）や王族（安化王と寧王）の叛乱を招いた。だが武宗の治世は，モンゴル時代の東西交流の残響とヨーロッパの東方発展の序曲とが重なる時代として興味深い。

武宗【図Ⅸ-10】は，チベット仏教に凝る傍ら，イスラームにも興味を示し，ムスリム宦官を寵愛して豚の食用・飼育を禁じた。こうした事柄は中東ムスリム世界にも伝わっていたらしく，オスマン朝下で同時期に著された『中国の書』や，少し後の16世紀後半に書かれたセイフィー・チェレビーの著作は，武宗をムスリムとして描く。これは，当時まだ，ムスリム商人などを介した東西の同時代的情報伝達があったことを示唆する。しかし，オスマン朝知識人キャーティプ・チェレビー（1657年没）が17世紀に『世界を示すもの（ジハーンニュマー）』で中国について記そうとしたとき，情報源はヨーロッパ人の知見のほか，『中国の書』やそれ以前のムスリムの地理書を利用するほかなかった。中東ムスリム世界は中国から遠ざかり，代わってヨーロッパが中国に近づいていたのである。

ヨーロッパ人の本格的な中国進出の口火が切られたのは，武宗の時代である。1517年，ポルトガル人がはじめて広東に来航し，以後彼らが続々押し寄せた。付随して，中国でのキリスト教布教を志すイエズス会士 ▷2 も多く到来した。彼らの知識や活動に，一部の士大夫たちは好意を示し，中には徐光啓（1633年没）など，洗礼を受ける者もいた。こうした士大夫たちの協力の下，イエズス会士たちは，明末清初に，キリスト教や科学に関する漢語著作を盛んに著述した。その一人，マテオ・リッチ（1610年没）は，キリスト教教議に関する『天主実義』や，ユークリッド幾何学に関する『幾何原本』，世界地図『坤輿万国全図』などの漢語著作を刊行した。

図Ⅸ-10　正徳時代の製品と思しき皿

中央のアラビア文字ペルシア語文は「大明ハーン，すなわちシャー・スライマーンが建設した」と記す。シャー・スライマーンは，武宗の自称か。武宗は「沙吉敖爛」，すなわちペルシア語で「シャイヒ・アーラム（世界の導師）」を自称したとも言われる。この「世界の導師」の自称は，同時代のオスマン朝君主セリム1世やサファヴィー朝君主イスマーイール1世，後代のムガル朝君主アクバル等が，ヒジュラ暦2千年紀到来を目前にして，革新者や救世主，導師や聖者として振る舞うことで，多様な伝統・権威を統合する「普遍王権」を確立しようとしたことと通底するものであったかもしれない。

出典：雷潤澤（2016）。

② 回民社会の成立

16世紀，イスラーム世界と中国の漸次的疎隔と轍を一にするかのように，中国に移住するムスリム[13]の数が減少した。ひとつには，16世紀以降，明がその受け入れに消極的になったことが，この傾向を生んだ。それはさらに，中国で暮らすムスリムたちに影響を与えた。「回民[14]」と呼ばれた彼らの大部分は，外来ムスリム移民の子孫であった。世代を重ねて増え広がり，15世紀後半には大規模なムスリム流賊（回賊）を生み出すほどの勢力に成長していた。16世紀の初めまでには中国全土に独自の共同体を形成していたと考えられる。彼らの自己拡充は，新たなムスリム移民を迎えるほか，非ムスリムの漢人と結婚するなどの方法によった。ゆえに，ムスリム移民の減少で漢人との混血が進むと，中国在住のムスリムは，身体的特徴が周囲の中国人に近づいた。また，漢人との交渉の機会が増えることで，母語を忘れて漢語を日常語とする者が増えた。さらには，非イスラーム的な中国の慣習に染まってしまう者，信仰を一部忘却する，ないし完全に捨ててしまう者も相当数現れた。こうした文化的土着化は，16世紀以前にも見られたが，ムスリム移民の減少する同世紀以降，急速に深化したと見られる。

③ 回民社会の展開

16世紀，回民社会の成立のかたわらで，回民の「漢化」はますます進んだ。やがて彼らの中から，この事態に危機感を覚え，同胞のイスラーム教育の充実を図る者たちが現れるようになった。そのうち最も有名なのは，陝西の胡登洲（1597年没）とその弟子筋の人々である。彼らは16世紀末から17世紀にかけてモスク（清真寺）【図Ⅸ-11】での宗教教育を整備し，回民の再イスラーム化を促した。一般に「経堂教育」と呼ばれるこの教育を担当したのは，「アホン[15]」と呼ばれるムスリム学者であった。アホンは，モスクを中心とする回民共同体の精神的指導者でもあった。経堂教育は次世代の有能なアホンを輩出した。また，17世紀になると，アホンの中から，イスラームに関する漢語著作を著す者も現れた。この種の漢語イスラーム文献の比較的古いものに，明の最末期（1642年）に刊行された，王岱輿の『正教真詮』がある。彼は，おそらくイエズス会士たちによるキリスト教文献の漢訳の仕方を参照していた。漢語イスラーム文献の中で著者たちは，儒・仏・道教の術語や古典からの引用を駆使してアラビア語・ペルシア語のイスラーム文献の内容を漢訳し，イスラームと中国伝統思想との親和性を示した。そのような著述で同宗者を啓蒙するとともに，回民にしばしば向けられた漢人の蔑視・危険視の眼差しを和らげようとした。
（中西竜也）

▷2 イエズス会
イグナティウス・デ・ロヨラが1534年にカトリックの世界宣教を志して創始した修道会。1540年に教皇の公認を得る。やがて16世紀の宗教改革に対抗しつつ会員を増やし，アフリカ・新大陸・アジアに教線を広げた。

▷3 ⇨Ⅶ-6 Ⅷ-6

▷4 回民
回民は本来ムスリム一般を意味するが，本書では，漢語を話すムスリムの呼称として用いる。彼らを排他的に指すには「中国ムスリム」などの造語を用いるしかないが，彼らは歴史上，普通「回民」と呼ばれたので，この呼称を採る。回民は現代中国政府公認の「少数民族」のひとつ「回族」とは異なる。同政府は国民各人に漢族や回族など特定の民族籍を与える。回民・回族の子孫が回族に分類される。回族の同定基準は，イスラーム信仰ではなく血統の有無である。漢族がムスリムとなっても民族籍は回族に変化しないが，回民と呼ぶことはできる。

▷5 アホン
ペルシア語で学者を意味するアーホンドが訛った言葉。漢語では「阿訇」などと音写された。

図Ⅸ-11 山東省済寧市の東大寺

出典：筆者撮影。

東北のマンジュ人と東南海域の鄭氏

① ジュシェンの興起とヌルハチの台頭

　16世紀後半から17世紀前半の東アジア・東南アジアは，明を中心とする国際交易秩序の解体と過熱する商業ブームのなかで，新興の商業＝軍事勢力が急速に伸長し，生き残りを賭けて衝突した時期であった。

　モンゴル高原の東側には**ジュシェン**（jusen，漢語では女直・女真）^{▷1}という集団が居住していた。かつて12世紀に**金帝国**^{▷2}を打ち立てた人々の末裔である。金がモンゴル帝国に滅ぼされると，ジュシェンはモンゴルに服従し，明代に洪武帝が東北地方を平定し，永楽帝によって積極的な服属勧誘活動が行われると，ジュシェンは朝貢貿易の利益を求めて次々に明の支配下に入り，明の軍政に依拠した衛所に編成された。ジュシェンの人々は畑作農耕を主な生業とし，狩猟・採集生活でそれを補い，特に貂皮や朝鮮人参といった輸出用の奢侈品を入手していた。

　明朝はジュシェンが強大化することを恐れ，これを小規模の集団に分割して統治した。首長たちは貿易許可証を与えられ朝貢貿易を行っていたが，16世紀の**交易ブーム**^{▷3}によって彼らの特産品であった貂皮や人参の需要が高まると，有力な首長が利益を独占しようと争いが始まった。そのような争いの中で急速に頭角を現したのがヌルハチ（1559〜1626）であった。彼は建州の小規模な集団の出身であったが，交易で力をつけると，その傑出した軍事的・政治的才能を発揮して建州一帯を制圧して，強力な求心力をもつ政権（**マンジュ・グルン**^{▷4}）を作り上げ，さらにジュシェン諸部族の統一に乗り出してゆく。

　明の遼東総兵官の李成梁（1526〜1615）はこの時期の遼東半島を実質的に支配していた。彼の祖先は朝鮮から明に帰順したと言われ，代々遼東半島で勢力を築いてきた有力軍閥であった。彼は隆慶4年（1570）に遼東総兵官となると，商業的利権をその手に収め，収賄によって政府高官と結託，遼東地方の軍事・行政・財政に関わる絶大な権力を持つに至った。彼はヌルハチの勢力拡大を黙認し，むしろヌルハチを交易の窓口として用いた。両者はともに武装交易集団として交易ブームの中から産み落とされた集団であった。

　豊臣秀吉の**朝鮮出兵**^{▷5}は，朝鮮の国土を荒廃させ，援軍を送った

▷1　**ジュシェン**
16世紀後半において，ジュシェン諸部族【図Ⅹ-1】は，マンジュ五部（明側の呼称である「建州女直」に相当），ハダ・イェへ・ウラ・ホイファのフルン四国（「海西女直」に相当），ワルカ・ウェジ・フルハなどの諸部（「野人女直」に相当）にわかれていた。

▷2　**金帝国**　⇨Ⅶ-3

▷3　**交易ブーム**
「北虜南倭」の危機的状況（⇨Ⅸ-1）が1560年代以降になって徐々に緩和されると，メキシコや日本で産出された銀が雪崩をうって

図Ⅹ-1　16世紀末ジュシェン勢力図

出典：岡田（2009）。

明朝の財政を破綻させたが，ヌルハチにとってはむしろ天祐であった。なぜなら，この地に大量の軍隊と軍事物資が通ったことにより，遼東半島の経済がますます活発化することになったからである。ヌルハチの勢力は強大化し，ジュシェン全体の統合を伺う情勢となった。これに対して明朝は警戒心を強め，1608年に李成梁が失脚するとともにヌルハチを押さえ込む方向に政策が転換したことから，ヌルハチは明王朝の権威に頼らない新しい国家の形成に向かってゆく。

❷　ヌルハチ政権の確立

　ヌルハチは1616年にハンに即位して金（Aisin Gurun）を建国[▷6]，1618年には「七大恨」を宣言して明朝との対決姿勢を明確にすると，1619年にサルフの戦いで明朝と朝鮮の連合軍を撃破し，その勢いで遼東半島南部の漢人が多数入植している地域まで支配の手を広げた。

　この新興国家における新しい国内秩序の基盤として創設されたのが**八旗制度**<ruby>八旗<rt>はっき</rt></ruby>[▷7]であった。八旗とはグサ（gusa）と呼ばれる集団8つで構成された軍事・行政一体の組織である。当初そこには原則として政権傘下の全ての構成員が編成された。グサとは軍団・集団の意味であるが，8つのグサは縁取りの有無，黄・白・紅・藍の軍旗によって呼称されたので，旗と称されるのである。ヌルハチとその後継者は八旗に基づく国家体制を作り上げた。のちに中国本土を支配するようになると，この八旗は主に北京周辺に移動して，少数のマンジュ人が圧倒的多数の漢人を支配するために欠かせない社会集団となる。八旗は北京をはじめとする戦略的拠点に集中的に駐屯することで，駐防八旗として各地に睨みをきかせた。また，要職にはポストを複数設けて満漢併用制を導入し，八旗出身者が優先的に任用された。八旗の構成員は清朝滅亡まで独自の戸籍に登録され，中国本土の漢人とは明確に区別される社会を維持し続けることになる。

　<ruby>満洲<rt>まんしゅう</rt></ruby>文字の作成は彼らの民族的アイデンティティーの確立にとって重要な出来事である。もともと金は女真文字を使っていたが，モンゴル帝国以降にはほとんど使われなくなり，明朝の頃には書面語はジュシェン語をモンゴル語に訳してモンゴル文字で筆記しており，漢文を理解する者は少なかった。1599年，ヌルハチはモンゴル語に精通するエルデニとガガイに命じて，満洲語（マンジュ語）を表記する文字を作らせた。これが満洲文字（マンジュ文字）である。使い慣れたモンゴル文字をもとにして作り上げた新しい文字は，aとe，oとu，などの音を区別して表記しなかったので，ジュシェン語の音を完全に表記できたわけではなかった。それゆえ，のちの1632年にダハイによって，マル（圏）や点を加えて，正確な音韻を表現できるように文字が改良される【図X-2】。満洲文字の作成によって，彼らは外交文書や歴史書を自らの言葉で表現できるようになったのである。

中国に流入し，その集積地である都市部は経済的・文化的活況を呈した。このように過熱化する東アジアの交易ブームの中で，隆慶和議（1571年）ののち16世紀末から17世紀にかけて北方交易の中心となった遼東地方も，その交易圏に組み込まれていった。例えば，明末において，北京の宮廷では奢侈品として臣下に貂の毛皮を贈るしきたりがあったが，経済力が強くなるにつれて，江南地方でも防寒用というよりは「ステータスシンボル」としてクロテンの毛皮が流行したという。

▷4　マンジュ・グルン
ヌルハチがマンジュ5部（もと明の建州三衛に編成されていたジュシェンの集団）を統一した段階で称した「国」号。「グルン」は，領域としての国家ではなく，人の集まりとしての「国」，ないしそれを構成する人々を意味する。「マンジュ」は，ホンタイジのとき，ジュシェンにかわって当該集団（「国」）の正式名称とされ，漢語では「満洲」と表記された

▷5　朝鮮出兵　⇨ IX-1

図X-2　乾清宮扁額

出典：Palace of Heavenly Purity (Forbidden City), by Jan Bockaert (https://www.flickr.com/photos/janbockaert/16156696997/), CC By SA 2.0.

▷6　金（Aisin Gurun）

アイシン（Aisin）とは満州語で金の意であり，すなわち12〜13世紀に興亡した金の後継国家を標榜している。1616年に臣下らの推戴によってハン位についたヌルハチは，ゲンゲン＝ハンを称するとともに，漢字国号を「後金」と定めた（のち，金）。またサルフの戦いが行われた1619年には，イェヘ国を滅ぼして全ジュシェンの統合を果たした。のち遼東地方へと進出し，度重なる遷都をへて1625年に瀋陽に定都した。

▷7　八旗制度

各グサは，ニルという基本組織から成った。ニルは，壮丁（兵員・役夫）の徴発や課税の基本単位。そこから動員された兵員で編成される部隊（軍制単位）と，壮丁の家族や奴僕・隷属農民を含めた集団（行政単位）とをともに指した。5〜十数のニルで1ジャランを，5ジャランで1グサを構成した。やがてモンゴル人・漢人の帰順者が増えると，蒙古ニルや漢軍ニルが編成され，各旗は満洲・蒙古・漢軍の3グサで構成されるようになり，八旗24グサの体制となった。ただし，満洲のグサに一部の蒙古ニルが属したり，満洲ニルに多数の漢人が隷属農民として属したり，明朝から帰順したマンジュやモンゴルの血統の人が漢軍に編入されたり，八旗の各単位は民族的に多様であった。いずれにせよ八旗に属した人々は，「旗人」として特別の戸籍に入り，それ以外のモンゴル人や漢人と区別された。各旗は，そのニルを専有・分有する「旗王」（ヌルハ

図X-3　紅夷砲

出典：岸本（1998）。

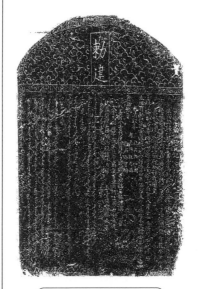

図X-4　「大金喇嘛法師宝記」

出典：北京図書館金石組61（1989）。

③ 大清国（ダイチン・グルン）の成立

ヌルハチの死後，旗王たちの互選によって8番目の息子ホンタイジ（1592〜1643）が第2代ハンに選出された。彼はただちにモンゴルに出兵するとともに朝鮮に侵攻してこれを服属させ，1629年には長城を越えて北京を包囲するなど積極的な軍事活動を展開した。その過程で南モンゴルの諸勢力を取り込み，投降した漢人を迎え入れて戦力を高めた。李成梁のもとで武功を立てた毛文龍は，この時期に朝鮮国境に近い皮島に駐屯し，渤海の海上貿易を掌握したうえで，ジュシェンとも気脈を通じて独自の海上勢力を築き上げていた。彼は崇禎2年（1629），明の将軍であった袁崇煥によって殺害されるが，その結果，配下にいた武将たちは明朝から完全に離反して，続々とホンタイジに帰順した。彼らの持っていた最新の火砲【図X-3】と技術がホンタイジの手に渡ったわけである。1630年に遼陽に立てられた石刻「大金喇嘛法師宝記」【図X-4】には満洲人やモンゴル人と思われる人名とともに多くの漢人の名前が刻まれるが，これは即位してまもないホンタイジが，積極的に漢人勢力を取り込んでいたことをよく表している。そして，まさにこの漢人の投降に伴う火器の威力の増大は，戦況を大きく有利に傾かせた。

明朝と対峙するホンタイジは勢力を徐々に拡大していった。1635年のモンゴル遠征でチンギスの後裔の血統である内モンゴルのチャハル部を帰順させ，彼らの所持していた「大元伝国の玉璽」を入手したことは，自らをモンゴル帝国のカアンの後継者に擬え，満・蒙・漢の三集団の代表から推戴を受け皇帝に即位することにつながった。国号もダイチン・グルン（Daicing Gurun）として，年号も崇徳と改めた。ここに清朝が成立する。1636年のことであった。このとき中国式に天壇にて皇帝となる告天の儀式を行っていたことは，大いに明朝と漢人を意識していたことも窺わせる。多民族国家としての清朝の基礎は，清朝

が中国内地に進出する以前にすでに据えられていた。ホンタイジは即位後まもなく、朝鮮が明朝との関係を断たず、彼を皇帝として推戴しないとみるや、同年末に13万人の軍勢を率いて朝鮮へと親征した。1637年2月に朝鮮国王仁祖は三田渡に作られた受降壇にてホンタイジに降伏の礼をとる。この地には満蒙漢合璧の戦勝記念碑が立てられ、いまもソウル市内に残されている。このようにして後顧の憂いを断ち、中国本土へ侵入する体制は整えられた。

図X-5 国性爺合戦（浄瑠璃）
出典：岸本・宮嶋 (1998)。

しかし、明朝の軍事力は依然として強大で、1643年にホンタイジが没するまで正面から長城を突破することはできなかった。戦いの行方は、幼い後継者フリン（順治帝、1638～1661）と、摂政として実権を掌握したホンタイジの末弟ドルゴン（1612～1650）に託されることになる。

4 海上軍事勢力の強大化

視線を東南沿岸に転じよう。ここでも東北の辺境と同様に商業＝軍事勢力が大きな勢力を作り上げていた。16世紀に猖獗を極めた「倭寇」[10]は海禁政策の緩和によりすでに沈静化していた。日本には統一政権が誕生して管理貿易が実施され、それまで日中貿易で巨利をあげていたポルトガルの優位性が次第に失われていった。このような海域世界の変化にいち早く対応したのは福建の商人集団であった。その中でライバルとの競争に勝利して頭角を現したのが鄭芝龍（1604～1662）であった。鄭芝龍は日本の平戸に拠点をもち、台湾でオランダ商館の通訳をつとめた経験から、日本・オランダと深い関係があった。息子の鄭成功（1624～1662）【図X-5】も日本人商人の娘である田川マツとの間に生まれている。江戸幕府による鎖国で、ポルトガル人の日本来航が禁じられると、鄭芝龍はオランダ東インド会社と手を結んで日中貿易の要を握り、大船団を率いて東シナ海一帯の交易を支配する勢力へと成長した。

北方のマンジュと東南沿岸の鄭氏という二つの軍事集団は、広域商業との深い関係や様々なエスニシティの人々を配下に含む多民族的性格など共通する性格をもっており、明末の辺境の交易ブームのなかで生まれてきた双子のような存在とも形容される。のちに鄭氏政権は、清朝に抵抗する最大の勢力として対峙していくことになる。

(石野一晴)

チとその弟、両者の嫡系子孫）に率いられた。ハン・皇帝も、一部のニルを領有する「旗王」の一人であった。なお、後述の如く、ホンタイジは満・蒙・漢の三集団の代表から皇帝に推戴されたと言われるが、この場合の「満」は、モンゴル人や漢人を含む旗人を指し、「蒙」・「漢」はそれぞれ非旗人のモンゴル人・漢人の率いた集団を指す。

▷8 チンギス ⇨ VII-3

▷9 チャハル部
ダヤン・カアンが統一・再編したモンゴルの左翼（東部の三部族、ゴビ砂漠東・北部に展開）の筆頭で、左翼で最南（現・内モンゴルのウジュムチン旗）に牧地をもった。ダヤン・カアンが直轄し、その一族宗家が率いたが、右翼のアルタン・ハーン（トゥメト・ハーン家）の圧迫を避けて遼河上流に移った。ホンタイジの圧迫で再び西遷したが、その際かえってリンダン・カアンの統率下に、トゥメト・ハーン家を滅ぼすなど、モンゴル再統一の勢いを見せた。しかしリンダン・カアンが青海・チベット遠征の途上で没すると、遺児エジェイをはじめ部民は、ホンタイジ派遣の遠征軍の前に降伏した。

▷10 倭寇 ⇨ IX-1

2 明清鼎革

▷１　北京
農牧接壌地帯に位置するこの地は、ここに拠れば南の農耕民と北の遊牧民、双方の支配・統御に有利であることから、それを志向する歴代中華王朝が都を置いてきた。遼の副都「南京」、金の首都「中都」、大元ウルスの冬都「大都」、明・清の首都「北京」が、それである。清は、明の北京城を継承した。当時の北京城は、永楽帝が建設した「内城」と、1544年にその南側に増設された「外城」から成っていたが、清は内城の住民を外城に移し、代わりに八旗の人々をそこに住まわせた。内城中央の皇城と、さらにその内部の宮城——紫禁城と呼ばれた——も、明から清に引き継がれ、清の皇帝も、明の多くの皇帝と同様、紫禁城を居所とした。その正門は明代に承天門と呼ばれたが、順治帝のとき天安門と改称された。

▷２　ドルゴン ⇨ Ⅹ-1

図Ⅹ-6　山海関

出典：岸本・宮嶋（1998）。

1 明朝の滅亡

前節（⇨ Ⅹ-1 ）で詳述したように、周辺部の軍事勢力からの圧力は明朝を脅かし、財政状況を著しく悪化させた。それゆえ、明朝は外敵によって滅ぼされたように見えるかもしれない。しかし、直接的に明朝を倒したのは、内陸部の貧しい農民を中心とする反乱軍であった。明朝は内側から崩れたのである。

商業ブームの中で経済活動は活発化し、都市には各地から様々な商品が集められ、奢侈の気風が高まった。明末は繁栄を謳歌していたと言ってもよい。しかし、都市の繁栄の陰には、激しく疲弊する農村があった。米価は上がらず、農民は税を納めるために米を換金すると、手許にはいくばくも残らない。農村は極めて過酷な状況に追いやられていた。度重なる外敵の侵入は、軍事費を増加させ、それに伴う増税によってさらに地方は疲弊した。

特に大きな影響があったのが陝西地方であった。かつては国際都市長安のお膝元として栄えたこの地域は、明代には最も貧しい地域のひとつとなり、1620年代に北方軍備の重心が遼東へと移動すると、軍需物資が不足し、また飢饉もおこったために、軍隊と農民がともに反乱をおこす状況となった。この反乱の中から李自成（1606〜1645）と張献忠（1606〜1646）が抬頭し、大きな勢力を築く。満洲軍の攻撃を防ぐので精一杯であった明朝はもはや内乱を鎮圧する能力を失っていた。1644年、李自成の反乱軍は北京を攻略し、崇禎帝（1611〜1644）は紫禁城の裏手にある景山で自殺して、明朝は滅びた。

2 清朝の入関

このとき、長城の東端である山海関【図Ⅹ-6】で満洲軍と戦っていた呉三桂（1612〜1678）は、北京に援軍に駆けつけるも間に合わず、清朝に降ることを決意した。清朝は山海関に押し寄せた李自成の軍隊を破ると、北京になだれ込んだ。これを山海関の内側に入るという意味で「入関」と言う。ここに明清交代が実現したのである。

北京に入城すると、順治帝は紫禁城の主になり、ドルゴンは遷都の命令を下す。これにより一時的な占領ではないことを天下に知らしめ、漢人に対して政権の正当性を示したのであった。李自成と張献忠は早々に掃討されることになったが、清朝が明朝の支配地域を

安定して支配するにはかなりの時間がかかった。ドルゴンは薙髪令を出し漢人にも満洲人の風俗である辮髪【図X‑7】を強制したが，当初は強い抵抗があり，これを機に剃髪して出家する士大夫もいた。また，明朝は皇帝の一族を王として各地に封じており，彼らを擁して明朝を再興しようとする勢力が長江以南に数多くいた。

図X‑7　辮髪と帽子

出典：岡田 (2009)。

③ 三藩の乱

反抗勢力の掃討戦で活躍したのは清朝に降った漢人の軍閥であった。中でも呉三桂・尚可喜・耿継茂の功績は大きく，特に呉三桂は永暦帝を称した桂王を遙か遠くビルマまで追撃して捕らえるなど，抜群の功績を挙げた。この三名はそれぞれ，雲南・広東・福建に王として封じられ，軍隊の指揮権と財政的補助が与えられ，人事も自由に行った。彼らの存在は清朝にとって頭痛の種となる。

順治帝の没後，1661年に 8 歳で即位した康熙帝（1654～1722）は，成人して自ら政務をとるようになると，この三藩に対して強硬な姿勢を見せ始め，危機感を感じた呉三桂らはついに叛乱を起こす。これを三藩の乱という。強力な軍隊を有した三藩は，連戦連勝，周辺諸国もこの乱の行方を注視していた。しかし，徐々に戦線が膠着すると，地力に勝る清朝に優位に傾くようになる。老齢の呉三桂が没すると，三藩は個別に撃破され，1681年に乱は終結した。

④ 明清交替の完了

最後に残ったのは東南沿海に勢力を有する海上の武装勢力であった。鄭芝龍・鄭成功親子[43]によって建てられた鄭氏政権は，一大勢力を築き上げていた。清朝の入関後，父親の鄭芝龍は早々に清朝に投降するが，息子の鄭成功は父親と袂を分かち，南明政権を奉じて清朝に抵抗を続けた。彼は東シナ海と南シナ海の貿易で得られた豊富な資金を財政基盤として，一時は長江を遡って南京にまで迫る勢いを見せた。その後も，海戦に不慣れな清朝の軍隊は大いに苦戦を強いられた。鄭成功は海外に広いつながりをもち，実現こそしなかったものの日本を始め安南などの東南アジア諸国や琉球，さらにはイエズス会士を通じてローマにまで援軍を求めた。このような鄭氏の財源を断つべく，清朝は1656年に海禁を強化，1661年には遷界令を出して，福建・広東を中心とする沿海の住民を内地に強制移住させ，沿岸を無人地帯にして鄭氏と住民との接触を断とうとした。そこで，鄭成功は新たな拠点を求めてオランダが拠点としていた台湾[44]を占領した。鄭成功はまもなく病死するが，ここを拠点に鄭氏の抵抗が続けられた。最終的に鄭氏政権が降伏するのは，三藩の乱が平定されたのちの1683年のことであった。ここに新興の商業＝軍事勢力は全て平定され，清朝は沿海までその支配を及ぼすことになる。ここに明清交代は完了したと言ってよい。

（石野一晴）

▷ 3　鄭芝龍・鄭成功親子
⇨ X‑1

▷ 4　台湾
中国福建省の対岸に位置する島。原住民は清代には番人，日本統治時代には蕃人や高砂族，国民党統治時代には山胞や高山族と呼ばれたが，現在では「原住民」の名称が定着している。いっぽう，現在人口の95％以上を占めるのは漢人（台湾漢人）である。中国との関係は，ふるくは『三国志』に見える孫権が出兵した「夷州」（⇨ Ⅳ‑1）や『隋書』にある「流求」が現在の台湾かと考えられている。中国と密接なる関係をもつようになったのは，倭寇が台湾を根拠地として定め，また漢人の移入がはじまる16世紀後半ごろとされる。さらに17世紀に入ると，台湾はポルトガルによってヨーロッパに紹介され，中国船との出会貿易の格好の拠点となった。1624年にはオランダがゼーランディア城を，1626年にはスペインがサン・サルバドル城などを築いたが，のち1642年，オランダがスペイン勢力を駆逐して台湾全島を領有し，植民地として統治するに至った。

3 清の支配拡大と統治構造

▷1　⇨X-2

▷2　オイラト　⇨Ⅷ-6

▷3　ジューンガル

17世紀初め，ガルダンの祖父ハラフラの率いる部族として現れる。ホシュート部が青海に移ると，ハラフラを継いだガルダンの父が，天山北側草原地帯のオイラトの盟主となった。

▷4　ヤルカンド・ハーン国

モグール・ウルス王家出身で同国西半を支配したサイード・ハーン（1514年即位）とその子孫の政権。ウズベク，カザフの圧迫で天山北側の草原地帯を放棄し，ヤルカンドを中心にタリム盆地西部を支配した。

▷5　ホージャ・アーファーク（1694年没）

スーフィズムのナクシュバンディーヤ派の導師，アフマド・カーサーニー（サマルカンド周辺で活動，1542-1543年没）の曾孫。アーファークの子孫は，カーサーニーの子ホージャ・イスハークの子孫と対抗した。アーファーク裔・イスハーク裔はともにホージャの尊称を冠して呼ばれ，タリム盆地を中心に絶大な政治的・社会的影響力を有した（両者は「カシュガル・ホ

1 ジューンガルとの戦い

　三藩の乱と台湾鄭氏とを平定した清は，続いて，遊牧勢力**オイラト**の一支で，天山山脈北側の草原地帯（ジューンガル盆地やイリ地方）を本拠とした，**ジューンガル部**との抗争に入り，康熙（1662～1722），雍正（1723～1735），乾隆（1736～1795）の三代にわたる戦いの末，勝利する。結果，チベット仏教徒のモンゴルやオイラトの人々が正統王権の在処と見なす，チベット仏教の保護者（大施主）の地位を争奪し，ゴビ漠北や天山山脈の南北（後の新疆，東トルキスタン）にまで支配を拡大した。以下その経緯を述べる。

　1671年，ジューンガル部長となったガルダンは，1678年，ダライラマ5世から，オイラトの盟主にしてゲルク派の保護者と認定され，賜号され，ボショクト・ハーンを名乗った。その後，1680年にタリム盆地を征服すると，**ヤルカンド・ハーン国**の君主にかえて，その傍系親族（モグール・ウルス王族の一人）を傀儡のハーンに据え，イスラームの宗教指導者（スーフィー導師），**ホージャ・アーファーク**【図X-8】を代官として，ムスリム住民が多数を占める該地を間接統治した。1681年以降は，西方の遊牧勢力，**カザフ**（カザフ草原に大・中・小ジュズに分かれて分布）やクルグズ（天山西部からパミール高原に分布）を攻め，タシュケントなどを占領し，シル河下流域へも遠征した。1688年，ゴビ漠北の**ハルハ部**に攻め込んだ。敗れたハルハ人が，漠南へ逃れて清の保護下に入ると，追撃したガルダンは，1690年，清軍と激突した。ガルダンを辛くも退けた康熙帝は，翌年，ハルハ人から臣従の誓いを受けた（ドロンノール会盟）。

　この頃，ジューンガルの本拠地では，ガルダンから離反した甥のツェワンラブタンが実権を握り，1694年には後者がダライラマ5世（の死を隠してその名を騙る摂政サンギェギャツォ）からジューンガル部長（ホンタイジ）として承認された。1696年，漠北に親征した康熙帝は，東方に孤立したガルダンの軍を大破して漠北を手中に収めた。ガルダンは逃れたが，翌年病死した。

　同じ頃，タリム盆地では，アーファ

【図X-8　ホージャ・アーファーク廟】
出典：筆者撮影。

ークの没後，その一族・与党は内訌で一時衰えた。また，ヤルカンドのモグール・ウルス王権は，カシュガルのクルグズとの抗争で最後のハーンが殺され，消滅した。のちにツェワンラブタンは，アーファーク裔の対抗勢力イスハーク裔の人物を代官に任じ，以降は清の征服まで後者が優勢となった。

　ジューンガル部長となったツェワンラブタンは，イリ地方を拠点にカザフ草原やシル河流域，フェルガナを攻め，チベットにも介入した。チベットでは，かつてダライラマ5世が，**青海ホシュート**のグーシ・ハーンの保護下に，ゲルク派を率いてチベット仏教界の覇権を握り，ハーンの継承問題に介入して世俗統治権をも手中にしていた。ダライラマ5世の没（1682年）後は，摂政サンギェギャツォがダライラマ6世を選出し，ガルダンやツェワンラブタンの軍事支援を恃んだが，青海ホシュートのラサン・ハーンが，曾祖父グーシ・ハーン以来のチベット仏教の大施主の地位を回復すべく，清と結んでサンギェギャツォを殺し（1705年），別のダライラマ6世を新たに選出した。対してツェワンラブタンは，チベットに軍を遣り，ラサン・ハーンを殺害した（1717年）。しかし1720年，清はダライラマ7世を認定し，チベットからジューンガル軍を駆逐して，彼に新政府を組織させた。さらに雍正帝即位直後の1724年，清は青海ホシュートの反乱を鎮圧し，青海を支配下に置き，チベット仏教の大施主の地位を奪取した。

　1727年にツェワンラブタンを継いでジューンガル部長となった息子のガルダンツェリンは，1731年と翌年，ゴビ漠北に侵入し，清軍と交戦して敗北したが，1739年にアルタイ山をハルハ部との境と定めて東方関係を安定させると，カザフ草原やシル河流域，フェルガナ，バダフシャンの征服に邁進し，ジューンガル帝国の極盛期を築いた。ジューンガルの圧迫を被ったカザフの首長たちは1731年以降続々とロシア帝国に保護を求め，名目上その臣籍に入った。

② 清の中央アジア進出

　ガルダンツェリン没（1745年）後，後継争いを経て，傍系のダワチがジューンガル部長位を継いだが，その即位を助けたオイラト・ホイト部長のアムルサナらが清に帰服したことで，乾隆帝はジューンガル征討を決意した。清軍は，1755年にイリ地方とタリム盆地とを制圧し，ジューンガル帝国を瓦解させた。間もなくアムルサナらが叛したが，これも1757年に平定した。同年，アムルサナと連合していたカザフ・中ジュズの一首長，アブライが，清に降伏文を提出した。1740年にロシアに名目的臣属を誓っていたアブライは，ここに清をも宗主と仰ぎ，この二重外交を駆使して中ジュズ内での権力を固めた。アブライに続き，他のカザフ首長も，清が朝貢とみなす使節派遣を行うようになったが，後に大・小ジュズは清と疎遠になった。清軍はまた，1758年にオイラトの残党を追ってカザフ草原南部に進出した際，周辺のクルグズにも帰順を呼びかけ，

ージャ」と呼ばれる）。

▷6　**カザフ**
原音は「カザク」。15世紀，ジョチ裔のアブル・ハイルが遊牧ウズベクを糾合してキプチャク草原東部を制圧したのに対抗して，ジョチ裔のジャニベクとギレイが1470年頃チュー川流域で王権を樹立し，これに従った者たちが「カザク」と呼ばれた。

▷7　**ハルハ**
ダヤン・カアンが統一・再編したモンゴルの左翼（東部の諸部族）は，ゴビ東・北に遊牧地を設定され，南からチャハル，ハルハ，ウリヤンハンと並んだ。彼の死（1524年）後，反乱したウリヤンハンが他のモンゴルに討伐・解体される（1538年）と，ハルハがゴビ漠北をおさえた。

▷8　**青海ホシュート**
ジューンガル盆地周辺を本拠としたオイラトの一支，ホシュート部の長グーシは，1636年にゲルク派の要請で青海に遠征し，翌年，カルマ派支持のハルハ軍を排除した。そして，オイラトで初めてダライラマ5世からハーン号を与えられ，青海を本拠とした。

▷9　**トルグート**
トルグート部は，ホシュート部の内紛を避けて，1630年にヴォルガ河畔に移住した。その後，ロシア帝国の干渉強化を嫌い，一部が故地へ帰還した。

▷10　**コーカンド**
⇨ X-1

▷11　**ブハラ・アミール国**
（1756～1920）
ウズベクのマンギト部族のムハンマド・ラヒームが1756年に開き，マーワラーアンナフルを支配した王朝。

マンギト朝とも呼ぶ。

▷12 ドゥッラーニー朝
（1747〜1973）

1747年にパシュトゥーン人
のアフマド・シャーが開い
た王朝。彼は1762年にコー
カンド・タシュケント間に
軍を送り，周辺諸政権を反
清同盟に誘ったが，失敗し
た。同年末，アーファーク
裔の嘆願を転送すべく北京
に遣使したが，これが清か
らは朝貢と解釈された。

▷13 ⇨Ⅷ-5

▷14 雍正帝

「奏摺」（地方官から皇帝
への報告・提案のための親
展状）を活用したことで知
られる。「養廉銀」（官僚の
腐敗防止のための俸給）支
給を始め，「地丁銀」を正
式導入した。「地丁銀」は，
「一条鞭法」の発展形態で，
「丁銀」（成年男子に課税）
を「地銀」（土地に課税）
に繰り入れて一括納入させ
る徴税方法。

▷15 漠南・漠北

清朝治下で，漠南・漠北の
モンゴル人はもともと「外
藩蒙古」と呼ばれたが，19
世紀になって，漠南の諸旗
が「内蒙古」，漠北の諸旗
が「外蒙古」と呼ばれるよ
うになった。この他，チャ
ハル部・トゥメト部は旗長
を戴かず，清朝皇帝に直属
して「内属蒙古」と呼ばれ
た。また，八旗に編入され
た「八旗蒙古」は満洲人と
して扱われた。

▷16 旗

旗は，さらに幾つかが集ま
って「盟」を構成した。

▷17 新疆

清は天山南北を征服して以
降，この地を「新疆」（「新
領土」の意）と呼んだ。こ
の一般名詞は，やがて同地
の慣用的呼称として定着し，

一定の応諾を得た。さらに1771年には，ヴォルガ川下流域から，オイラトのト**ルグート**[9]部が故地のイリ地方に帰還し，清に服属した。

タリム盆地では，ジューンガルを征服した清への帰順で政権を樹立したアーファーク裔の兄弟（大小ホージャ）が，やがて反抗に転じたが，清は1759年にこれを鎮圧した。かくして天山南北の地が清の支配下に入った。また，1760年，逃れた大小ホージャを追って清軍がフェルガナ盆地に達したのを機に，同地の**コーカンド**[10]政権ほか，パミール山岳地帯のクルグズ諸部やバダフシャン，カラコルム山脈中のボロールなどの諸勢力，**ブハラ・アミール**[11]**国**やアフガニスタンの**ドゥッラーニー**[12]**朝**から使節が清に到来した。清はこれらを不定期に朝貢する「藩属」と位置づけた。

③ 清の支配構造

ジューンガル征討で，清はその最大領域を実現し，これを様々な形式で統治した。中央では，明に倣って内閣や**六部**などを設けたが，各官職に旗人（八旗属員）と漢人それぞれの専用ポストを併設した。乾隆以後は内閣に代わって，軍機処が政務を総覧した。軍機処は，もともと**雍正帝**[14]が，対ジューンガル戦に際し，満洲語・漢語文書の迅速な翻訳と機密保持のため設けたものである。中国内地では，省を最大行政区とし，二・三省を束ねる総督，各省の長官たる巡撫を定制として置き，その下に明同様，布政使司・按察使司などを設け，府州県制を布いた。官僚人事では，明同様，科挙合格者が重用された。少数民族が暮らす西南部などの地域では，現地首長を「土司」という地方官に任命したが，徐々にそれを中央派遣の府州県官に変えた（改土帰流）。マンチュリア（中国東北部）は，黒竜江将軍・吉林将軍・盛京将軍の軍政下に置いた。「藩部」──モンゴル高原（**漠南・漠北**[15]），青海，チベット，天山北側の「準部」，南側の「回部」──は，中央で軍機処が重要方針の審議，理藩院が定例的事務の処理を担当しつつ，現地支配者層を介して旧来の社会制度を維持したまま統治した。すなわち，モンゴル高原と青海では，モンゴルやオイラトの遊牧民を八旗制に倣って諸「**旗**[16]」に編成し，庫倫弁事大臣など中央派遣官僚の監視下で，在来の部族長らに旗長（ジャサク）を世襲させ，各旗を率いさせた。チベットでは，駐蔵大臣（1728年以降派遣）の監督下で，ダライラマ政権に統治を委ねた。準・回両部では，1884年の「**新疆**[17]**省**」設置まで，伊犁将軍をイリに派遣して最高責任者とし，諸都市にも属官を派遣し，現地民居住区郊外に駐屯する八旗や緑営の軍を指揮させた。また，ウルムチ以東は，州県制を布いて陝甘総督に管轄させ，準部の一部には，現地の首長を旗の長とする「ジャサク制」を適用し，回部では，ジューンガルに倣い，ムスリム有力者に民政を委ねる「ベグ官人制」を実施した。

清の歴代皇帝は，多民族・多宗教の人々に対する支配を正当化すべく様々な

顔を使い分けた。漢人に対しては，儒教の徳治を標榜する中華天子として君臨した。また，満洲・モンゴル・オイラトの人々に対しては，中国北方諸民族の伝統的君主たるハーン，ないしはモンゴル帝国の継承者として向き合い，彼らを含むチベット仏教徒に対しては，大元カアンの再来としての，チベット仏教の大施主として振る舞った。たとえば，ホンタイジはダライラマ５世の招請に努め（順治期に実現），乾隆帝はチャンキャ３世を師と仰いでチベット仏教を実践し，ともにクビライとパクパ，アルタン・ハーンとダライラマ３世の関係を再現した。また，乾隆帝は，自らをクビライと同じく文殊菩薩の化身した転輪聖王，そしてダライラマやパンチェンラマと対等な菩薩の化身の一人【図X-9】と位置づけつつ，仏教による統治を目指す姿勢を示した。他方，回部の住民たるテュルク系ムスリムに対して，清朝はその支配の正当化のためにモンゴル帝国の継承者としての権利を主張したが，イスラームの論理を用いることはなかった。

4 清と朝貢国

　カザフやパミール以西の諸勢力は，先述の通り清の藩属（朝貢国）とされたが，これは儒教的理念に基づく，漢人向けの位置づけであった。いっぽうで乾隆帝は，当該諸勢力の君長たちに向け，清朝皇帝との統属関係を，モンゴルの伝統的な主従観念（エジェン・アルバト関係）で説明した。ただし清は，準・回部より西に直接支配を及ぼさなかった。むしろ，ジューンガルの支配圏を継承する意識から，その圏域を囲う「辺界」を設定し，内側に警備施設（卡倫）を連ね，カザフの越界移住に対処しつつ，やがて卡倫の防衛ライン外の諸勢力の内情にたいする不干渉の方針を固めていった。

　東・南方面では，朝鮮や琉球，安南（ベトナム）が実質的な藩属であった。朝鮮は，毎年定期的にソウルから北京へ使節（燕行使）を派遣した。琉球や安南は，朝貢理念に反する振る舞いがあったが，清はこれに目をつぶって両者との関係を維持した。1609年以来薩摩藩の統治下にあった琉球は，日本への従属を隠蔽しつつ朝貢使節を送り続けた。清は，朝貢関係のない日本との直接外交を峻拒したが，琉球使節については実質日本の使節であることに気づかぬ素振りでこれを受け入れた。また安南は，康熙帝の時代から**黎朝**[18]が清に朝貢していたが，1786年に西山朝の阮恵が国都ハノイを陥し，清の懲罰軍をも撃退した。しかし乾隆帝は，自身の80歳の誕生日式典に有徳の天子の御代を演出するため，阮恵を安南国王と認めて朝貢させた。この他，ビルマの**コンバウン朝**[19]なども清に朝貢した。

（中西竜也）

図X-9　丁観鵬「高宗洗象図」

明の丁雲鵬「掃象図」を模し，自身の乗る象の洗体を見守る普賢菩薩の位置に，乾隆帝を描く。その顔は朗世寧（カスティリオーネ）が描いた。

出典：何伝馨（2013）。

「新疆省」設置で正式な行政区名となった。

▷18　**黎朝**
ベトナムで，永楽帝の征服以来の明の支配を覆し，黎利が1428年に建国。17世紀，国王に実権はなく，鄭氏と広南阮氏が北部と南部を支配，対立した。1771年に西山阮氏が蜂起し，鄭氏や広南阮氏を討ち，黎朝を滅ぼして，西山朝を建てた。

▷19　**コンバウン朝**
1752年建国。清と戦った（1766～1769）が，1790年から清に朝貢。1886年，イギリスが併合。清はビルマからの朝貢継続を条件にこれを認めた。

4　清代前半期の学問と文化・宗教政策

① 宋学から漢学へ

　明代後半期，郷紳層が主導する地域社会の自律志向に合わせて発展した，陽明学的な私欲肯定，多元一体の「理」の構想は，清代にも継承・展開された。たとえば，後述の考証学の泰斗，戴震（1777年没）は，天下万民の日常的心情が万世不変にかくあるべきと是認するところを「理」と見定めた。「客観性」を重んじた考証学の精神とも響き合う「理」観であった。しかし陽明学じたいは，清朝が成立すると抑圧された。とくに，皇帝一元支配を目指した康熙帝は，明末の社会分節を追認するような陽明学的思考を封殺すべく，絶対的な「理」を先験的に措定する朱子学の復権を推進した。

　いっぽう，閻若璩（1704年没）が『古文尚書』が晋代の偽作であることを論証して以降，江南を中心に，宋代の朱子学を批判して漢代の学問を尊ぶ風が興り，古典の言語学的・文献学的研究が盛んになった。この種の研究は「漢学」や「考証学」と呼ばれ，とくに乾隆・嘉慶の時代に全盛を迎えた。

② 清朝の文化政策

　康熙，雍正，乾隆の諸帝は，満洲人を夷狄視する言説を，清の中国支配への挑戦と捉えて禁圧し，多くの漢人知識人が筆禍に斃れ，多くの書物が禁書に指定された（文字の獄）。かたわら当該諸帝は，様々な文化事業によって清が中華伝統の正統的継承者たることを誇示した。康熙帝は，中国最大の類書『古今図書集成』編纂を開始した（雍正期に完成）。雍正帝は『大義覚命録』を刊行し，民族による華夷分別の誤りを説いた。乾隆帝は，紀昀らに命じ，中国最大の漢籍叢書『四庫全書』と，当該叢書未収録書籍をも含む膨大な書籍の解題付き目録『総目提要』とを編纂させた。当該叢書・目録は清朝公認の書籍のみを編入・登録し，思想統制を含意したが，同叢書は，日本の学者の校勘著作（根本遜志『論語義疏』，太宰春台『古文孝経孔氏伝』，山井鼎『七経孟子考文補遺』）を収録し，同目録はキリスト教やイスラーム教の漢籍（マテオ・リッチ『天主実義』や劉智『天方典礼択要解』）をも著録し，中華の学問的外縁を拡張した。

　加えて乾隆帝は，新たに征服した天山南北地域の地理調査を実施し，その成果をもとに『乾隆十三排図』や『西域図志』，さらには当該地図・地誌などに載る多言語の地名・人名の解説書『西域同文志』【図Ⅹ-10】を作らせた。彼は

▷1　⇨Ⅸ-5

▷2　⇨Ⅸ-6
▷3　劉智『天方典礼択要解』
漢語イスラーム文献のひとつで，主にイスラーム法について説く。劉智（南京の人，1724年以降没）は，ほかに『天方性理』『天方至聖実録』などを著した。
▷4　⇨Ⅹ-3
▷5　⇨Ⅹ-3
▷6　時憲暦
明朝では洪武帝以来，ムス

『西域同文志』の序文で，各言語間の通訳可能性，等価性を強調した。この思想は，満洲，漢，モンゴル，チベット，チャガタイ・トルコ語を対照した辞書『五体清文鑑』によっても体現された。他方で乾隆帝は，満洲旗人の漢化を阻止すべく，満洲語学習を奨励する一環で，康熙帝のもとで成った満洲語辞書の改訂増補版『御製増訂清文鑑』を編ませた。

図X-10 『西域同文志』の一部

ミシヤールというテュルク語の地名を，満洲，漢，モンゴル，チベット，トド，アラビアの各文字で綴り，「三合切音（さんごうせついん）」で発音を表し，漢語で地名の由来も記す。
　出典：榎（1961～1964，下冊）。

③ 清朝の宗教政策

　清朝歴代皇帝は，大元ウルスのカアン位を継承する立場からチベット仏教の保護者（大施主）として振る舞った[45]。とくに，自らもチベット仏教に深く傾倒した乾隆帝は，大蔵経の満・蒙文（もう）への翻訳事業を完遂したほか，ラサ同様にゲルク派の全学問を教授する僧院として雍和宮（ようわきゅう）を北京に設立するなど，チベット仏教振興に努めた。しかし，ある転生ラマが自身の利欲のためにネパールのグルカ朝にチベット侵攻を唆すに及んで，乾隆帝は，チベット仏教界への統制を強め，転生ラマの認定に際しての縁故主義を防止するために候補者を籤で抽選する「金瓶掣籤（きんぺいせいせん）の制」を設けた（1793年）。また，乾隆帝をふくむ歴代皇帝は，チベットからラマたちを招請し，雍和宮はじめ中国各地の僧院に駐在させ，チベットとの交渉に活用した。

　キリスト教をめぐっては，順治帝と康熙帝が，西洋科学知識への関心からイエズス会士を厚遇した。順治帝は，アダム・シャール（湯若望）を重用し，彼が作成した「**時憲暦**」[46]を採用した。康熙帝は，天文学や大砲製造などで貢献したフェルビースト（南懐仁）らを信任し，加えて**ネルチンスク条約**[47]交渉でイエズス会士が国際法に関する助言などで協力したことを評価し，1692年にキリスト教布教を公認した。しかし，イエズス会士が布教の便のために，中国の典礼（天や孔子，祖先の祭祀（さいし））に妥協すること（神と上帝の同定など）を，ローマ教皇が禁じたこと（典礼問題）に対抗して，康熙帝は1706年，この禁令に従う者をマカオに追放し，1717年に布教を禁止した。そして雍正帝は即位するや宣教師を全て追放した（1723年）。その後は，科学知識で宮廷に貢献するヨーロッパ人だけが，北京で一生を過ごす条件で滞在を許された。イエズス会士がもたらした学知は，考証学者の戴震などに影響を与えたほか，漢人のみならず旗人のうちにも理解者を輩出し，測量・水利など技術の担い手を育んだ。

　ムスリムにたいする歴代清朝皇帝の態度は，少なくとも建前の上では「一視同仁」を堅持した。乾隆期に，ムスリムに限って量刑を重くする「回民専条」を制定しはじめるなど，次第に抑圧的になっていったが，**ジャフリーヤ**[48]の反乱（1781年，1783年）など，ムスリム反乱の後も，イスラーム教を禁止することはなかった。

（中西竜也）

リム天文学者が活躍し，ムスリムの暦法（回回暦）が，中国暦より大統暦と併用されたが，回回暦はやがて実際の天文現象と符合しなくなった。そこで明朝は，アダム・シャールが作った崇禎十五年（1642）の暦の正確さを認め，西洋暦法を採用しようとしたがその前に滅亡し，結局その暦は清朝で採用された。康熙帝の代に，楊光先（ようこうせん）なる人物が，ムスリム天文学者たちや権臣のオボイと結託し，西洋暦法の廃止とイエズス会士たちの迫害を引き起こした（暦獄）が，天文予測でフェルビーストがムスリム天文学者に勝利し，西洋暦法とイエズス会士の地位は回復された。

▷7　ネルチンスク条約
⇨XI-1

▷8　ジャフリーヤ
中国西北部に17世紀後半以来叢生したスーフィー教団（中国では「門宦」と呼ばれた）のひとつ。馬明心（1781年没）が，イエメンのナクシュバンディーヤ派の道統を継いで創始した。

5 清朝皇帝による書文化政策の諸相

康熙・雍正・乾隆ら清朝皇帝が中華伝統の正統的継承者たることを誇示すべく，種々の文化政策・事業を行ったことは，すでに前節（⇨X-4）で述べた。学問や芸術に積極的に介入せんとするこのような姿勢は，書の分野においても同様に，そしてまたより顕著に看取できる。本節では，康熙・乾隆両帝により推進された書に関する文化政策について，清代書文化の趨勢と関連づけて概観する。

1 康熙帝による書文化政策

康熙帝の書文化政策としてまず注目されるのは，南宋孝宗以来，約500年ぶりに皇帝による本格的な法帖（集帖）の刊行事業が行われたことである。すなわち，『淳化閣帖』を基に歴代書人の名蹟を集刻した『懋勤殿法帖』（1690年奉勅）の刊行である。本帖に付刻された康熙帝の序文からは，書文化に不朽の業績を残した**唐太宗**[1]や**北宋太宗**[2]ら「右文之君」を承け継ごうという明確な意図が窺える。また，本帖には夏の禹から康熙帝にいたる歴代の「帝王法書」が集刻されるが，順治帝の書蹟が明の崇禎帝に続けて刻入されている。康熙帝は，その順治帝の書を「洵に前代に卓越」し，「子孫・臣民に昭示」すべきものと評しており，ここからも，清朝皇帝が中華の正統な後継者をもって自任する姿勢が読み取れよう。

次いで，1694年に『淵鑑斎御筆法帖』【図X-11】が刊行された。これは，康熙帝の書蹟（御書）を集刻した専帖である。本帖には**王羲之**[3]をはじめ歴代書人の書蹟の臨書が多数刻入されるが，元の**趙孟頫**[4]と明の**董其昌**[5]のものが突出して多く，康熙帝の学書傾向やその好尚による当時の董書尊重（また乾隆期の趙書尊重）の背景を考える上でも興味深い。また本帖には，刊行に携わった米漢雯（明の書人・米万鍾の孫）らによる奏摺が2件付刻される。それらによると，本帖の刊行事業は，自身の書蹟を「後世に誇示」することに消極的な康熙帝に対し，康熙朝の輝かしい「文治」を宣揚するために，また「書法の統宗」と称すべき御書を「永く天下万世の楷模と為す」ために，米ら漢人官僚が再三にわたって「敦請」した結果ようやく実現したのだという。本帖はのち，1699年の江南巡幸（**南巡**[6]）の際に，康熙帝自らが臣下に下賜することにより，文化の先進地たる江南地方において実際に伝播していくことになる（『康熙起居注』中に確認できる事例

▷1　唐太宗　⇨V-5
▷2　北宋太宗　⇨VII-2
▷3　王羲之　⇨IV-5
▷4　趙孟頫　⇨VIII-4
▷5　董其昌　⇨IX-4
▷6　南巡
康熙帝は「仁政」を広く宣揚するためのキャンペーンとして，1684年から1707年まで計6回にわたり南巡を実施した。南巡はまた，大量の「御書」の下賜が行われる場としても機能していた。「起居注」によれば，1699年2月-5月に行われた103日間の第3回南巡において，扁額・対聯・詩扇・法帖（『淵鑑斎御筆法帖』）など様々な形式の約300件におよぶ御書が，諸王・官

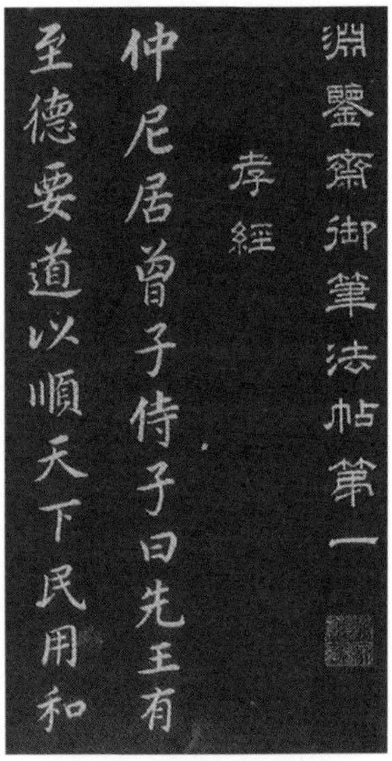

図X-11『淵鑑斎御筆法帖』

出典：啓功・王靖憲17（2002）。

だけでも30件近い）。

　康熙帝はその治世中，膨大な自身の書蹟を「下賜」によって中央のみならず地方にまで伝播させ，かつ刻石させている。この事業を命ぜられた江寧織造の曹寅（1658〜1712）の言を借りれば，**御書の刻石**（および展観）は，「皇仁（皇帝の仁徳）を広め」る行為に他ならなかった。つまり，書文化の伝統に対する康熙帝の深い理解と実践を体現する御書を「子孫・臣民に昭示」することは，仁政の一環として捉えられていたのである。

　前節ですでに述べたように，康熙帝は積極的に学問を奨励し，中国最大の類書である『古今図書集成』をはじめ，様々な典籍の編纂事業を推し進めた。それは書画の分野にも及び，孫岳頒らに命じて『佩文斎書画譜』100巻（1708年成書）が編纂された。本書は，1,844種もの書籍から書画に関する記事を逐一収録し，部門別（論書，論画，歴代帝王書画，書画家伝，歴代帝王・名人書画跋，書画弁証，歴代鑑蔵書画など）に整理したもので，すべてに出典が明記されている。本書によって，書の研究の基盤となる歴代書論が完全な形で体系化され，書学の更なる発展の起点が築かれたといえる。

　このような康熙帝の書文化に対する強い関心は，いかなる学書環境によって醸成されたのか。やや遡るが，康熙帝は1677年に「**南書房**」を設置し，経史を論じ詩文を談ずべく，翰林院より「博学善書」のものを選んで常侍させた。設置当初，張英とともに任じられたのが，書人としても名高い**高士奇**（1645〜1703）である。『南書房記注』によれば，高士奇は康熙帝の日々の学書の場に近侍して批評を加えたり，王羲之，**顔真卿**，蘇・黄・米，趙孟頫，董其昌ら歴代名家の真蹟や『淳化閣帖』など内府が所蔵する数多の名蹟を康熙帝とともに鑑賞したり，青年期の帝と書を介した親密な交流を重ねた。またその後，南書房には王鴻緒（1645〜1723）・陳奕禧（1648〜1709）・査昇（1650〜1707）・何焯（1661〜1722）ら清代書法史に名を連ねる多くの文人官僚が陸続と入直している。

❷　乾隆帝による書文化支配

　清朝の最盛期を現出した乾隆帝は，康熙帝の書文化政策を引き継ぎつつ，それをはるかに凌駕する規模で文化事業を展開していった。前節で述べた『四庫全書』『総目提要』などの編纂事業と連動した文化政策と見てよいだろう。

　まず，乾隆帝の勅を奉じて刊行された法帖を以下列挙してみると，歴代の名蹟を集刻した『三希堂石渠宝笈法帖』32巻【図X-12】，その補遺たる『墨妙軒法帖』4巻，『淳化閣帖』を重刻した『欽定重刻淳化閣帖』10巻，天下の劇蹟「蘭亭序」を刻した『蘭亭八柱帖』8巻，雍正帝の書蹟を刻した『四宜堂法帖』8巻・『朗吟閣法帖』16巻，帝自らの書蹟を刻した『敬勝斎法帖』40巻，更には臣下の張照（1691〜1745）の書蹟を刻した『欽定天瓶斎法帖』10巻，汪由敦（1692〜1758）の書蹟を刻した『欽定時晴斎法帖』10巻など，実に多種多

僚・郷紳・商人・僧侶ら200人以上に下賜された。

▷7　御書刻石
『皇朝通志』には，1786年までの内府刊行の諸法帖や中国全域で刻石された大量の御書が列挙されている。康熙年間は約400件，雍正年間は約60件，そして乾隆年間には約1,500件もの御書（法帖含む）が刻石されており，清朝皇帝自らが生み出していく「書」の全中国的広がりの実態が窺える。

▷8　南書房
1677年に，乾清宮の西南に設置された学問所。入直した翰林院出仕の官僚は内閣にかわる役割を果たした。のち，雍正帝の軍機処開設（⇨ X-3 ）によって，その重要性は減じることになる。しかし，乾隆期においても，銭陳群・張照・汪由敦・梁詩正・励宗万・于敏中・劉墉ら，乾隆帝の書文化政策を支えた人物が相次いで入直した。

▷9　高士奇
善書でもって康熙帝の寵愛を得，南書房行走をへて翰林院侍読学士となり，一時権勢をほしいままにしたが，のち左遷された。著名な書人であるとともに，『江邨銷夏録』を著すなど清朝第一の賞鑑家と目された。

▷10　顔真卿　⇨ VII-2

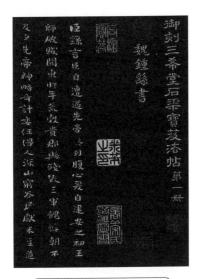

様な法帖が並ぶ。いうまでもなく歴代皇帝中最多の刊行数を誇り，史上空前の大刊行事業が展開されたことがわかる。

中でも『三希堂石渠宝笈法帖』（1747年奉勅）は，王羲之「快雪時晴帖」・王献之（おうけんし）「中秋帖」・王珣（おうじゅん）「伯遠帖」の「三希」をはじめとする内府所蔵の名蹟を集刻した巨帙の法帖である。付刻された諭旨【図Ⅹ-13】の中で，乾隆帝は「墨宝大観」たる本帖を「天下に公に」し，「書学の淵源を昭らかにして，以て臨池の模範を示さん」と高らかに宣言している。また，刊行事業を主導した梁詩正らの跋文（ばつぶん）では，「芸苑の鉅観，墨林の極軌」たる本帖刊行の快挙は，「唐宋を超越し」，『淳化閣帖』などとは同日の論ではないと称える。たとえ臣下の阿諛の語であれ，中国書法史上に燦然と輝く唐宋両代を「超越」したとするのである。すなわち，歴代皇帝によって推進された書文化政策の集大成として位置づけられよう。

図Ⅹ-12 『三希堂石渠宝笈法帖』

出典：啓功・王靖憲15（2002）。

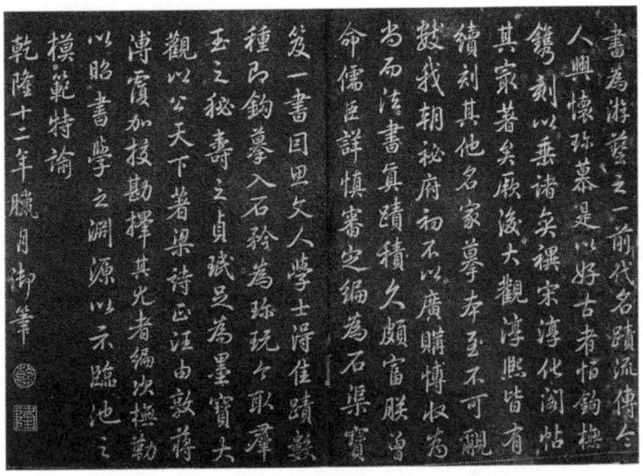

図Ⅹ-13 『三希堂石渠宝笈法帖』乾隆帝諭旨

出典：公益財団法人日本習字教育財団観峰館所蔵。

このような意識は，のちの刊行事業においても具現化されていく。北宋太宗の勅を奉じて刊行された『**淳化閣帖**』[11]は，「法帖の祖」として後世に甚大な影響を及ぼしたが，乾隆帝は「海内操觚（かいだいそうこ）の士」に恩恵を施すべくそれを重刻した（『欽定重刻淳化閣帖』，1769年奉勅）。その際，『淳化閣帖』に関する古今の諸研究を考証して各書蹟の訛誤を正し，釈文を加え（のち『欽定重刻淳化閣帖釈文』として刊行），更には帖全体の排列を改めている。また，『蘭亭八柱帖』（1779年奉勅）は王羲之「**蘭亭序**」[12]を3種刻入しているが，その底本はいずれも唐の**虞世南**（ぐせいなん）**・褚遂良**（ちょすいりょう）**・馮承素**（ふうしょうそ）[13]による臨摹（りんも）本であり（ただし確証はない），つまり唐太宗の書文化政策によって生み出された優品が揃って集刻されたことになる。まさに，乾隆帝は中華の伝統文化の粋たる書文化をすべて所有・支配したのであって，このような自負は，数々の名蹟に捺された夥しい鑑蔵印（甚だしきは文字の上にも押印【図Ⅹ-14】）や所狭しと書き付けられた題跋の類にも，端的に認められよう。

乾隆帝はまた，内府が所蔵する法書や名画を整理・記録した『石渠宝笈』初編44巻（1745年成書）および続編40巻（1793年成書）を刊行した（なお三編は1816年成書）。本書には，各名蹟の法量・釈文・印記・題跋などあらゆる情報が逐一記録されている。明清両代を通じて民間でも数多刊行された書画録の中でも，質量ともに他を圧倒しており，現在においても資料的価値は頗る高い。

3 清代書文化の変容

清代書法史は，乾隆・嘉慶年間を境界とし前後を大きく分けて概観すること

▷11 『**淳化閣帖**』
⇨Ⅶ-2

▷12 「**蘭亭序**」⇨Ⅴ-5

▷13 **虞世南・褚遂良・馮承素** ⇨Ⅴ-5

▷14 **帖学派**
帖学派の書人として，清代前期には，董其昌に師事し康熙帝を直接指導した沈荃（しんせん）をはじめ，姜宸英（きょうしんえい）・王鴻緒・張照らがおり，いずれも董書の影響が濃厚である。中期には，「濃墨宰相」と称され，内藤湖南も帖学の大成者として高く評価した劉墉のほか，梁同書（りょうどうしょ）・王

が一般的である。前者は，前代に引き続いて鍾繇・二王らを正統と仰ぐ伝統的書学観に立ち，「法書」とすべき名蹟の真蹟や摸本，あるいは『淳化閣帖』を筆頭とする法帖を重視する「帖学派」▷14が盛行した時代，一方で後者は，漢・魏から北朝に至る碑刻の書法を典範とする「碑学派（北派）」▷15が興隆した時代である。

　内藤湖南（1866〜1934）は，如上のパラダイムシフトの背景について，「……北派の起る時に当つて，支那に若し日本の如く多数の唐代若くは六朝の真跡があつたならば，支那人は何を苦しんで北派の粗拙なる字を学ぶべき」と，民間における真蹟（名蹟）の枯渇を鋭く指摘している。また，当時多くの法帖刊行に従事した銭泳（1759〜1844）が著した『履園叢話』は，刻入する書蹟が「法」とするに足るものであるか，また「書家」のものであるかを一切問題とせず，ただ古人の書蹟というだけで集刻した結果，伝統的法帖とは懸け離れた代物が民間で量産されるという，法帖の変質について詳細に報告する。

　清代書文化の更なる特筆すべき現象として，北宋の『絳帖』を騙った純然たる「偽刻」である『偽絳帖』▷16が登場するなど，「偽刻法帖」が盛んに生産され広く流通したことが挙げられる。その典型的存在が，乾隆年間における蘇州の姚学経なる人物による一連の刊行事業である。彼は「清華斎法帖店」を営み，『因宜堂法帖』（集帖）・『唐宋八大家法書』（集帖）・『晩香堂蘇帖』（蘇軾専帖）・『白雲居米帖』（米芾専帖）・『清華斎趙帖』（趙孟頫専帖）等の多様な法帖をわずか数年のうちに次々と刊行した（上記5法帖はすべて日本に舶載されている）。また，付刻された跋文には，所刻の書蹟はいずれも真蹟（あるいはそれに準ずるもの）であることがことさらに強調されているが，無論それらの多くは偽蹟であったであろう。ここに真蹟を騙った偽蹟の横行，すなわち「偽」による「真」の駆逐，「偽」の「真」への昇格という民間における書文化の転倒現象が示されている。『真賞斎帖』や『余清斎帖』のごとき，一級の真蹟や臨摸本を底本に用い，かつ一流の技術で摸刻椎拓された名帖が民間において数多く出現した明代とは明らかに異なる様相を呈している。

　以上の諸現象の背景として，本節で詳述した康熙・乾隆両帝の書文化政策による大規模な書蹟蒐集活動，換言すれば民間に蓄積されてきた学書・鑑賞の規範として「法帖化」すべき名蹟の，民間から内府への大量流入があったことは容易に想到し得る。実際，康熙年間においてすでに，臣下の進上や江寧織造による江南地方での文物接収活動が史料上に確認できる。そして，それによって生じた「真空状態」に，法書とは見なされなかった書蹟や「偽造された真蹟」が雪崩を打って流れ込んだのであり，結果として「北派の粗拙なる字」を重んずる碑学が隆盛する土壌を形成したとも解することができるのである。

（増田知之）

図Ⅹ-14　「蘭亭序」に捺された乾隆帝の鑑蔵印

出典：王羲之（1988）。

文治・銭澧・鉄保・成親王らが挙げられる。また，諸法帖に関する研究では，王澍や翁方綱らが優れた業績を残した。

▷15　碑学派
⇨ⅩⅢ-コラム

▷16　『偽絳帖』
全12巻。康熙年間に刻されたと考えられる。各巻頭に「絳帖」の標題が，各巻末に「淳化五年，歳在甲午春王正月，潘師旦奉聖旨摹勒上石」という刊記が刻入されるが，真本『絳帖』とは全くの別物。のち本帖の形式・内容に基づいて，宋帖の標題を掲げた『星鳳楼帖』『戯魚堂帖』『鼎帖』『潭帖』といった「偽刻法帖」が量産され，これらは朝鮮や日本にも広く伝播した。

6 「盛世」の終焉

▷1　ジューンガル
⇨ X-3

▷2　白蓮教
南宋初期，蘇州延祥院の

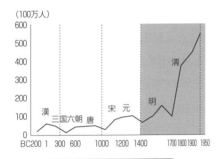

(100万人)

図X-15　人口動態と時代区分

出典：岡本（2013）。

図X-16　秘密結社の加入儀礼会場

出典：蕭一山（1991）。

1 人口増加と移住民

　ジューンガルを倒した清朝には自らを脅かす外敵はいなくなり，平和と安定が訪れた。軍事費は大幅に軽減され，国庫には豊富な余剰金を抱えることになる。物価も上昇し，人々の暮らし向きは農村も含めて豊かになった。この清朝の最盛期における特徴の一つが，人口の大幅な増加である。17世紀には1億人台であった人口は，18世紀の半ばには3億になり，19世紀には4億を突破する【図X-15】。「爆発的」とも形容されるこの人口増加は，開発と居住空間の拡大が支えていた。トウモロコシ・サツマイモをはじめとする新大陸からもたらされた作物は，大量の灌漑用水を必要とせず，傾斜地でも栽培できたため，未開発であった山地の開発を可能にしたのである。しかし，山地に移住した人々は，あくまでも最低限の生活を送ることができたにすぎない。条件の良い土地は次第に減っていき，焼き畑などの略奪的な農法によって環境破壊も起き，災害の危険にもさらされ，もともとその土地に住んでいた人々との争いも絶えなかった。

　中国社会で発達していた宗族のような相互扶助組織を持たない彼らは，よりどころを求めて秘密結社【図X-16】に入会する。会員になれば，いざというとき他の会員からの援助が期待できるので，厳しい競争社会で生き残る有効な手段であった。彼らは会員証や名簿などを作成しないかわりに「人に会ったら3本の指を出す」といった暗号や合い言葉を定め，お互いが同一のグループに属することをその場で確認し合うことになっていた。中国では『三国志演義』の桃園の誓いで見られるような任侠的な人間関係は古代から現在に至るまで普遍的に存在する。移住民たちは既成社会とは異なる規範と秩序を求めて，新しいコミュニティを作り上げたのである。このコミュニティを維持するためには，経済的な裏付けも欠かせない。彼らは往々にして禁制品を扱うことで資金を調達した。代表的なものが私塩の密売である。のちにアヘンの密売にも秘密結社が関わるようになる。このような結社は反政府的な色彩を帯び，必然的に弾圧の対象となったため，それに対抗すべく秘密結社の側も大がかりな武装を試みた。こうして反体

制的な軍事力が増殖し，中国各地に潜伏するようになったのである。

② 白蓮教系宗教結社の拡大と大反乱

　乾隆帝が在位60年をもって皇帝の位を息子の嘉慶帝に譲ってまもなくの1796年，嘉慶白蓮教反乱として知られる大規模な反乱が勃発する。反乱の火の手が上がった四川・湖北・陝西三省の境が交差する地域は，湖北・湖南からの入植者を集め，白蓮教信仰を紐帯とする結社が広まっていた。彼らは，世の終末が近づいており，無生老母を信じることで救済されると信じた。白蓮教は盛世においてさほど目立った活動をしていたわけではないが，1774年に白蓮教系の清水教が王倫という指導者を奉じて反乱を起こしたころから徐々に存在が大きくなり，移民社会の中にも広がり始めたことから，清朝は警戒を強め始めていた。官憲からの弾圧が始まると，邪教狩りに乗じた胥吏から賄賂を要求されるなど追い詰められた結果，ついに蜂起に至る。

　反乱はさほど組織的な指導体制があったわけでもなく，複数のリーダーによって指揮される反乱の集合体で，清朝打倒といった明確な目標を掲げた運動でもなかった。にもかかわらず，清朝はこの平定に大いに苦しんだ。原因の一つは，正規軍が十分に機能しなかったことである。清朝の軍隊は八旗と緑営によって構成されていた。八旗は要所に配置される大規模な軍隊として存在し，明朝の軍隊を再編した漢人部隊である緑営は，各地に多数設置された汛と呼ばれる拠点に駐在して警察的な役割を果たしていた。しかし，実際に反乱に直面すると，太平の世を謳歌していた彼らは戦意に乏しく，戦闘能力も低かった。反乱軍が山間部でのゲリラ戦を展開したことも，鎮圧を困難にした。満洲に駐留していた八旗の精鋭を動員し，白蓮教徒の軍需品や食料の補給を絶ち，さらに住民に団練という自衛組織を形成させ自衛力を高めることで戦況が好転した結果，1804年にようやく鎮圧が宣言されることになった。

③ 傾きゆく清朝

　長期間にわたった大規模軍事作戦は，多額の財政支出を余儀なくした。その額は1億両を超えたと言われる。盛世のうちに蓄えられた国庫の余剰金は，ほとんど底をついた。白蓮教の反乱は，盛世の陰で蓄積されてきた社会矛盾を白日のもとに晒し，従来の政治体制ではこの問題に対処できなくなったことを示すことになった。不足した軍費は最終的には民衆の負担として転嫁されたため，社会不安の要因を作り出した。緑営は鎮圧に協力した無頼を新兵として採用せざるを得なくなり紛争の火種が燻った。団練のように制度外の軍事力が構築され，戦闘の経験と多量の武器が民間に貯蔵されたことは，太平天国や捻軍など清末に統治秩序を脅かす勢力が生まれる一因となった。この反乱を分水嶺として，清朝はかつての権威を失いつつあったのである。
（石野一晴）

僧・茅子元（慈照子元）によって「白蓮宗」なる宗教結社が創始された。念仏などの修養による「本性弥陀」の発見を主たる目的とする教説を奉じて勢力を拡大させる一方で，たびたび異端邪教として政治的弾圧を受けた。のち元代に入ると，マニ教（摩尼教，明教）の影響を受けて，一切の破壊ののちに明王が現れるという信仰へと発展し，さらに「弥勒下生」のメシアニズムとも融合していった。かく形成された「白蓮教」が歴史の表舞台に登場したのが，大元ウルスを倒壊に導いた紅巾の乱（⇨ⅧⅧ-2 Ⅷ-5）である。乱の終焉，そして朱元璋による明朝の創設ののち，白蓮教は禁圧を受けて一時的に姿を消すが，明代後半期16世紀以降になると，ふたたび活動期に入り数多くの「白蓮教系宗教結社」（山田賢氏）が生み出されていった。これらの勢力は清代に入ってもなお存続し，嘉慶白蓮教反乱につながることになる。また，清代の白蓮教系宗教結社に特徴的な「母」への信仰には，明末に誕生した新興宗教である羅教の濃厚な影響があるという。

▷3　胥吏　⇨Ⅺ-コラム

▷4　八旗　⇨X-1

▷5　無頼
「士農工商」という言葉に集約される伝統的な職業観による正業に従事せず，暴力を一つの手段とする仕事によって生活する者。明清時代には胥吏や衙役といった地方行政の末端と結びついて，社会に対する影響力を持っていた。

① アヘン戦争以前清朝の通商と外交

▷1　⇨ Ⅹ-2

▷2　**華僑**
メコン・デルタでは，清の海禁解除以前から華人の進出が見られた。明の遺臣を称した鄭玖（ていきゅう）は，17世紀末にハーティエンに定着し，広東人を集めて威勢を振るった。鄭氏は，カンボジア王権に干渉したり，タイ南東に勢力を張った潮州人集団と，タイ湾の交易主導権をめぐって争ったりした。

▷3　**ジューンガル**
⇨ Ⅹ-3
▷4　⇨ Ⅹ-3
▷5　**ウズベク**
イスラームに改宗したジョ

図Ⅺ-1　ロシア人図
出典：驪江出版社1988年刊『景印文淵閣四庫全書』所収『皇清職貢図』。

① 海禁の解除

　康熙帝は，台湾鄭氏降伏の翌1684年，その封じ込めのために禁じていた民間の海外貿易を許可した。その年から，内地関（内陸の物流からの徴税機関）に倣った海関を，広州，厦門（アモイ），寧波，上海に順次設け，海外へ向かう中国商船からの徴税を行わせた。1685年には，朝貢使節が貢物以外に付帯する規定量以上の交易貨物からの徴税をも海関に担当させた。併せて，1668年以来マカオ以外で禁じられてきた，朝貢使節でない来航者による私貿易を許可し，それにたいする徴税をも海関の管轄とした。結果，朝貢貿易を管理する市船司は廃止され，あらゆる海外貿易の管理が海関に一元化された。海禁解除で多くの中国人海商が南洋や日本へ交易に向かうようになり，その活動は海関の税収を潤した。1717年に中国人の南洋（安南以外の東南アジア）渡航が再度禁止されたが実効性はなく1727年には緩和され，やがてタイ米の輸入など，南洋貿易が本格化し，18世紀半ばにピークを迎えた。また，これに伴って東南アジアに移住する**華僑**も多く現れた。この間，東・南シナ海を行き交う商人は，ほとんどが中国人であった。

② ロシアとの対等外交

　毛皮を求めてシベリアに分け入ったロシア人【図Ⅺ-1】は，1643年，アムール河流域に至り，やがて現地住民を攻撃して毛皮税を集めるようになった。対して，1630年代からアムール河流域の諸部族の朝貢を受けていた清朝は，1652年に同地で初めてロシア人と交戦し，以来，ときに朝鮮兵も動員しつつ小競り合いを繰り返した。そして，台湾鄭氏が降伏した1683年，清朝は，アムール流域に進出していたロシア人への大規模攻勢を開始し，モンゴルのハルハ部とも連合しつつ，いわゆる「六年戦争」を戦った。しかし，1688年にゴビ漠北に攻め込んだ**ジューンガル**のガルダンがロシアと結ぶことを恐れた康熙帝は，翌年，ロシアと，ヨーロッパの国際法にもとづいてネルチンスク条約を結び，「六年戦争」を終わらせた。当該条約は，露清の国境を画定し，アムール水系を清朝に帰すいっぽう，ロシアに清朝との貿易を許した。以後，ロシアの隊商（のちに官営に限定）がほぼ毎年北京に至り，毛皮の輸出，絹織物や綿織物類の輸入に励んだ。1717年，清朝は突如，北京貿易を停止した。再燃しつつあった

XI

ジューンガルとの抗争に備え，モンゴル方面の国境画定を急いで圧力をかけたのである。結局，1728年，雍正帝の代に，清朝はロシアとキャフタ条約を結び，問題の国境を画定し，ロシアとの貿易を再開した。以後，この条約が1860年の北京条約締結まで両国関係を規定した。キャフタ条約の後，ロシアの官営北京貿易はやがて廃れ，露清の貿易はキャフタでの取引（ロシアの主要輸入品は19世紀以前は綿布，19世紀以降は茶）が主流となった。

　ネルチンスク・キャフタ両条約は，清朝とロシアが対等の立場で締結した。その対等関係を反映した条文は，清朝作成の満洲文にも正確に記録されている。しかし，漢人向けに華夷思想の建前を堅持せねばならない，清朝の漢文記録上では，当該条文が朝貢関係の枠組みに適合するよう改竄された。

③ コーカンドとの「不平等条約」

　清朝のタリム盆地征服の際，反抗したアーファーク裔の大小ホージャとその一族が殺害されたが，大ホージャの息子サリムサークは，**ウズベク**人の政権**コーカンド**【図XI-2】に保護され，後その子孫は，タリム盆地を奪還すべくコーカンド領内から度々侵入した。清朝は，その「藩属」でありながら，ホージャたちの「聖戦」を公然と支援したコーカンドに対し，遠征する余力を持たず，外交交渉で対処するほか無かった。1826年，サリムサークの息子ジャハーンギールは，コーカンド・ハーンの軍とともに侵攻，現地民の呼応をも得てタリム盆地西半を一時占領した。これを平定した清朝は，善後策としてコーカンドの通商を禁じ，その必需品だった中国の茶と大黄の供給を断って，コーカンドを統御しようとした。しかしこの経済封鎖は，コーカンド軍がジャハーンギールの兄ユースフとともに襲来し，カシュガルを一時占拠するという事態を招いた。結局，清朝は，1832年，コーカンドの要求を受けて，通商再開，関税撤廃，コーカンド・ハーンの代理人（アクサカル）がタリム盆地の諸都市に駐在することを認めた。コーカンド側は，この際，アクサカルを通じたタリム盆地におけるコーカンド商人とその他外国人商人への徴税権や支配圏を認められたと解釈した。このいわゆる「中国最初の不平等条約」は，ついぞ清朝に承認されなかったが，後にコーカンドが清朝に送ったチャガタイ語国書でも言及されている。ただし清朝によるその漢訳では，当該「条約」が故意に訳し落とされた。いっぽう清朝は，1830年以降，新疆防衛の一環で漢人のタリム盆地移住制限を解いていった。同じ頃，龔自珍ら一部の知識人が，新疆の本格統合を論じ始めた。コーカンド侵攻は，新疆の「中国」化の転換点となった。　　　　　　（中西竜也）

チ・ウルス君主ウズベク（在位1313〜1342）の名に因むテュルク・モンゴル系集団。ジョチの後裔でキプチャク草原東部を支配したアブル・ハイル（在位1428〜1468）に一時統合され，後に孫のシャイバーニー・ハーン（1510年没）に率いられ，1500年にティムール朝サマルカンド政権，1507年に同ヘラート政権を滅ぼし，シャイバーン朝（1500〜1599）を建設した。そのハーン位は，1599年，同じジョチ裔のジャーン朝が継いだ。1756年，ブハラ・アミール国が，代ってマーワラーアンナフルを支配した（〜1920）。別のウズベク人国家ヒヴァ・ハーン国同様，ロシアの保護国となり（ブハラは1868，ヒヴァは1873），ソビエト革命で滅んだ。

▷6　**コーカンド**（18世紀初頭〜1876）
ウズベクのミング部族がフェルガナ地方に樹立したムスリム政権。1798年頃即位したアーリム以降，君主はハーンを称したので，コーカンド・ハーン国とも呼ぶ。ロシアやブハラからの攻撃，内乱で滅亡後，フェルガナはロシア領となった。

図XI-2　コーカンド人図

出典：驪江出版社1988年刊『景印文淵閣四庫全書』所収『皇清職貢図』。

2 アヘン戦争

イギリスのアヘン貿易

「乾隆の盛世」という言葉が象徴するように，18世紀の清朝中国はかつてない繁栄の時代を謳歌した。この繁栄を支えた要素の一つが，広州貿易である。当時，茶などの対ヨーロッパ輸出と引き換えに中国には大量の銀がもたらされており，これが民間経済の発展を促したのである。しかし，広州貿易は18世紀末以降，世界経済の中核として地位を固めつつあったイギリスとの間に国際問題を引き起こした。

清朝は沿岸部における対外交易を広州・厦門・乍浦などの港市に限り，当地に設置された**海関**[1]が牙行（仲買商人）を介して貿易の管理と徴税を行った。広州においても，粤海関が現地の有力な牙行からなる「**公行**」[2]に外国人商人との取引を管理させ，徴税も請け負わせていた。1792年，イギリス国王ジョージ3世は対中貿易交渉のために全権大使マカートニーを派遣した。この使節の任務は，広州交易の諸制限の撤廃，通商拠点の獲得，常駐使節の交換であった。使節は翌1793年に中国に到着し，**熱河**[3]で乾隆帝に謁見した。しかしながら，清朝は貿易を外夷に対する恩恵とみなす立場から，使節の貿易に関する要求を退けた。乾隆帝の跡を継いだ嘉慶帝も，謁見の作法をめぐって紛糾を生じたイギリスのアマースト使節を門前払いにし，交渉による貿易の調整は図られなかった。

他方，イギリス東インド会社は1780年代よりカントリー・トレーダー（イギリス人アジア間貿易商）を通じて，中国向けにアヘンを輸出するようになった。19世紀に入ると中国ではアヘン消費量が拡大していき，1839年のアヘンの輸入量は4万箱に達した。1820年代には一転して中国からの銀が流出するようになり，中国の経済に混乱を生じた。また，銀の流出によって銀と銅銭の比価において銀高傾向が強まったことから，銀だてであった納税は銅銭を利用する農民にとって増税になった。これが税の不払いを引き起こし，財政問題にも発展する。

この状況に対処するため，清朝はたびたび禁令を出してアヘンの取り締まりを強化したが，「公行」の統制力の衰えもあり，零細なアヘン取引の増大を食い止めることはできなかった。また，経済発展による物価の上昇にも拘わらず官員・兵士に支給される俸給・公費は固定されたままであったため，官員・兵士はアヘン密輸を見逃す代わりに黙許料を受け取っていた。アヘン禁令強化方

▷ 1　海関 ⇨ XI-1

▷ 2　公行
広州海関の指示のもとで組織された牙行の同業組合。「広東十三公行」とも通称されたが，組織に参加した牙行は時代によって増減した。関税の徴収を請負い，貿易を管理した。

▷ 3　熱河
「万里の長城」東端・山海関の北側にある承徳のこと。清朝の夏の離宮である避暑山荘が置かれ，モンゴル王侯を接見するのに用いられた。四庫全書を蔵する文津閣も，この避暑山荘内にある。

針の行き詰まりから，1836年，太常寺少卿許乃済はバーター方式によるアヘン貿易と，国内でのアヘン製造の公認による外国アヘンに対抗する弛禁論を提出した。しかし，この提案は受け容れられず，1838年にはアヘン吸飲者の死刑などの厳禁論を主張する鴻臚寺卿黄爵滋の朝廷内における影響力が強まり，道光帝はこの提案について各省の長官である総督・巡撫に諮問した。ここで多くの総督・巡撫がアヘン売買の根絶を提言したことから，道光帝は林則徐を欽差大臣に任命して広州に派遣し，アヘン密輸の取締りにあたらせた。

② アヘン戦争と南京条約

広州に着いた林則徐はアヘンの取り締まりを断行し，欧米貿易商からアヘンを没収するとともに，以後にアヘンを持ち込まぬという誓約書を提出させた。これに反発したイギリスは1840年4月に下院で中国遠征予算案を可決，艦隊を中国に差し向けた。八旗兵や民間武装集団の奮戦もあったが，高度に組織化されたイギリス軍および蒸気軍艦を含む近代兵器に太刀打ちできず，清朝は惨敗する【図XI-3】。1840年7月，イギリスは舟山群島を占領，8月には天津に迫った。道光帝は，直隷総督琦善にイギリス側と交渉させたが，香港の割譲をめぐって一致を見ず，清朝朝廷において主戦論が強まり，戦争が再開された。1841年8月，イギリス軍は厦門を占領，10月には浙江省の寧波・鎮海などを攻略，翌1842年6月から7月にかけて上海や鎮江などを占領し，南京に迫った。

▷4　八旗 ⇨ X-1

1842年8月，欽差大臣耆英とイギリス全権ポッティンジャーの間で南京条約が締結された。この条約で，清朝は香港島をイギリスに割譲し，賠償金2,100万ドルを支払い，広州・福州・厦門・寧波・上海の開港と領事設置を認め，「公行」による貿易管理を廃止した。さらに1843年には「五口通商章程」，と「虎門寨追加条約」が結ばれ，領事裁判権や片務的最恵国待遇，協定関税などが定められた。1844年に，清朝はアメリカと望厦条約を，フランスと黄埔条約を締結し，同様の権利を両国に対しても認めることとなった。

ただし，しばらく後まで清朝はアヘン戦争と南京条約によって欧米諸国と新たな関係を構築したとは考えず，条約の締結もあくまで「撫夷」すなわち「外夷」を「てなづける」という伝統的な政策の延長として捉えていた。これがやがて，中国の「国恥百年」の起点とされるようになり，中国ナショナル・ヒストリーにおいて，重要な地位を占めることとなる。

（望月直人）

図XI-3　アヘン戦争

出典：Edward Duncan 画。Public Domain（https://commons. wikimedia.org/wiki/File:Destroying_Chinese_war_junks,_by_E._ Duncan_（1843）.jpg）.

3 太平天国の乱・アロー戦争

▷3　天地会
清代中国で生まれた秘密結社（⇨ Ⅹ-6）。自称の「洪門」あるいは「三合会」・「三点会」などの別称でも知られる。「反清復明」や「打富済貧」をスローガンとして，しばしば反乱の母体となった。18世紀後半以降，遊民や鉱夫，零細な商人や農民，在野読書人などが加入した。太平天国や辛亥革命にも呼応・参加している。

1 太平天国の乱

　1796年に白蓮教徒の乱が起こると，清朝は正規軍である八旗・緑営◁2を差し向けたものの，それらの力だけで反乱を鎮圧することはできなかった。清朝は，地方の有力者らが郷村自衛のために組織していた武装集団の団練を郷勇として動員するようになった。1804年に白蓮教徒の乱は鎮圧されたが，この乱を経て地域社会の武装化の流れは加速した。こうした武装集団は，官や地方有力者の側に立って体制を守る暴力装置となったほか，野心的な領導者のもと大規模な反乱集団に発展することもあった。また，18世紀からの急激な人口増もあって，農村からあふれ出た雇農や游民は，天地会や哥老会をはじめとする秘密結社や白蓮教や天理教といった宗教結社に結集し，様々な形態の騒擾事件が頻発するようになった。19世紀の前半は，このような武装集団の暴力の応酬が日増しに増大した時代であった。そして19世紀半ばに，一人の男が清朝の統治を揺るがす大反乱を引き起こす。

　広東省花県の客家の中農の家に，その男―洪秀全は生まれた。彼は若いころから学問に打ち込んだが，科挙には合格できなかった。そんなある時，病床で見た夢の中で，老人から地上の妖魔を倒すように命じられた，という。1843年，洪秀全は広州でキリスト教の入門書である『勧世良言』を購入するが，その内容は彼がかつて見た夢と一致しており，夢に現れた老人が上帝ヤハウェであり，自らが地上に天国を建設する使命を与えられたと確信するに至った。彼は村に戻ると拝上帝会を創立，徐々に信者を増やし，1851年，広西省桂平県の金田村において清朝の打倒と太平天国の建設を宣言した。天地会などの秘密結社も続々とこの動きに呼応し，1852年に武漢を占領した頃には，太平天国軍は50万の大軍にふくれ上がった。翌年3月，洪秀全【図Ⅺ-4】は南京を占領，天京と名を改めて太平天国の首都と定める。さらに1855年，太平天国軍は北京の目前まで迫った。これは，ホルチン郡王センゲリンチン率いる騎兵によって撃退されたものの，清朝も八旗・緑営など正規軍によって太平天国を平定する実力はなく，江南はおおむね太平天国の支配下に入った。

2 アロー戦争

　時を同じくして，清朝は対外的な危機にも見舞われた。アヘン戦争後も，条

約改正問題などをめぐって，清朝はイギリスと衝突を繰り返した。1856年，かつてイギリス船籍を有していたアロー号が海賊行為の嫌疑で臨検されたことを契機に，イギリスはフランスと共同で清朝に対して開戦した。英仏軍は1858年1月に広州を占領，同5月に天津に迫った。清朝は天津条約を英仏露米の各国と締結し，①外国公使の北京駐在，②漢口・営口など10港の開港，③長江の開放，④賠償金の支払い，などを約した。しかし，1859年に天津条約批准交換のため北上した英仏艦隊が清朝の砲台から攻撃を受けたことから戦争が再開された。英仏軍は1860年7月に天津を占領し，9月には北京に進撃した。時の咸豊帝は熱河に逃れ，10月から翌月にかけて帝の弟の恭親王が英仏露と北京条約を締結し，賠償金の増額や九龍半島のイギリスへの割譲を認めた。咸豊帝は北京に戻ることなく，翌年に病で世を去った。

図Ⅺ-4　洪秀全

出典：野口・綾部（2005）。

2　郷勇の活躍

　この危機の時代に頭角を現したのが，曾国藩【図Ⅺ-5】・胡林翼・李鴻章・左宗棠などの漢人官僚である。彼らは，儒学を排撃し孔子像を破壊する太平天国の勃興を天地始まって以来の危機とし，儒学の擁護を掲げて，読書人階層の清朝への支持をつなぎとめた。曾国藩らは，地方自衛のため設けられていた団練を広域に活動する郷勇として再編し，一族・友人・弟子・同郷人を部隊長に任命して，私的な紐帯に基づく軍団をしたてた。こうした郷勇は，「湘軍（湖南）」・「淮軍（安徽）」などと，出身地に因んで呼称された。

　他方，太平天国では1856年に古参幹部の内部闘争が起こり，勢力に翳りが見え始める。洪秀全の一族の洪仁玕は『資政新編』を著して制度の改革や欧米諸国との協調策を説いたが，実現には至らなかった。曾国藩の弟曾国荃の攻撃により，1864年に天京は陥落，太平天国は滅亡した。洪秀全は陥落直前に自殺したとも病死したとも言われる。

▷4　総督・巡撫
⇨Ⅹ-3

　1856年，親王位を授かっていたセンゲリンチンが山東省で戦死すると，清朝内の軍事的主導権は，曾国藩・李鴻章・左宗棠らの掌中に帰した。彼らは，郷勇を養うために，1パーセントの税という意味の内地通過税「釐金」を徴収する権限を与えられており，自前の部隊を背景として地方の社会・経済を掌握し，**総督・巡撫**にも任ぜられて，「督撫重権」と称されるような大きな政治的裁量権を持つに至った。特に「淮軍」の領袖である李鴻章は，朝廷で権力を掌握した西太后の信任を得，清朝を支える大物官僚にのしあがった。

（望月直人）

図Ⅺ-5　曾国藩

出典：木下ほか（1999）。

4 フロンティアの拡大──巴県

1 清代の移民

　大規模な人口移動は中国史上，何度か起きているが，明代末期から清代前期にかけての移動により，漢族社会のフロンティアは一気に拡大した。この時期の人口移動の主たる要因は**新大陸原産作物の栽培**導入と，明代末期に生じた戦乱や政権交代である。主な移住先は四川地域などの西南部，山海関の外の東北部，また東南部では広西や台湾，さらには東南アジア地域に及ぶ。なかでも劇的な人口移動が起きた四川を例にとってみてみよう。

　四川は古来「天府之国」と称された豊かな地域であり，文学や芸術などでも独特の風格を示してきた。しかし明代後期から天災や疫病が頻発し，さらに明代末期に反乱を起こした**張献忠**が四川に侵入，成都をはじめ各地が戦乱の被害を受け，**三藩の乱**でも戦場となるなどし，四川全体で人口が10分の1にまで減ったとされる。混乱が落ち着くと，人口空白地域となった四川に大量の移民が押し寄せた。とくに長江を通じて結ばれた湖北・湖南地域からの移民が多かったため，「湖広填四川（湖広が四川をうずめる）」として知られる。三藩の乱鎮圧後には，荒廃した四川を復興するべく，清朝政府も移民政策を進め，大々的に移住が奨励される。すなわち四川に移住した者には開墾した土地の所有権を認め，その子弟の科挙受験資格を与えるなどの政策の発布である。これらの結果，1721年までに100万人近くが移住し，1776年には337万人にも達した。そして四川の東部から西部へ，さらに雲南・貴州方面へと移民は拡大を続けるのである。

2 移民コミュニティの形成

　新天地への移住は同郷のネットワークを利用して行われた。その定住プロセスは，先行する移民が土地を開墾すれば，後続の移民は同郷の縁を頼ってその土地の佃戸（小作人）となり，生活が安定すれば土地所有権や貸借権を買い入れて定着していった。同郷の移民が増えれば同郷村落を形成したが，言語（方言），習俗の共通といった点からは自然なことである。同郷の移民の間では通婚関係が結ばれ，同郷の絆を深めていく一方，なかには社会的・経済的な成功を遂げ，大きな同族集団に発展する家が出現する。こうした同族集団は「宗族」と呼ばれるが，同族結合の象徴たる「宗祠（祖先祭祀の施設）」の建設，**族譜**の編纂といった事業が清代後期以降，盛んにおこなわれていった。

▷1　新大陸原産作物の栽培
清代には寒冷地や山間部でトウモロコシやサツマイモの栽培が広がり，穀物生産が拡大した。
▷2　張献忠（1606～1646）
明代末期の民衆反乱の首領の一人。李自成とは別に軍を展開，華中や四川地域を寇略し，1644年に重慶・成都を陥落させて皇帝を称したが，清軍に敗れて戦死した。
▷3　三藩の乱　⇨ X-2
▷4　⇨ XI-5
▷5　族譜
共通の始祖から歴代の系譜，事績の記録。家譜，宗譜などとも呼ばれる。
▷6　関帝
『三国志』の英雄，関羽が神格化したもの。唐代ごろから広まり，山西省の製塩地・塩池を守護した伝説によって，塩を販売する山西商人と結びついた。現在では中華文化圏全域で武神・財神などとして祭られる。
▷7　秘密結社　⇨ X-6
▷8　終末思想
清代には世界の終焉「劫」を呂祖，文昌帝君などの神が扶鸞（神おろし）によって示すと信じられた。清代末期には関帝による人類滅亡の乩示（予言）が社会不安を背景に爆発的に広まった。

商人もまた各地を移動しながら商圏を広げていた。なかには山西商人や徽州商人など全国に商業ネットワークを形成した商人集団もあり，商人の活動もまたフロンティアを拡大させることとなった。明代後期以降になると，商人たちは各地の都市に「会館」【図XI-6】という同郷人の集会施設を建設し，会館を中心にさまざまな活動を展開した。会館の主な機能は商業上の拠点であるほか，救貧や葬儀費用の負担などの同郷人の互助，そして共同での祭礼や演劇などの娯楽提供などである。この祭礼で出身地にゆかりのある神が祭られ，山西商人ならば**関帝**（関羽），福建商人であれば**天妃**（媽祖）となる。会館は出身地と移住先をつなぐ結節点として各地に根を下ろし，新しい土地へ地域文化を広めていく起点ともなった。

移民社会が成熟すると徐々に社会的な格差が生じていった。移民社会で落伍した貧しい移住者たちは無頼集団に属して治安を乱し，また**秘密結社**を結成していく。彼らは白蓮教徒の反乱をはじめとするさまざまな反乱・暴動だけでなく，間歇的に起きた**終末思想**に基づく宗教的熱狂の原動力にもなった。

図XI-6　重慶湖広会館

出典：筆者撮影。

▷9　『巴県档案』
清代後期の巴県衙門で作成，あるいは受理された公文書群。現在，約11万3千件が成都市の四川省档案館に保管されている。ほとんどが訴訟関係の文書で，重慶の訴訟の激しさを伝える。

③　移民都市・重慶

四川の東部にあり，長江上流の要衝である重慶府【図XI-7】には湖広地域に隣接し，多くの移民がやってきた土地である。重慶府の中心は長江と嘉陵江の合流点に当たる巴県城で，清代に移民によって急成長を遂げ，現在中国でも最大規模の都市となる礎を築いた。あたかも無人の野だった巴県の人口は19世紀初めには22万人となり，清代末期には約100万人を擁する大都市圏に成長した。豪壮な姿を今に留める湖広会館をはじめ，「八省会館」と呼ばれた各地の会館が林立し，その指導者たちは客商（他地方出身の商人）たちの商売を保護し，紛争を解決した。さらに19世紀後半には巴県の行政や教育にも大きな影響力を発揮していった。また周辺地域には石炭を産出する鉱山が多くあり，これが大都市・重慶に供給された。いっぽう，こうした急激な都市の発展は多くの社会矛盾をも招来する。長江往来の船が輻輳する重慶には多くの労働者が集まったが，その結果は人口過密と著しい男女比の差となり，女性の誘拐や人身売買などの犯罪を誘発した。郊外の農村部でも激しい土地の争奪が見られ，親族が相争う訴訟が至る所で起きた。こうした荒々しいフロンティアの雰囲気は，大量に残された清代の官庁の公文書史料『巴県档案』【図XI-8】から垣間見ることができる。

（水越　知）

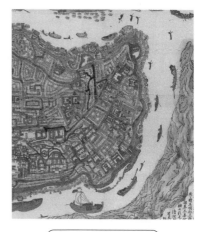

図XI-7　19世紀末の重慶

出典：何智亜（2006）。

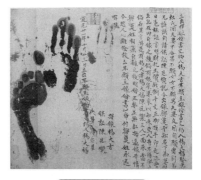

図XI-8　『巴県档案』

出典：四川省档案館（2009）。

回漢対立の激化

図XI-9　杜文秀の印

漢語で「総統兵馬大元帥杜」，
アラビア語で「全ムスリム
の司令官」とある。
出典：Rocher（1879）.

▷1　⇨ XI-4

▷2　改土帰流 ⇨ X-3

▷3　**馬徳新**（1874年没）
回民のイスラーム学者。当
時としては珍しくメッカ巡
礼を行い，あわせてタンズ
ィマート前期のオスマン朝
治下の中東などを周遊し
（1841～1849），中国では未
知の新しいイスラーム文
献・知識を持ち帰った。自
ら多数のアラビア語著作を
執筆し，弟子と協同して多
くの漢語イスラーム文献を
も著した。

▷4　太平天国 ⇨ XI-3

① 雲南回民反乱（1856～1874）

18世紀から19世紀前半の雲南，とくにその西部は，四川同様，中国内地から
の移民流入で生存競争が激化する，典型的なフロンティアであった。清代前・
中期の好景気による人口増加の圧力で辺境に排出された人々を雲南に引き付け
たのは，17世紀末から18世紀前半に進んだ「**改土帰流**」による内地化や，18世
紀後半に産出量のピークを迎える銅・銀山の労働力需要であった。漢人移民が
分け入った雲南は，先住の漢人のほか，「彝」と総称される様々な民族が暮ら
し，加えて回民も多く存在した。彼らは経済的に，四川やチベットに加え，ビ
ルマをはじめとする東南アジア各地と強い結びつきを持っていた。東南アジア
高地の多くの人々は，雲南の人々を民族的に区別せずに一律に「ホー」と呼ん
だ。雲南は，漢・彝・回が混然となって東南アジアとひとつの世界を形作って
いるような場所だった。そこでは当初，先住者と，中国内地からの移民との対
抗関係が顕著だった。だが，19世紀になると雲南での対峙の主軸は，回漢の間
へシフトしていった。両者はもともと宗教や慣習の違いから対立する傾向にあ
った。独自の信仰を頑なに守って強固に団結する回民に，漢人はしばしば苛立
ちを隠さなかったからである。

19世紀初めから，雲南西部では回漢の武装衝突が頻発していた。当初は漢人
の特定地方出身者と回民とが抗争していたが，1843年の永昌での衝突あたり
から回漢の全面対決の様相を呈し始めた。雲南西部の漢人は，従来から互助や
自衛，他集団との競争のため，秘密結社的結集で結集していたが，当時，移民
を取り込むために結盟の宗教性を高めつつあった。競争の過熱はこの傾向を促
進し，回漢の宗教的差異を際立たせ，両者の対立を助長した。回漢対立は，や
がて雲南全土へ飛び火していった。この一連の過程で，清朝の地方官たちは，
回民への偏見から漢人に肩入れして状況を悪化させるばかりであったが，つい
に1856年，省城昆明で地方官の使嗾・黙認のもとに漢人による回民の虐殺が生
じ，雲南各地の回民が生存のために一斉蜂起することとなった。

回民反乱は，複数の勢力が緩やかに連帯し，**馬徳新**を指導者と仰いだ東部勢
力や，**杜文秀**【図XI-9】が率いた西部勢力が有力であった。前者は1862年に
清朝に帰順したが，後者は大理を拠点に清朝からの独立を宣言し，最後まで清
軍に抵抗した。大理陥落（1873）後の翌年には，反乱は完全に平定された。反

乱平定の過程で多くの回民が殺され，一部はビルマに逃れ，雲南のムスリム人口は激減したと言われる。

2 西北回民反乱（1862〜1878）

　雲南ムスリム反乱にやや遅れて，中国北西部でもムスリムの大反乱が起こった。それは陝西から始まった。同地でも，漢人の回民蔑視に加え，回民の放牧する羊が漢人の畑を荒らすといった問題で，日ごろから回漢の対立感情が燻っていた。そんな中，1862年，太平天国[14]軍の侵攻を防ぐべく集められた回民の民兵が，ある漢人民家の竹を無断で伐採して漢人に殺害されたことが発端となって，周辺の村落を巻き込んだ回漢の報復合戦が生じた。この際，回民が太平天国に通じているとの噂や，皇帝が回民虐殺（洗回）の命令を出したとの流言が飛び交ったことで，漢人の回民襲撃がエスカレートし，回民も自衛のために各地で蜂起した。太平天国軍接近による軍事的緊張や回漢民衆における自衛武装の広がりがこの事態を促進したと見られる。決起した回民は漢人村落のみならず城市をも攻撃し，ここに反乱の様相を呈するようになった。反乱はやがて陝西から甘粛（現在の甘粛・寧夏・青海），さらには準・回部にまで飛び火した。

　陝西・甘粛の反乱は，陝西の白彦虎，金積堡（現在の寧夏呉忠）に拠るジャフリーヤ教団の教主馬化龍【図XI-10】，河州（現在の甘粛臨夏）のアホン馬占鰲などが指導した。これらの回民諸勢力は，太平天国軍や捻軍[15]とも呼応して清軍を苦しめたが，左宗棠が清軍を指揮するようになると次々に破られ，1873年頃には全て平定された。その中，馬占鰲は1871年に清朝に帰順し，以後は同宗者を鎮圧する清軍への協力を余儀なくされたが，ために河州は破壊を免れ，中国イスラーム教学の中心，「中国の小メッカ」として発展することとなった。また，馬占鰲やその部下の子孫たちは，民国時代に回民軍閥[46]の領袖として中国西北部に割拠することになる。

　準・回部では，1864年にクチャで回民がテュルク系ムスリムと連携して蜂起したのを皮切りに，各地の回民やテュルク系ムスリムが連鎖的に決起し，全土が反乱に陥った。やがて，コーカンドからホージャ・アーファーク裔を奉じてやって来たヤークーブ・ベグが，これら反乱諸勢力[47]に代わって各地を掌握し，1870年ごろには天山以南の大半を支配するようになった。ただしイリ地方一帯は1871年に，混乱に乗じたイギリスの中央アジア進出等を案じたロシアが占領した。そして1877年にヤークーブ・ベグが死んで政権が崩壊すると，ほどなくして反乱は平定された。

（中西竜也）

▷5　捻軍
1855年，安徽省北部で，政府専売品の塩の密売人，盗賊団，遊侠無頼の徒から成る村の自警団など，各種武装集団（捻子）が，地方豪族の張楽行を盟主として結集し，反清姿勢を示した。これを捻軍という。その勢力は，やがて山東や河南などに拡大したが，1860年代末には曾国藩や李鴻章，左宗棠等によって平定された。

▷6　回民軍閥
民国前期には，馬占鰲の子，馬安良が甘粛，その配下で河州出身の馬福祥と馬麒が，寧夏と青海に各々割拠した。後期には，馬麒の一族が青海や甘粛，馬福祥の一族が寧夏を統治した。馬福祥はイスラーム新文化運動を積極支援し，馬麒一族は中国のイスラーム改革派（イフワーン派）を保護してその台頭を促すなど，回民軍閥は回民の文化にも影響を与えた。

▷7　反乱諸勢力
各々の指導者はほとんどがスーフィーだった。各勢力は相争い，ヤークーブ・ベグに各個撃破された。

図XI-10　四旗梁子拱北

馬化龍が清軍に処刑された所に建つ，四旗梁子拱北。拱北はムスリム聖者の墓のこと。ジャフリーヤの重要な宗教活動場所のひとつ。
出典：筆者撮影。

6 清朝統治の再建と洋務

1 「協力政策」と同治中興

　アロー戦争[1]の結果，外交使節の北京常駐や条約港の増加といった所期の目的を達すると，イギリスは政策を一転させ，清朝政府に協調的な姿勢を取り始めた。2度に及んだ武力行使の背景にはイギリス工業製品の輸出先としての中国市場への過大な期待があったのだが，そうした期待を戒める「ミッチェル報告書[2]」が本国にもたらされ，また清朝を中央集権的と看做したことから，条約港での利権を守るには，清朝の中央政府と協調し，中央政府から地方当局を動かして条約を履行させる方が効率的だと考えられたのである。

　一方，清朝側では1861年初め，外国公使の北京常駐に対応すべく，総理各国事務衙門，通称「総理衙門」が設立され，アロー戦争の講和交渉を担当した恭親王らがその首脳部を占めた。だが，熱河に蒙塵中だった咸豊帝が病死すると，主戦派だった怡親王らが政権を握った。これに対し同年11月，幼帝・同治帝の実母である西太后と恭親王派が結び，クーデターにより政権を奪取，東太后・西太后が垂簾聴政を始め，恭親王が議政王として補佐する体制が敷かれた。

　恭親王らの政権掌握により，イギリスの清朝支持が決定的となり，英米の駐清公使を中心に「協力政策」が展開された。これは，外交問題が生じた場合，武力によって清朝に要求を強制するのではなく，外国公使が協力して外交交渉によって解決を図ることとし，同時に恭親王らが実権を握る清朝中央政府とも協調し，その漸進的改革を支援するというものだった。

　清朝側もこの協調姿勢に積極的に対応した。中央では，他の西洋諸国との条約締結を進め，外国語学校の京師同文館を総理衙門に附設したり，国際法関連書を漢訳した『万国公法』を刊行したりと，西洋的国際関係を受容し始めた。地方では，内乱の平定過程で西洋の支援を受け，近代的軍事技術の導入が進められた。また，上海で始まった外国人税務司制度が全条約港に導入され，貿易管理の制度が整うとともに財源が確保された。こうして1864年には太平天国[3]を鎮圧するなど，統治体制の再建と秩序の回復が進み，1860年代の清朝統治は国内的にも対外的にも安定する。いわゆる「同治中興」である。

　だが，列強の利害関心は必ずしも一致しておらず，イギリス内部でも，中国内地のさらなる開放を求める在華商人は公使らの進める協力政策に批判的だった。さらに，キリスト教宣教師の活動が広がる中，排外風潮の根強い地方社会

では，郷紳らに主導された教案（教会や信者への排撃事件）が頻発したが，総理衙門を通じた交渉では問題を解決できなかった。清朝の中央政府を支持・強化して地方を統制させ，条約上の利権を保護・拡大させるという西洋の目論見は外れ，1870年の天津教案で清朝への失望は決定的となった。こうして協力政策は終焉を迎え，以後，清朝では直隷総督兼北洋大臣の李鴻章が外交の中心を担う一方，その周辺では列強の進出による危機が継起し，東アジア国際秩序は大きく変容し始める。

2 「洋務」の推進とその特徴

　先述の通り，アロー戦争後，清朝では西洋との関わりが増し，そうした西洋関連の事務は「洋務」と総称された。従来それらは「夷務」と呼ばれていたが，天津条約で西洋に「夷」の字を用いないと約したためである。ただし，夷務が通商を主としたのに対し，洋務の範囲はそれに止まらなかった。狭義の外交交渉はもちろん，西洋式兵器の購入・製造工場の設置に始まり，外国語や専門技術を学ぶ新式学校の創設や**欧米への留学生派遣**【図XI-11・XI-12】，鉱山開発や造船所の設立，電信の導入，汽船会社や紡織工場の設立など，洋務は軍需から教育や民需にまで拡大した。なお，「洋務運動」とは1860年代から日清戦争までの軍事を中心とする近代化運動を指す学術用語である。

　洋務は本来，総理衙門を中心に実施されるべき政策だった。だが，根強い排外風潮に加え，清朝の統治体制の特質により，洋務は李鴻章ら地方の総督・巡撫（督撫）を中心に，現場の臨時的対応として展開された。そうした洋務の特徴を端的に示すのが，**江南機器製造総局**（軍事工場）や福建政船局（造船所），輪船招商局（汽船会社）などの名称で，「局」とは臨時的機関を指す。また，臨時的機関であるがゆえにその人事は督撫らに一任され，督撫らは自らの**幕友**たちにその事務を委ねた。幕友とは本来，地方官の私的顧問だが，この時期は内乱鎮圧の軍費捻出などのために捐納が盛んに行われ，名目的な官僚身分を得ることが広がっていた。**買辦**や帰国留学生など西洋的知識を有する人材を含め，捐納によって名目的官僚身分を得た知識人が，督撫の幕下に入り，様々な洋務機関で実務に当たったのである。また，内乱鎮圧のために導入された**釐金**は，地方独自の財源として定着し，洋務の財源となったが，その徴収も督撫らの委任により地方知識人が当たった。

　このように洋務は督撫と地方知識人を結びつけ，省の行財政権の拡大を伴いながら展開されたが，これが以後の近代化過程において省が重要な役割を果たすことに繋がっていく。

（箱田恵子）

図XI-11　容閎

イェール大卒後曾国藩・李鴻章の幕友となり，留米学生派遣を実現。
出典：Yung（1909）.

図XI-12　官費留米学生

出典：銭鋼・胡勁草（2014）。

▷4　欧米への留学生派遣
米国へは1872〜81年に10代前半の男子120名が派遣され，20世紀初めに政治・外交などで活躍する人材を輩出した。欧州へは，近代海軍建設のため造船や操船技術を学ぶ青年が派遣されたが，その中には思想家・啓蒙翻訳家として名高い厳復が含まれる。

▷5　江南機器製造総局
⇨XII-4

▷6　幕友　⇨XI-コラム

▷7　買辦
外国商社の委託を受け，輸出入商品の売買取引を請け負った華人商人のこと。

▷8　釐金　⇨XI-3

7 辺境の危機と「属国」の喪失

1 パワー・ポリティクスの時代

1870年代から1890年代前半までの清朝中国の周辺は，いくつかの歴史的文脈が重なって，パワー・ポリティクスの様相を強めてゆく。第一に，ヨーロッパ列国間の競争の激化である。フランスがアフリカや東南アジアにおいて，ロシアが内陸アジアにおいてイギリスのヘゲモニーに挑戦する動きを強め，イギリスもこれらに反応して当該地域への政治的・軍事的関与を強化していくようになる。第二に，明治日本の登場である。1868年に成立した明治政府は，1871年に清朝と日清修好条規を，1872年には清朝と朝貢関係を保ってきた**琉球国**[1]を琉球藩とし，1874年には台湾出兵，さらに1876年に朝鮮と日朝修好条規を締結するなど，矢継ぎ早に積極的な対外政策を打ち出していた。第三に，**太平天国の乱**[2]などの鎮圧の過程で形成された清朝内の軍事的な派閥勢力の動向である。李鴻章【図XI-13】や左宗棠などは反乱鎮圧の功績によって総督・巡撫などに任命されたが，その幕僚・手勢は政治勢力として温存された。こうした軍事的な派閥勢力は，チャイナ・プロパーとも呼称された「十八省」における反乱の平定とともに，より外側に軍事活動の場を移していった。

2 イリ事件

1874年の日本の台湾出兵を受けて清朝では，日本の脅威に備えるための海軍拡充を唱える李鴻章と，新疆の**ヤークーブ・ベグ**[3]の討伐を目指す左宗棠が対立し，清朝朝廷は双方の政策を並行して実践することとした。1875年に督辦新疆軍務に任命された左宗棠は，同じ湘軍系の劉錦棠らをともなって新疆に進発した。イギリスによる仲介の試みもなされたが不発に終わり，1877年にヤークーブ・ベグが自殺してその政権が崩壊し，清朝は新疆を再び支配下に置いた。ただ，イリ地方は，治安維持の名目で侵入したロシア軍が居座っており，清朝との間に返還交渉が持たれることになった。ところが，当初ロシアに派遣された崇厚は，ホルゴス川以西やテケス川流域の割譲などロシアへの大幅な譲歩を盛り込んだリヴァディア条約を締結したことから，清朝内で批准反対論が沸騰する。

そこで曾国藩の息子曾紀沢がロシアに派遣され，再交渉によって，

図XI-13　李鴻章

出典：李鴻章（1997）。

1881年2月にサンクト・ペテルブルグ条約が調印された。この交渉で，曾紀沢は国際法に基づいて強硬な姿勢を堅持して成功をおさめた。また，張之洞ら朝廷の中堅・若手の科挙官僚が「清議」と呼ばれた対外強硬論を展開して政治的影響力を強めた。これが1880年代の清仏戦争にもつながってゆく。他方，再征服後の新疆では統治制度の変更が図られ，1884年には新疆省が設置されて，劉錦棠が初代の新疆巡撫に着任することとなる。

③ 琉球問題

日本との緊張も，1870年代を通じて高まった。17世紀以来，琉球は清朝と冊封・朝貢の関係を維持するとともに薩摩に従属する状況となっていたが，1872年，明治政府は琉球国王尚泰を琉球藩王として華族に列し，琉球藩の設立を宣言した。1874年の台湾出兵は琉球藩民殺傷への報復も理由に挙げられており，明治政府による琉球への主権を示す意図もあったとされる。1875年，琉球処分官松田道之が清朝との関係断絶を要求すると，幸地朝常（向徳宏）らは中国へ密航して清朝に援助を請願した。1877年に清朝の初代駐日公使に就任した何如璋は，明治政府による琉球の対清朝貢の阻止について「不信不義・無情無理」として抗議した。しかし，日本は1879年には琉球藩を廃止して沖縄県の設置を断行する。この年，松田道之は軍・警察をともなって国王尚泰に迫って首里城を明け渡させ，1429年より450年続いた尚氏の琉球王国はここに滅亡した。

日本の琉球処分に対して，清朝では対日非難の論調が強まった。世界一周途上のアメリカ元大統領グラントが日清間の仲立ちに入るなどしたが，交渉は妥結せず，清朝は長らく朝貢関係を持ってきた「属国」の琉球を事実上「喪失」した。

④ 清仏戦争

清朝が最初に本格的な介入を行った「属国」は，ベトナム[▷4]である。ベトナムでは，19世紀半ば以降，フランスが漸次侵略を進めていた。1858年にフランスはスペインとともに阮朝[▷5]と戦争を行い，1862年の第1次サイゴン条約で，コーチシナを割譲させる。1874年の第2次サイゴン条約で，フランスによるベトナムの「保護」を明記し，ベトナム全土保護国化の足掛かりをつけた。

そのフランスにとっての障害が，ベトナム北部に拠点を築いていた天地会系の武装集団である黒旗軍と，1869年以来「土匪」の追撃を名目に進駐していた広西省などの清軍であった。黒旗軍の首領・劉永福は広東省欽州の貧農出身で，広西省で反清勢力の天地会に参加し，清軍の討伐にあってベトナムへ移動した。劉永福はラオカイを占領後，中国・ベトナム間の交易にたずさわる広東系商人から通行料を取って軍資金とし，黒旗軍の武力をもって広東系商人の交易を擁護していた。琉球をめぐる紛争から「属国」の滅亡に危機感を持った清

▷4　ベトナム ⇨X-3
▷5　阮朝
1802年から1945年まで存在したベトナムの王朝。阮朝の祖先は，16世紀以来ベトナム中部の広南国を統治してきたが，18世紀に西山朝の勃興で一時タイに亡命を余儀なくされる。しかし，阮福映がタイのラタナコーシン王朝やフランス人宣教師の援助を受け，1802年に西山朝を滅ぼして，ベトナムを統一し，阮朝を打ち建てた。清朝の冊封を受ける一方，清朝への対抗意識を強めて「南国」意識を育んだ。また，華人の貿易・移住を奨励したが，華人によるアヘン・米密輸の横行に苦しみ，19世紀半ば以降はベトナム北部における天地会系華人武装集団を抑えることができなくなった。さらに，キリスト教を厳しく弾圧したことから，フランスとスペインの侵略を招いた。清仏戦争後，ベトナムはフランスの保護国となるが，阮朝じたいは1945年まで存続している。

朝は，1881年にフランス議会でベトナム北部への派兵案が可決されると，清朝駐仏公使曾紀沢が繰り返しフランス政府に抗議したほか，ベトナムへ逃げ込んだ華人武装集団を討伐するため派遣されていた正規軍を増強し，さらに黒旗軍と提携する。

　朝廷では対外強硬論を展開する官僚たちの影響力が強まり，李鴻章の慎重な交渉姿勢を批判した。清朝はアメリカ外交官の助言を聞き入れて，国際法や国際世論，国際仲裁裁判を意識した対外交渉を行ったが，かえってフランス側の神経を逆なでし，最終的に交渉は決裂して武力衝突に至る。戦局は総じてフランス優位で進んだものの，台湾では劉銘伝（りゅうめいでん）率いる部隊が善戦したほか，1885年3月には清軍が一度奪われた鎮南関・ランソンを奪回，これを契機に清仏は和平に動いた。1885年6月に天津条約が結ばれ，清軍はベトナムより撤兵し，清朝と阮朝の朝貢関係は断絶した。

⑤ 朝鮮問題

▷6　朝鮮　⇨ Ⅹ-3

　清朝の最古参の「属国」である朝鮮[▼6]は，17世紀前半に相次いで軍事干渉を受けたものの，その後は内政に干渉されることはなく，いわゆる「属国自主」の状況が続いていた。1860年代には，朝鮮国王高宗（こうそう）の父大院君（たいいんくん）が「衛正斥邪」を標榜する排外政策を続けたが，1870年代半ばからは王后の閔妃（びんひ）の一族閔氏が政権を掌握する。閔氏政権は，朝鮮の「自主」を謳う日朝修好条規を締結した後，開化政策を取る。しかし，開化政策へ財源が振り向けられた結果，旧式軍隊の俸給の遅配などが起こり，1882年に不満を持った兵士が大院君を担いで蜂起した。これを壬午軍乱（じんご）と言う。

　壬午軍乱が起きると，服喪中の李鴻章にかわって直隷総督代理となっていた張樹声は軍を派遣して反乱兵士を鎮圧し，朝鮮に赴いた李鴻章の幕僚馬建忠は大院君を拘束して保定に幽閉して，清朝の「属国」朝鮮に対する立場を固めた。これ以後，朝鮮では清朝の影響力が増大したことから，「独立自主」をめざす金玉均ら開化派は日本駐朝公使竹添進一郎（たけぞえしんいちろう）の支持をとりつけて1884年12月にクーデターを決行したが，袁世凱（えんせいがい）らの率いる朝鮮駐屯の清軍に鎮圧された。

　この甲申政変の事後処理のため，李鴻章と日本特命全権大使伊藤博文は天津条約を結び，①日清両軍の朝鮮からの撤兵，②朝鮮軍事教官は日清両国以外から選定，③将来朝鮮に派兵する場合の相互事前通知，を取り決めた。こののち清軍は撤兵したものの，李鴻章は総理交渉通商事宜の袁世凱を通じて朝鮮における影響力を維持した。これに対して，朝鮮側では「属国自主」の枠内で対外交渉の権限拡大を模索し，欧米への使節派遣を試みたが，清朝側の働きかけで阻止された。

　他方，朝鮮半島は世界的な英露対立の煽りも受ける。1885年，アフガニスタンをめぐる英露の軍事的緊張から，イギリス海軍は朝鮮の巨文島を占領した。

占領は 2 年間にわたったが，李鴻章がロシアから朝鮮占領の意志がないとの言質を引き出したことで，イギリスは巨文島より撤退することとなった。

李鴻章はまた，「東洋一の堅艦」と称された「定遠」「鎮遠」を建造・就役させるなど海軍力の拡充を進め，1888年に北洋艦隊（水師）を正式に発足させた。この北洋艦隊に対抗すべく，日本も海軍増強を進めた。

⑥ 日清戦争

1894年初め，朝鮮で**東学**の信者が叛乱を起こし，独力での鎮圧が困難と見た高宗は清朝に出兵を求めた。清朝はこれに応じ，清軍出兵の報に触れた日本も朝鮮に派兵した。ここに事態は，朝鮮が「属国」か「自主」かという二者択一の状況に陥り，7 月19日に日本は対清戦争を閣議決定，25日に豊島沖で日本艦隊が清軍艦・輸送船を攻撃した。日本軍は 7 月29日の成歓の戦いと 9 月15日の平壌の戦い，9 月17日の黄海海戦【図XI-14】と勝ち進み，翌1895年 2 月には清朝の北洋艦隊の本拠地である威海衛を攻略した。3 月に清朝全権李鴻章が下関に到着し，日本内閣総理大臣伊藤博文や外相陸奥宗光との交渉の末，4 月17日に下関条約に調印した。この条約によって，清朝は，朝鮮が「完全無欠なる独立自主の国」であることを確認し，遼東半島・台湾・澎湖諸島を日本に割譲し，2 億両の賠償金を支払うこととなった。ただ遼東半島については，下関条約の調印後，割譲に反発したロシアがドイツ・フランスとともに日本にその返還を要求する三国干渉を行い，3,000万両の報償金と引き換えに，日本は当地から撤退した。日清戦争の敗北によって，東アジアにおける清朝の「属国」はなくなり，この衝撃の中で清朝は新たな国家像を模索し始めることとなる。

▷ 7　東学
朝鮮王朝末期に起こった民間宗教。東学という名称は，「西学」すなわちキリスト教に抵抗する宗教ないし思想という意味である。1860年ごろに，慶州の没落した両班の出身である崔済愚が朝鮮の伝統的な信仰を基礎として，儒学・仏教・道教を取り入れて創始した。崔済愚は朝鮮王朝によって処刑されたが，東学は民間に裾野を広げ，1894年に全琫準に率いられて信徒が大反乱を起こすこととなった。

図XI-14　黄海海戦

出典：W. H. Overend　画。Public Domain（https://commons.wikimedia.org/wiki/File:Chinese_battleships_at_Yalu_River.jpg）.

（望月直人）

コラム

知識人の多様性──幕友，訟師，胥吏

「知識人」を中国の伝統的な語に置き換えれば「士」が相応しい。「士」は古典の教養を身につけ，それに裏づけられた倫理観を持つゆえに，為政者として社会を統治しうると見なされる人々である。これと対置されるのは「庶」であり，まったく反対の存在として統治され，教化されるべき存在である。「士庶」の区別は教養がその指標となるため，絶対的なものではない。近世以降，科挙制度が普及するとその流動性はますます大きくなった。しかし科挙に及第，任官するのはごく一部のエリートであり，その裾野に広範な非エリート知識人がいたことを忘れてはならない。

①幕友と訟師──同類ゆえに憎み合う？

科挙（⇨Ⅷ-5）に及第したエリートが地方官として行政の現場【図Ⅺ-15】に送り込まれたとき，未経験の膨大な事務処理が待っている。それに呆然としている暇はない。彼らの助けは「官箴書」と呼ばれる行

図Ⅺ-15　清代の衙門の様子

出典：『清俗紀聞』（国立公文書館デジタルアーカイブ）。

政心得兼マニュアル書である。そこには地方官が相対する人々が列挙されるが，何といっても大事なのは懐刀，「幕友」という私設秘書だ。幕友は文字どおり幕僚であるとともに，「師爺」「幕賓」とも呼ばれ，先生・客人として遇される。幕友は地方官の事務を補佐するのだが，なかでも「刑名（裁判）」「銭穀（徴税）」の事務を担当する幕友は重んじられた。つまりこの二つは最も難しい仕事だった。幕友になるのは科挙の落第者たちであり，エリートの地方官と遜色のない教養を持つ者も少なくない。清代の幕友として有名な汪輝祖は，青年時代から幕友の仕事の傍ら科挙受験に挑み，46歳で進士に及第したが，任官の機会なくなお10年間幕友生活を続けた。汪輝祖は浙江省紹興の出身だが，紹興は幕友の人材を輩出する地として名を馳せ，「紹興師爺」は幕友の代名詞になった。

赴任した地方官を悩ませるのが裁判のプロ「訟師」である。裁判に精通したことは幕友と同じだが，訟師はその技術をもって訴訟を起こさせ，無用の紛糾を招くトラブルメーカーと見なされていた。彼らは文字を書けない庶民の訴状の代筆，「包攬詞訟」という訴訟の請負，また相手方から示談金をせしめることなどで生計を立てており，実際に悪辣な訟師も多かったに違いない。いっぽう庶民の視点に立てば，彼らは権力を恐れぬアンチヒーローに映ったのだろう。「悪訟師」と称される訟師が活躍する物語も作られた。幕友と訟師は裁判をめぐってはまさにライバルだが，実は共通点も多い。両者とも優れた文章力を必要としたが，基本は定型句をいかに組み合わせて書くかである。細か

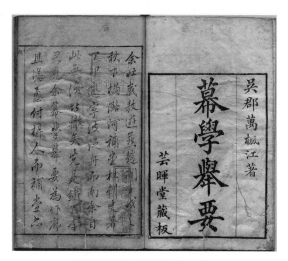

図XI-16 幕友の指南書『幕学挙要』

出典：国立公文書館デジタルアーカイブ。

な技術は幕友の心得である「幕学」【図XI-16】や訟師のマニュアルである「訟師秘本」などがあるが，拠って立つ基盤は同じだった。訟師から幕友に転じた例もある。彼らを多く輩出したのが「生員」（⇨ⅧⅠ-5 ⅨⅠ-3）と呼ばれる学生身分を持つ知識人だったことも科挙を中心とする近世中国社会を象徴している。

②胥吏──地方官の相容れざる協力者

　行政末端の県の場合，地方官が赴任した役所では正規の官員はわずか数人。実際の業務は「胥吏」と呼ばれる下級役人に担われていた。士と庶の区別でいえば，古典教養に乏しい胥吏は士に当たらない。しかし行政事務という知識労働に従事する彼らも知識人の一端に数えられよう。胥吏は古くから存在し，時代によって身分の変遷もあったが，一般的には決まった俸給なしに働いていた。役所に関わる諸経費や手数料，賄賂が胥吏の主たる収入源である。胥吏は中央から地方まであらゆる官庁に存在したが，一つの県でさえ2〜300人もおり，清朝は「吏と天下をともにする」とまで言

われた。彼らをうまく操縦し，取り締まるのは地方官にとっての難題で，胥吏たちは気に入らない地方官に対して「散堂（ストライキ）」さえ起こした。このように役所を牛耳る胥吏は，本来5年任期が決まりだったが，やがて胥吏の地位は一種の"株"のように売買されるようになる。彼らは手に入れた利権を手放さずに子弟や親族に譲渡し，胥吏は徐々に世襲化していくのである。エリートの残した記録では不正の権化のように書かれる胥吏だが，明代以降の通俗文学（⇨ⅨⅠ-3）の有力な読者層の一面もある。『水滸伝』では県の胥吏だった宋江が並み居る豪傑たちに慕われて梁山泊の首領になるが，これは胥吏たちの理想の投影かもしれない。

③中国近世の知的基盤

　正規の官員でない幕友，訟師，胥吏たちがむしろ主役として活躍する社会とはどういうものか。一つの鍵は近世の知的基盤としての識字の問題にある。当時の識字率はせいぜい10％程度とみられるが，正規の官員たちは幼少期から儒教の経典や詩文を学び，口語と「白話（口語文）」以外に共通の「文言（文語文）」の世界を持っている。それに対して文字の読めない庶民は口語の方言だけが唯一の言語世界である。つまり地方官は現地の庶民と言語コミュニケーションすら取れない。そこで地元の出身者で役所の事務に通じた胥吏や，同じく庶民の訴えを訴状にしたためる訟師が必要になる。その役割はまさしく"通訳"である。それを地方官のために解読し，文言に改変するのが幕友だと考えれば彼らの存在意義が見えてくる。"通訳"たちの間で使われた言語は「吏文」という独特のスタイルであり，もう一つの知的基盤を形作っていた。

（水越　知）

伝統思想の再評価と康有為

1　導入

　下関条約の締結直後，康有為【図XII-1】は北京で多数の科挙受験者とともに，講和拒否や改革などを求める上書を行った。彼は科挙合格後に強学会・保国会などの団体を設立し，西洋や日本をモデルとした改革論を主張して，**変法**運動の中心人物となった。ここでは，彼の思想に影響を与えたものとして，清末における伝統思想の再評価という側面に注目する。

2　諸子学・宋学の再評価

　乾隆・嘉慶期に隆盛した**考証学**は，**宋学**の経書理解を批判し，経書を正しく読解するうえで，経書成立当時の字義を正確に把握することを目指した。この過程で，同一文献の複数の写本を比較して文字の異同を明らかにしたり正したりする「校勘学」が発達した。校勘の対象はその多くが経書と同時期あるいはより以前に成立した先秦の**諸子**のものであったことから，『墨子』『荀子』など，長らく顧みられることのなかった諸子学の内容が注目されることとなった。たとえば，汪中は孟子ではなく荀子を儒学の正統とみなすとともに，「墨子序」で墨子の「兼愛」などの思想を評価し，その後の孫詒讓『墨子閒詁』につながる墨子研究の道を開くこととなった。清末の知識人はこのような諸子理解をふまえ，**アヘン戦争**後に西洋の学問が中国に伝来すると，「キリスト教の愛は墨子の兼愛と同じである」などのように，その起源を中国に求める「附会説」を唱えて理解・受容しようとした。

　また，経書の考証は本来，「聖人の道」に至るための手段であったが，研究対象が専門化・細分化し，考証それ自体が目的化するようになった。このため，嘉慶期に方東樹が『漢学商兌』を著して漢学すなわち考証学を批判し，宋学を擁護した。以後，道光・咸豊期には宋学を再評価し，漢学と宋学を調和しようとする動きが起こった。著名な学者としては，広州の学海堂で講学した陳澧が挙げられる。また，同じく広州の朱次琦は実践を重んじ，漢学・宋学の枠を超えて孔子の真意を見出そうとした。康有為は朱次琦門下で漢学・宋学を学び，弟子の梁啓超に対して「陸（九淵）・王（陽明）の心学」を学ぶよう指導している。なお，戊戌政変後，梁啓超・

図XII-1　康有為

出典：菊地（2005）。

章 炳麟ら日本へ亡命または留学した清末の知識人は，明治維新の原動力は**陽明学**にあったという説を日本で知り，陽明学を受容するようになった。

3 公羊学の再評価と康有為

儒家の経書は，漢代の隷書（今文）で書かれたものと，秦以前の文字（古文）で書かれたものがあり，両者の間ではテキストの文字だけでなく内容も異なることから，いずれを重視するかによって**今文学派と古文学派**に分かれた。乾隆・嘉慶期における考証学の主流派は後漢の馬融・鄭玄らによる古文学を尊び，先述のとおり考証それ自体が目的化する傾向があった。これに対して，清朝に仕えて高級官僚となった荘存与は，乾隆期における農民暴動や宗教反乱など社会の混乱をうけて，学問と実践の結合（経世致用）を求めて，前漢の今文学を代表する「公羊学」の再興を試みた。公羊学は今文で書かれた『春秋公羊伝』を研究するもので，前漢の董仲舒，後漢の何休によって展開された後，後漢の古文学の隆盛をうけて，魏晋以来絶学となっていた。公羊学の主な特徴は，①王道政治によって夷狄を教化して中華に組み込み，一元的支配による理想世界（大一統）の実現を目標とすること，②人間の歴史は衰乱の世から升平の世，太平の世へと進歩する（張三世）という歴史観を持つこと，③易姓革命を肯定すること，などである。荘存与は『春秋正辞』を著して，理想世界を実現するための奥深い教え（微言大義）を『春秋公羊伝』に求めた。彼の学問は一族に受け継がれ，彼の外孫の劉逢禄は『春秋公羊経何氏釈例』を著して，何休の張三世説を高く評価した。アヘン戦争の時期に政治論をさかんに展開した**龔自珍**[9]・**魏源**[10]が，劉逢禄に師事して公羊学を受容していたことはよく知られている。その後，魏源の出身地の湖南では，**王闓運**[11]らが公羊学を修めている。

康有為は先述のとおり漢学・宋学を学ぶ一方，西洋の学問の漢訳書を読んで西洋理解を深めた。その後，王闓運の弟子であった**廖平**[12]の影響を受けて公羊学を研究し，『新学偽経考』を著して，『春秋左氏伝』など古文の経書を新の学者劉歆の偽作とした。また，『春秋董氏学』で董仲舒による『春秋公羊伝』解釈を高く評価し，続けて『孔子改制考』では，孔子を古に仮託して制度を改める改革者とみなした。こうして康有為は，公羊学の張三世説と『礼記』礼運篇に見える「**大同**」[13]の世界に基づき，将来に大同社会を実現するため西洋式の社会改革を実施することこそが孔子の真意であると説き，これを変法の理論的根拠とした。しかし，彼が提示した儒教像は，古代を理想世界とし，孔子を古の教えの祖述者とみなす古文学派のそれとは大きく異なる上に，論法が強引なものであったため，古文学派による大きな反発を巻き起こすこととなった。

(宮原佳昭)

2 戊戌変法と光緒新政

1 利権獲得競争と戊戌変法（ぼじゅつへんぽう）

　19世紀末になると，それまで自由貿易のもとで隆盛を極めたイギリスの国力に翳りが見え始めた。東アジアでは，**洋務**▷1によって安定と威信を一定程度とりもどしていた清朝が日清戦争にやぶれ，その弱体ぶりを国際社会にさらした。このことが，中国における諸列強の利権獲得競争を引き起こす。

　1895年の下関条約で，清朝は2億両の賠償金を日本に支払うこととなった。この機をとらえてロシアとフランスは，対日賠償の第1回支払い分の借款を供与する。イギリスは，露仏の動きに対抗するため，ドイツとともに1896年および1898年に残りの対日賠償分の借款を与えた。

　1896年，ロシアは清朝と秘密の軍事同盟を結び，東清鉄道（中東鉄路）の建設・経営の権利を獲得した。翌1897年，宣教師殺害を口実としてドイツが膠州湾（こうしゅうわん）を占領する。この動きに対して，ロシアは旅順・大連を占領，ロシアに対抗すべくイギリスも旅順・大連と渤海を挟んで対岸となる威海衛を租借する。またフランスとベルギーが盧漢鉄路（ろかんてつろ）の建設・経営の権利を得たことをはじめ，列強各国とその資本による利権獲得が相次いだ。

　この情勢に，中国の読書人のあいだで「瓜分（かぶん）」すなわち列強による中国分割の危機感が高まり，清朝内でも新たな政治潮流が生まれる。皇帝の家庭教師で，「清議」▷2を唱える若手・少壮科挙官僚たちのまとめ役でもあった朝廷高官の翁同龢（おうどうわ）は，**康有為**▷3を評価して青年皇帝の光緒帝（こうしょてい）に引き合わせた。光緒帝は康有為を信任し，改革に着手させた。この改革は，実施された1898年の干支から「戊戌変法」と呼称される。改革は，①科挙の廃止，②京師大学堂（けいし）（いまの北京大学の前身）や新式の中小学堂の設置，③新式軍の建設，④実業の奨励，⑤翻訳局の開設，⑥新聞の発行，⑦国家予算の公表，⑧上書の自由化などを目指した。しかし，様々な改革案を倉卒に勅命として発したことから，行政の混乱を招き，保守派の反発も高まった。康有為は，陸軍の近代化に取り組んでいた袁世凱（えんせいがい）を抱き込み，保守派の中核となっていた**西太后**▷4を排除しようと目論んだ。しかし，袁世凱は西太后にこの計画を密告し，西太后が先手を打ってクーデターを起こし，光緒帝を幽閉，変法はわずか100日で頓挫した。この戊戌政変によって，康有為やその弟子の梁啓超（りょうけいちょう）らは亡命を余儀なくされた。

▷1　洋務　⇨ XI-6

▷2　清議
もともと後漢末に宦官（かんがん）による政治の壟断を批判する言論・文筆活動（⇨III-4）を指したが，そののち読書人を中心に形成された輿論一般を指す言葉となった。儒学の教義や社会道徳を重んじる立場からなされた「清議」は，権力や利益などを握る高官を厳しく批判するなどして，朝廷内の権力闘争に影響を及ぼすことも少なくなかった。

▷3　康有為　⇨ XII-1
▷4　西太后　⇨ XI-6

図XII-2　西太后

出典：田所（2005）。

② 義和団事件

戊戌変法の挫折にともなって、清朝朝
廷では吏部尚書徐桐ら保守派の影響力が
拡大した。他方、民間でも排外運動が広
がりつつあった。山東省においては、18
世紀から**白蓮教**^{◁5}の流れを汲み、拳法の
修練による護身を謳う義和拳教が、キリ
スト教の布教活動への反感の高まりや天
災などによる貧窮者の増加を背景として、
信仰を集めるようになっていた。義和拳
教はとくに19世紀末に急速に勢力を拡大
し、武装勢力として性格を強め、「扶清
滅洋」を掲げるようになり、清朝も彼ら

図XII-3　袁世凱

出典：岡本（2015）。

▷5　白蓮教 ⇨ X-6

を治安維持の武装組織「義和団」として半ば公認するようになる。山東巡撫
に着任した袁世凱は義和団を弾圧するが、これによって義和団は北京一帯に流
入することになる。義和団は各地で教会の焼き討ちや鉄道・電線の破壊を行っ
た。列強各国は清朝に義和団の取り締まりを要求したが、十分な措置が取られ
ないと判断して派兵に動き、1900年6月に天津の大沽砲台を占領した。ここに
至り、徐桐ら朝廷の保守派は義和団を活用して欧米や日本の排除を西太后に促
し、清朝はイギリス、アメリカ、ロシア、フランス、ドイツ、オーストリア＝
ハンガリー、イタリアおよび日本の8か国に対して宣戦布告した。しかし、袁
世凱のほか、両江総督劉坤一・湖広総督張之洞・両広総督李鴻章も朝廷の
命に従わずに列強諸国との和平を保ったことから、戦域は限定された。8月、
8か国連合軍は北京に入城し、徐桐は自殺し、西太后は光緒帝をともなって西
安に逃れた。翌1901年9月、清朝全権の慶親王と李鴻章は北京議定書に調印、
①賠償金の支払い、②北京公使館地区への外国軍隊の駐留、③総理各国事務衙
門を**外務部**^{◁6}に改める、といった取り決めがなされた。

義和団事件に派兵した8か国は、事件の終息後に続々と撤兵した。アメリカ
国務長官ヘイは1899年において門戸開放を主張する同文通牒を諸列強に送って
いたが、義和団事件に際しても、中国における機会均等と清朝の領土保全を要
求する第2次通牒を他の列強諸国に送付した。列強諸国も、義和団事件を鑑と
して中国での新たな租借地獲得を控えるようになった。

しかしながら、ロシアのみは満洲に軍隊をとどめ、やがて朝鮮半島で影響
力を強めていた日本、ロシアの南下を警戒するイギリス、門戸開放を主張する
アメリカと対立を深めた。1904年に日本とロシアは開戦し、1905年のポーツマ
ス条約で、日露両軍は一部を除き、満洲から撤退することになった。この日露

▷6　外務部
北京議定書に基づいて設置
された外政機関。慶親王が
引き続きトップをつとめる
など、前身である総理各国
事務衙門からの継続性も強
いが、「洋務」の時期から
公館において養成されてき
た職業外交官が正規の官制
に組み入れられ、近代的外
政機構に衣替えも進んだ。

戦争に際して，満洲占領に反発していた清朝はロシアとの軍事同盟を無視して中立を守っている。

③ 光緒新政

　義和団事件で列強の国力を痛感した西太后は，「光緒新政」と総称される一連の改革を行うこととなる。彼女は1901年1月に変法預約の詔を発し，4月には制度改革のための調査機関である督辦政務処を設置した。9月には義和団事件の際に閉鎖されていた京師大学堂が再開された。1904年には奏定学堂章程によって新学制が整備され，各省から留学生を外国に派遣することも決定された。1905年には長らく中国官僚制の土台となってきた科挙の廃止が宣言された。科挙の廃止は，中国の若者のあいだに広がっていた日本など海外への留学の動きを加速することになった。

　1906年には，中央官制が再編された。伝統的な六部から，外務部・吏部・度支部・礼部・陸軍部・郵伝部・民政部・学部・農工商部・理藩部という欧米日など近代国家を意識した官庁の配置に改められている。また，清朝はこの年に旧来の**緑営**[7]など旧式軍を廃止している。すでに日清戦争後から清朝は新軍の建設を進めてきたが，義和団事件後に直隷総督となった袁世凱は，1905年までに北洋六鎮と呼ばれた新軍の部隊を整備して，のちの北洋軍閥の基盤を築くこととなった。

▷7　緑営　⇨X-6

　他方，日露戦争における日本の事実上の勝利から，中国の人々は「立憲制」は「専制」に勝るという印象を持つにいたった。1905年，皇弟の載沢ら5大臣が政治視察のために欧米諸国や日本へ派遣され，翌年帰国した彼らは立憲君主制の採用を提言する。これによって同年，憲政予備の詔が発せられ，9年以内に憲法を制定して議会を召集することも宣言された。そして1908年には，憲政編査館が作成した欽定憲法大綱が頒布された。

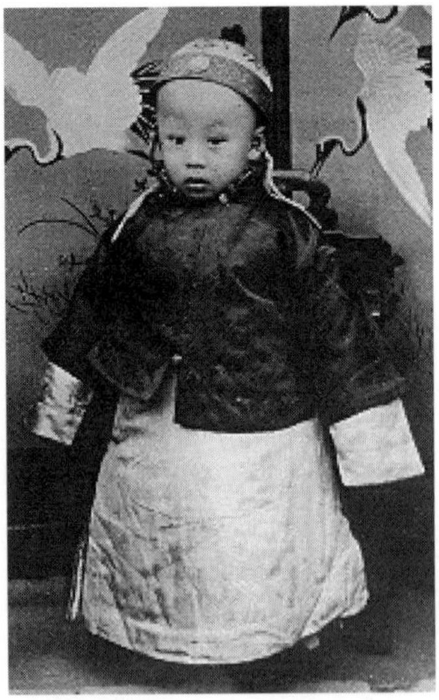

　1908年，光緒帝と西太后が死去し，3歳の宣統帝溥儀が即位した。翌1909年1月，軍機大臣・外務部尚書の袁世凱が罷免されるが，これは戊戌変法で光緒帝を裏切ったことに対する宣統帝の父醇親王載灃（光緒帝の異母帝）の報復であるとされる。しかし，軍と官界に広い人脈を持った袁世凱を失脚させたことは，結果的に清朝の官界を統制する力を弱める結果となった。これが，辛亥革命へとつながってゆくこととな

図Ⅻ-4　宣統帝溥儀

出典：溥儀（1977, 上）。

る。

4 チベットとモンゴルにおける統治の変更と反発

　清朝皇帝は，主に漢人が居住する「十八省」においては儒学的世界観における皇帝として君臨する一方で，モンゴルに対しては「カアン」，チベットにはチベット仏教ゲルク派の教主ダライラマに対する「大檀越」つまり施主として，それぞれの文化・世界観に照らした関係を築いていた。しかし，1900年代，清朝とチベット・モンゴルの関係には根本的な変化が起こる。

▷8　清朝のチベットとの
関係 ⇨ X-3

　元来，清朝は漢人のモンゴル草原地域への入植を禁止していた。この方針は，モンゴル王公による漢人農民の移住の黙認などもあって，実際には形骸化していたものの，清末まで堅持されていた。しかし，1902年に胎穀が墾務大臣に任命され，清朝は内モンゴルにおける「移民実辺」すなわち漢人農民の内モンゴル移住・開墾を奨励し，それによる税収増大を企図する政策に着手した。漢人農民の流入はモンゴル人とのあいだに緊張や衝突を惹起し，大規模な抗墾運動も発生した。やがて，モンゴルは清朝の滅亡後に独立することになる。

　チベットにおいては，清朝は**駐蔵（チベット）大臣**と少数の駐屯軍を置いていたが，ダライラマの政府に統治を任せていた。しかし，1904年に英領インド総督カーゾンの命を受けたヤングハズバンドがラサに入り，チベットの代表とラサ条約を締結すると清朝は大きな衝撃を受けた。1906年，清朝は駐蔵大臣に外交官の張蔭棠を任命した。これは，駐チベット大臣に漢人官僚が任命された初めての事例となった。張蔭棠は，これ以前にイギリスとラサ条約改訂にあたっていたが，交渉は不首尾に終わっていた。このため，彼はチベットが清朝の「主権」のもとにあることを示す必要を強く感じており，統治改革案を提出する。しかし，この内容が急進的であったことから，張蔭棠はチベット人の反発を招いて罷免された。

▷9　駐蔵大臣 ⇨ X-3

　しかし，清朝は1908年に趙爾豊を駐蔵大臣兼辺務大臣に任命し，四川省西部のチベット人居住地をダライラマの政権から分離して西康省を設置する動きを強化した。さらに1910年，四川総督となった趙爾豊は軍を率いてチベットに侵攻しラサに入った。ダライラマ13世は英領インドへと亡命した。こののち，清朝の滅亡によってダライラマ13世はラサに戻り，チベットも独立を目指すこととなる。

（望月直人）

3 変法と革命

① 革命派の台頭

　戊戌政変[41]から辛亥革命[42]にいたる中国の歴史を変法[43]と革命の対抗，あるいは変法から革命への変化ととらえた場合，変法派と革命派の間になされた華々しい論戦は重要な意味を帯びてくる。しかし，二つの陣営が真っ向から対立するという状況は，じつは短期間の現象にすぎない。

　孫文が武装蜂起の資金を募るためハワイ[44]に渡り，同地で興中会を結成したのは，1894年のことであった。翌年広州で最初の蜂起を企てて失敗した孫は日本に亡命する。孫の活動を支援していた宮崎滔天[45]は，戊戌政変で日本に亡命してきた康有為，梁啓超[46]を孫と引き合わせようとした。康は拒絶した。光緒帝のリーダーシップのもとで中国を改革することを主張してきた康にしてみれば，「韃虜〔満洲人〕を駆除せよ」とのスローガンを掲げていた孫との協力はしょせん不可能であったし，知名度の点でも資金力の点でも格段に劣る孫文一派との協力で得られるものなどなにもなかったのである。

　この非対称な関係はやがて変化をきたす。1902年2月，梁啓超は『新民叢報』[47]【図XII-5】を創刊した。増刷版や海賊版を含めれば，「都市部の知識青年のほとんどが目にすることが可能なほどの部数が流通」した。同誌で最も重要な論説「新民説」[48]は，国民性の改造により中国の危機を救うことを目指したが，ときに革命にさおさすような議論も見られた。弟子たちが革命へ傾斜することに危機感を抱いた康は「南北アメリカ州の諸華僑に答えて中国は立憲をおこないうるのみで革命をおこないえないことを論じた書翰」をしたため，『新民叢報』に掲載させた。1903年，章炳麟は『蘇報』でこれを論駁したが，不敬の文字があったとして逮捕され，禁固刑に処せられる。こ

図XII-5　『新民叢報』創刊号表紙
清の領土が赤色で示されている
出典：狭間（2016）。

の蘇報事件では『革命軍』の著者鄒容も逮捕された（のち獄死）。章が序を寄せた『革命軍』は，その過激な主張によって国内外で大きな反響を呼び，革命の風潮を広めることになる。

　従来の革命派の活動は，浙江の光復会，湖南の華興会，広東の興中会のように，出身省ごとになされることが多かった。1905年8月，宮崎滔天の斡旋で革命諸団体が合流し，中国同盟会が結成され，孫文が会長に就任する。その綱領は「韃虜を駆除し，中華を回復し，民国を創立し，地権を平均する」で，のち孫文によって三民主義（民族主義，民権主義，民生主義）へと理論化された。この中国同盟会の機関誌として1905年11月に『**民報**』が創刊され，梁啓超に論戦を挑んだ。ここに，変法派と革命派がそれぞれの機関誌を通じて対峙する状況が生まれた。両者は近代的国民国家を目指す点は一致していたものの，その手段（前者が君主立憲，後者が革命）に大きな違いがあった。当時，1万人を越えていた在日中国人留学生の間では，より急進的な革命派に心を寄せるものが多かった。約1年間にわたって激しい応酬が繰り広げられたが，必ずしも議論はかみ合わなかった。

② 立憲制への移行

　清朝は1906年に立憲準備の上論を出し，君主立憲制への移行を模索しはじめた。1908年，清朝は9年後の憲法発布と国会開設を約した詔を出す。1909年には各省に諮議局が設置され，選挙で議員が選ばれた。新たに政治への参加の道を与えられた国内のエリートたちは，国会の早期開設や鉄道敷設権の回収といったより具体的な問題に関心を移していった。梁啓超もまた来るべき立憲政治に向けて，政党の設立やその機関誌の刊行を進めていた。言論の場における革命派との覇権争いは，もはや優先事項ではなくなっていた。清朝からすれば，これによって反清朝的な言論の影響力はある程度封じ込められることになった。しかし一方で新たな政治参加の回路は，立憲制への移行を渋る政府を督促したり批判したりする場を提供することにもなった。

　革命派の側にも変化が見られた。もともと中国同盟会での孫文のリーダーシップは強固なものではなく，その母体となった革命諸団体の考え方も一致していなかった。中国同盟会での内部対立は，1907年に孫文が日本から退去を迫られるに及んで決定的なものとなった。孫文は依然として華南での武装蜂起を繰り返し，そのたびに資金集めに奔走した。『民報』は1908年10月に停刊となり，同誌で梁啓超批判の先陣を切っていた汪精衛は1910年に摂政王載灃の暗殺に失敗し，獄につながれた。宋教仁らは長江流域での蜂起を企てていた。辛亥革命の導火線となった武昌蜂起も，実行したのは中国同盟会中部総会であった。アメリカ滞在中の孫文がそれを知ったのは事後のことであった。

（高嶋　航）

らないと説いた。その主張は中国のみならず，朝鮮やベトナムでも広く受容された。

▷9　『民報』
『民報』は1905年に東京で創刊された中国同盟会の機関誌。胡漢民，章炳麟，汪精衛らが革命の主張を展開した。1908年停刊。

4 近代化

▷1　康有為
⇨ XII-1 XII-2 XII-3

▷2　張園
　無錫出身の商人張叔和が
創った庭園。1885年に開放
され，上海市民の娯楽や集
会の場となる。1900年には
維新派の人士が「中国国
会」を開催した。

▷3　租界
　アヘン戦争後，南京条約で
上海など五つの港が開港さ
れ，外国人の居留が認めら
れると，イギリスなど列強
諸国は開港場内に租界と呼
ばれる地域を獲得した。租
界には独自の行政機構が設
置され，中国政府の主権が
及ばなかった。やがて租界
には中国人も住むようにな
り，外国人口を圧倒する
ようになる。租界は列強の
中国侵略の拠点であると同
時に，中国の近代化と革命
運動の揺籃の地ともなった。

1 近代都市の景観

　上海の黄浦江左岸（外灘）に立ち並ぶ洋風建築群【図XII-6】は，長らく中国近代化を象徴する風景であった。いまやその外灘も，対岸の浦江地区にそびえ立つ摩天楼に圧倒されている。外国人が築いた外灘は，新中国成立によって中国人の手に渡り，やがて中国人自身がそれらをはるかにしのぐ建築群をつくりあげたのである。黄浦江両岸の対照的な風景は，中国の近代化の歩みを凝縮している。

　康有為[1]は洋風建築が立ち並ぶ外灘の景観を見て，西洋に学ぶことの重要性を実感した。彼が感銘を受けたのは，建物の美しさ，道路の清潔さであり，巡査の周到さであり，そこから西洋が「治国」「治術」に優れていることを読み取り，彼らを夷狄と見ることを止めた。

　外灘に最初の公園，パブリックガーデンが設置されたのは1868年のことだった。パブリックといいながら，当初中国人の入場は禁止されていたが，中国人側の粘り強い抗議の結果，入園が許されることになる。ところが，マナーを守らない人が続出したため，1890年にふたたび中国人の入園が禁止された。近代的都市空間はこのような形で中国人に従来の振る舞いを改めるよう迫った。これと前後して，張園[2]，徐園など著名な私人の庭園が市民に開放された。張園がしばしば政治的集会の舞台となったように，伝統的な空間も新しい公共空間へと転換しうるのであり，こうして生まれた新しい公共空間は新しい活動の舞台となっていった。

2 近代工業の発展

　租界[3]は中国と西洋の交流の窓口となり，西洋の影響は租界を通じて中国社会に広がっていった。上海で輸入された洋貨（外国商品）は，1850年には391万海関両で，うちアヘンが54%，綿織物が34%を占めた。1870年には4,466万海関両が輸入され，アヘンが34%，綿織物が50%を占めた。モノから見た場合，西洋の影響はまずアヘンと綿織物という形で現れた。アヘンがもたらす経済的，社会的，倫理的な悪影響

図XII-6　1925年の外灘の光景

出典：上海市档案館（1996）。

はつとに中国の知識人の批判するところとなった。多種多様の洋貨が上海の消費市場に流入するようになると，人々の消費や嗜好，生活や習慣にも大きな変化が生じた。

外国貿易の増加は，商業，金融，工業などの拡大をもたらした（外灘の建物の多くは金融機関であった）。上海では早くも1865年に**江南機器製造総局**が設立され，1890年には上海機器織布局が操業を開始する。日清戦争後は外国資本の工場も進出し，軽工業を中心に近代工業部門の発展が加速した。

③ 空間の変容

上海で最初の新聞は1850年創刊の英字紙 *North China Herald* であった。1861年には中国語新聞『上海新報』が創刊した。『申報』（1872年創刊）と『新聞報』（1893年創刊）は発行部数が1万部を越え，とりわけ大きな影響力を持った。清末に5万部以上の発行部数を誇った『万国公報』は，在華宣教師が中心となって刊行していた雑誌で，多くの中国知識人が『万国公報』を通して世界の情勢を知り，西洋の学術を学んだ。政論新聞も上海で生まれた。1896年1月に創刊した『強学報』はすぐに停刊となったが，同年8月に創刊した『時務報』は2年間にわたって主筆の梁啓超らが**変法維新の主張**を広めた。ジャーナリズムは新たな言論空間を切り拓き，中国の変革を促していった。

汽船や鉄道も空間のあり方を大きく変えた。鉄道の歴史は，1876年にイギリス人が敷設した14.5kmの呉淞鉄道に始まる。清朝はこの鉄道を買収・撤去した。鉄道は国家を統合し経済を発展させる手段であったが，それが外国人の手に握られれば，国家を分裂させ中国の富を搾取する手段ともなりうるからである。清朝は1880年に唐山と直沽を結ぶ約10kmの鉄道を認可した。この短い鉄道が中国鉄道網の起点となった。

日清戦争後，列強が鉄道建設に関与しはじめる。ロシアが東清鉄道，ドイツが膠済鉄道を完成させたほか，ベルギー借款で京漢鉄道，イギリス借款で京奉鉄道が建設された。日露戦争に勝利した日本は，ロシアから東清鉄道南満支線（旅順～長春）の経営を引き継ぎ，南満洲鉄道株式会社（満鉄）を設立した。1911年には鴨緑江に橋が架けられ，朝鮮鉄道と満鉄が接続された。同じころ，フランスはハノイと昆明を結ぶ鉄道を完成させている。鉄道を通じて，列強は中国を周辺から浸食していった。

清朝は，鉄道国有化への反対運動が導火線となって勃発した**辛亥革命**によって滅びた。中華民国期にも鉄道の建設は進むが，それが国家の統合に寄与することはなく，各地に軍閥が割拠した。

鉄道の両義性は，近代化が中国のような後進地域にもたらす複雑な作用を反映している。

（高嶋　航）

▷4　江南機器製造総局
江南機器製造総局は曾国藩，李鴻章が創設した軍事工場。兵器を生産するだけでなく，広方言館（翻訳館）を附設し，軍事だけでなく地理，歴史などの西洋書を翻訳紹介し，中国の知識人に大きな影響を与えた。

▷5　変法維新の主張
政治問題を扱う新聞・雑誌の多くは，政府の言論弾圧から逃れるため，租界や外国で刊行された。たとえば，『時務報』は上海で，『新民叢報』は横浜で刊行されている。

▷6　列強の浸食
1911年時点で，外国の資金で建設された鉄道は，中国国内の鉄道総距離の45％に達した。

▷7　辛亥革命 ⇨ XII-5

5　辛亥革命

1　鉄道国有化問題から武昌蜂起へ

　宣統帝溥儀が即位すると，彼の父親の醇親王載灃が摂政王として実権を握った。載灃は地方への統制を強めるべく，皇族を内閣総理大臣に擁立し，閣僚の大半を満洲人が占める親貴内閣を1911年 5 月に成立させた。**光緒新政**を支持してきた**立憲派**はこれに大きく失望し，さらに清朝が鉄道国有化政策を打ち出すと，清朝から離反する姿勢を明確に示した。

　漢人の地方エリート・資本家からなる立憲派にとって，鉄道は極めて重要な問題であった。彼らは以前から，外国の勢力下にあった粤漢鉄道（広州―漢口間）など各地の鉄道や鉱山を買い戻す利権回収運動を推進してきた。これに対し，清朝は粤漢鉄道や川漢鉄道（成都―漢口間）などの幹線鉄道を国有化し，これを担保として外国から借款を受けようとした。ここに，鉄道沿線の四川・広東・湖北・湖南などでは，利権回収運動を推進してきた立憲派が清朝に強く反発した。とくに四川では，四川保路同志会が結成されて清朝に激しく抵抗し，9 月には群衆と官憲が衝突する暴動が起こった。

　この四川暴動を鎮圧するため，清朝は湖北省武漢（武昌・漢口・漢陽からなる）一帯に駐屯していた**新軍**に対し，四川へ出動するよう命令した。この時期，**宋教仁**を中心に結成された中国同盟会中部総会が孫文とは異なる路線をとり，長江流域における**革命派**の勢力拡大に努めたため，湖北省の新軍内には革命派の影響力が強まっていた。彼ら新軍内の革命派は四川出動を契機として，中秋節にあたる10月 6 日に武装蜂起することを決めた。しかし，準備不足で延期したところ，9 日に漢口租界で製造中の爆弾が暴発して逮捕者が続出し，革命派は追い詰められた末，10日夜に武昌で武装蜂起した。これを知った湖広総督は逃亡し，革命派は新軍の旅団長の黎元洪を都督とする湖北軍政府を成立させた。結果として，これが辛亥革命のはじまりとなった。

2　中華民国の成立と清朝の滅亡

　武昌蜂起の情報が全国へ広がると，湖南・陝西など中国本土18省のうち14省が11月末までに，清朝からの「独立」をあいついで宣言した。「独立」各省の軍政府の都督は，多くが立憲派や旧官僚であった。たとえば湖北の黎元洪はそもそも革命派ではなかったが，新軍に対する指導力を持っていたため革命派に

よって推挙された。また，湖南では革命派の人物が都督就任直後に殺害され，かわって革命の主導権を握った立憲派の譚延闓[7]が都督に推挙された。革命派は蜂起の主動力ではあったが，地方における政治・経済基盤が弱かったため，地方に強い影響力を持つ立憲派や旧官僚の力に頼らざるを得なかったのである。辛亥革命における急速な「独立」の背景には，立憲派や旧官僚が革命派と手を組んで清朝を見限った，という要素が色濃い。また，革命派は近代化された新軍のみならず，「会党」と呼ばれる伝統的秘密結社[8]に働きかけ，「中秋節に救世主が降臨して異民族を駆逐し，至福の世界が到来する」という民間伝説にちなんで蜂起して民衆の支持を得ようとするなど，伝統的要素に頼る側面も見られた。

　清朝は革命鎮圧のため，故郷に隠棲していた袁世凱[9]に全権を与え，11月には内閣総理大臣に任命した。袁世凱は北洋軍を動員して漢陽の革命軍を攻撃後，12月には停戦して「独立」諸省と交渉を始めた。一方，孫文はアメリカ滞在中の10月12日に武昌蜂起のニュースを知ると，欧米諸国をまわって革命支持を訴えた後，12月25日に上海へ到着した。求心力ある指導者を欲していた「独立」諸省の代表らの投票によって，孫文はほぼ満票で中華民国臨時大総統に選出されると，1912年1月1日，南京で中華民国の建国を宣言した。ここに，北の清朝と南の中華民国が対峙する状況となった。

　袁世凱の狙いは，清朝と中華民国との間で漁夫の利を得ることであった。イギリスをはじめ中国に利権を持つ列強は，強い軍事力を有する袁世凱を支持した。中華民国側は軍事力・財政力ともに乏しい状況にあったことから，袁世凱との交渉を通じて，宣統帝溥儀の退位と共和制の実施を条件として，袁世凱を臨時大総統に就任させるという案に賛成し，孫文もこれに応じざるを得なかった。1912年2月12日に宣統帝溥儀が退位[10]し，ここに清朝は滅亡した。袁世凱は3月10日に北京で臨時大総統に就任し，翌日には中華民国臨時約法【図Ⅻ-7】が公布された。臨時約法は革命派を中心とする参議院が制定したもので，国民主権や言論・出版の自由を掲げるほか，議会が大総統よりも大きな権限を有する議院内閣制を採用していた。

　辛亥革命は中国史のみならず世界史的にも大きな意義を持つ。すなわち，秦の始皇帝以来およそ2000年にわたって続いた皇帝制度[11]の終焉，アジア初の共和国の成立，民主的な内容を備えた臨時約法の制定などである。その一方で，辛亥革命によってあらゆるものが急激に変化したわけではなく，中国社会には伝統的価値観がなおも根強く残り続けたことには注意しなければならない。
　　　　　　　　　　　　　　　　　　　（宮原佳昭）

▷7　譚延闓
湖南省茶陵の出身。科挙における1904年の会試（北京で実施される礼部主催の試験。合格後に皇帝臨席の殿試がある）の会元（首席合格者）。父の譚鍾麟は閩浙総督・両広総督などを歴任し，1895年に孫文が指導した第一次広州蜂起を鎮圧するなどした保守派官僚。父の死後，湖南の立憲派の中心人物となり，1909年に湖南諮議局議長に就任。

▷8　秘密結社　　Ⅺ-3

▷9　袁世凱　⇨　Ⅻ-2

▷10　宣統帝溥儀の退位
袁世凱と中華民国側との間で定められた「清室優待条件」により，溥儀は退位後も紫禁城に住むことや，中華民国の国庫から生活費を支給されることなどが認められた。これは1924年の馮玉祥のクーデタ（北京政変）まで続いた。

▷11　皇帝制度　⇨　Ⅱ-4

図Ⅻ-7　中華民国臨時約法（部分）

出典：辛亥革命武昌起義紀念館（2001）。

コラム

身体と近代

　辮髪（pigtail）と纏足は，西洋人（男性）にとって，中国人のシンボルであった。同時期の日本人がちょんまげとゲイシャに代表されたのと同じで，男性には野蛮が，女性にはエキゾチックなエロチシズムが割り当てられ，「文明」の引き立て役にされたのである。

　西洋人の視線を内面化し，遅れた同胞を文明に引き上げようとする運動は，日本でも中国でも起こった。とはいえ，文明化や近代化は必ずしも西洋化を意味しない。欧化主義と国粋主義がせめぎ合った日本の近代と同様に，中国でも伝統と近代は緊張関係にあった。そもそも「伝統」すら近代の産物であり，伝統と近代の対抗そのものが近代化の過程であった（⇨ⅩⅡ-4）。

　この過程で身体や衣服にも大きな変化が生じる。身体や衣服の変化は，たんに人々の嗜好が変わったというよりは，人々の意識，人と人の関係，男と女の関係，あるいは人と社会，人と国家の関係が変わったことを反映していた。

　身体の近代化を主導した知識人がまず取り組んだのが女性の纏足をなくすことだった。纏足は，当事者に痛みを与え，その行動を束縛することだけが問題だったのではない。それは，民族と国家の弱体化を招く元凶と考えられた。民族と国家を強くするには，強い国民が必要であり，強い国民を生み育てるには強い女性が必要であった。それゆえ，纏足解放論者は女子教育を提唱し，精神的にも肉体的にも優れた女性を養成しようとした。男性知識人は纏足解放を主導することで，自らを文明の側に位置づけた。ちなみに，台湾では植民地当局が学校教育などを通じて「陋習」である纏足の撲滅を推進した。この場合，纏足解放運動は植民地当局による「文明化の使命」を正当化する役割を果たすことになった。

　辮髪の問題はこれほど単純ではなかった。そもそも辮髪は，満洲族による中国支配を認めさせる「踏み絵」として強制的に導入されたものだった。時の経過とともに，漢族男性にとっても，辮髪は自らのアイデンティティの一部となったが，その政治的意味が消滅したわけではない。梁啓超のように清朝の権威を認めつつ近代化を図ろうとする人々にとって，辮髪は切れば済むというわけにはいかなかったのである。逆にいうと，清朝の権威を認めない人々にとって，断髪は自

図ⅩⅡ-8　兵士に髪を切られる男性

出典：ジョナサン・スペンス，アンピン・チン（1998）。

らの立場を表明する手立てとなった。辛亥革命（⇨［XII-5］）は，このような髪の政治性が極度に顕在化した出来事であった【図XII-8】。

1876年，李鴻章は森有礼に対して，「貴国旧来ノ服制ヲ変シテ欧風ヲ模セラルヽノ一事」だけは賞賛できないと語った（『大日本外交文書』第9巻）。森は旧来の服装がゆるやかで爽快で，怠惰な人にはよいが勤勉に人には適さないと述べ，暗に中国の服装を批判した。それから20年後，康有為は，中国の「大きな袖とゆったりした帯，長い裾と雅やかな歩き方」を，「万国競争の世」に合わないと批判している（「請断髪易服改元摺」）。森が内面化した西洋人の視線を，さらに康が内面化したのである。康は易服と同時に，断髪と改元も求めたが，それは身体の近代化が身体にとどまるものではなかったことを示している。

近代に男性の服装は「灰色化」のプロセスをたどると言われる。中国も例外ではない。地位と身分を示す派手なエリートの衣服は，飾り気のないスーツや軍服に変わっていった。伝統的な長袍も影響を受け，抽象的な模様，地味な色合い，ひきしまったスタイルのものが好まれるようになった。「灰色化」は，個人間の差異を消去し，集団の一体性を強調した。それはまさに近代国家がその国民に求めたものであった。この「灰色化」の行きついた先が，「中山装」（人民服）だった。洋服をアレンジしたこの奇妙な服は，当初公務員や党員が着用するだけだったが，新中国では女性を含む全国民に広がった。

女性の服装は，近代性よりも伝統性やファッション性が重視された。チャイナドレスとして知られる旗袍（チーパオ）は，旗人の袍服をその原型としつつ中華民国期に創られた新たな「伝統」である。ただし，スタイルは伝統に添いながらも，機能はまるで違っていた。伝統的な衣服は身体を隠すために着たが，旗袍は体の輪郭を見せるために着た。胸を平板に見せるために布や下着で胸を縛り付けていた女性たちは，一転して胸を強調するようになる。「放胸」（胸の解放）は，美観だけでなく，個人や民族の健康の視点からも正当化された。

1920年代には女性の断髪が世界的に流行する。中国でも女性の断髪が広がったが，その動機は，男女平等の証，西洋への憧れ，衛生など多様であった。1920年代後半の国民党による北伐（⇨［XIII-4］）の過程では，女性の断髪【図XII-9】が革命か反革命かの標識となり，女性が断髪したという理由だけで反革命派に殺されることもあった。女性の身体の政治化は，女性が政治の主体となりつつあったことを反映していた。

個人の身体が民族や国家と結びつけられるのが近代の特徴である。1930年代の新生活運動（⇨［XIV-1］）では，唾を吐く，ボタンを留めるといったごく私的な行為が，民族や国家の観点から判定された。民族や国家にとって理想的な身体とは，なにより健康で，従順で，規律を有する身体であった。その対極が「東亜病夫」であり，それが中国の現状と認識された。「東亜病夫」は，個人の健康と民族・国家の健康が不可分であることを示す表現であり，また国民に自らの一挙一動が民族・国家の未来に直結することを悟らせ，理想的な身体に近づける努力を強要するレトリックであった。

図XII-9　自ら髪を切る女性

出典：『民国日報』（1927年1月1日）。

（高嶋　航）

中華民国初期の政治状況

1　袁世凱の専横から軍閥割拠へ

　政治・軍事等の単位として重要性を増していた各省が清朝から独立を宣言するという形で**辛亥革命**[1]が起こった。こうして生まれた中華民国は，各省で成立した軍政府の緩やかな連合体に過ぎなかった。また，清朝の中央財政は徴税を実際に行う地方からの送金に依拠していたため，革命により各省の自立傾向が強まる中，袁世凱政権としては中央財政の確立をはじめとした改革が急がれた。

　だが，**臨時約法**[2]により強大な権限を与えられた参議院では，各省の反発もあり，袁政権が提出する改革案の審議は進まなかった。そんな中，国会選挙で大勝した**国民党**[3]の領袖・**宋教仁**[4]が1913年3月に暗殺されると，袁世凱は4月国会の承認を経ないまま列強との間に**善後借款**[5]を結び，6月には反袁の江西，広東，安徽の国民党系都督（省の軍長官）を罷免した。7月先の3省などが独立を宣言して袁討伐の兵を起こした（第二革命）が，袁世凱はじきにこれを鎮圧した。

　同年10月，袁世凱は国会に自身を大総統に選出させると，国民党の解散，国会の休止，行政部の圧倒的優位を定めた中華民国約法（新約法）の公布と，権力の集中を進めた。さらに1915年末に帝制を復活させ，翌年に元号を洪憲と改めた。国民代表大会の推薦を受けて皇帝に即位したという形が採られたものの，帝制への反発が全国に広がり，第三革命（護国戦争とも呼ばれる）を惹起し，列強も帝制に反対した。**北洋軍閥**[6]の部下からも支持を得られなかった袁世凱は，1916年3月に帝制を取り消し，6月失意のうちに病死した。

　袁の死後，臨時約法と旧国会が復活し，副総統の**黎元洪**[7]が大総統となり，袁の部下の段祺瑞が国務総理として権力を握ったが，北洋軍閥内では段祺瑞の安徽派と馮国璋らの直隷派が対立し，地方の中央政府からの離反も進んだ。参議院の強大な権限に対し，国家統合を急ぐ袁世凱は独裁の道を選んだが，袁の帝制は各省の反発を招き，かえって各省の政治的・軍事的割拠を強めることになった。

2　五族共和とモンゴル・チベット

　辛亥革命が中華民国にもたらしたもう一つの重要課題は，いかにして清朝の版図を新国家の領土として継承するかということだった。清末の新政では，列強勢力の侵出が危ぶまれる**藩部**[8]に対しても統

凡例：
奉天派（東北軍）
直隷派
安徽派
貴州派
広西派
その他

北京
上海
広州

図ⅩⅢ-1　地方軍の勢力図（1918年頃）

出典：久保ほか（2019）。

制が強化された。だが，従来の清朝との関係や固有の社会制度に大幅な変容を迫る新政は，**モンゴルやチベット**▷9の強い反発を招いた。清朝はチベットへの支配を確立すべく抑圧を加え，1910年に四川軍がラサに進軍した。ダライラマ13世は英領インドへ亡命し，イギリスとの関係を強めて清朝の支配を退ける方針を採った。モンゴルでは，新政に賛同する王公もいたが，1911年7月，ハルハの王公らが中心となってロシアに使節を派遣し，新政を停止させるための支援を求めた。そして辛亥革命が勃発すると，12月にモンゴル国の独立を宣言し，第8世**ジェプツンダムバ・ホトクト**▷10をボグド・ハーンとして戴く政権を樹立した。一方，北京駐在のモンゴル王公は，立憲君主制による清朝存続を支持し，清朝皇帝の退位・共和制成立の場合は独立に向かうと表明した。

　そもそも，**立憲派**▷11が清朝統治下での立憲制導入を志向したのは，「**瓜分**（かぶん）」▷12を防ぐには藩部を含めた清朝版図を不可分の「中国」領土としなければならないとの認識があったからだ。だが，革命の勃発と共和制への移行が不可避となると，モンゴルやチベットと清朝を結び付けていた清朝皇帝を廃位させる一方，藩部を含めた清朝版図の統一を保ちながら共和制に移行する論理が必要となった。そこで革命勃発後の**南北和議**▷13の中で提起されたのが「五族共和」であった。中華民国は満漢蒙（もう）蔵回の五族より成る共和国であり，**外モンゴル**▷14やチベットもその不可分の領土の一部とされた。同時に，内モンゴルの王公らには既得権益の保障や軍事的圧力により，これを体制内に取り込んでいった。

　だが，ボグド・ハーン政権は1912年11月に露蒙協定を締結し，ロシアからモンゴルの「自治」の保障を取り付けた。チベットでは1913年初めにラサに戻ったダライラマが「独立宣言」を発し，またボグド・ハーン政権と蒙蔵条約を結んで相互の「独立」を承認した。

　これに対し，中国は両者の後ろ盾となっている英露との交渉を余儀なくされた。外モンゴルについては，1913年11月の露中宣言で中国の「宗主権」と外モンゴルの「自治」を認め，交換公文で外モンゴルは「中国領の一部」とされた。1915年6月に露中蒙で締結したキャフタ協定でも露中宣言の内容が基本的に確認されたが，「自治」などの意味するところについて合意がなされたわけではなかった。こうした矛盾はロシア革命後に表面化した。1919年に中国は外モンゴルの自治を強引に廃止したが，反発を強めたモンゴル人は1921年にモンゴル革命を起こし，**外モンゴルは事実上の独立**▷15状態となった。

　チベットについては，1913年10月より英中蔵の三者がインドのシムラで会議を開いた。会議では，中蔵間の境界地域に存在するチベット系諸勢力が支配する地域の帰属が問題となった。英蔵は1914年7月に中国の「宗主権」とチベットの「自治」を認めるシムラ条約に調印した。だが，中蔵間の境界案を不満とする中国はこの条約に調印せず，**チベットの政治的地位**▷16とその範囲は未解決のままとなった。

（箱田恵子）

▷9　モンゴルとチベット
⇨XII-2

▷10　ジェプツンダムバ・ホトクト
モンゴルのチベット仏教界で最有力である化身ラマの名跡。

▷11　立憲派　⇨XII-3
▷12　瓜分　⇨XII-2

▷13　南北和議
辛亥革命勃発後，上海において清朝側・袁世凱の代理人と独立を宣言した南方各省の代表との間で開かれた講和会議。

▷14　外モンゴル
ここでは中国側の領土意識を論じているため，外モンゴル・内モンゴルの呼称を用いる。

▷15　外モンゴルの独立
1945年の中ソ友好同盟条約の交渉時に中華民国は，外モンゴルでの国民投票による確認を条件に，外モンゴルの独立を承認した。

▷16　チベットの政治的地位
中華人民共和国成立後，1950年に人民解放軍がチベットに進駐し，中国の主権下に置かれた。当初は高度な自治が認められたが，1959年の「チベット反乱」によりダライラマ14世はインドへ亡命，以後，中国のチベットに対する政治的統合が進められた。

2 第一次世界大戦の影響

① 日本の在華権益の拡大

　1914年7月に第一次世界大戦が勃発すると，中国は8月6日に局外中立を宣言した。列強の利害が交錯する中国としては，大戦の影響が及ぶのを防ぐための措置だった。だが，日英同盟を根拠に対独参戦した日本は，山東に派兵し，ドイツの租借地である膠州湾だけでなく膠済鉄道沿線をも占領した。さらに1915年1月，袁世凱政権に対しいわゆる21カ条要求を突きつけ，ドイツ山東権益の継承や満蒙での権益拡大などを狙った。中国側は日本の要求を内外にリークして対抗し，中国民衆も日本製品のボイコットなど反対運動を繰り広げた。しかし，日本は英米も批判する第5号を要求から削除したものの，5月7日に最後通牒を発して9日までの受諾を迫った。袁政権は受諾を余儀なくされ，5月25日に21カ条要求に基づく諸条約（中国では「民四条約」と呼ぶ）を締結した。

　ヨーロッパ列強が大戦に忙殺される中，その間隙をついて在華権益を拡大しようとする日本の動きはさらに続いた。袁の死後，実権を握った**段祺瑞**に対し，日本は西原借款を提供して支援した。段政権のもと中国が連合国側に立って参戦すると，1918年には軍事協定（日華共同防敵軍事協定）を締結した。これは共同防敵を口実に中国軍を日本軍の従属下におくものだった。この軍事協定への抗議など，21カ条要求以来，反日運動が断続的に行われ，それが**五四運動**に繋がっていく。

② 中国の参戦とパリ講和会議

　参戦を機に，中華民国の政治情勢は新たな局面を迎えた。袁の死後，中央では大総統の黎元洪と国務総理の段祺瑞が対立していた。1917年に段祺瑞が大戦への参戦を主張し，対独断交を宣言すると，この対立は激化した。段祺瑞は参戦の利点として，戦後の講和会議への出席により不平等条約改正の機会が得られること，また**義和団賠償金**の支払い猶予や関税率の引き上げを認められることなどを挙げたが，連合国からの支援をもとに中央政府を強化しようとの狙いもあった。黎元洪や国会は，段主導の参戦はその勢力基盤を強化するものでしかないと反対し，ついに黎元洪が段祺瑞を罷免するに至る。これに対し段祺瑞は自派の各省督軍に独立を宣言させた。さらにこの政治的混乱に乗じた安徽督軍の張勲が，国会を解散させ，清朝最後の皇帝だった**溥儀**を復位させる復辟事

件を起こした。やむなく黎元洪は段祺瑞を国務総理に復し，復辟事件を制圧した段祺瑞は**対独・墺参戦**を果たした。一方，国会議員らは広州で非常国会を開き，孫文を陸海軍大元帥とする軍政府を樹立し北京政府と対峙した。

参戦問題を契機として南北対立の様相を呈した中国だが，1919年1月に始まったパリ講和会議には南北合同の代表団を送った。戦勝国として出席する初の講和会議であり，ウィルソンの14カ条がその原則とされるとあって，山東権益の回収や不平等条約改正の好機として期待されたのである。だが，4月30日に英米仏の首脳会議は山東権益の日本への譲渡を決定した。この知らせに衝撃を受けた中国では，山東返還や対日外交の責任者の罷免を求める抗議運動が広がった（五四運動）。こうした国内世論を背景に，中国代表団は対独ヴェルサイユ条約の調印を拒否し，中国外交の変化を国際社会に示した。また，対墺サンジェルマン条約に調印したことで中国は国際連盟の原加盟国となり，国際連盟で積極的な外交活動を展開していくことになる。

3 民族産業の成長

大戦期に欧米工業製品の輸入が減少したことで，中国の民族産業が急成長し，1920年代初めにかけて，後に民族産業の「黄金期」と呼ばれる活況を呈した。例えば小麦粉の輸入が途絶する一方，欧州向けの輸出が急増したことで製粉業が発展したほか，マッチ，石鹸，煙草などでも民族産業の成長が見られた。とくに綿紡績業は，イギリス綿製品の輸入が途絶する中，原綿価格の下落と綿糸価格の上昇により中国紡績業は収益が増大し，綿糸自給率が飛躍的に高まった。このように第一次世界大戦は，中国で軽工業分野での輸入代替工業化が進むきっかけとなった。

一方で第一次世界大戦は，日本の紡績資本の中国への資本輸出を加速させる契機ともなった。中国民族企業の急成長にくわえ，日本国内の綿布需要の増加や賃金水準の上昇などによる綿糸価格の上昇で，中国向け太糸綿糸の輸出競争力が低下したため，日本の紡績資本は太糸の生産拠点を中国に移した。この「在華紡」が中国企業と競合することになる。

上海を中心とした沿海都市部での民族産業の発展は，中国の民族運動のさらなる展開を促した。商工業者たちは外国企業の進出に抵抗する民族意識を高めた。また，在華紡を含めた製造工場の増加により工場労働者が急増し，五四運動以降の民族運動の新たな担い手となった。

（箱田恵子）

▷5　対独・墺参戦
中国の"参戦"とは，実際には大量の中国人労働者（華工）をヨーロッパに派遣し，武器の輸送や塹壕堀などの作業に当たらせるものであった。

図ⅩⅢ-2　煙草会社の作業現場（1920年代）

出典：岩間一弘ほか（2012）。

五四新文化運動

① 『新青年』の創刊

　1919年 4 月30日，パリ講和会議でドイツが有していた**山東半島の利権**を日本に譲り渡すことが決定した。この知らせが伝わると，北京の学生たちは学生大会を開いて示威運動の実施を決定，5 月 4 日には天安門前に3,000人もの学生が集まった。デモ隊は売国官僚の一人曹汝霖の家を焼き払い，その場にいた章宗祥を殴打した。五四運動の発端となり，またその名称の由来となった事件である。

　いうまでもなく，五四運動は突然起こったわけではない。その前史として挙げられるのが新文化運動で，両者は「五四新文化運動」とも称され，デモクラシーとサイエンスを掲げた雑誌『新青年』（創刊時の名称は『青年雑誌』）を中心に，旧道徳，旧文化を批判した運動などと説明される。

　1913年に江蘇第一師範学校の受験生約300人に対して，崇拝する人物を書かせたところ，孔子157人，孟子61人，孫文17人が上位を占めた（『時報』1913年7 月 1 日）。中国では**辛亥革命**によって共和政体が樹立されたものの，その社会ではなお儒教が多大な影響力を持っていた。楊度，**厳復**，劉師培らが**籌安会**を組織し帝政実現を目指したのも，**袁世凱**の死後ほどなくして張勲の**復辟事件**が起こり，孔教の国教化を主張していた**康有為**がこれに関わったのも，こうした社会状況を反映していた。陳独秀が『青年雑誌』を創刊し，青年への働きかけを通じて改造しようとしたのは，まさにこのような社会だった。

籌安会は，皇帝即位を目指す大総統袁世凱の意を受けて，1915年 8 月に楊度，厳復，劉師培らが結成した団体。共和制に反対し，君主制を支持した。

清朝滅亡後，清朝の復活（復辟）を企てる運動が何度か起こっている。なかでもよく知られるのが，1917年 7 月に安徽督軍の張勲が主導した復辟で，ラストエンペラー溥儀を12日間復位させた。（⇨ XⅢ- 2 ）

図XⅢ- 3　五四運動にさいしてデモ行進する女子学生

出典：高橋・古厩（1995）。

　『新青年』の主たる執筆者は北京大学の教授陣であった。1916年12月に北京大学校長に就任した蔡元培は「兼容並包」（一切を包容する）の方針のもと，陳独秀を文科学長に招聘しただけでなく，李大釗，劉師培，辜鴻銘，梁漱溟，胡適ら主義主張の

異なる学者をスタッフに迎えた。

　『新青年』は，儒教道徳や家族制度を批判し，個人の独立，女性の解放を主張したほか，白話文を提唱して文学革命を推進するなど，多岐にわたる言論を展開した。『新青年』の枕詞でもある「デモクラシーとサイエンス」は，陳が1919年1月に『新青年』を擁護するために用いた言葉だが，じつは『新青年』にはデモクラシーとサイエンスを主題とする文章はそれほど多くない。「改めて一切の価値を見定める」という胡適の評価のほうが実態を反映しているだろう。『新青年』は，著名な学者や雑誌との論争を通じて新文化運動の代表的刊行物と認められるようになり，刊行部数も16,000部に達した。

　陳独秀は1918年12月に政治を主題とする『毎週評論』を創刊，翌年1月には北京大学の学生が『新潮』を創刊，両誌は『新青年』とともに，新文化運動の一翼を担うことになる。とりわけ，『毎週評論』はパリ講和会議の模様を積極的かつ批判的に報道したが，これらの報道は，5月4日の北京大学学生の行動を引き起こす一因となった。そして，五四運動が北京から瞬く間に中国の各都市に広がっていくなかで，新文化運動も全国的な運動に発展していく。

❷　中国国民党と中国共産党の結成

　五四運動の参加者は当初は学生に限られていたが，やがて労働者や商人にも拡大し，ついに北京政府は売国官僚の罷免とヴェルサイユ条約拒否を決定する。このような大衆の力を目の当たりにした孫文は，1919年10月に**中国国民党**を結成した。一方，1917年のロシア革命を経てロシア社会主義連邦ソビエト共和国が誕生し，1919，1920年にカラハン宣言を発表，帝政ロシアが獲得した領土と利権の放棄と中ソ友好を呼びかけたことで，中国の知識人の間にソビエト・ロシアへの関心が高まった。『新青年』では李大釗が早くも1918年に「庶民の勝利」「ボルシェヴィキの勝利」などの文章を発表し，マルクス主義を紹介している。陳独秀ら上海の社会主義グループは1920年5月ころより中国共産党結成の準備をはじめ，1921年7月に上海で中国共産党第1回党大会を開催した。『新青年』も上海共産主義小組の機関誌（のち中国共産党中央の機関誌）となった。

　五四新文化運動の遺産ともいえる国民党と共産党は，やがて中国の歴史を動かす原動力となっていく。そのため，五四新文化運動は，国民党にとっても，共産党にとっても，重要な出来事として記憶された。一方で，五四新文化運動のような自由な言論活動を可能にした社会空間は，これら二つの政党の手によって狭められていった。青年，暴力，偶像破壊といった五四新文化運動の特徴は**文化大革命**にも認められる。それはたんなる偶然ではない。五四新文化運動によって生まれた新しい政治文化は，今日の中国社会をも規定し続けているのである。

（高嶋　航）

▷8　中国国民党
1905年に東京で中国同盟会（⇨Ⅻ-3）が結成されたが，新たに中華民国が生まれ，国会が開設されることになり，宋教仁は旧同盟会員を基盤に公開政党としての国民党を組織した。国民党は選挙で圧勝し，宋教仁内閣が成立するが，大総統袁世凱と対立した宋は暗殺され，国民党，さらには国会そのものが解散される（⇨Ⅻ-1）。孫文は東京に亡命した旧同盟会員を結集して革命結社中華革命党を組織した（⇨Ⅻ-1）。中華革命党は1919年10月に改組され，中国国民党となった。

▷9　文化大革命
⇨ⅩⅣ-5

4 北伐と中国の再統一

▷6　軍閥戦争
1920年には日本が支援する安徽派と英米の支援する直隷派が奉天派と結んで争う安直戦争が起こり，直・奉派が勝利したが，1922年・1924年に直隷派と奉天派（日本が支援）が争った（第一次・第二次奉直戦争）。

▷9　ソ連
ロシア社会主義連邦ソビエト共和国（ソビエト・ロシア）と極東共和国はワシントン会議に招請されなかった。ソビエト・ロシアは1922年11月に極東共和国を併合，同年12月にソビエト社会主義共和国連邦（ソ連）成立。

① ワシントン会議と中国

　第一次世界大戦中の日本による在華権益の拡大やアメリカの台頭，帝政ロシアやドイツの崩壊は，中国をめぐる国際環境を大きく変容させるとともに，中国では**五四運動**に見られるようにナショナリズムが勢いを強めていた。こうした情勢を受け，アメリカの提唱で1921〜1922年にワシントン会議が開催され，東アジアの新しい国際秩序の構築が試みられた。

　懸案だった**山東問題**は，英米の仲介のもとワシントン会議と並行して日中の直接交渉がもたれ，中国への山東権益返還が決まった。だが，青島や済南にはすでに日本の民間資本が進出しており，これが後の山東出兵に繋がる。

　ワシントン会議に参加した北京政府代表は，**パリ講和会議**に続きここでも不平等条約の全般的改正を求める積極的提案を行った。だが，会議で締結された九カ国条約は，中国の主権，独立，領土・行政の保全の尊重を謳い，門戸開放・機会均等の原則を確認したものの，列強の既得権や日本の満蒙特殊権益を脅かすものではなかった。また，中国が重視する関税について，会議は附加税の徴収を認めたが，その条件として地方当局が独自に徴収している**釐金**の廃止などを討議する必要があるとした。**治外法権**の撤廃も中国の法制改革の調査が先行条件とされた。要するに，不平等条約改正の前提条件として中国の近代国家化が求められたのである。だが1920年代の中国では，それぞれ列強の支援を受けた軍閥が北京の政権をめぐる**戦争**を繰り返し，弱体化した北京政府の威令は地方に及んでいなかった。北京政府は列強の承認により辛うじて中央政府を名乗るに過ぎず，そうした前提条件は中国の現状を固定するものだった。

　一方，ワシントン会議への参加を拒否された**広東政権**でも内部抗争が続いていたが，1923年初めに孫文率いる**中国国民党**が権力を握り，同じくワシントン会議から排除された**ソ連**，及び**中国共産党**との提携を進めた。コミンテルンからの働きかけを受け，孫文はすでに共産党員の個人資格での国民党加入に同意していたが，1924年1月の国民党第1回全国代表大会で国民党を改組し，共産党との合作が正式に成立した（第一次国共合作）。国共両党は反帝国主義・反軍閥の国民革命，すなわち北伐を目指したが，その動きを加速させたのが1925年の五・三〇事件だった。

② 北伐と中国統一【図XⅢ-4】

　1925年5月30日，**在華紡**での労働争議に端を発するデモ隊に上海の租界警察が発砲し，デモ隊の中国人に死傷者が出た。この五・三〇事件をきっかけに，中国ナショナリズムはこれまでになく高揚し，学生団体や商工業者団体，共産党の指導する労働者団体など「法団」と呼ばれる職業団体を中心とした反帝国主義運動が各地に広がった。特に広州と香港では国民党主導の下，激しい反英ストライキが続き，イギリスの経済活動に多大な損害を与えた。こうした反帝国主義運動の盛り上がりを受け，1925年7月に国民党は広東軍政府を国民政府に改組するとともに，不平等条約の即時撤廃を求める「革命外交」を掲げ，翌1926年7月に蔣介石を国民革命軍総司令として北伐を開始した。

　北伐は順調に進み，1927年初めに国民政府は武漢へ移転するが，この北伐への対応をめぐり，ワシントン会議後の米英日の協調関係が崩れていく。1926年末から27年初めにかけ，最初に中国ナショナリズムの標的となったイギリスが，次いでアメリカが，中国との条約改正交渉の用意があること，その交渉相手として国民政府を認めることを表明した。対する国民政府，特に蔣介石は，ナショナリズムの急進化と**強引な国権回収**が列強との衝突を引き起こす恐れを感じていた。そこで蔣介石は上海で共産党を排除するクーデターを断行し，南京に政府を樹立，武漢の政府もこれに合流した。こうして国共合作は崩壊するが，列強の利権が集中する上海での反共クーデターは，蔣介石が列強にその経済活動の継続を保障したもので，これにより南京国民政府は米英の支持を取り付けることに成功した。

　一方，日本は北伐の進展を満蒙権益への脅威と捉え，居留民保護を口実に三度にわたり山東に出兵した。特に1928年4月からの第二次出兵では，済南で北伐軍と衝突し，中国側に多数の死傷者を出した。この済南事件により中国では反日気運が高まり，日中関係の一つの転機となった。

　1928年6月，北伐軍が北京に迫ると，当時北京政府の実権を握っていた奉天軍閥の張作霖は北京を脱して根拠地の奉天に向かうが，その途中で関東軍に爆殺された。こうして北京政府は消滅，北伐が完了し，中華民国の政権は南京国民政府に移った。そして同年12月，張作霖の後を継ぎ東北に割拠していた張学良も国民政府の統治を受け入れ（東北易幟），南京国民政府のもと中国の統一が成った。

（箱田恵子）

図XⅢ-4　北伐の進展

出典：田中ほか（2012）を筆者加工。

▷11　**在華紡**　⇨　XⅢ-2

▷12　**強引な国権回収**
1927年1月に漢口・九江のイギリス租界を実力行使で回収するなどした。

5 中国のムスリムにおける近代的覚醒

回民知識人たちは，土俗や迷信を排してクルアーン・スンナに忠実でありながら近代的状況にも対応したイスラームの教義・実践の確立を目指した。また，回民の社会的地位向上のため，正しい信仰と確かな教養とを備えた人材，さらには列強の侵略の前に滅びに瀕する中国を救う意志と能力とを持ったムスリムを育成しようとした。

① 中国イスラーム新文化運動

　20世紀初め，中国における優勝劣敗観念の浸透，ナショナリズムの勃興，近代化の漸進，および西南アジアでのイスラーム改革の隆盛に刺激されて，回民のあいだにも近代的覚醒が生じた。以来，回民知識人たちは，中国社会における自集団の存続をかけて，同胞に向けた，宗教改良の指導，近代的諸知識の啓蒙，中国国民意識の扶植に尽力するようになった。そのため，社会団体の組織，定期刊行物の発刊，新式学校の創建といった活動を展開した。これらの動きを，「**中国イスラーム新文化運動**」と呼ぶ。

　その先駆として，1907年，東京に留学中の回民たちが留東清真教育会を設立し，翌年，会誌『醒回篇』を発行し，「進化と保種」のため「教育の普及と宗教の改良」を提唱した。また，王寛（1919年没）は，西アジア周遊（1905〜1907）で見聞を広め，帰国後，北京牛街モスクにおいて1907年に回教師範学堂，翌年に清真第一両等小学堂【図XⅢ-5】を創設した。さらに，1912年に北平（北京）で中国回教倶進会を立ち上げ，趣旨として回民の連帯，イスラーム教義の発揚，回民の教育振興，回民・漢人の親睦などを謳った。同会は，後に北平に本部，各地に支部をもつ全国組織へ発展しながら，清真第一両等小学堂のような新式学校の全国的普及に努めた。

図XⅢ-5　清真第一両等小学堂

オスマン朝スルタン，アブデュルハミト二世が，汎イスラーム主義政策の一環で，王寛の要請に応じて派遣した宗教学者たちを教師陣中に迎え，「ハミーディーヤ学院」とも呼ばれた。

出典：張巨齢氏所蔵，海野典子氏提供。

　新式学校は，従来の「**経堂教育**」を改革するものであった。新式の初等・中等学校では，アラビア語や宗教知識の初歩に加え，漢語や科学知識の教育が重視され，国語・算術・地歴などの近代科目が教授された。新式師範学校では，近代科目はもとより，本格的なイスラーム諸学，さらには英語，教育学，法律なども教えられた。中でも，1925年に山東・済南に創立された成達師範学校が有名である。また同校の関係者が，1929年に創刊した『月華』は，回民の定期刊行物の中で最も長期に存続し，最大の発行部数を誇った。

　回民知識人たちは，定期刊行物や新式学校を通じて，回民における宗教と教育の刷新のみならず，中

国国民意識の醸成を図った。たとえば，『醒回篇』の諸記事は，回民が漢人と同一の民族（イスラームを信仰する漢人，漢人回教徒）であることを強調した。また，1922年にアズハル大学に留学した王静斎（1949年没）は，当時の西アジアで喧伝されていた「祖国への愛は信仰の一部」というハディースを，1930年に『月華』紙上で紹介し，イスラーム信仰と中国国家への忠誠との両立を説いた。

② 新疆のテュルク系ムスリムにおける教育改革と「ウイグル人」観念の萌芽

　新疆は，清領から中華民国領に引き継がれた。この頃同地では，テュルク系ムスリムによる教育改革が推進された。1890年頃，あるサラール人が，イリ（クルジャ）のテュルク系ムスリムたちに向かって，同時代のイスタンブルの中級アラビア語学校やカイロのアズハル大学に倣ったイスラーム教育改革を提唱した。その後，クルジャで，ジャディード運動の影響を受けた新疆の資産家，ムーサー・バヨフ家が，1908年までに近代的教育を施す学校を設立した。さらに，同家の一員の要請で，オスマン朝の「統一と進歩委員会」のタラート・パシャから派遣された，アフメト・ケマルというトルコ人教師が，1914年，アルトゥシュに師範学校を開設し，汎イスラーム・汎トルコ主義を鼓吹した。これらの改革は，まもなく保守派や当局によって挫折させられたが，後の民族主義者たちを啓発・準備した。

　やがて，もともと「ムスリム」や「イェルリク（土地の者）」としか自称せず，各都市に帰属意識をもった新疆の土着のテュルク系ムスリム定住民のあいだに，「ウイグル人」としての自己認識が萌芽するが，「ウイグル」の名称や概念は，19〜20世紀ロシアの東洋学者たちのトルコ学に触発されて，1910〜1920年代に新疆からロシア・ソ連領への移住者たちによって「再発見」された。たとえば，ジャルケント郡在住のナザルホジャ・アブドゥサマドフは，自らの属すタランチ人をはじめ，新疆の土着のテュルク系ムスリム定住民をウイグルの遺産の継承者とみなし，1914年以降「ウイグルの子」という筆名で新聞記事を書くようになった。また，ヴェールヌイ（現アルマトイ）付近出身のタランチ人共産主義者アブドゥッラー・ロズィバキエフは，1921年，コミンテルンの肝煎りによりタシュケントにおいて開催された「カシュガリア・ジュンガリア人労働者同盟」大会で，ソ連領トルキスタンに住む中国国籍者，特にタランチ人，ドゥンガン人，タリム盆地出身のムスリムの権利擁護と革命促進のための組織「アルティシャフル・ジュンガリア人労働者のウイグル革命同盟」の結成を呼び掛けた。新疆でも，アブドゥハリク・ウイグルという筆名の詩人が，1920年代作の詩の中で，同地の土着のテュルク系ムスリム定住民を「ウイグル」と呼んで彼らに文化的覚醒を訴えた。

（中西竜也）

▷4　⇨ XIV-4

▷5　サラール人
中国青海省循化に集住するテュルク系ムスリム。サマルカンドから移住したという伝説を持つ。洪武初めに明に服属した。

▷6　ジャディード運動
19世紀末から，ロシア帝国領内のムスリム知識人が推進した，近代ムスリム教育を中心とする啓蒙改革運動。その名は，クリミア・タタール人のガスプリンスキー（1914年没）の新方式学校（ウスーリ・ジャディード）に由来する。

▷7　タランチ人
ジューンガル，次いで清朝によって，タリム盆地からイリ渓谷へ，耕作従事者として強制移住させられたテュルク系ムスリムの人々。西北回民反乱でロシアがイリを占領した際，清朝支配を嫌い，5万人ほどがヴェールヌイなどセミレチエ地方に移住した。

▷8　ウイグル　⇨ VII-3

▷9　ドゥンガン人
19世紀後半から20世紀半ばにかけて，西北回民反乱などを機に，中央アジアへ逃れた回民を中心に形成された集団。

▷10　アルティシャフル
「六都市」の意。18世紀には，タリム盆地周縁の主要な6つのオアシス都市をある種一体と捉える地域名称として使用されていた。1921年当時，ロズィバキエフは，「ウイグル」を民族名ではなく組織名として用いた一方で，タランチをも含む「アルティシャフル人」という枠組みを意識していたと言われる。

コラム

清代後期〜現代の書文化の趨勢

清代後期における碑学隆盛の諸相

康熙・乾隆両帝によって「帖学」が空前の規模で集大成されたのち（⇨ X-5 ），考証学（⇨ X-4 XII-1 ）の発展を背景に金石学が盛行する中，「碑学」が勃興し隆盛へ向かう。このような書文化の新たな潮流が形成された清代後期において，碑学は学問と密接に結合し，また知識人層に金石趣味を定着させることによって，実作での書表現の多様化と，書の正統を探求せんとする議論の活発化を齎した。

碑学の興起・発展は，学書や鑑賞，書作の対象・素材を急激に拡げた。秦漢や北朝の石刻はもとより，殷周の青銅器（金文），更には清末に発見された甲骨にも及んだ。この状況の中，久しく萎靡していた篆隷書が主要な表現様式として本格的に復興し，また篆刻芸術が発展することになる。鄧石如（1743〜1805）はまさにその碑学派の代表格であり，包世臣（1775〜1855）に絶賛されるなど，後世に甚大な影響を与えた。

清代中期以降，「帖賈」「碑賈」などの語が各種資料に散見するようになる【図XIII-6】。彼らの旺盛な活動もあって碑帖拓本は爆発的に普及し，学問研究と連動した書文化の多様化を供給面から下支えした。それはまた一面では，考証のための金石資料が書の優品として評価され，新たに「法書」の価値を付与されて流通していったともいえる。

また，揮毫形式が多岐にわたったことも強調してよい。士大夫らは応酬の際，種々の書蹟の揮毫が求められたが，特に「扇対」（扇面と対聯）が不可欠の贈答品であった。例えば，何紹基（1799〜1873）は多い日には100幅ほどの対聯を書したという。このような日常的な書作活動においても，旧来の楷行草のみならず，篆隷書，更には北碑に範を取った楷書など，多様な書体・書風が展開していった。

碑学の理論的研究の嚆矢たる「南北書派論」「北碑南帖論」において，阮元（1764〜1849）は翻刻を重ねる法帖を貶し，北朝の碑刻こそが「篆隷の遺法」「中原の古法」，すなわち書の正統を受け継いでいると襃揚した。それまで学書・鑑賞の必須アイテムであった法帖が否定されるとともに，長く伝統的書文化の絶対的規範であった二王の存在が，流派史の文脈において相対化されたことをも意味する。この阮説を起点とする北碑論は，包世臣『芸舟双楫』によって敷衍され，更に康有為（⇨ XII-1 ，1858〜1927）の『広芸舟双楫』にお

図XIII-6 呉昌碩「臨漢居摂墳壇刻石軸」

出典：安田女子大学所蔵。

いて，二王ら晋人を高く評価し，また南北両朝の碑刻を併称するなど，批判的に止揚されていく。

この『広芸舟双楫』はまた，張三世説の投影やのち『新学偽経考』で展開される古文偽作説との関連が指摘できるほか，特筆すべきは「中国」の書体の変遷が「世界史」の枠組みの中で相対的に捉えられていることである。新たに獲得した西洋の科学的・合理的な学問・知識を背景に，「阿拉伯文字」から「拉丁文字」をへて，現行の「英国」「法国」の文字に至る「欧洲通行之字」の変遷史を「中国之字」とともに論じるなど，繁から簡へ趨くという諸文明に共通する文字発展の普遍性を見出している。

近代における日中書法交流

1880年（明治13），初代駐日公使の何如璋の招きにより，楊守敬（1839〜1915）が来日した。彼は4年間の滞在中に，日下部鳴鶴（1838〜1922）ら日本の書人と親しく交流し，「数万種を下ら」ないという夥しい碑帖とともに，碑学派の書法や理論を日本の書道界に本格的に持ち込んだ。また，1914年（大正3）には，康有為『広芸舟双楫』が，中村不折・井土霊山によって『六朝書道論』として翻訳刊行された。このような日中間の書を介した交流は，中国の知識人の書法史認識にも少なからず影響を与えた。例えば，近代書壇の領袖たる沈曾植（1850〜1922）は，写経の絶妙な筆法，王書の搨摹本の伝存，空海の入唐，橘逸勢から柳宗元への筆法伝授など，いわば中国書文化の外縁として，日本の書について言及している（『海日楼札叢』）。

近現代における書文化の趨勢

清朝崩壊ののち中華民国期において，書画を鬻いで生計を立てる知識人の様態の変質，商務印書館・有正書局などによる影印書蹟の増加，簡牘や残紙といった墨書資料の大量発見，西泠印社（初代社長は呉昌碩）など書道団体や故宮博物院をはじめとする博物院・美術館の設立，更には展覧会の普及など，伝統的書文化の「開放」や「大衆化」とも評すべき新たな現象が諸方面にわたって見られた。

中華人民共和国の時代になり，1981年，書の全国的組織として中国書法家協会が設立された。全国公募展を開催するほか，『中国書法』をはじめとする各種刊行物を出版するなど理論的研究にも注力している。また2019年には，本協会の主催により，学問と芸術とが一体化した大規模な国際フォーラム「紹興論壇 源流・時代―以王羲之為中心的歴代法書与当前書法創作―」が，蘭亭の地で挙行された。あわせて「二王学研究中心」が設立されており，王羲之（⇨ IV-5 V-5 ）を書の典範と仰ぐ伝統的書文化は現代中国でもなお保持され，近年とみに強調されている。　　　（増田知之）

アラビア書道

回民は，アラビア文字書道と中国書道を融合し，独特の中国アラビア書道を発展させた。葦ペンを用いて濃淡均一な線を尊ぶアラビア文字書道に対し，中国アラビア書道は，布を巻いたヘラなどを用いてかすれを表現するといった特徴がある【図XIII-7】。現代回族は，中国アラビア書道を，ムスリムの「祖国中国」への適応や文化的貢献といった文脈で称揚している。

図XIII-7　ジャフリーヤ教団第七代導師，馬元章（1920年没）の書

出典：陳育寧・湯暁芳（2012）。

（中西竜也）

南京国民政府の統治

① 訓政の開始と経済財政政策

　北伐を完了した国民党・国民政府は，いよいよ近代的国民国家の建設に取り組むことになったが，孫文が起草し**国民党第一回全国代表大会**（1924年）で採択された「国民政府建国大綱」は，国家建設の過程として「軍政」「訓政」「憲政」の三段階を設定していた。このため国民党は，北伐による全国統一までの軍政時期の終了と，憲政への過渡期として政府が民衆に政治的権利の行使を訓練する訓政時期の開始を宣言し，政治的に未熟な民衆に代わり国民党が政権を運用する（「以党治国」）体制，すなわち国民党の一党独裁体制を敷いた。だがこの独裁は不安定なものだった。全国政権になったとはいえ，依然として大小様々な地方軍事勢力が存在しており，国民党内の対立も激しく，中央政府軍を掌握する蔣介石でさえ党内に権威を確立していなかった。そこで国民政府は，政権の正統性と財政基盤を固めるため，主権回復と経済財政政策に力を注いだ。

　ここで重要な意味を持ったのが関税自主権の回復である。1928年7月にアメリカが中国の関税自主権回復を率先して承認すると，同年末までにほとんどの国がアメリカに続いた。最後に残った日本も1930年に中国の関税自主権回復を承認し，中国は完全に関税自主権を回復した。国民政府は1930年代半ばまでに4度の関税率改定によって輸入税を引き上げ，関税収入を増やして財政を強化すると同時に，軽工業を中心に自国産業の保護・育成にもかなりの成果を上げた。また，懸案だった**釐金の廃止**を実施し，代わりに中央が掌握しやすい**統税**を新設した。こうして，関税・塩税・統税の三大間接流通税に依拠して中央政府の財政基盤を固めることに成功した。だが，田賦を名実ともに地方税として認め，中央による管理を放棄したように，国民政府の統治は地方農村社会には十分に浸透していなかった。

② 満洲事変

　1930年に地方軍事勢力と国民党の汪兆銘らが連携し，中央政府軍と内戦になった（中原大戦）。この時は張学良が中央支持にまわったことで蔣介石派が勝利したが，1931年にも国民党内の反蔣派が広州に別政権を樹立した。**共産党との武力闘争**に加え，党内の分裂という危機の最中に起こったのが，満洲事変である。世界恐慌により大打撃を受けた日本は，不況の打開と国内の不満を外に

そらすため，1931年9月，中国の東北地方（満洲）に軍事侵攻した。蔣介石は国内状況に鑑み，日本に対する直接の軍事的抵抗も外交交渉も行わず，国際連盟への提訴という手段を選んだが，このために日本軍は瞬く間に満洲各地を支配下に置いた。さらに翌年1月には事件は上海に飛び火し（第一次上海事件），3月には**満洲国**が建国された。こうした危機的状況をうけ，国民党は蔣介石と汪兆銘の協力体制をとり，それが1935年まで続く。

▷6 満洲国
⇨ ⅩⅣ-コラム

国際連盟はリットン調査団の報告をもとに日本の行動を否認したが，日本の軍事行動は拡大を続けた。国民政府はやむなく塘沽停戦協定を日本と締結（1933年5月），満洲国の国境を画定し，長城の南部に非武装地帯（冀東地区）を設定した。ここに満洲事変は一応の終息をみるが，中国の現状から対日妥協を余儀なくされた蔣介石が，将来の対日抗戦に向け「安内攘外」政策を進めていく。

③ 安内攘外

「安内攘外」とは，まず国内を安定させ，ついで外敵＝日本を駆逐するとの意で，蔣介石はまず，反政府武装闘争を続ける共産党勢力の掃討（**剿共**）に全力を注いだ。また1934年から新生活運動を展開した。これは独伊のファシズム運動や，日本で蔣介石が触れた日本人の規律的行動様式を念頭に，儒教的徳目を称揚する立場から人々の日常生活・習慣の改善を提唱する運動に大衆を動員し，共産主義の浸透を防ぎ，かつ民衆に国民精神を涵養しようとするもので，社会全体の軍事化を進める運動だった。この運動は抗日戦後まで継続されたが，農村地域にまでは浸透しなかったとされる。

▷7 剿共 ⇨ ⅩⅣ-2

この時期の政策で注目すべきはやはり財政政策である。1931年秋頃，世界恐慌の影響が銀本位制の中国にも及んだが，満洲事変による東北市場の喪失やアメリカの銀購買政策による銀価の急騰なども加わり，中国経済は不況に見舞われた。そこで国民政府は，英米の支援の下，1935年11月に幣制改革に踏み切り，**通貨の統一**と管理通貨制度への移行を実施した。その効果もあり1936年には景気も回復，中国市場に期待を寄せる英米独などとの経済関係が発展した。

▷8 通貨の統一
従来の銀本位通貨を廃止し，政府系3銀行が発行する紙幣である「法幣」（法定紙幣）【図ⅩⅣ-1】のみを通貨とした。
▷9 冀東防共自治委員会
⇨ ⅩⅣ-2

一方，軽工業品が対中輸出品の中心を占めた日本は，中国経済の発展を脅威とみなし，冀東地区を通じて密貿易を行うなど，中国との経済摩擦を引き起こした。さらに華北の現地実力者を懐柔して中央から分離させる華北分離工作を進め，1935年11月**冀東防共自治委員会**（翌月自治政府に改称）を樹立させた。国民政府が幣制改革を実施し中央集権化を進めたまさにその時期，日本は華北の分離を進めたのであり，こうして日中は対立を深めていった。　（箱田恵子）

図ⅩⅣ-1 1936年発行の法幣

出典：張（1993）。

抗日戦争

図XIV- 2　南京の「侵華日軍南京大屠殺遭難同胞紀念館」屋外にある平和の大鐘

後ろの壁面に被虐殺者30万人とある。
出典：2017年 8 月，筆者撮影。

1　蔣介石と「剿共」

　蔣介石にとって「剿共」すなわち共産党勢力の掃討は，極めて重視すべき課題であった。彼は安内攘外論を唱え，満洲事変後も中華ソビエト共和国臨時政府の首都瑞金など共産党根拠地への包囲攻撃を繰り返した。これは，日本との戦いが持久戦となることを見越してのものであった。共産党は1934年に瑞金を放棄し，いわゆる「長征」を経て延安に拠点を設けた。この過程で，党内における毛沢東の指導的地位が向上することとなった。

　満洲事変により故郷を追われた東北軍の**張学良**[1]は，共産党根拠地を攻撃するよう蔣介石に命じられて陝西北部に移ったが，内戦停止・一致抗日を求めて共産党とひそかに接触した。1936年12月に蔣介石が共産党根拠地の攻撃を督励するため西安を訪れたところ，張学良らに監禁され（西安事件），蔣介石と共産党の周恩来との間で会談がなされた。その後，1937年 7 月 7 日の盧溝橋事件を契機として日中間が全面的な戦闘状態に突入すると， 9 月に国共両党は一致抗日に合意し，第二次国共合作が成立した。陝西北部および華中・華南の共産党軍は国民革命軍の第八路軍および新編第四軍（新四軍）に改編されるとともに，延安を中心とする共産党の支配地域は国民政府の特別行政区と位置づけられ，国民政府から財政支援がなされるようになった。しかし，蔣介石はその後も一貫して共産党を危険視しつづけた。

2　抗日戦争

　日本軍は盧溝橋事件以降，1939年末までに**国民政府**[2]の首都**南京**[3]【図XIV- 2 】や武漢，広州など沿海部および長江流域の主要都市を占領した。また，各地の有力者に働きかけ，華北の**中華民国臨時政府**[4]，華中の中華民国維新政府などの対日協力政権を樹立させて統治をはかった。さらに，日本軍は国民政府内で蔣介石と並ぶ重鎮であった和平派の**汪兆銘**[5]に接触した。汪兆銘は中華民国臨時政府および維新政府の要人と協議し，これらの政権を合流させる形で，1940年 3 月に南京で**汪兆銘政権**[6]を成立させた。ただ，日本軍の期待とは異なり，日中和平を掲げた汪兆銘政権は中国大陸で影響力を持つことができず，汪兆銘ら対日協力政権に参与した人々は「漢奸」と非難さ

れた。

　蔣介石が率いる国民政府は首都を南京から**重慶**へ遷し，長期戦を視野に入れた徹底抗戦の構えを示した。国民政府は戦争を継続するために，統治がこれまで十分に及んでおらず，かつ経済的に立ち遅れていた中国西南部・西北部において，人的・物的資源を動員・徴発しなければならなかった。そのため，1939年にいわゆる「新県制」を実施して県の人員や財政力を強化し，その下の郷・鎮を行政機構として確立するとともに，100戸前後の「保」，その下の10戸前後の「甲」を郷・鎮の細胞として位置づけ，上から下へ順に徴兵や食糧徴発など行政のノルマを課した。しかし，適齢の男子を他の地域から拉致して兵役に服させたり，徴兵逃れや替え玉をおこなったりするなどの風潮が蔓延した。また，徴税方法の未整備によってノルマの不均等が生じ，民衆は大きな負担を強いられることになった。

　共産党では，毛沢東が1938年5～6月に延安で「持久戦論」を講演し，抗日戦争が中国の戦略的防御，反攻準備，戦略的反攻の三段階を経ると予測したうえで，長期にわたるであろう第一・第二段階では遊撃戦を行い，民衆を動員して戦争を堅持すべきことなどを説いた。こうして，八路軍や新四軍は日本軍の占領地域である華北・華中の農村部に入り込み，そこに「抗日根拠地」を次々と打ち立てた。このような共産党の勢力拡大は，日本軍と国民政府の双方にとって脅威となった。日本軍は華北で民衆の反抗および八路軍の襲撃に悩まされ，さらに1940年8月からの八路軍の攻勢（百団大戦）で大きな被害を受けると，抗日根拠地に対して**徹底的な掃討戦**をしかけた。また，国民政府は1939年1月に共産党の活動を制限する方策を打ち出し，1941年1月には国民政府軍が安徽省南部の新四軍を包囲攻撃して壊滅させた（皖南事変）。毛沢東はこの苦境のなか，党内の引き締めをはかるために1942年から延安で「整風運動」を実施し，自身への全面的服従を党員に求めた。これにより，1943年3月に毛沢東が党内で最終決定権を持つことが承認された。

　このように，抗日戦争期の中国大陸は，国民政府，共産党，日本軍，対日協力政権の支配地域が複雑に入り乱れた。この戦争を通じて，国民政府と共産党は必ずしも一致団結して日本軍に対抗したわけではなかった。国民政府は戦争を継続するため民衆を強圧的に統治せざるを得ず，また共産党をしばしば攻撃したことから，民衆の不信を招くことになった。一方，共産党は農村部の民衆を動員して彼らの支持を集め，また党内における毛沢東の絶対的指導権が確立した。

（宮原佳昭）

▷6 **汪兆銘政権**
汪兆銘政権は自らを正統な中華民国の国民政府とした。そのため，蔣介石が率いる従来の国民政府と区別する際には，汪兆銘側を南京国民政府，蔣介石側を重慶国民政府と呼ぶ。

▷7 **重慶** ⇨ XI-4

▷8 **徹底的な掃討戦**
日本軍は八路軍のほか，敵対的とみられる民衆をも攻撃対象とした。中国側はこれを「三光作戦（焼き尽くし，殺し尽くし，奪い尽くす）」と呼んだ。

中華人民共和国の成立

▷2　宋子文
江蘇省上海(現在の上海市)
の出身。父は実業家の宋嘉
樹,姉妹は「宋家の三姉
妹」で知られる宋靄齢(夫
は孔祥熙)・宋慶齢(夫は
孫文)・宋美齢(夫は蔣介
石)。孫文の広東国民政府
や蔣介石の国民政府で財政
を担当。アメリカ留学経験
を持ち,対米協調を基本路
線とした。

▷3　ブレトン・ウッズ体
制
貿易の自由化と世界経済の
発展を目指して,第二次世
界大戦後に成立した国際経
済体制。1944年にアメリカ
合衆国ニューハンプシャー
州ブレトン・ウッズで連合
国金融会議が開催され,ブ
レトン・ウッズ協定が結ば
れた。この協定に基づいて
1945年に国際通貨基金
(IMF)と国際復興開発銀
行(IBRD)が設立され,
アメリカドルを基軸通貨と
する固定相場制が採用され
た。その後,1971年のド
ル・ショックをうけて,
1973年に主要国は変動相場
制へ移行した。

1　導入

　抗日戦争が果たしていつ終結するかは,当時の人々にとって自明のことでは
なかった。そのため,1945年8月の日本の降服によって,国共両党は突如とし
て,戦災からの復興や政治の民主化など多くの課題に取り組む必要が生じた。
ここに,終戦直後から,戦後構想をめぐる国共対立が顕在化するようになり,
1946年6月に国民政府軍が共産党の支配地域への攻撃を開始して,全面的内戦
へと突入した。当初,兵力や経済力などにおける国民政府の力量は共産党の約
4〜5倍であったが,民主化・経済・軍事などに関する失策が重なった結果,
民衆の支持が共産党へ集まり,共産党が次第に優勢となった。

2　民主化をめぐる対立

　平和を求める国内世論やアメリカの調停をうけて,国共両党は1945年8月か
ら10月まで重慶で会談を開き,10月10日付の合意文書を公表した(双十協定)。
この合意では,執政党としての国民党の優位を前提としたうえで,政治協商会
議の開催が提起された。1946年1月に開催された政治協商会議には,国民党8
人,共産党7人,民主同盟9人,青年党5人など38人が出席し,共産党などの
野党が政権に参加して国民党の主導権を制約し,三権分立を保障する方針が打
ち出された。これに対して,国民党では党内の反発が起こり,政治協商会議に
おける合意を否定する諸決議が採択された。内戦突入後の1946年11月,国民党
は憲法制定国民大会の開催を強行したが,共産党や民主同盟などは国民党に抗
議して参加を拒否した。この国民大会で中華民国憲法が制定(1947年1月1日公
布,12月25日施行)されたが,これ以降,国民党は政治的孤立を深めることにな
った。

3　経済政策の失敗

　1946年2月,国民政府行政院長**宋子文**は,潤沢な外国為替準備を背景に,**ブ
レトン・ウッズ体制**への積極的参加によって経済復興を早めることをもくろみ,
外国為替市場の開放と貿易自由化政策を実施した。しかし,結果としてこれが
失敗し,国内生産に打撃を与え,巨額の貿易赤字を生んだため,国内で批判の
声が高まった。

また，旧日本軍占領地域の経済接収作業においても，通貨の統一や生産設備（製鉄所，炭鉱，発電所，工場など）の接収をめぐって混乱が起こっていた。これらにより，物資が不足してインフレが進行するなか，国共内戦を遂行するための赤字予算が組まれ，通貨が乱発されたことから，インフレに拍車がかかって物価が暴騰し，国民経済は深刻な状況となった。国民政府はいくつかの対策を打ち出したが，いずれも失敗し，民衆の信頼を大きく損なうことになった。都市部では生活擁護・内戦反対・民主化を求める民衆運動が頻発し，共産党はこの運動と連携する姿勢をとって民衆の支持を広げた。

❹ 軍事面における共産党の勝利

1945年9月，共産党軍は旧満洲国および日本軍の支配地域であった**中国東北部**を勢力下におくため北上し，国民政府もこれに対抗して軍隊を投入した。国民政府軍は東北の主要都市を奪還したが，共産党軍は日本軍の軍需物資を大量に入手し，軍備増強に成功した。

内戦突入当初，国民政府軍は優勢な兵力をもって延安など共産党の支配地域を占領した。しかし，占領地域の防衛や都市部における民衆運動の抑制のために兵力を分散せざるを得なくなった。一方，共産党は抗日戦争期と同様，農村部へ入り込んで農民の支持を得ることで兵力を増強させ，国民政府軍の守備が薄い地域を選んで反撃した。こうして，戦局は共産党軍（この頃より「人民解放軍」に改称）が優勢となり，1948年9月から翌年3月にかけての東北・華中・華北における大きな戦いに勝利した。人民解放軍は1949年1月に北平（当時の北京の呼称）に入城後，南下して長江を渡り，国民政府の首都南京や上海を占領した。

❺ 中華人民共和国の成立と国民政府の台湾移転

共産党は軍事的勝利を背景として，1949年9月に中国人民政治協商会議を開催した。各党派・地域・軍・団体などの代表が参加したこの会議で，憲法としての役割をもつ「共同綱領」が採択され，これに基づき，10月1日に北京で中華人民共和国の成立が宣言された。この時点では，蔣介石は重慶を中心とする西南地方で共産党に抵抗しようとしたが，広州の陥落をうけて，**国民政府の台湾移転**を発表し，12月に台湾へ逃れた。これにより，中国大陸の中華人民共和国と台湾の中華民国という二つの「中国」が存在することとなった。

中国人民政治協商会議で採択された「共同綱領」には，「中華人民共和国は新民主主義，すなわち人民民主主義の国家」と規定される一方，共産党の指導や社会主義の実現などは明記されていなかった。これに対し，共産党や社会主義に不安を感じた人々は，国民政府とともに台湾へ逃れたり，香港やアメリカなどに亡命したりした。

（宮原佳昭）

▷4 満洲国 ⇨ XIV-1
XIV-コラム

▷5 中国東北部
ソ連は1945年8月8日に日本へ宣戦布告し，9日未明に中国東北部へ侵攻した。14日にソ連は中華民国と中ソ友好同盟条約を結び，中国東北部を中華民国に返還して国民政府の行政権を認めることなどを取り決めたが，ソ連軍は翌年まで駐留し続けた。中国共産党は中国東北部への進出に際して，ソ連が中ソ友好同盟条約に違反しないようにするため，八路軍・新四軍ではなく東北人民自治軍など別の名称を用いた。

▷6 国民政府の台湾移転
国民政府は1945年10月に台湾を日本から接収すると，軍隊を派遣して台湾の人々を強圧的に統治した。その後，大陸における戦況悪化をうけて，蔣介石は国民政府の台湾移転準備を徐々に進め，1949年には台湾に戒厳令を敷いた。

4 抗日戦争・国共内戦下のムスリムの動向

1 「五族共和」の実態と「回族」意識の高揚

　20世紀初め，回民知識人のあいだで唱えられた**「漢人回教徒」**▷1説は，**「五族共和」**▷2の理念，国民党の公式見解と一致したことから，回民の言論空間で優勢となった。孫文は漢満蒙蔵回の「五族」を，漢族，満洲族，モンゴル族，チベット族，ムスリムとし，ムスリムが新疆のテュルク系ムスリムだけを指すのか，回民をも含むのかを明確にしなかった。しかも1921年頃から，「五族共和」とは満蒙蔵回が漢に同化して単一の「中華民族」となることだと表明するようになった。この考え方を先鋭化した蔣介石は1942年，「五族」は5つの「宗族」に過ぎず，その間に血統・種族の違いはないと宣言した。

　いっぽうで，回民は「中華民族」を構成する「五族」の一つにして独自の民族とする「回族」説も，1932年に発生した「侮教事件」を機に回民の支持を広げた。同事件では，北平の国民知識人たちが中国全土の回民を組織し，南京政府と交渉して，回民を侮蔑する説話を掲載した出版物の停刊や出版社の閉鎖を勝ち取った。この際，回民知識人たちは，折しも満洲事変（1931）で高まる中国存亡の危機感に訴え，「中華民族」の団結には，回民が「五族」の一つたる「回族」として他の構成民族と同じく尊重されることが不可欠との論陣を張った。しかし「回族」説は，国民党の公式見解と矛盾し，しばしば否定された。たとえば，**日中戦争**▷3の勃発で，中国国民の団結強化，日本の**「回教工作」**▷4への対抗を企図した蔣介石は，1939年，「回族」の呼称の使用禁止を訓示し，翌年その旨を行政院通令で布告した。

2 中国共産党の民族政策

　共産党は，当初，1931年の江西中華ソビエトの「憲法大綱」で，将来の中国を連邦国家とし，少数民族の自決・独立権，中華ソビエト連邦との連合・別離の自由を謳っていた。のち，**「長征」**▷5で少数民族集住地帯を通過し，回民が集住する西北部に根拠地を構えた共産党は，少数民族の取り込みの重要性を再認識し，1936年に最初の民族自治政府，「豫海県回民自治政府」【図XIV-3】を樹立した。また，1941年に『回回民族問題』を出版し，回民が「回族」という**「民族」**▷6たることを公言した。しかし共産党は，1940年代になると，連邦制や民族の自決権にかえて，単一国家制，及びその内部における民族自治をも主張

するようになった。そして，人民共和国建国直前の1949年9月，連邦制や民族の分離独立権を否定し，少数民族の**区域自治制**を最終的に決定した。

③ 東トルキスタン共和国

民国前期の新疆は，省長楊増新による外部からの隔離と，諸民族の対抗関係を巧みに利用した彼の独裁のもと，安定を享受していた。楊は1928年，**北伐**を完了しつつあった蔣介石に帰順を表明したが，同年7月に暗殺された。その後，後継者の金樹仁の失政により，1931年から新疆各地でムスリムの諸反乱が生じ，1933年11月，カシュガルでは，テュルク系ムスリムの政権「東トルキスタン・イスラーム共和国」が成立した。この政権は，漢人支配の制限ないし一掃，イスラーム法による統治を目指した。同年4月，ウルムチの省政府では，甘粛の回民軍閥，馬仲英の軍が迫る中，盛世才がクーデターで実権を奪取していた。彼がソ連軍の後援を得て，馬軍を撃退すると，馬軍は西走して東トルキスタン・イスラーム共和国を滅ぼし（1934年2月），馬仲英はソ連へ亡命した。

新疆の支配者となった盛世才は，1934年4月，施政方針「八大宣言」を表明し，「民族平等」を標榜した。その一環で1934年8月に結成された「ウイグル文化促進会」の提案を容れて，彼は，新疆の一部のテュルク系ムスリムの公式名称を「纏頭」から「**ウイグル**」に変更し，「維吾爾」という漢字表記も定めた。そして1935年4月，新疆の「民族」として14種を公認し，「ウイグル」をその一つに列した（「タランチ」や「ドゥンガン」もそれぞれ別の一つに数えた）。これは，「ウイグル」民族意識の浸透に決定的役割を果たしたと言われる。

盛世才はやがて少数民族に抑圧的になった。彼はソ連の後ろ盾を失って1944年9月に新疆を去ったが，その民族政策は，テュルク系ムスリムたちの蜂起を促した。ソ連がこの動きを支持した結果，1944年11月，イリ（クルジャ）で「東トルキスタン共和国」が成立し，アルタイとタルバガタイの蜂起勢力を吸収し，ウルムチの省政府と対峙した（三区革命）。しかし，重慶国民党政府から派遣された張治中が，ソ連の仲介でウルムチとイリの調停を開始し，ソ連が主席のウズベク人イリハン・トラを拉致すると，「**東トルキスタン共和国**」はソ連の意思に従ってウルムチ政府への合流を決議し，1946年7月，新疆省連合政府が発足した。そして1949年9月，新疆省主席のブルハン（ロシアのカザン出身のタタール人）は，国民党と袂別して共産党政府支持を表明し，新疆の「和平解放」が成った。

（中西竜也）

▷7 ⇨ⅩⅣ-3

▷8 区域自治制
1952年の区域自治実施要綱，54年の憲法で制度化。ある「民族」の集住地域を自治区・州・県として設定し，当該民族に，言語・文字の使用や風俗習慣の保持，地域の単行条例の制定，一定の財産管理，公安部隊や民兵の組織などの「自治」権を与えることを定めた。

▷9 北伐 ⇨ⅩⅢ-4

▷10 ウイグル ⇨ⅩⅢ-5

▷11 東トルキスタン共和国
イリハン・トラをはじめ多くのイスラーム学者が参加し，イスラームを重視した。ウルムチ省政府との連合は約一年で事実上崩れ，旧共和国幹部はイリに退去し，旧領の独立を維持した。その後，中国共産党との交渉の末，旧共和国の首脳は，政治協商会議（1949年9月開催）に出席すべく北京へ向かったが，彼らの乗った飛行機はソ連領内で墜落し，有力者を失った旧共和国勢力は，あらゆる自治要求を放棄した。

図ⅩⅣ-3 豫海県回民自治政府の樹立が宣言された，同心清真大寺

革命聖地のため，他のモスクと異なり，文革による破壊を免れた。
出典：筆者撮影。

5 「新中国」における中国文化のゆくえ

1 文化大革命

　新中国では，中国の伝統的な文化の多くが「封建」というレッテルを貼られた。学術，文学，芸術などあらゆるものが革命に奉仕することを要求され，知識人は，社会における指導的地位を共産党員や労働者に譲り，「知識分子」として周縁化されていった。新中国の社会主義文化は，封建的な過去を否定し克服することで建設された。それが極点に達したのが「文化」大革命であった。中国の伝統文化は，文字通り，破壊の対象となった。

　第二次世界大戦後の冷戦体制のもと，台湾海峡を挟んで対立した中華民国（以下，台湾）と**中華人民共和国**（以下，中国）は，それぞれが「中国」の正統な政権であることを主張した（「一つの中国」）。軍事力による解決が見込めないなか，文化は台湾の国民党政権の正統性の一つとなった。とりわけ，中国で文化大革命が始まると，国民党は中華文化復興運動を発動し，伝統文化の破壊者である共産党に対して，自らを中華文化の正統な継承者と位置づけた。孔子はその象徴であり，各地で孔子廟が修繕・新築されたほか，孔子の銅像が外国に寄贈された。対照的に，同時期の中国では，各地で**毛沢東像**【図XIV-4】が建てられ，**批林批孔運動**が展開していた。

2 造られる伝統文化

　文化大革命が幕を閉じ，改革開放が始まると，豊かで進んだ西側世界の光景が中国人の視野に飛び込んできた。その光景は，西側世界への憧れを生むとともに，方向感覚の喪失をもたらした。尋根文学（ルーツ探しの文学）はこのような中国人の喪失感に応えるものだった。自分探しと西側世界への憧憬は，1980年代半ばの「文化熱」（文化論ブーム）と民主化運動の土壌となった。1989年の天安門事件で民主化運動はその芽を摘まれるが，文化のほうは，天安門事件によって国際社会から締め出された中国がその国際的イメージを改善するためにも，いっそう重要なものとなった。

　「団結，友誼，進歩」を掲げて1990年に北京で開催されたアジア競技大会は，天安門事件後の中国が愛国主義に訴えて国内の団結を図り，国際社会への復帰をアピールする絶好の舞台となった。そこで提示さ

図XIV-4　1967年5月に清華大学に建てられた毛沢東像

出典：成文軍（2013）。

れたさまざまなナショナルイメージの一つに茶文化があった。意外なことに、文化大革命直後の中国人には茶をたしなむ習慣がなかった。新中国成立以前には各地に茶館があったが、新中国成立後に次々と閉鎖され、文化大革命中には飲茶が資産階級の享楽行為として批判されたからである。1970年代末、大量の茶葉が余り国内市場を開発する必要に迫られた中国で、日本の茶道や台湾の茶藝の影響を受けつつ、新たに創出されたのが「茶文化」なる概念であった。そしてこの新しい伝統の最初の国際舞台となったのがアジア競技大会だった。ちなみに、台湾の「茶藝」も中華文化復興運動のなかで編み出された新しい伝統である。

　1992年、鄧小平の南巡講話を契機に、中国は社会主義市場経済を導入して、急速な経済発展を遂げた。一方で、共産党は天安門事件の反省の上に立ち、愛国主義教育を推進した。中国で大国意識が高まるにつれ、ナショナリズムのコンテンツとしての中国文化の重要性が増した。1997年、共産党第15回全国代表大会で中国特色社会主義文化が総合的国力の重要な標識であることが示される。2000年、江沢民は「三つの代表」というスローガンを提出し、共産党は労働者階級だけでなく、中国人民と中華民族を代表するものと位置づけられ、知識人もその重要な構成員であることが認められた。2007年の共産党第17回全国代表大会では国家の文化軟実力（ソフトパワー）を高めるという方針が定められた。

　このような背景のもと、2001年に北京オリンピックの開催権を勝ち取り、2004年から孔子学院の設置を開始するなど、中国は文化面で国際的プレゼンスの拡大を図る。一方で、中国文化とはなにかという根本的問題に改めて直面することになる。

　2001年に上海でAPECが開催された。APECでは出席者が開催国の伝統衣装を着ることが恒例になっている。しかし中国には中国を代表する伝統衣装がなかった。民族衣装はあったが、それはもっぱら少数民族の衣装であった。この事実は、中国における近代と文化の関係を暗示している。APECでは新式の中国服が考案されたが、その後、漢服や唐装と呼ばれる新しい中国服【図XIV-5】も登場し、「国服」をめぐって論争が繰り広げられている。現在の中国は、五千年の文明を掲げながら、一方で新たな国民文化を建設しつつあるのだ。

（高嶋 航）

データを企て失敗、1971年に死亡）と孔子を批判した。実際の攻撃の矛先は周恩来総理に向けられていた。

▷4　孔子学院
中国政府が海外の大学などと提携して設置した語学・文化教育機関。2018年末現在、154の国および地区に548の孔子学院が設置されている。

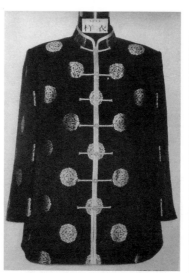

図XIV-5　APECのためにデザインされた唐服

出典：謝黎（2011）。

満洲国の見方

満洲国は現在の中国東北部（日本側の呼称は満洲）に13年あまりにわたって存在した。

関東軍は1931年9月18日に起こした柳条湖事件を契機に，瞬く間に満洲全土を制圧，その過程で清朝のラストエンペラー愛新覚羅溥儀（⇨ⅩⅡ-5）を国家元首とする満洲国を建国した（1932年3月1日）（⇨ⅩⅣ-1）。2年後，溥儀は皇帝に即位し，満洲国は帝政に移行する。1945年8月，ソ連軍の進撃にともない，溥儀は首都新京を脱出，通化で退位を宣言し，満洲国は滅亡した。

満洲国は，当時の日本の2倍の面積（植民地を含む）を有する領土と，3,000万以上の人口を有していた。

王道楽土，五族協和を建国理念として掲げ【図ⅩⅣ-6】，政府の主要なポストには満人と呼ばれた中国人が就いたものの，実権を握っていたのは関東軍であり，また日本から派遣された官僚であった。満洲国では国籍法が定められず，「国民」が存在しなかった。独立国家の外見をとりつつも，実際には「日本人」によって支配される傀儡国家であった。

日本人の満洲国（満洲）イメージは，華やかで文化的な都市，希望に満ちた開拓地という肯定的なものと，アヘン，馬賊，引き揚げなどにまつわる否定的なものが交錯している。満洲国の評価も，開発や理想国家といった肯定的なものから，侵略や植民地といった否定的なものまで多様である。一方，中国での評価は一定している。それは日本帝国主義によって植民地支配のためにつくられた偽政権であり，そのもとで中国人は搾取され奴隷化されたのだ，と【図ⅩⅣ-7】。これら様々な満洲国評価は，異なる政治的立場や学問的態度

図ⅩⅣ-6　満洲国の建国を祝うポスター「慶祝建国周年紀念」（1933年）

王道楽土，五族協和という理想の満洲国像が窺える。
出典：貴志（2010）。

図ⅩⅣ-7　瀋陽にある九一八歴史博物館

満洲国は抗日の記憶として展示されている。
出典：筆者撮影。

からなされたもので，いずれか一つが正しいという性質のものではない。

　満洲国に限らず，中国における日本の占領地，さらには植民地や占領地全般にもいえることだが，現実の歴史において，支配者と被支配者，協力者と抵抗者を画然と分けることはできない。100％の協力や100％の抵抗などというのは，むしろ例外中の例外であって，実際は協力と抵抗のあいだにグレーゾーンが横たわっている。たとえば，満洲国のことを当時の中国人はどのように考えていたのか。中国側の研究は，中国の人民は満洲国に反対しその存在を認めなかったという前提に立つが，実際どうだったのかについて実証的に研究されてきたわけではない。敢然と反対するものもいたが，一方で胡適が日記に記したように，軍閥の支配下よりも満洲国の統治下で暮らすことを望む人々もいた。しかし大多数はその中間にあり，環境や情勢によって立場を変えただろう。

　満洲国にも多様な現実があった。その解釈や記述の仕方も多様なものがあるべきである。しかし，このような議論は，とりわけ日本人が発する場合，侵略の責任から目をそらす方便だとして中国人から非難されるおそれがある。本コラムの冒頭で，関東軍が満洲国を建国したと記した。日本では陸軍内はもちろん，関東軍内でもさまざまな考えがあったことが知られている。しかし，もしこれを関東軍の暴走と見なせば，日本（政府）を免罪していると中国側は考えるだろう。中国側からすれば，目の前に現れたのは日本（軍）であり，背後で内輪もめしていようがいまいが関係ないのである。

　満洲国を日中間の国家問題として見るなら，極端な立場や見解をとらない限り，それが日本による侵略であったと捉えることに，世界の多くの研究者が同意するところであろう。ただし，国家（間）の歴史は唯一の歴史ではない。ナショナリズムは現実を動かす大きな力であったが，ナショナリズムだけが現実を動かし

ていたのではない。ナショナリズムを他に優越する枠組みとして歴史を描くことは，あくまで歴史叙述の一つのスタイルにすぎない。歴史観や政治的立場の正しさを掲げて，それ以外の解釈を許容しないのは，もはや学問とはいえない。

　筆者は現在，日中の歴史教科書を読み比べる授業をしている。ナショナリズムの影響が強い日本の一部の教科書と中国の教科書は，解釈は正反対でありながら，スタイルはまったく同じであるのが興味深い。敵と味方は峻別され，つねに敵は悪，味方は善である。同一の出来事が，一方では英雄的行為として顕彰され，他方では残虐的振る舞いとして非難される。味方がすれば許される行為も，敵がすれば許されない。自分のナラティブに都合のいいものだけを取り上げ，それ以外は捨象する。問題を挙げればきりがないが，かといって教科書という媒体では，多様な立場に配慮した記述をする余裕もない。客観的な教科書は，読んでいて面白くない，というのが学生たちの感想である。

　歴史認識はなにも日中間だけの問題ではない。西洋では，ドイツとフランス，あるいはドイツとポーランドの間で歴史を共有する取り組みが進められている。けれども，ポーランドとウクライナのように深刻な歴史認識問題を抱えている事例もある。東アジアでも，共通の歴史教材が開発されたり，韓国の「東アジアの歴史」のように，ナショナルでもなくグローバルでもない歴史教育が実施されたりしているが，歴史認識問題が収束する兆しは一向に見えない。

　この難問を即座に解決する方法はない。しかしながら，いまある歴史認識問題が日中間につねに存在してきたものではなく，歴史的に形成されたという事実に鑑みれば，状況を変えることはできるはずだ。「五族協和」の実験国家である満洲国の歴史は，現在のナショナリズム史観に依れば，だれのものでもない歴史である。ここに，歴史認識問題を解く鍵の一つがあるような気がしてならない。　　　　　　　　（高嶋　航）

参 考 文 献

はじめに

葛兆光（著），辻康吾（監修），永田小絵（訳）『中国再考——その領域・民族・文化』岩波書店，2014年。

岸本美緒『中国の歴史』筑摩書房，2015年；『中国社会の歴史的展開』放送大学教育振興会，2007年。

謝肇淛（著），岩城秀夫（訳注）『五雑組』1-8，平凡社，1996-1998年。

杉山正明「中央ユーラシアの歴史構図——世界史をつないだもの」『岩波講座世界歴史11　中央ユーラシアの統合』岩波書店，1997年，3-89頁。

トム・ミラー（著），田口未知（訳）『中国の「一帯一路」構想の真相——海と陸の新シルクロード経済圏』原書房，2018年。

中村淳「チベットとモンゴルの邂逅——遙かなる後世へのめばえ」『岩波講座世界歴史11　中央ユーラシアの統合』岩波書店，1997年，121-146頁。

森川哲雄「ポスト・モンゴル時代のモンゴル——清朝への架け橋」『岩波講座世界歴史11　中央ユーラシアの統合』岩波書店，1997年，325-348頁。

欧 語

Feener, R. Michael, and Joshua Gedacht. "Hijra, Ḥajj and Muslim Mobilities: Conserning Coercion and Asymmetrical Power Dynamics in Histories of Islamic Cosmopolitanism." In *Challenging Cosmopolitanism : Coercion, Mobility and Displacement in Islamic Asia,* edited by Joshua Gedakht and R. Michael Feener, 1-29. Edinburgh: Edinburgh University Press, 2018.

第 I 章第 1 節

飯島武次『中国考古学のてびき』同成社，2015年。

袁行霈ほか（主編），稲畑耕一郎（監修），角道亮介（訳）『北京大学版　中国の文明 1　古代文明の誕生と展開〈上〉』潮出版社，2016年。

岡村秀典「農耕社会と文明の形成」『岩波講座世界歴史 3　中華の形成と東方世界——2 世紀』岩波書店，1998年，77-102頁。

岡村秀典『中国文明——農業と礼制の考古学』京都大学学術出版会，2008年。

小澤正人，谷豊信，西江清高『中国考古学』同成社，1999年。

高濱秀，岡村秀典（編）『世界美術大全集　東洋篇』第 1 巻，小学館，2000年。

林巳奈夫『中国文明の誕生』吉川弘文館，1995年。

松丸道雄ほか（編）『世界歴史大系　中国史 1——先史〜後漢』山川出版社，2003年。

宮本一夫『中国の歴史 1　神話から歴史へ——神話時代・夏王朝』講談社，2020年。

漢 語

西安半坡博物館等（編）『姜寨——新石器時代遺址発掘報告』北京：文物出版社，1988年。

第 I 章第 2 節

浅原達郎「殷代の甲骨による占いと卜辞」東アジア恠異学会（編）『亀卜——歴史の地層に秘められたうらないの技をほりおこす』臨川書店，2006年，59-97頁。

岡村秀典『夏王朝——中国文明の原像』講談社，2007年。

落合淳思『殷——中国史最古の王朝』中央公論新社，2015年。

白川静『白川静著作集 4　甲骨文と殷史』平凡社，2000年。

松丸道雄「殷周国家の構造」『岩波講座　世界歴史 4　古代 4　東アジア世界の形成 1』岩波書店，1970年，49-100頁。

松丸道雄『甲骨文の話』大修館書店，2017年。

漢　語

蔡玫芬，朱乃誠，陳光祖（編）『商王武丁与后婦好——殷商盛世文化芸術特展』台北：国立故宮博物院，2012年。

中国社会科学院考古研究所（編）『偃師二里頭』北京：中国大百科全書出版社，1999年。

第Ⅰ章第3節

角道亮介『西周王朝とその青銅器』六一書房，2014年。

小南一郎「周の建国と封建」角田文衞，上田正昭（監修），初期王権研究委員会（編）『古代王権の誕生Ⅰ　東アジア
　　編』角川書店，2002年。

小南一郎『古代中国——天命と青銅器』京都大学学術出版会，2006年。

佐藤信弥『周——理想化された古代王朝』中央公論新社，2016年。

白川静『白川静著作集5　金文と経典』平凡社，2000年。

松井嘉徳『周代国制の研究』汲古書院，2002年。

松井嘉徳「西周史稿」『記憶される西周史』朋友書店，2018年，335-365頁。

李学勤，松丸道雄（編）『中国美術全集4　工芸編　青銅器(Ⅰ)』京都書院，1996年。

第Ⅱ章第1節

江村治樹『戦国秦漢時代の都市と国家——考古学と文献史学からのアプローチ』白帝社，2005年。

貝塚茂樹，伊藤道治『古代中国』講談社，2000年。

野間文史『春秋左氏伝——その構成と基軸』研文出版，2010年。

藤田勝久『史記戦国史料の研究』東京大学出版会，1997年。

松丸道雄，永田英正『ビジュアル版　世界の歴史5　中国文明の成立』講談社，1985年。

吉本道雅『中国先秦史の研究』京都大学学術出版会，2005年。

吉本道雅「先秦」冨谷至，森田憲司（編）『概説中国史　上——古代—中世』昭和堂，2016年。

漢　語

湖北省博物館（編）『湖北出土文物精粋』北京：文物出版社，2006年。

楊寛『戦国史』上海：上海人民出版社，2003年。

第Ⅱ章第2節

江村治樹『戦国秦漢時代の都市と国家——考古学と文献史学からのアプローチ』白帝社，2005年。

岡本隆司（編）『中国経済史』名古屋大学出版会，2013年。

中国出土資料学会（編）『地下からの贈り物——新出土資料が語るいにしえの中国』東方書店，2014年。

陳偉（著），湯浅邦弘（監訳），草野友子，曹方向（訳）『竹簡学入門——楚簡冊を中心として』東方書店，2016年。

廣瀬薫雄『秦漢律令研究』汲古書院，2010年。

松崎つね子『睡虎地秦簡』明徳出版社，2000年。

山田勝芳『貨幣の中国古代史』朝日新聞社，2000年。

湯浅邦弘（編）『概説　中国思想史』ミネルヴァ書房，2010年。

漢　語

荊門市博物館（編）『郭店楚墓竹簡』北京：文物出版社，1998年。

楊寛『戦国史』上海：上海人民出版社，2003年。

第Ⅱ章第3節

葛兆光（著），辻康吾（監修），永田小絵（訳）『中国再考——その領域・民族・文化』岩波書店，2014年。

檀上寛『天下と天朝の中国史』岩波書店，2016年。

費孝通（編著），西澤治彦ほか（共訳）『中華民族の多元一体構造』風響社，2008年。

堀敏一『中国と古代東アジア世界——中華的世界と諸民族』岩波書店，1993年。

吉本道雅「中国古代における華夷観念の形成」夫馬進（編）『中国東アジア外交交流史の研究』京都大学学術出版会，
　　2007年，4-30頁。

李学勤，松丸道雄（編）『中国美術全集4　工芸編　青銅器(I)』京都書院，1996年。

渡邉英幸『古代〈中華〉観念の形成』岩波書店，2010年。

渡邉英幸「里耶秦簡『更名扁書』試釈——統一秦の国制変革と避諱規定」『古代文化』66，no. 4（2015）：489-509.

第Ⅱ章第4節

鶴間和幸『中国の歴史03　ファーストエンペラーの遺産——秦漢帝国』講談社，2004年。

鶴間和幸『秦帝国の形成と地域』汲古書院，2013年。

鶴間和幸『人間・始皇帝』岩波書店，2015年。

西嶋定生『秦漢帝国——中国古代帝国の興亡』講談社，1997年。

籾山明『秦の始皇帝——多元世界の統一者』白帝社，1994年。

籾山明，ロータール・フォン・ファルケンハウゼン（編）『秦帝国の誕生——古代史研究のクロスロード』六一書房，
　　2020年。

漢　語

陳松長（主編）『岳麓書院蔵秦簡（伍）』上海：上海辞書出版社，2017年。

李開元「説趙高不是宦閹——補《史記・趙高列伝》」『史学月刊』2007年第8期：22-29.

史党社「新出考古・文字資料与秦人早期歴史」『国学学刊』2015年第4期：18-27.

袁仲一『秦兵馬俑的考古発現与研究』北京：文物出版社，2014年。

第Ⅱ章コラム

大庭脩『木簡学入門』志学社，2020年。

中国出土資料学会（編）『地下からの贈り物——新出土資料が語るいにしえの中国』東方書店，2014年。

冨谷至『木簡・竹簡の語る中国古代——書記の文化史』増補新版，岩波書店，2014年。

永田英正「文書行政」殷周秦漢時代史の基本問題編集委員会（編）『殷周秦漢時代史の基本問題』汲古書院，2001年，
　　281-304頁。

宮宅潔「秦漢時代の文字と識字」冨谷至編『漢字の中国文化』昭和堂，2009年，193-223頁。

籾山明『増補新版　漢帝国と辺境社会——長城の風景』志学社，2021年。

籾山明「中国の文書行政——漢代を中心として」『文字と古代日本2　文字による交流』吉川弘文館，2005年，136-159
　　頁。

横田恭三『中国古代簡牘のすべて』二玄社，2012年。

漢　語

湖南省文物考古研究所『里耶秦簡〔壹〕』北京：文物出版社，2012年。

第Ⅲ章第1節

江村治樹『戦国秦漢時代の都市と国家——考古学と文献史学からのアプローチ』白帝社，2005年。

杉村伸二「前漢景帝期国制転換の背景」『東洋史研究』67，no. 2（2008）：161-193.

西嶋定生『秦漢帝国——中国古代帝国の興亡』講談社，1997年。

松丸道雄，永田英正『世界の歴史ビジュアル版5　中国文明の成立』講談社，1985年。

李開元『漢帝国の成立と劉邦集団——軍功受益階層の研究』汲古書院，2000年。

第Ⅲ章第2節

小谷仲男『大月氏——中央アジアに謎の民族を訪ねて』東方書店，1999年。

川又正智『漢代以前のシルクロード——運ばれた馬とラピスラズリ』雄山閣，2006年。

工藤元男『中国古代文明の形成と展開』早稲田大学，2003年。

沢田勲『匈奴——古代遊牧国家の興亡』東方書店，1996年。

冨谷至『ゴビに生きた男たち——李陵と蘇武』白帝社，1994年。

冨谷至『木簡・竹簡の語る中国古代——書記の文化史』岩波書店，2003年。

長澤和俊『海のシルクロード史——四千年の東西交易』中央公論社，1989年。

長澤和俊『シルクロード』講談社，1993年。

西嶋定生『秦漢帝国——中国古代帝国の興亡』講談社，1997年。

林俊雄『スキタイと匈奴——遊牧の文明』講談社，2017年。

松丸道雄，永田英正『世界の歴史ビジュアル版 5　中国文明の成立』講談社，1985年。

山田信夫『世界の歴史ビジュアル版10　草原とオアシス』講談社，1985年。

吉川幸次郎『漢の武帝』岩波書店，1949年。

第Ⅲ章第 3 節

東晋次『王莽——儒家の理想に憑かれた男』白帝社，2003年。

古勝隆一『目録学の誕生——劉向が生んだ書物文化』臨川書店，2019年。

五井直弘『中国古代国家の形成と史学史』名著刊行会，2003年。

関口順『儒学のかたち』東京大学出版会，2003年。

西嶋定生『秦漢帝国——中国古代帝国の興亡』講談社，1997年。

姜生（著），三浦国雄，田訪（監訳）『漢帝国の遺産・道教の勃興』東方書店，2020年。

漢　語

中国社会科学院考古研究所（編）『西漢礼制建築遺址』文物出版社，2003年。

中国社会科学院考古研究所工作隊，西安市漢長安城遺址保管所（編）『漢長安城遺址研究』科学出版社，2006年。

第Ⅲ章第 4 節

井上秀雄『古代朝鮮』講談社，2004年。

曾布川寛，谷豊信（責任編集）『世界美術大全集　東洋編 2』小学館，1998年。

谷川道雄『新書東洋史 2　中国の歴史 2　世界帝国の形成』講談社，1977年。

長澤和俊『海のシルクロード史——四千年の東西交易』中央公論社，1989年。

長澤和俊『シルクロード』講談社，1993年。

西嶋定生『秦漢帝国——中国古代帝国の興亡』講談社，1997年。

林俊雄『スキタイと匈奴——遊牧の文明』講談社，2017年。

松丸道雄，永田英正『世界の歴史ビジュアル版 5　中国文明の成立』講談社，1985年。

目黒杏子『中国の歴史・現在がわかる本　第二期 1　紀元前から中国ができるまで』かもがわ出版，2017年。

第Ⅳ章第 1 節

会田大輔『南北朝時代——五胡十六国から隋の統一まで』中央公論新社，2021年。

岡崎文夫『魏晋南北朝通史・内篇』平凡社，1989年；『魏晋南北朝通史』弘文堂書房，1932年。

金文京『中国の歴史04　三国志の世界——後漢三国時代』講談社，2005年。

川勝義雄『魏晋南北朝』講談社，2003年；『中国の歴史 3　魏晋南北朝』講談社，1974年。

川本芳昭『魏晋南北朝時代の民族問題』汲古書院，1998年。

川本芳昭『世界史リブレット061　中国史の中の諸民族』山川出版社，2004年。

川本芳昭『中国の歴史05　中華の崩壊と拡大——魏晋南北朝』講談社，2005年。

川本芳昭『東アジア古代における諸民族と国家』汲古書院，2015年。

谷川道雄『隋唐世界帝国の形成』講談社，2008年；『新書東洋史 2　世界帝国の形成——後漢—隋・唐』講談社，1977年。

礪波護，武田幸雄『世界の歴史 6　隋唐帝国と古代朝鮮』中央公論新社，2008年；中央公論社，1997年。

福原啓郎『西晋の武帝司馬炎』白帝社，1995年。

三崎良章『五胡十六国の基礎的研究』汲古書院，2006年。

三崎良章『五胡十六国——中国史上の民族大移動』東方書店，2012年；東方書店，2002年。

松丸道雄ほか（編）『世界歴史大系　中国史 2——三国～唐』山川出版社，1996年。

宮崎市定『九品官人法の研究』中公文庫，1997年；東洋史研究会，1956年。

宮崎市定『大唐帝国　中国の中世』中央公論新社，2018年；『世界の歴史 7　大唐帝国』河出書房新社，1968年。

森鹿三『中国文明の歴史4　分裂の時代——魏晋南北朝』中央公論新社，2000年；『東洋の歴史　第4巻　分裂の時代——魏晋南北朝』人物往来社，1967年。

第Ⅳ章第2節

会田大輔『南北朝時代——五胡十六国から隋の統一まで』中央公論新社，2021年。

岡崎文夫『魏晋南北朝通史・内篇』平凡社，1989年；『魏晋南北朝通史』弘文堂書房，1932年。

岡村秀典『雲崗石窟の考古学　遊牧国家の巨石仏をさぐる』臨川書店，2017年。

川勝義雄『魏晋南北朝』講談社，2003年；『中国の歴史3　魏晋南北朝』講談社，1974年。

川本芳昭『魏晋南北朝時代の民族問題』汲古書院，1998年。

川本芳昭『世界史リブレット061　中国史の中の諸民族』山川出版社，2004年。

川本芳昭『中国の歴史05　中華の崩壊と拡大——魏晋南北朝』講談社，2005年。

川本芳昭『東アジア古代における諸民族と国家』汲古書院，2015年。

谷川道雄『隋唐世界帝国の形成』講談社，2008年；『新書東洋史2　世界帝国の形成——後漢—隋・唐』講談社，1977年。

佐川英治「漢帝国以後の多元的世界」南川高志編『歴史の転換期2　378年——失われた古代帝国の秩序』山川出版社，2018年，176-227頁。

礪波護，武田幸雄『世界の歴史6　隋唐帝国と古代朝鮮』中央公論新社，2008年；中央公論社，1997年。

船山徹『仏典はどう漢訳されたのか——スートラが経典になるとき』岩波書店，2013年。

堀内淳一『北朝社会における南朝文化の受容——外交使節と亡命者の影響』東方書店，2018年。

松丸道雄ほか（編）『世界歴史大系　中国史2——三国〜唐』山川出版社，1996年。

三崎良章『五胡十六国の基礎的研究』汲古書院，2006年。

三崎良章『五胡十六国——中国史上の民族大移動』東方書店，2012年；東方書店，2002年。

水野清一，長廣敏雄『雲崗石窟——西暦五世紀における中国北部仏教窟院の考古学的調査報告：東方文化研究所調査』第十三・十四巻，京都大学人文科学研究所雲岡刊行会，1954年。

宮崎市定『九品官人法の研究』中公文庫，1997年；東洋史研究会，1956年。

宮崎市定『大唐帝国——中国の中世』中央公論新社，2018年；『世界の歴史7　大唐帝国』河出書房新社，1968年。

森鹿三『中国文明の歴史4　分裂の時代——魏晋南北朝』中央公論新社，2000年；『東洋の歴史　第4巻　分裂の時代——魏晋南北朝』人物往来社，1967年。

第Ⅳ章第3節

会田大輔『南北朝時代——五胡十六国から隋の統一まで』中央公論新社，2021年。

岡崎文夫『魏晋南北朝通史・内篇』平凡社，1989年；『魏晋南北朝通史』弘文堂書房，1932年。

岡本隆司（編）『中国経済史』名古屋大学出版会，2013年。

愛宕元，冨谷至（編）『中国の歴史　上——古代—中世』昭和堂，2005年。

川勝義雄『魏晋南北朝』講談社，2003年；『中国の歴史3　魏晋南北朝』講談社，1974年。

川本芳昭『中国の歴史05　中華の崩壊と拡大——魏晋南北朝』講談社，2005年。

谷川道雄『隋唐世界帝国の形成』講談社，2008年；『新書東洋史2　世界帝国の形成——後漢—隋・唐』講談社，1977年。

礪波護，武田幸雄『世界の歴史6　隋唐帝国と古代朝鮮』中央公論新社，2008年；中央公論社，1997年。

中村圭爾『六朝貴族制研究』風間書房，1987年。

中村圭爾『六朝江南地域史研究』汲古書院，2006年。

松丸道雄ほか（編）『世界歴史大系　中国史2——三国〜唐』山川出版社，1996年。

宮崎市定『九品官人法の研究』中公文庫，1997年；東洋史研究会，1956年。

宮崎市定『大唐帝国——中国の中世』中央公論新社，2018年；『世界の歴史7　大唐帝国』河出書房新社，1968年。

森鹿三『中国文明の歴史4　分裂の時代——魏晋南北朝』中央公論新社，2000年；『東洋の歴史　第4巻　分裂の時代——魏晋南北朝』人物往来社，1967年。

吉川忠夫『侯景の乱始末記——南朝貴族社会の命運』中央公論社，1974年。

吉川忠夫『劉裕——江南の英雄宋の武帝』中央公論社，1989年。

漢　語

張柏（主編）『中国出土瓷器全集9　浙江』北京：科学出版社，2008年。

第Ⅳ章第4節

会田大輔『南北朝時代——五胡十六国から隋の統一まで』中央公論新社，2021年。

川本芳昭『中国の歴史05　中華の崩壊と拡大——魏晋南北朝』講談社，2005年。

杉山正明『遊牧民から見た世界史——民族も国境もこえて』増補版，日本経済新聞出版社，2011年；日本経済新聞社，
　　1997年。

鈴木靖民，金子修一（編）『梁職貢図と東部ユーラシア世界』勉誠出版，2014年。

礪波護，武田幸雄『世界の歴史6　隋唐帝国と古代朝鮮』中央公論新社，2008年；中央公論社，1997年。

廣瀬憲雄『古代日本外交史——東部ユーラシアの視点から読み直す』講談社，2014年。

松丸道雄ほか（編）『世界歴史大系　中国史2——三国〜唐』山川出版社，1996年。

宮崎市定『大唐帝国——中国の中世』中央公論新社，2018年；『世界の歴史7　大唐帝国』河出書房新社，1968年。

森鹿三『中国文明の歴史4　分裂の時代——魏晋南北朝』中央公論新社，2000年；『東洋の歴史　第4巻　分裂の時代
　　——魏晋南北朝』人物往来社，1967年。

第Ⅳ章第5節

愛宕元，冨谷至（編）『中国の歴史　上——古代—中世』昭和堂，2005年。

王羲之（書）『原色法帖選6　十七帖〈上野本〉　東晋　王羲之』二玄社，1985年。

大西克也，宮本徹（編著）『アジアと漢字文化』放送大学教育振興会，2009年。

神田喜一郎『中国書道史』岩波書店，1985年。

杉村邦彦『書苑彷徨』第2集，二玄社，1986年。

杉村邦彦『書学論纂』知泉書館，2018年。

全国大学書道学会（編）『書の古典と理論』改訂版，光村図書，2020年。

冨谷至『文書行政の漢帝国』名古屋大学出版会，2010年。

冨谷至『木簡・竹簡の語る中国古代——書記の文化史』増補新版，岩波書店，2014年。

中田勇次郎『王羲之を中心とする法帖の研究』二玄社，1960年。

中田勇次郎（編）『書道芸術　別巻第3　中国書道史』豪華普及版，中央公論社，1977年。

成田健太郎『中国中古の書学理論』京都大学学術出版社，2016年。

成田健太郎「『顔氏家訓』にみる南北朝の書芸」『六朝学術学会報』20（2019）：57-70.

西川寧『西川寧著作集』第3巻，二玄社，1991年。

福田哲之『文字の発見が歴史をゆるがす——20世紀中国出土文字資料の証言』二玄社，2003年。

吉川忠夫『六朝貴族の世界——王羲之』新訂版，清水書院，2017年。

第Ⅴ章第1節

氣賀澤保規『中国の歴史6　絢爛たる世界帝国——隋唐時代』講談社，2020年；『中国の歴史06　絢爛たる世界帝国
　　——隋唐時代』講談社，2005年。

星斌夫『大運河——中国の漕運』近藤出版社，1971年。

護雅夫『古代遊牧帝国』中央公論社，1976年。

森安孝夫『興亡の世界史　シルクロードと唐帝国』講談社，2016年；『興亡の世界史05　シルクロードと唐帝国』講談
　　社，2007年。

第Ⅴ章第2節

愛宕元，冨谷至（編）『新版　中国の歴史　上——古代—中世』昭和堂，2009年。

稲葉穣「安史の乱時に入唐したアラブ兵について」『東洋史苑』58（2001）：1-17.

氣賀澤保規『中国の歴史6　絢爛たる世界帝国——隋唐時代』講談社，2020年；『中国の歴史06　絢爛たる世界帝国

　　──隋唐時代』講談社，2005年。

林美希『唐代前期北衙禁軍研究』汲古書院，2020年。

藤善真澄『安禄山と楊貴妃──安史の乱始末記』清水書院，2017年。

藤善真澄（編），竺沙雅章（監修）『アジアの歴史と文化2　中国史──中世』同朋舎出版，1995年。

森部豊『世界史リブレット人18　安禄山──「安史の乱」を起こしたソグド人』山川出版社，2013年。

森安孝夫「ウイグルから見た安史の乱」『内陸アジア言語の研究』17（2002）：117-170.

森安孝夫『興亡の世界史　シルクロードと唐帝国』講談社，2016年；『興亡の世界史05　シルクロードと唐帝国』講談
　　社，2007年。

　第Ⅴ章第3節

愛宕元，冨谷至（編）『新版　中国の歴史　上──古代─中世』昭和堂，2009年。

氣賀澤保規『中国の歴史06　絢爛たる世界帝国──隋唐時代』講談社，2005年。

小島毅『中国の歴史07　中国思想と宗教の奔流──宋朝』講談社，2005年。

礪波護『唐の行政機構と官僚』中央公論社，1998年。

冨谷至，森田憲司（編）『概説中国史　上──古代─中世』昭和堂，2016年。

村上哲見『科挙の話──試験制度と文人官僚』講談社，2000年。

　第Ⅴ章第4節

足立喜六（訳注），塩入良道（補注）『入唐求法巡礼行記』1-2巻，平凡社，1970年。

専修大学・西北大学共同プロジェクト（編）『遣唐使の見た中国と日本──新発見「井真成墓誌」から何がわかるか』
　　朝日出版社，2005年。

東野治之『遣唐使』岩波書店，2007年。

曽布川寛，吉田豊（編）『ソグド人の美術と言語』臨川書店，2011年。

田坂興道『中国における回教の伝来とその弘通』上，東洋文庫，1964年。

森部豊（編）『アジア遊学175　ソグド人と東ユーラシアの文化交渉』勉誠出版，2014年。

森安孝夫『興亡の世界史　シルクロードと唐帝国』講談社，2016年；『興亡の世界史05　シルクロードと唐帝国』講談
　　社，2007年。

家島彦一『中国とインドの諸情報1　第一の書』平凡社，2007年。

家島彦一『中国とインドの諸情報2　第二の書』平凡社，2007年。

吉田豊『中国江南マニ教絵画研究』臨川書店，2015年。

　第Ⅴ章第5節

神田喜一郎『中国書道史』岩波書店，1985年。

正倉院事務所（編）『正倉院の書蹟』日本経済新聞社，1964年。

全国大学書道学会（編）『書の古典と理論』改訂版，光村図書，2020年。

礪波護，武田幸男『世界の歴史6　隋唐帝国と古代朝鮮』中央公論社，1997年。

中田勇次郎（編）『書道芸術　別巻第3　中国書道史』豪華普及版，中央公論社，1977年。

中田勇次郎『中田勇次郎著作集』第5巻，二玄社，1985年。

名児耶明（監修）『決定版　日本書道史』芸術新聞社，2009年。

東野治之『正倉院』岩波書店，1988年。

東野治之『遣唐使』岩波書店，2007年。

東野治之『書の古代史』岩波書店，2010年。

藤善眞澄（責任編集），竺沙雅章（監修）『アジアの歴史と文化2　中国史──中世』同朋舎出版，1995年。

　第Ⅵ章第1節

氣賀澤保規『中国の歴史06　絢爛たる世界帝国──隋唐時代』講談社，2005年。

冨谷至，森田憲司（編）『概説中国史　上──古代─中世』昭和堂，2016年。

宮崎市定「唐末五代」宮崎市定（著）佐伯富ほか（編）『宮崎市定全集　巻9　五代宋初』岩波書店，1992年，295-341
　　頁；『世界の歴史6　宋と元』中央公論社，1961年。
森部豊『世界史リブレット人18　安禄山──「安史の乱」を起こしたソグド人』山川出版社，2013年。

第VI章第2節

岩尾一史「古代チベット帝国の外交と『三国会盟』の成立」『東洋史研究』72，no. 4（2014）：1-33.
齊藤勝「唐・回鶻絹馬交易再考」『史学雑誌』108，no.10（1999）：33-59.
佐藤長『古代チベット史研究』上下巻，同朋舍，1977年；東洋史研究會，1958-1959年。
森安孝夫『興亡の世界史　シルクロードと唐帝国』講談社，2016年；『興亡の世界史05　シルクロードと唐帝国』講談
　　社，2007年。

第VI章第3節

杉山正明『中国の歴史8　疾駆する草原の征服者──遼　西夏　金　元』講談社，2021年；『中国の歴史08　疾駆する草原
　　の征服者──遼・西夏・金・元』講談社，2005年。
礪波護『馮道』中央公論新社，2003年。
日野開三郎『日野開三郎東洋史学論集　第2巻　五代史の基調』三一書房，1980年。
松丸道雄ほか（編）『世界歴史大系　中国史3──五代〜元』山川出版社，1997年。

第VI章第4節

荒川慎太郎ほか（編）『アジア遊学160　契丹［遼］と10〜12世紀の東部ユーラシア』勉誠出版，2013年。
島田正郎『契丹国──遊牧の民キタイの王朝』東方書店，2014年。
高井康典行『渤海と藩鎮──遼代地方統治の研究』汲古書院，2016年。
藤原崇人『契丹仏教史の研究』法藏館，2015年。
古松崇志『草原の制覇──大モンゴルまで』岩波書店，2020年。
松丸道雄ほか（編）『世界歴史大系　中国史3──五代〜元』山川出版社，1997年。

第VI章第5節

伊原弘（編）『「清明上河図」と徽宗の時代──そして輝きの残照』勉誠出版，2011年。
岩﨑力『西夏建国史研究』汲古書院，2018年。
岡崎精郎『タングート古代史研究』東洋史研究会，1972年。
竺沙雅章『独裁君主の登場──宋の太祖と太宗』清水書院，2017年。
松丸道雄ほか（編）『世界歴史大系　中国史3──五代〜元』山川出版社，1997年。

第VI章第6節

伊原弘，梅村坦『世界の歴史7　宋と中央ユーラシア』中央公論社，1997年。
愛宕元，冨谷至（編）『新版　中国の歴史　上──古代─中世』昭和堂，2009年。
愛宕元，森田憲司（編）『新版　中国の歴史　下──近世─近現代』昭和堂，2009年。
氣賀澤保規『中国の歴史06　絢爛たる世界帝国──隋唐時代』講談社，2005年。
清水茂『中国古典選35　唐宋八家文　一』朝日新聞社，1978年。
冨谷至，森田憲司（編）『概説中国史　上──古代─中世』昭和堂，2016年。
冨谷至，森田憲司（編）『概説中国史　下──近世─近現代』昭和堂，2016年。

第VI章第7節

沖本克己（編），菅野博史（編集協力）『新アジア仏教史07　中国II　隋唐──興隆・発展する仏教』佼成出版，2010年。
坂出祥伸『道教と養生思想』ぺりかん社，1992年。
坂出祥伸『道教とはなにか』ちくま学芸文庫，2017年。
竺沙雅章『中国仏教社会史研究』同朋舍，1982年。

竺沙雅章『宋元仏教文化史研究』汲古書院，2000年。

礪波護『隋唐の仏教と国家』中公文庫，1999年。

礪波護『隋唐佛教文物史論考』法藏館，2016年。

藤善真澄『中国佛教史研究——隋唐佛教への視角』法藏館，2013年。

松丸道雄ほか（編）『世界歴史大系　中国史2——三国〜唐』山川出版社，1996年。

松丸道雄ほか（編）『世界歴史大系　中国史3——五代〜元』山川出版社，1997年。

森三樹三郎『中国思想史（下）』第三文明社，1978年。

湯浅邦弘（編著）『概説　中国思想史』ミネルヴァ書房，2010年。

吉川忠夫『古代中国人の不死幻想』東方書店，1995年。

第Ⅶ章第1節

小島毅『中国の歴史07　中国思想と宗教の奔流——宋朝』講談社，2005年。

竺沙雅章『中国歴史人物選5　范仲淹』白帝社，1995年。

冨谷至，森田憲司（編）『概説中国史　上——古代—中世』昭和堂，2016年。

冨谷至，森田憲司（編）『概説中国史　下——近世—近現代』昭和堂，2016年。

平田茂樹『科挙と官僚制』山川出版社，1997年。

第Ⅶ章第2節

神田喜一郎『中国書道史』岩波書店，1985年。

杉村邦彦『書苑彷徨』第3集，二玄社，1993年。

全国大学書道学会（編）『書の古典と理論』改訂版，光村図書，2020年。

外山軍治『中国の書と人』創元社，1971年。

中田勇次郎（編）『書道芸術　別巻第3　中国書道史』豪華普及版，中央公論社，1977年。

成田健太郎「顔真卿書法の受容とその転換点」『書論』40（2014）：78-91.

成田健太郎『中国中古の書学理論』京都大学学術出版会，2016年。

福本雅一『石刻と法帖』藝文書院，2009年。

増田知之「内藤湖南の顔真卿理解について——『書』における『唐宋変革論』のためのメモ」『書論』39（2013）：108-111.

宮崎市定「宋代文化の一面」佐伯富ほか（編）『宮崎市定全集』第24巻，岩波書店，1994年，23-31頁。

漢　語

何炎泉「北宋毛筆発展与書法尺寸的関係」孫暁雲，薛龍春（主編）『請循其本——古代書法創作研究国際学術討論会論文集』南京：南京大学出版社，2010年，108-119頁。

啓功，王靖憲（主編），中国法帖全集編輯委員会（編）『中国法帖全集1　淳化閣帖』武漢：湖北美術出版社，2002年。

第Ⅶ章第3節

井黒忍「耶懶完顔部の軌跡——大女真金国から大真国へと至る沿海地方一女真集団の歩み」，天野哲也ほか（編）『中世東アジアの周縁世界』同成社，2009年，313-325頁。

井黒忍「女真と胡里改——鉄加工技術に見る完顔部と非女真系集団との関係」古松崇志ほか（編）『アジア遊学233　金・女真の歴史とユーラシア東方』勉誠出版，2019年，54-68頁。

川野明正『雲南の歴史——アジア十字路に交錯する多民族世界』白帝社，2013年。

小松久男ほか（編）『中央ユーラシアを知る事典』平凡社，2005年。

杉山正明，北川誠一『世界の歴史9　大モンゴルの時代』中央公論社，1997年。

杉山正明『中国の歴史08　疾駆する草原の征服者——遼・西夏・金・元』講談社，2005年。

杉山正明『遊牧民から見た世界史』増補版，日本経済新聞出版社，2011年；日本経済新聞社，1997年。

武田幸男ほか『地域からの世界史1　朝鮮』朝日新聞社，1993年。

外山軍治『金朝史研究』東洋史研究会，1964年。

永田雄三（編）『新版　世界各国史9　西アジアⅡ　イラン・トルコ』山川出版社，2002年。

西田龍雄『西夏王国の言語と文化』岩波書店，1997年。

羽田亨「西遼建国の始末及び其の年紀」『史林』1，no. 2（1916）：206-234.

林謙一郎「大理国史研究の視角――中原史料の分析から」『名古屋大学文学部研究論集（史学）』50（2004）：1-20.

古松崇志「女真開国伝説の形成――『金史』世紀の研究」内山勝利（編集）『「古典学の再構築」研究成果報告集Ⅴ 論集 古典の世界像』神戸：「古典学の再構築」総括班，2003年，184-197頁。

古松崇志「金国（女真）の興亡とユーラシア東方情勢」古松崇志ほか（編）『アジア遊学233 金・女真の歴史とユーラシア東方』勉誠出版，2019年，14-31頁。

古松崇志『シリーズ中国の歴史3 草原の制覇――大モンゴルまで』岩波書店，2020年。

松井太「契丹とウイグルの関係」荒川慎太郎ほか（編）『アジア遊学160 契丹［遼］と10～12世紀の東部ユーラシア』勉誠出版，2013年，56-69頁。

松田孝一「西遼と金の対立とチンギス・カンの勃興」松田孝一（編）『13～14世紀モンゴル史研究』1号，枚方：松田孝一，2016年，51-65頁。

間野英二『中央アジアの歴史』講談社，1977年。

丸橋充拓『シリーズ中国の歴史2 江南の発展――南宋まで』岩波書店，2020年。

三上次男『金史研究』1-3，中央公論美術出版，1970-1973年。

山口瑞鳳『チベット』東京大学出版会，1988年。

吉田光男『韓国朝鮮の歴史』放送大学教育振興会，2015年。

漢 語

北京市文物局（編）『金中都遺珍――紀念北京建都850周年』北京：北京燕山出版社，2003年。

魏良弢『中国歴史 第11巻 喀喇汗王朝史 西遼史』北京：人民出版社，2010年。

欧 語

Biran, Michael. *The Empire of the Qara Khitai in Eurasian History : Between China and the Islamic World*, Cambridge, UK; New York: Cambridge University Press, 2005.

第Ⅶ章第4節

愛新覚羅・烏拉熙春『契丹文墓誌より見た遼史』松香堂，2006年。

愛新覚羅・烏拉熙春『明代の女真人――「女真訳語」から「永寧寺記碑」へ』京都大学学術出版会，2009年。

愛新覚羅・烏拉熙春，吉本道雅『韓半島から眺めた契丹・女真』京都大学学術出版会，2011年。

荒川慎太郎『西夏文金剛経の研究』松香堂，2014年。

荒川慎太郎『法華経写本シリーズ16 プリンストン大学図書館所蔵西夏文妙法蓮華経――写真版及びテキストの研究』創価学会，東洋哲学研究所，2018年。

荒川慎太郎ほか（編）『アジア遊学160 契丹［遼］と10～12世紀の東部ユーラシア』勉誠出版，2013年。

大竹昌巳「契丹小字文献所引の漢文古典籍」『KOTONOHA』152（2015）：1-19.

大竹昌巳「契丹語形容詞の性・数標示体系について」『京都大学言語学研究』35（2016）：59-89.

清瀬義三郎則府『日本語學とアルタイ語學』明治書院，1991年。

河野六郎，千野栄一，西田龍雄（編著）『世界文字辞典』（亀井孝，河野六郎，千野栄一（編著）『言語学大辞典』別巻）三省堂，2001年。

国書刊行会（編）『吾妻鏡――吉川本2』国書刊行会，1915年。

武内康則「契丹語の複数接尾辞について」『言語研究』149（2016）：1-17.

武内康則「契丹語の数詞について」『アジア・アフリカ言語文化研究』93（2017）：91-103.

冨谷至『京大人文研東方学叢書4 漢倭奴国王から日本国天皇へ――国号「日本」と称号「天皇」の誕生』臨川書店，2018年。

豊田五郎「豊田五郎契丹文字研究論集』松香堂書店，2015年。

名児耶明（監修）『決定版 日本書道史』芸術新聞社，2009年。

西嶋定生『古代東アジア世界と日本』岩波書店，2000年。

西田龍雄『西夏語の研究――西夏語の再構成と西夏文字の解読』座右宝刊行会，1964年。

西田龍雄『西夏文字――解読のプロセス』玉川大学出版部，1980年。

西田龍雄『西夏文字の話――シルクロードの謎』大修館書店，1989年。
西田龍雄『西夏王国の言語と文化』岩波書店，1997年。
西田龍雄『アジア古代文字の解読』中央公論新社，2002年。
西田龍雄『法華経写本シリーズ６　ロシア科学アカデミー東洋学研究所サンクトペテルブルク支部所蔵西夏文「妙法蓮華経」写真版（鳩摩羅什訳対照）』創価学会，ロシア科学アカデミー東洋学研究所サンクトペテルブルク支部，2005年。
野田庄右衛門刊『新刊吾妻鏡』野田庄右衛門，1661年。
松井太，荒川慎太郎（編）『敦煌石窟多言語資料集成』東京外国語大学アジア・アフリカ言語文化研究所，2017年。
森岡隆『図説かなの成り立ち事典』教育出版，2006年。

漢　語

愛新覚羅・烏拉熙春『遼金史與契丹，女真文』京都：東亞歴史文化研究会，2004年。
大竹昌巳「關於契丹語的兄弟姉妹稱謂系統」『KOTONOHA』142（2014）：1-16.
俄羅斯科學院東方文獻研究所ほか『俄蔵黒水城文献10・11』上海：上海古籍出版社，1999年。
龔煌城『龔煌城西夏語文研究論文集』台北：中央研究院語言學研究所，2011年。
吉林省文物考古研究所ほか『俄羅斯濱海邊疆區女真文物集粹（*Древности Чжурчжэней из Приморского Края России*）』北京：文物出版社，2013年。
金光平ほか『女真語言文字研究』北京：文物出版社，1980年。
金啓孮『女真文辭典』北京：文物出版社，1984年。
李範文『簡明夏漢字典』北京：中國社會科學出版社，2012年。
林英津『夏譯《孫子兵法》研究』台北：中央研究院歴史語言研究所，1994年。
林英津『西夏語譯《真實名經》釋文研究』台北：中央研究院語言學研究所，2006年。
劉鳳翥『契丹文字研究類編』北京：中華書局，2014年。
羅福頤ほか『西夏官印彙考』銀川：寧夏人民出版社，1982年。
吳國聖「俄藏黑水城出土西夏文藥方〈[illegible]［三棱煎丸］〉之解讀考釋」『西夏學』5（2010）：38-53.
吳國聖「杜建錄《党項西夏碑石整理研究》」『臺大歴史學報』61（2018）：447-474, 2018a.
吳國聖「論西夏文醫藥文獻的歴史語言文獻學研究――兼評《黑水城出土西夏文醫藥文獻整理與研究》及其他相關論述」『民族學界（*Ethnologia*）』42（2018）：111-188, 2018b.

欧　語

de Rachewiltz, Igor, and Volker Rybatzki. *Introduction to Altaic Philology Turkic, Mongolian, Manchu.* Leiden and Boston: Brill, 2010.
Kane, Daniel. *The Kitan Language and Script.* Leiden and Boston: Brill, 2009.
Kiyose, Gisaburo. *A Study of the Jurchen Language and Script: Reconstruction and Decipherment.* Kyoto: Hōritsubunka-sha, 1977.
Кычанов, Е. И., *et al. Каталог Тангутских Буддийских Памятников: Института Востоковедения Российской Академии Наук.* Kyoto: Университет Киото, 1999.
Кычанов, Е. И., *et al. Словарь Тангутского（Си Ся）Языка: Тангутско-Русско-Англо-Китайский Словарь.* Kyoto: Филологические науки Университет Киото, 2006.

第Ⅶ章第５節

垣内景子『朱子学入門』ミネルヴァ書房，2015年。
小島毅『中国の歴史07　中国思想と宗教の奔流――宋朝』講談社，2005年。
小島毅『宗教の世界史５　儒教の歴史』山川出版社，2017年。
三浦國雄『朱子伝』平凡社，2010年。

第Ⅶ章第６節

榎本渉『東アジア海域と日中交流――九～十四世紀』吉川弘文館，2007年。
大塚和夫ほか（編）『岩波イスラーム辞典』岩波書店，2002年。

大塚紀弘『日宋貿易と仏教文化』吉川弘文館，2017年。

岡田恵美子（訳），F. A. グルガーニー（著）『ヴィースとラーミーン——ペルシアの恋の物語』平凡社，1990年。

黒柳恒男「わが国に伝わるペルシア詩について」『蒲生礼一先生記念論集』蒲生礼一先生10回忌記念刊行会，1987年，212-213頁。

桑原隲蔵『蒲寿庚の事蹟』補訂版，平凡社，1989年；『宋末の提挙市舶西域人蒲寿庚の事蹟』初版，上海東亜攻究会，1923年。

島尾新（編），小島毅（監修）『東アジア海域に漕ぎだす4　東アジアのなかの五山文化』東京大学出版会，2014年。

杉田英明『中東イスラム世界2　日本人の中東発見——逆遠近法のなかの比較文化史』東京大学出版会，1995年。

田坂興道『中国における回教の伝来とその弘通』上，東洋文庫，1964年。

松丸道雄ほか（編）『世界歴史大系　中国史3——五代～元』山川出版社，1997年。

向正樹「蒲寿庚軍事集団とモンゴル海上勢力の台頭」『東洋学報』89，no. 3（2007）：327-356.

家島彦一『中国とインドの諸情報1　第一の書』平凡社，2007年。

欧　語

Park, Hyunhee. *Mapping the Chinese and Islamic Worlds : Cross-Cultural Exchange in Pre-modern Asia*. Cambridge and New York: Cambridge University Press, 2012.

第Ⅶ章コラム

井黒忍「元明交替の底流」千葉敏之（編）『歴史の転換期——1348年　気候不順と生存危機』第5巻，山川出版社，2021年，192-245頁。

薫武彦「環境と治水の歴史——中国を制するもの，水を制すべし」濱下武志・平勢隆郎（編）『中国の歴史——東アジアの周縁から考える』有斐閣，2015年，283-302頁。

長瀬守『宋元水利史研究』国書刊行会，1983年。

長谷川順二『前漢期黄河古河道の復元——リモートセンシングと歴史学』六一書房，2016年。

村松弘一「黄河の断流——黄河変遷史からの視点」，高津孝（編）『アジア遊学75　黄河は流れず』勉誠出版，2005年，6-18頁。

濱川栄『中国古代の社会と黄河』早稲田大学出版部，2009年。

星斌夫『大運河——中国の漕運』近藤出版社，1971年。

松田吉郎「黄河の治水史」『月刊しにか』12，no. 1（2001）：55-61.

松田孝一「黄河南流」白石典之（編）『チンギス・カンとその時代』勉誠出版，2015年，45-52頁。

吉岡義信『宋代黄河史研究』御茶の水書房，1978年。

第Ⅷ章第1節

大塚和夫ほか（編）『岩波イスラーム辞典』岩波書店，2002年。

川本正知『モンゴル帝国の軍隊と戦争』山川出版社，2013年。

白石典之『チンギス・カン——"蒼き狼"の実像』中央公論新社，2006年。

白石典之『モンゴル帝国誕生——チンギス・カンの都を掘る』講談社，2017年。

杉山正明『大モンゴルの世界——陸と海の巨大帝国』角川書店，1992年。

杉山正明『クビライの挑戦——モンゴル海上帝国への道』朝日新聞社，1995年。

杉山正明『モンゴル帝国の興亡〈上〉——軍事拡大の時代』講談社，1996年。

杉山正明『モンゴル帝国の興亡〈下〉——世界経営の時代』講談社，1996年。

杉山正明『中国の歴史08　疾駆する草原の征服者——遼・西夏・金・元』講談社，2005年。

永田雄三（編）『新版　世界各国史9　西アジアⅡ　イラン・トルコ』山川出版社，2002年。

舩田善之「モンゴル帝国の定住民地域に対する拡大と統治——転機とその背景」『史学研究』300（2018）：1-29.

古松崇志『シリーズ中国の歴史3　草原の制覇——大モンゴルまで』岩波書店，2020年。

モーガン，ディヴィド（著），杉山正明，大島淳子（訳）『モンゴル帝国の歴史』角川書店，1993年。

第Ⅷ章第2節

邵清隆（監修）『中国・内モンゴル自治区博物院所蔵　チンギス・ハーンとモンゴルの至宝展』東映株式会社，2008年。

杉山正明『クビライの挑戦──モンゴル海上帝国への道』朝日新聞社，1995年。

杉山正明『モンゴル帝国と大元ウルス』京都大学学術出版会，2004年。

宮紀子『モンゴル時代の出版文化』名古屋大学出版会，2006年。

宮紀子『モンゴル時代の「知」の東西』上下，名古屋大学出版会，2018年。

吉田豊，古川摂一『中国江南マニ教絵画研究』臨川書店，2015年。

漢　語

劉芳如，鄭淑方（主編）『国立故宮博物院蔵蒙古文物彙編』台北：国立故宮博物院，2015年。

欧　語

Komaroff, Linda, and Stefano Carboni. (eds). *The Legacy of Genghis Khan : Courtly Art and Culture in Western Asia, 1256-1353*, New York: The Metropolitan Museum of Art／New Haven&London: Yale University Press, 2003.

第Ⅷ章第3節

家光敏光（訳），オドリコ（著）『東洋旅行記──カタイ（中国）への道』桃源社，1979年。

岩村忍，中野美代子『世界ノンフィクション全集19　長春真人西遊記・耶律楚材西遊録』筑摩書房，1961年。

愛宕松男（訳），マルコ・ポーロ（著）『［完訳］東方見聞録』1-2，平凡社，2000年。

佐伯好郎『元主忽必烈が欧州に派遣したる景教僧の旅行誌』待漏書院，1932年。

佐口透（訳），ドーソン（著）『モンゴル帝国史』1-6，平凡社，1968-1979年。

佐口透『モンゴル帝国と西洋』平凡社，1970年。

高田英樹『マルコ・ポーロ ルスティケッロ・ダ・ピーサ 世界の記──「東方見聞録」対校訳』名古屋大学出版会，2014年。

高田英樹『原典　中世ヨーロッパ東方記』名古屋大学出版会，2019年。

月村辰雄，久保田勝一『全訳　マルコ・ポーロ東方見聞録──『驚異の書』fr. 2810写本』岩波書店，2002年。

東アジア人文情報学センター『漢籍の遥かな旅路──出版・流通・収蔵の諸相』研文書院，2018年。

宮紀子『モンゴル帝国が生んだ世界図』日本経済新聞出版社，2007年。

宮紀子「和算の源流をもとめて──『モンゴル時代』の贈り物」『科学』87，no.10（2017）：940-947.

宮紀子『モンゴル時代の「知」の東西』上下，名古屋大学出版会，2018年。

宮紀子「天地を擲ち算袋の裡に封ずべし──中国数学史における epoch」『中国史学』30（2020）：147-165.

護雅夫（訳），カルピニ／ルブルク（著）『中央アジア・蒙古旅行記』桃源社，1965年。

家島彦一（訳），イブン・ジュザイイ（編）『大旅行記──イブン・バットゥータ』1-8，平凡社，1996-2002年。

弓場紀知『青花の道──中国陶磁器が語る東西交流』日本放送出版協会，2008年。

和田久徳（訳），周達観（著）『真臘風土記──アンコール期のカンボジア』平凡社，1989年。

欧　語

Grube, Ernest J., and Eleanor Sims. *Between China and Iran : Painting from Four Istanbul Albums*. London: University of London, 1980.

Sugimura, To. *The Encounter of Persia with China,* Osaka: National Museum of Ethnology, 1986.

Blair, Sheila S. *A Compendium of Chronicles : Rashid al-Din's illustrated history of the world,* London: The Nour Foundation & Oxford University Press, 1995.

第Ⅷ章第4節

中田勇次郎（責任編集）『書道芸術　別巻第3　中国書道史』豪華普及版，中央公論社，1977年。

本田實信『モンゴル時代史研究』東京大学出版会，1991年。

前間恭作（遺稿），末松保和（編）『訓読吏文　吏文輯覧附』朝鮮印刷株式会社，1942年。

宮紀子『モンゴル時代の出版文化』名古屋大学出版会，2006年。

宮紀子『モンゴル時代の「知」の東西』上下，名古屋大学出版会，2018年。

渡部良子「ペルシア語インシャー手引書編纂とモンゴル文書行政」『史学雑誌』111，no. 7（2002）：1-31.

渡部良子「モンゴル時代におけるペルシア語インシャー術指南書」『オリエント』46，no. 2（2003）：197-224.

渡部良子「13世紀モンゴル支配期イランのペルシア語財務術指南書 Murshid fī al-Hisāb」高松洋一編『イラン式簿記術の発展と展開：イラン，マムルーク朝，オスマン朝下で作成された理論書と帳簿』東洋文庫，2011年，9-35頁。

渡部良子「13-14世紀イル・ハン朝下イランの徴税制度——簿記術指南書史料による再構成」近藤信彰編『近世イスラーム国家史研究の現在』東京外国語大学アジア・アフリカ言語文化研究所，2015年，15-56頁。

渡部良子「イルハン朝におけるペルシア語文書行政とインシャー術の伝統——14世紀の書簡術指南書『ジャラールのための贈物』の成立背景とその文書用例の分析」『西南アジア研究』87（2017）：1-22.

渡部良子，阿部尚史，熊倉和歌子（訳），高松洋一（監修）『簿記術に関するファラキーヤの論説』東洋文庫，2013年。

漢 語

北京図書館金石組（編）『北京図書館蔵中国歴代石刻拓本匯編　第48冊（元1）』鄭州：中州古籍出版，1990年。

劉因『影印元本　四書集義精要』［台北］：国立故宮博物院，1977年。

欧 語

Soudavar, Abolala. *Arts of the Persian Courts.* New York: Rizzoli, 1992.

第Ⅷ章第5節

井波陵一『知の座標——中国目録学』白帝社，2003年。

岩井茂樹『朝貢・海禁・互市』名古屋大学出版会，2020年。

岡本隆司『近代中国と海関』名古屋大学出版会，1999年。

乙坂智子「永楽5年『御製霊谷寺塔影記』をめぐって——明朝によるチベット仏教導入の一側面」『日本西蔵学会々報』41-42（1997）：11-21.

岸本美緒，宮嶋博史『世界の歴史12　明清と李朝の時代』中央公論社，1998年。

杉山清彦「ジュシェンからマンジュへ——明代のマンチュリアと後金国の興起」古松崇志ほか（編）『アジア遊学233　金・女真の歴史とユーラシア東方』勉誠出版，2019年，310-325頁。

田坂興道『中国における回教の伝来とその弘通』下，東洋文庫，1964年。

檀上寛『永楽帝——中華「世界システム」への夢』講談社，1997年。

檀上寛『明代海禁＝朝貢システムと華夷秩序』京都大学学術出版会，2013年。

中島楽章「永楽年間の日明朝貢貿易」『史淵』140（2003）：51-99.

夫馬進『朝鮮燕行使と朝鮮通信使』名古屋大学出版会，2015年。

松川節「チベット自治区博物館蔵五言語合璧『如來大寶法王建普度大齋長巻画』（1407年）のモンゴル語テキストについて」『大谷学報』82，no. 4（2004）：1-16.

松丸道雄ほか（編）『世界歴史大系　中国史4——明～清』山川出版社，1999年。

松本ますみ「『一帯一路』構想の中の『鄭和』言説——中華民族の英雄か，回族の英雄か」『国立民族学博物館調査報告』142（2017）：31-54.

宮崎正勝『鄭和の南海大遠征——永楽帝の世界秩序再編』中央公論社，1997年。

宮紀子『モンゴル時代の出版文化』名古屋大学出版会，2006年。

矢野道雄『シリーズ言葉と社会1　星占いの文化交流史』勁草書房，2004年。

漢 語

関文発，顔広文『明代政治制度研究』北京：中国社会科学出版社，1995年。

郭厚安，李清凌（本巻主編），谷苞（叢書主編）『西北通史』第三巻，蘭州：蘭州大学出版社，2005年。

甲央，王明星（主編）『宝蔵——中国西蔵歴史文物』第三冊，朝華出版社，2000年。

駱愛麗『十五～十六世紀的回回文与中国伊斯蘭教文化研究』台北：文史哲出版社，2008年。

苗月寧『清代両司行政研究』北京：中国社会科学出版社，2012年。

敏述聖（編著）『洮州回族史話』香港：天馬出版有限公司，［2001年］。

第Ⅷ章第6節

川口琢司『ティムール帝国』講談社，2014年。

小松久男（編）『新版　世界各国史4　中央ユーラシア史』山川出版社，2000年。

杉山正明『モンゴル帝国の興亡〈下〉——世界経営の時代』講談社，1996年。

濱田正美「モグール・ウルスから新疆へ——東トルキスタンと明清王朝」『岩波講座世界歴史13　東アジア・東南アジア伝統社会の形成——16-18世紀』岩波書店，1998年，97-119頁。

松丸道雄ほか（編）『世界歴史大系　中国史4——明～清』山川出版社，1999年。

宮脇淳子『最後の遊牧帝国——ジューンガル部の興亡』講談社，1995年。

宮脇淳子『モンゴルの歴史——遊牧民の誕生からモンゴル国まで』刀水書房，2002年。

漢　語

林松（葉哈雅・林松），和龑（蘇莱曼・和龑）『回回歴史与伊斯蘭文化』北京：今日中国出版社，1992年。

瑪扎海里，阿里（著），耿昇（訳）『絲綢之路——中国 - 波斯文化交流史』烏魯木斉：新疆人民出版社，2006年。

欧　語

Blochet, E. *Introduction à l'histoire des Mongols de Fadl Allah Rashid ed-Din*（"E. J. W. Gibb Memorial" series, v. 12）. Leiden: E. J. Brill; London: Luzac, 1910.

Fletcher, Joseph F. "China and Central Asia, 1368-1884." In *The Chinese World Order : Traditional China's Foreign Relations,* edited by John King Fairbank, 206-224. Cambridge, Massachusetts: Harvard University Press, 1968.

第IX章第1節

岩井茂樹『中国近世財政史の研究』京都大学学術出版会，2004年。

岩井茂樹『朝貢・海禁・互市』名古屋大学出版会，2020年。

岩本真利絵『明代の専制政治』京都大学学術出版会，2019年。

岡田英弘『モンゴル帝国から大清帝国へ』藤原書店，2010年。

岸本美緒「東アジア・東南アジア伝統社会の形成」『岩波講座世界歴史13　東アジア・東南アジア伝統社会の形成——16-18世紀』岩波書店，1998年，3-73頁。

佐伯富『中国塩政史の研究』法律文化社，1987年。

城地孝『長城と北京の朝政——明代内閣政治の展開と変容』京都大学学術出版会，2012年。

城地孝「北虜問題と明帝国」岸本美緒（編）『1571年　銀の大流通と国家統合』山川出版社，2019年，80-126頁。

寺田隆信『山西商人の研究』東洋史研究会，1972年。

中島楽章「14-16世紀，東アジア貿易秩序の変容と再編：朝貢体制から1570年システムへ」『社会経済史学』76，no. 4（2011）：501-524.

中島楽章「福建ネットワークと豊臣政権」『日本史研究』610（2013）：28-59.

中砂明徳『江南——中国文雅の源流』講談社，2002年。

萩原淳平『明代蒙古史研究』同朋舎出版，1980年。

藤井宏「明代塩商の一考察——辺商・内商・水商の研究」(1)『史学雑誌』54，no. 5（1943）：506-556.

藤井宏「明代塩商の一考察——辺商・内商・水商の研究」(2)『史学雑誌』54，no. 6（1943）：627-666.

藤井宏「明代塩商の一考察——辺商・内商・水商の研究」(3)『史学雑誌』54，no. 7（1943）：693-736.

藤井宏「新安商人の研究-1」『東洋学報』36，no. 1（1953）：1-44.

藤井宏「新安商人の研究-2」『東洋学報』36，no. 2（1953）：180-208.

藤井宏「新安商人の研究-3」『東洋学報』36，no. 3（1953）：335-388.

藤井宏「新安商人の研究-4」『東洋学報』36，no. 4（1954）：533-563.

村井章介『世界史のなかの戦国日本』筑摩書房，2012年。

村井章介『古琉球——海洋アジアの輝ける王国』角川書店，2019年。

山崎岳「舶主王直功罪考（前篇）」『東方学報』85（2010）：443-477.

山崎岳「舶主王直功罪考（後篇）」『東方学報』90（2015）：91-143.

第IX章第2節

石野一晴「明代万暦年間における普陀山の復興」『東洋史研究』64，no. 1（2005）：1-36.

井手誠之輔「図版解説　長野・定勝寺所蔵　補陀洛山聖境図」『美術研究』365（1996）：39-49＋5 pictures.

上田信『中国の歴史09　海と帝国──明清時代』講談社，2005年。

日比野丈夫，小野勝年『五台山』平凡社，1995年。

藤田明良「明清交替期の普陀山と日本──大蔵経日本渡来事件を中心に」西山美香（編）『アジア遊学132　東アジアを結ぶモノ・場』勉誠出版，2010年，173-192頁。

桃木至朗編『海域アジア史研究入門』岩波書店　2008年。

第Ⅸ章第3節

荒井健（編）『中華文人の生活』平凡社，1994年。

井上進『中国出版文化史──書物世界と知の風景』名古屋大学出版会，2002年。

井上充幸「明末の文人李日華の趣味生活──『味水軒日記』を中心に」『東洋史研究』59, no. 1（2000）：1-28.

植松瑞希「都市が育む絵画の歴史，蘇州の場合」『特別展　蘇州の見る夢──明・清時代の都市と絵画』大和文華館，2015年，6-21頁。

大木康『明末江南の出版文化』研文出版，2004年。

岸本美緒『中国社会の歴史的展開』放送大学教育振興会，2007年。

金文京「中国近世における知識人の性格──明代の山人を手がかりとして」『中国史学』7（1997）：193-198.

小林宏光『中国の版画──唐代から清代まで』東信堂，1995年。

澤田雅弘「潤例の発生と展開──明・清における文人売芸家の自立」『書学書道史研究』7（1997）：21-39.

冨谷至，森田憲司（編）『概説中国史　下──近世─近現代』昭和堂，2016年。

中砂明徳『江南──中国文雅の源流』講談社，2002年。

町田市立国際版画美術館（編）『中国古代版画展──町田市制30周年記念日中平和友好条約締結10周年記念』町田市立国際版画美術館，1988年。

第Ⅸ章第4節

井上進『中国出版文化史──書物世界と知の風景』名古屋大学出版会，2002年。

角井博（監修）『決定版　中国書道史』芸術新聞社，2009年。

書学書道史学会（編）『日本・中国・朝鮮　書道史年表事典』改訂版，菅原書房，2007年。

中田勇次郎『中田勇次郎著作集』第4巻，二玄社，1985年。

馬成芬『唐船法帖の研究』清文堂，2017年。

増田知之「明代における法帖の刊行と蘇州文氏一族」『東洋史研究』62, no. 1（2003）：39-74.

増田知之「董其昌の法帖刊行事業に見る権威確立への構想」『史林』91, no. 5（2008）：783-814.

増田知之「明代嘉靖──万暦年間の江南地方における法帖刊行の実態とその変遷」『東方学』118（2009）：61-79.

増田知之「明代書法史再考──『法帖』というメディアの獲得とその意義」『書道文化』6（2010）：51-62.

漢　語

啓功，王靖憲（主編），中国法帖全集編輯委員会（編）『中国法帖全集13　明　真賞斎帖　停雲館帖（選）　余清斎法帖・続帖（選）　戯鴻堂法書（選)』武漢：湖北美術出版社，2002年。

第Ⅸ章第5節

岸本美緒『明清交替と江南社会──17世紀中国の秩序問題』東京大学出版会，1999年。

酒井忠夫『酒井忠夫著作集1　増補　中国善書の研究　上』国書刊行会，1999年。

島田虔次『朱子学と陽明学』岩波書店，1967年。

島田虔次『中国における近代思惟の挫折』改訂版，筑摩書房，1970年；初版，筑摩書房，1949年。

島田虔次『中国思想史の研究』改装版，京都大学学術出版会，2005年；初版，京都大学学術出版会，2002年。

濱島敦俊『明代江南農村社会の研究』東京大学出版会，1982年。

松丸道雄ほか（編）『世界歴史大系　中国史4──明～清』山川出版社，1999年。

溝口雄三『中国前近代思想の屈折と展開』東京大学出版会，1980年。

溝口雄三，池田知久，小島毅『中国思想史』東京大学出版会，2007年。

溝口雄三，丸山松幸，池田知久（編）『中国思想文化事典』東京大学出版会，2001年。

湯浅邦弘（編）『概説　中国思想史』ミネルヴァ書房，2010年。

吉田公平「王陽明の思想——体認をめぐって」『中国哲学論集』3（1977）：15-27.

吉田公平『王陽明「伝習録」を読む』講談社，2013年；『鑑賞中国の古典　第10巻　伝習録』角川書店，1988年。

第Ⅸ章第6節

岡本さえ『世界史リブレット109　イエズス会と中国知識人』山川出版社，2008年。

小田寿典「十六世紀初頭の中国に関するイスラム史料——アリ＝エクベル著『中国記』の評価をめぐって」『史林』52，no. 6（1969）：858-879.

桑原隲蔵「支那の記録に見えたるイスラム教徒の猪肉食用禁制」『史林』8，no. 1（1922）：131-134.

佐藤実「アッラーは上帝か？」『第一回次世代学術フォーラム「境界面における文化の再生産」報告書』関西大学文化交渉学教育研究拠点，2009年，107-124頁。

中田吉信『アジアを見る眼40　回回民族の諸問題』アジア経済研究所，1971年。

中西竜也『中華と対話するイスラーム——17-19世紀中国ムスリムの思想的営為』京都大学学術出版会，2013年。

松丸道雄ほか（編）『世界歴史大系　中国史4——明～清』山川出版社，1999年。

漢　語

雷潤沢『中国回族文物鑑賞』銀川：寧夏人民出版社，2016年。

林松（葉哈雅・林松），和龑（蘇莱曼・和龑）『回回歴史与伊斯蘭文化』北京：今日中国出版社，1992年。

駱愛麗『十五～十六世紀的回回文与中国伊斯蘭教文化研究』台北：文史哲出版社，2008年。

瑪扎海里，阿里（著），耿昇（訳）『絲綢之路——中国－波斯文化交流史』烏魯木斉：新疆人民出版社，2006年。

欧　語

Curry, John J. "An Ottoman Geographer Engages the Early Modern World: Katip Çelebi's Vision of East Asia and the Pacific Rim in the *Cihaânnümâ*." *Osmanlı Araştırmaları/The Journal of Ottoman Studies* 40 (2012): 221-257.

Emiralioğlu, Pinar. *Geographical Knowledge and Imperial Culture in the Early Modern Ottoman Empire*. Farnham (England) and Burlington (USA): Ashgate, 2014.

Fleischer, Cornell H. "The Lawgiver as Messiah: The Making of the Imperial Image in the Reign of Süleymân." In *Soliman le magnifique et son temps : actes du colloque de Paris, Galaries Nationales du Grand Palais, 7-10 mars 1990*, edited by Gilles Veinstein, 159-177. Paris: École du Louvre, 1992.

Frankel, James D. *Rectifying God's Name : Liu Zhi's Confucian Translation of Monotheism and Islamic Law*. Honolulu: University of Hawaiʻi Press, 2011.

Gladney, Dru C. *Muslim Chinese : Ethnic Nationalism in the People's Republic*. Cambridge (Massachusetts) and London: Council on East Asian Studies, Harvard University, 1991.

Matuz, Joseph. *L'ouvrage de Seyfī Çelebī : historien Ottoman du XVIe siècle*. Paris: Maisonneuve, 1968.

Moin, A. Azfar. *The Millennial Sovereign : Sacred Kingship and Sainthood in Islam*. New York: Columbia University Press, 2012.

Toh, Hoong Teik. "Sheykh ʻĀlam: the Emperor of Early Sixteenth-Century China." *Sino-Platonic Papers* 110 (2000): 1-20.

第Ⅹ章第1節

上田信『中国の歴史09　海と帝国——明清時代』講談社，2005年。

岡田英弘（編）『別冊環16　清朝とは何か』藤原書店，2009年。

岡田英弘『モンゴル帝国から大清帝国へ』藤原書店，2010年。

岡本隆司『叢書東アジアの近現代史　第1巻　清朝の興亡と中華のゆくえ——朝鮮出兵から日露戦争へ』講談社，2017年。

岸本美緒『世界史リブレット13　東アジアの「近世」』山川出版社，1998年。

岸本美緒，宮嶋博史『世界の歴史12　明清と李朝の時代』中央公論社，1998年。

岸本美緒ほか『岩波講座世界歴史13　東アジア・東南アジア伝統社会の形成——16-18世紀』岩波書店，1998年。

承志『ダイチン・グルンとその時代——帝国の形成と八旗社会』名古屋大学出版会，2009年。

庄声『帝国を創った言語政策——ダイチン・グルン初期の言語生活と文化』京都大学学術出版会，2016年。

杉山清彦『大清帝国の形成と八旗制』名古屋大学出版会，2015年。

谷井陽子『八旗制度の研究』京都大学学術出版会，2015年。

冨谷至，森田憲司（編）『概説中国史　下——近世—近現代』昭和堂，2016年。

松浦茂『清の太祖ヌルハチ』白帝社，1995年。

宮脇淳子『モンゴルの歴史——遊牧民の誕生からモンゴル国まで』刀水書房，2002年。

第X章第2節

赤松美和子，若松大祐（編著）『台湾を知るための60章』明石書店，2016年。

上田信『中国の歴史09　海と帝国——明清時代』講談社，2005年。

岡田英弘（編）『別冊環16　清朝とは何か』藤原書店，2009年。

岡田英弘『モンゴル帝国から大清帝国へ』藤原書店，2010年。

岡田英弘，神田信夫，松村潤『紫禁城の栄光』講談社，2006年；『大世界史11　紫禁城の栄光』文藝春秋，1968年。

岡本隆司『叢書東アジアの近現代史　第1巻　清朝の滅亡と中華のゆくえ——朝鮮出兵から日露戦争へ』講談社，2017年。

岸本美緒ほか『岩波講座世界歴史13　東アジア・東南アジア伝統社会の形成——16-18世紀』岩波書店，1998年。

岸本美緒，宮嶋博史『世界の歴史12　明清と李朝の時代』中央公論社，1998年。

伍躍「朝貢関係と情報収集——朝鮮王朝対中国外交を考えるに際して」夫馬進（編）『中国東アジア外交交流史の研究』京都大学学術出版会，2007年。

杉山清彦『大清帝国の形成と八旗制』名古屋大学出版会，2015年。

陳高華（著），佐竹靖彦（訳）『元の大都——マルコ・ポーロ時代の北京』中央公論社，1984年。

冨谷至，森田憲司（編）『概説中国史　下——近世—近現代』昭和堂，2016年。

松浦茂『清の太祖ヌルハチ』白帝社，1995年。

第X章第3節

石井米雄，桜井由躬雄『新版　世界各国史5　東南アジアⅠ——大陸部』山川出版社，1999年。

石濱裕美子『清朝とチベット仏教——菩薩王となった乾隆帝』早稲田大学出版部，2011年。

上田信『中国の歴史09　海と帝国——明清時代』講談社，2005年。

大塚和夫ほか（編）『岩波イスラーム辞典』岩波書店，2002年。

小沼孝博『清と中央アジア草原——遊牧民の世界から帝国の辺境へ』東京大学出版会，2014年。

小松久男（編）『新版　世界各国史4　中央ユーラシア史』山川出版社，2000年。

小松久男（編）『エリア・スタディーズ148　テュルクを知るための61章』明石書店，2016年。

小松久男ほか（編）『中央ユーラシアを知る事典』平凡社，2005年。

佐口透『ユーラシア文化史選書3　ロシアとアジア草原』吉川弘文館，1966年。

澤田稔「『タズキラ・イ・ホージャガーン』日本語訳注(2)」『富山大学人文学部紀要』62（2015）：89-118.

野田仁『露清帝国とカザフ＝ハン国』東京大学出版会，2011年。

濱田正美「『塩の義務』と『聖戦』との間で」『東洋史研究』52，no. 2（1993）：274-300.

濱田正美「モグール・ウルスから新疆へ——東トルキスタンと明清王朝」『岩波講座世界歴史13　東アジア・東南アジア伝統社会の形成——16-18世紀』岩波書店，1998年，97-119頁。

夫馬進（編）『中国東アジア外交交流史の研究』京都大学学術出版会，2007年。

夫馬進『朝鮮燕行使と朝鮮通信使』名古屋大学出版会，2015年。

松丸道雄ほか（編）『世界歴史大系　中国史4——明〜清』山川出版社，1999年。

間野英二（編），竺沙雅章（監修）『アジアの歴史と文化8——中央アジア史』同朋舎，1999年。

宮崎市定『科挙史』補訂版，平凡社，1987年；『科挙』初版，秋田屋，1946年。

宮脇淳子『最後の遊牧帝国——ジューンガル部の興亡』講談社，1995年。

宮脇淳子『モンゴルの歴史——遊牧民の誕生からモンゴル国まで』刀水書房，2002年。

吉澤誠一郎『シリーズ中国近現代史1　清朝と近代世界——19世紀』岩波書店，2010年。

漢　語

艾永明『清朝文官制度』北京：商務印書館，2005年。

何伝馨（主編）『十全乾隆——清高宗的芸術品味』台北：国立故宮博物院，2013年。

張徳沢『清代国家機関考略』北京：学苑出版社，2001年。

欧　語

Fletcher, Joseph F. "China and Central Asia, 1368-1884." In *The Chinese World Order: Traditional China's Foreign Relations.* edited by John King Fairbank. Cambridge, 206-224. Massachusetts: Harvard University Press, 1968.

Newby, L. J. *The Empire and the Khanate : A Political Hisotry of Qing Relations with Khoqand c. 1760-1860.* Leiden and Boston: Brill, 2005.

Papas, Alexandre. *Soufisme et politique entre Chine, Tibet et Turkestan.* Paris: Librairie d'Amerique et d'Orient, Jean Maisonneuve successeur, 2005.

第X章第4節

池尻陽子『清朝前期のチベット仏教政策——扎薩克喇嘛制度の成立と展開』汲古書院，2013年。

井上進『明清学術変遷史——出版と伝統学術の臨界点』平凡社，2011年。

榎一雄「乾隆朝の西域調査とその成果——特に西域同文志について」榎一雄著作集編纂委員会『榎一雄著作集2　中央アジアII』汲古書院，1992年，3-35頁；『史学雑誌』58, no. 3（1949）：49-76.

榎一雄『欽定西域同文志』上中下冊・研究篇・索引，東洋文庫，1961-64年。

片岡一忠「「清朝の回民政策」の再検討——清実録記事を中心に」『歴史研究』13（1975）：59-79.

片岡一忠「刑案資料よりみたる清朝の回民政策」『史学研究』136（1977）：1-24.

片岡一忠「刑案資料よりみたる清朝の回民政策・補説」『歴史研究』21（1983）：137-145.

狩野直喜「山井鼎と七經孟子考文補遺」羽田亨（編）『内藤博士還暦祝賀　支那學論叢』弘文堂，1926年，377-403頁。

岸本美緒『明清交替と江南社会——17世紀中国の秩序問題』東京大学出版会，1999年。

金原泰介「康熙年間における陽明学批判の流行——熊賜履の影響を中心に」『東方学』107（2004）：77-89.

張承志（著），梅村坦（編訳）『殉教の中国イスラム——神秘主義教団ジャフリーヤの歴史』亜紀書房，1993年。

新居洋子『イエズス会士と普遍の帝国——在華宣教師による文明の翻訳』名古屋大学出版会，2017年。

橋本高勝『朱子学体系の組み換え——戴震の哲学研究』啓文社，1991年。

間野英二（編），竺沙雅章（監修）『アジアの歴史と文化8——中央アジア史』同朋舎，1999年。

溝口雄三『中国前近代思想の屈折と展開』東京大学出版会，1980年。

湯浅邦弘（編）『概説中国思想史』ミネルヴァ書房，2010年。

渡辺純成「清代の西洋科学受容」岡田英弘（編）『別冊　環16　清朝とは何か』藤原書店，2009年，272-289頁。

第X章第5節

内藤湖南「北派の書論」神田喜一郎，内藤乾吉（編）『内藤湖南全集』第8巻，筑摩書房，1969年，46-53頁。

王羲之（筆）『原色法帖選31　蘭亭叙　虞世南臨本　東晋』二玄社，1988年。

神田喜一郎『中国書道史』岩波書店，1985年。

岸本美緒『地域社会論再考　明清史論集2』研文出版，2012年。

中田勇次郎（編）『書道芸術　別巻第3　中国書道史』豪華普及版，中央公論社，1977年。

角井博（監修）『決定版　中国書道史』芸術新聞社，2009年。

増田知之「康熙帝による『書』文化政策の一端——その法帖刊行事業を中心に」石田肇教授退休記念事業会（編）『金壺集——石田肇教授退休記念金石書学論叢』石田肇教授退休記念事業会，2013年，154-168頁。

漢　語

啓功，王靖憲（主編），中国法帖全集編輯委員会（編）『中国法帖全集15　三希堂石渠宝笈法帖（選）』武漢：湖北美術出版社，2002年。

啓功，王靖憲（主編），中国法帖全集編輯委員会（編）『中国法帖全集17　総目録　索引　中国歴代法帖叙録』武漢：湖北美術出版社，2002年。

陳佳『清代朝廷書法研究』北京：文化芸術出版社，2019年。

第Ⅹ章第6節

上田信『中国の歴史09　海と帝国——明清時代』講談社，2005年。

太田出『中国近世の罪と罰——犯罪・警察・監獄の社会史』名古屋大学出版会，2015年。

岡本隆司『近代中国史』筑摩書房，2013年。

岡本隆司『叢書東アジアの近現代史　第1巻　清朝の興亡と中華のゆくえ——朝鮮出兵から日露戦争へ』講談社，2017年。

鈴木中正『清朝中期史研究』燎原書房，1971年。

冨谷至，森田憲司（編）『概説中国史　下——近世—近現代』昭和堂，2016年。

フィリップ・A・キューン（著），谷井俊仁，谷井陽子（訳）『中国近世の霊魂泥棒』平凡社，1996年。

松丸道雄ほか（編）『世界歴史大系　中国史4——明～清』山川出版社，1999年。

山田賢『移住民の秩序——清代四川地域社会史研究』名古屋大学出版会，1995年。

山田賢『中国の秘密結社』講談社，1998年。

漢　語

蕭一山『近代秘密社会史料』［上海］：上海文藝出版社，1991年。

第ⅩⅠ章第1節

石井米雄，桜井由躬雄『新版　世界各国史5　東南アジアⅠ——大陸部』山川出版社，1999年。

岩井茂樹『朝貢・海禁・互市』名古屋大学出版会，2020年。

上田信『中国の歴史09　海と帝国——明清時代』講談社，2005年。

岡本隆司『近代中国と海関』名古屋大学出版会，1999年。

岸本美緒，宮嶋博史『世界の歴史12　明清と李朝の時代』中央公論社，1998年。

小松久男（編）『新版　世界各国史4　中央ユーラシア史』山川出版社，2000年。

佐口透『ユーラシア文化史選書3　ロシアとアジア草原』吉川弘文館，1966年。

濱田正美「北京第一歴史档案館所蔵コーカンド関係文書9種」『西南アジア研究』68（2008）：82-111.

間野英二（編），竺沙雅章（監修）『アジアの歴史と文化8——中央アジア史』同朋舎，1999年。

柳澤明「清朝とロシア——その関係の構造と変遷」岡田英弘（編）『別冊　環16　清朝とは何か』藤原書店，2009年，191-200頁。

吉田金一『近代露清関係史』近藤出版社，1974年。

欧　語

Millward, James A. *Beyond the Pass: Economy, Ethnicity, and Empire in Qing Central Asia, 1759-1864*. Stanford, California: Stanford University Press, 1998.

Newby, L. J. *The Empire and the Khanate : A Political Hisotry of Qing Relations with Khoqand c. 1760-1860*. Leiden and Boston: Brill, 2005.

第ⅩⅠ章第2節

井上裕正『清代アヘン政策史の研究』京都大学出版会，2004年。

岡本隆司，箱田恵子（編）『ハンドブック　近代中国外交史——明清交替から満洲事変まで』ミネルヴァ書房，2019年。

坂野正高『近代中国政治外交史——ヴァスコ・ダ・ガマから五四運動まで』東京大学出版会，1973年。

第ⅩⅠ章第3節

岡本隆司『李鴻章——東アジアの近代』岩波新書，2011年。

小野信爾「李鴻章の登場——淮軍の成立をめぐって」『東洋史研究』16，no. 2（1957）：107-134.

菊池秀明『金田から南京へ——太平天国初期史研究』汲古書院，2013年。

菊池秀明『北伐と西征──太平天国前期史研究』汲古書院，2017年。

菊池秀明『太平天国──皇帝なき中国の挫折』岩波書店，2020年。

木下康彦，木村靖二，吉田寅（編）『詳説世界史』（第7刷）山川出版社，1999年。

ジョナサン・D. スペンス（著），佐藤公彦（訳）『神の子洪秀全──その太平天国の建設と滅亡』慶應義塾大学出版会，
　　2011年。

野口鐵郎，綾部恒雄（編）『結社の世界史2　結社が描く中国近現代』山川出版社，2005年。

波多野善大『中国近代軍閥の研究』河出書房新社，1973年。

第XI章第4節

上田信『中国の歴史09　海と帝国──明清時代』講談社，2005年。

臼井佐知子『徽州商人の研究』汲古書院，2005年。

斯波義信『中国都市史』東京大学出版会，2002年。

鈴木中正『清朝中期史研究』愛知大学国際問題研究所，1952年。

武内房司「清末四川の宗教運動──扶鸞・宣講型宗教結社の誕生」『学習院大学文学部研究年報』37（1990）：59-93.

谷井陽子「清代中期の重慶商業界とその秩序」『東洋史研究』74，no. 3（2015）：133-165.

中島楽章『世界史リブレット108　徽州商人と明清中国』山川出版社，2009年。

リチャード・フォン・グラン（著），山岡由美（訳）『中国経済史──古代から19世紀まで』みすず書房，2019年。

夫馬進「中国訴訟社会史概論」夫馬進（編）『中国訴訟社会史の研究』京都大学学術出版会，2011年，3-123頁。

森紀子「清代四川の移民経済」『東洋史研究』45，no. 4（1987）：141-168.

森永恭代「清代四川における移民開墾政策──清朝政府から見た「湖広塡四川」」『史窓』68（2011）：187-209.

山田賢『移住民の秩序──清代四川地域社会史研究』名古屋大学出版会，1995年。

山田賢「地方社会と宗教反乱──一八世紀中国の光と影」『岩波講座世界歴史13　東アジア・東南アジア伝統社会の形
　　成──16-18世紀』岩波書店，1998年，269-292頁。

山本進『清代の市場構造と経済政策』名古屋大学出版会，2002年。

漢　語

曹樹基『中国移民史』第6巻，福州：福建人民出版社，1997年。

陳亜平『尋求規則与秩序──18-19世紀重慶商人組織的研究』北京：科学出版社，2014年。

郭松義「清初四川外来移民和経済発展」『中国経済史研究』1988年4期：59-72.

何智亜『重慶湖広会館──歴史与修復研究』重慶：重慶出版集団・重慶出版社，2006年。

藍勇，黄権生『"湖広塡四川" 与清代四川社会』重慶：西南師範大学出版社，2009年。

李禹階主（編）『重慶移民史』北京：中国社会科学出版社，2013年。

梁勇『移民，国家与地方権勢──以清代巴県為例』北京：中華書局，2014年。

四川省档案館（編）『巴蜀撷影』北京：中国人民大学出版社，2009年。

王笛『跨出封閉的世界──長江上游区域社会研究（1644-1911）』北京：中華書局，2001年。

王日根『中国会館史』上海：東方出版中心，2007年。

第XI章第5節

安藤潤一郎「清代嘉慶・道光年間の雲南省西部における漢回対立──「雲南回民起義」の背景に関する一考察」『史学
　　雑誌』111，no. 8（2002）：46-71.

黒岩高「械闘と謡言──19世紀の陝西・渭河流域に見る漢・回関係と回民蜂起」『史学雑誌』111，no. 9（2002）：61-83.

小松久男（編）『新版　世界各国史4　中央ユーラシア史』山川出版社，2000年。

中国ムスリム研究会（編）『エリア・スタディーズ106　中国のムスリムを知るための60章』明石書店，2012年。

中田吉信「同治年間の陝甘の回乱について」近代中国研究委員会（編）『近代中国研究　第三輯』東京大学出版会，
　　1959年，69-159頁。

中田吉信『アジアを見る眼40　回回民族の諸問題』アジア経済研究所，1971年。

中西竜也『中華と対話するイスラーム──17-19世紀中国ムスリムの思想的営為』京都大学学術出版会，2013年。

間野英二（編），竺沙雅章（監修）『アジアの歴史と文化8──中央アジア史』同朋舎，1999年。

吉澤誠一郎『シリーズ中国近現代史1　清朝と近代世界——19世紀』岩波書店，2010年。

欧　語

Atwill, David G. *The Chinese Sultanate : Islam, Ethinicity, and the Panthay Rebellion in Southwest China, 1856-1873.* Stanford, California: Stanford University Press, 2006.

Kim, Hodong. *Holy War in China : The Muslim Rebellion and State in Chinese Central Asia, 1864-1877.* Stanford, California: Stanford University Press, 2004.

Rocher, Émile. *La Province chinoise du Yün-nan.* 2vols. Paris: Librairie de la société asiatique, 1879.

第XI章第6節

岡本隆司，川島真（編）『中国近代外交の胎動』東京大学出版会，2009年。

坂野正高『近代中国政治外交史——ヴァスコ・ダ・ガマから五四運動まで』東京大学出版会，1973年。

漢　語

銭鋼，胡勁草『大清留美幼童記』修訂版，香港：中華書局，2014年。

欧　語

Yung Wing. *My Life in China and America.* New York: Henry Holt and Company, 1909.

第XI章第7節

岡本隆司『属国と自主のあいだ——近代清韓関係と東アジアの命運』名古屋大学出版会，2004年。

岡本隆司『シリーズ　中国の歴史5　「中国」の形成——現代への展望』岩波書店，2020年。

根無新太郎「『大兵雲集』下の首都防衛について——日清戦争期における督辦軍務處を中心に」『東洋史研究』78，no. 4（2000）：702-733.

箱田恵子「琉球処分をめぐる日清交渉と仲裁裁判制度」『史窓』77（2020）：110-132.

望月直人「国際仲裁と国際世論——1883年，「越南問題」におけるアメリカ外交官の関与とその影響について」『史林』101，no. 2（2018）：40-75.

森万佑子『朝鮮外交の近代——宗属関係から大韓帝国へ』名古屋大学出版会，2017年。

漢　語

李鴻章『李鴻章全集』第1冊，［海口］：海南出版社，1997年。

第XI章コラム

大木康「庶民文化」明清時代史の基本問題編集委員会（編）『明清時代史の基本問題』汲古書院，1997年，557-580頁。

奥村佳代子「雍正朝档案資料供述書の言葉——雍正4年（1726）允禩允禟事件における『供』」『近世東アジアにおける口語中国語文の研究』関西大学出版部，3-26頁，2019年。

加藤雄三「清代の胥吏缺取引について(1)」『法学論叢』147，no. 2（2000）：34-50.

加藤雄三「清代の胥吏缺取引について(2)」『法学論叢』149，no. 1（2001）：35-58.

唐澤靖彦「話すことと書くことのはざまで：清代裁判文書における供述書のテクスト性」『中国——社会と文化』10（1995）：212-250.

唐澤靖彦「清代における訴状とその作成者」『中国——社会と文化』13（1998）：306-330.

唐澤靖彦「清代告訴状のナラティブ：歴史学におけるテクスト分析」『中国——社会と文化』16（2001）：2-17.

佐立治人「旧中国の訴訟アドバイザー『訟師』の合法性について」『関西大学法学論集』67，no. 5（2018）：1189-1208.

滋賀秀三『清代中国の法と裁判』創文社，1984年。

滋賀秀三「汪輝祖——人とその時代」『日本学士院紀要』64，no. 1（2009）：1-23.

寺田浩明『中国法制史』東京大学出版会，2018年。

中島楽章「明末清初の紹興の幕友」明代史研究会，明代史論叢編纂委員会（編）『山根教授退休記念明代史論叢』汲古書院，1990年，1061-1080頁。

中島楽章「村の識字文化」『歴史評論』663（2005）：12-22,83.

藤岡次郎「清朝における地方官，幕友，胥吏，及び家人——清朝地方行政研究のためのノオトⅡ」『北海道学芸大学紀要（第一部B）』12，no. 1（1961）：56-73.

夫馬進「明清時代の訟師と訴訟制度」梅原郁編『中国近世の法制と社会』京都大学人文科学研究所，1993年，437-483頁。

夫馬進「訟師秘本『蕭曹遺筆』の出現」『史林』77，no. 2（1994）：1-33.

夫馬進「訟師秘本の世界」小野和子（編）『明末清初の社会と文化』京都大学人文科学研究所，1996年，189-238頁。

水越知「吏文」金文京（編）『漢字を使った文化はどう広がっていたのか東アジアの漢字文化圏』文学通信，2021年，223-234頁。

宮崎市定「胥吏の陪備を中心として──中国官吏生活の一面」佐伯富ほか（編）『宮崎市定全集』10，1992年，187-215頁；「胥吏の陪備を中心として──支那官吏生活の一面」『史林』30，no. 1（1945）：10-37.

宮崎市定「清代の胥吏と幕友──特に雍正朝を中心として」佐伯富ほか（編）『宮崎市定全集』14，1991年，173-205頁；『東洋史研究』16，no. 4（1958）：1-28（347-374）.

山口久和「立身出世の階梯を諦めた人々──章学誠の“紹興師爺”像を中心に」『都市文化研究』9（2007）：86-97.

漢　語

鮑永軍『紹興師爺汪輝祖研究』北京：人民出版社，2006年。

高浣月『清代刑名幕友研究』北京：中国政法大学出版社，1996年。

冀汝富『明清訟学研究』北京：商務印書館，2008年。

邱澎生「以法為名：訟師与幕友対明清法律秩序的衝撃」『新史学』15，no. 4（2004）：93-148.

欧　語

Chü, T'ung-tsu（瞿同祖）. *Local government in China under the Ch'ing*. Cambridge, Mass.: Harvard University Press, 1962.

第Ⅻ章第 1 節

浅野裕一『墨子』講談社，1998年。

荻生茂博『近代・アジア・陽明学』ぺりかん社，2008年。

小野川秀美『清末政治思想研究』平凡社，2009年。

菊地秀明『中国の歴史10　ラストエンペラーと近代中国──清末・中華民国』講談社，2005年。

坂出祥伸『中国の人と思想11　康有為──ユートピアの開花』集英社，1985年。

濱久雄『公羊学の成立とその展開』国書刊行会，1992年。

梁啓超（著），小野和子（訳注）『清代学術概論──中国のルネッサンス』平凡社，1974年。

第Ⅻ章第 2 節

愛新覚羅・溥儀（著），小野忍ほか（訳）『わが半生』上，筑摩書房，1977年。

岡本隆司『袁世凱──現代中国の出発』岩波新書，2015年。

佐々木揚「一八九五年の対清・露仏借款をめぐる国際政治」『史学雑誌』88，no. 7（1979）：1-43.

佐藤公彦『義和団の起源とその運動──中国民衆ナショナリズムの誕生』研文出版社，1999年。

孫安石「清末の政治考察五大臣の派遣と立憲運動」『中国──社会と文化』9（1994）：187-211.

田所武彦『近代中国七人の猛女たち』里文出版，2005年。

田中比呂志『近代中国の政治統合と地域社会──立憲・地方自治・地域エリート』研文出版，2010年。

宮古文尋『清末政治史の再構成──日清戦争から戊戌政変まで』汲古書院，2017年。

李暁東『近代中国の立憲構想──厳復・楊度・梁啓超と明治啓蒙思想』法政大学出版局，2005年。

第Ⅻ章第 3 節

岡本隆司，石川禎浩，高嶋航（訳注），梁啓超（著）『梁啓超文集』岩波書店，2020年。

佐藤慎一『近代中国の知識人と文明』東京大学出版会，1996年。

島田虔次『中国革命の先駆者たち』筑摩書房，1965年。

高嶋航（訳注），梁啓超（著）『新民説』平凡社，2014年。

狹間直樹（編）『共同研究　梁啓超──西洋近代思想受容と明治日本』みすず書房，1999年。

狹間直樹『梁啓超──東アジア文明史の転換』岩波書店，2016年。

深町英夫（編訳），孫文（著）『孫文革命文集』岩波書店，2011年。

深町英夫『孫文──近代化の岐路』岩波書店，2016年。

第Ⅻ章第4節

石川禎浩「『犬と中国人は入るべからず』問題再考」伊藤之雄，川田稔（編）『環太平洋の国際秩序の模索と日本』山川出版社，1999年，75-94頁。

小浜正子，下倉渉，佐々木愛，高嶋航，江上幸子（編）『中国ジェンダー史研究入門』京都大学学術出版会，2018年。

坂元ひろ子『中国民族主義の神話──人種・身体・ジェンダー』岩波書店，2004年。

高橋孝助，古厩忠夫（編）『上海史──巨大都市の形成と人々の営み』東方書店，1995年。

漢　語

上海市档案館（編）『追憶──近代上海図史』上海：上海古籍出版社，1996年。

第Ⅻ章第5節

菊地秀明『中国の歴史10　ラストエンペラーと近代中国──清末・中華民国』講談社，2005年。

辛亥革命百周年記念論集編集委員会（編）『総合研究　辛亥革命』岩波書店，2012年。

田中比呂志『世界史リーブレット078　袁世凱──統合と改革への見果てぬ夢を追い求めて』山川出版社，2015年。

藤谷浩悦『湖南省近代政治史研究』汲古書院，2013年。

漢　語

辛亥革命武昌起義紀念館（編）『辛亥革命大写真』下巻，武漢：湖北美術出版社，2001年。

第Ⅻ章コラム

小浜正子，下倉渉，佐々木愛，高嶋航，江上幸子（編）『中国ジェンダー史研究入門』京都大学学術出版会，2018年。

謝黎『チャイナドレスをまとう女性たち──旗袍にみる中国の近・現代』青弓社，2004年。

ジョナサン・スペンス，アンピン・チン（編）『フォトドキュメント　中国の世紀』大月書店，1998年。

高嶋航「1920年代の中国における女性の断髪──議論・ファッション・革命」石川禎浩（編）『中国社会主義文化の研究』京都大学人文科学研究所，2010年，27-60頁。

高嶋航「『東亜病夫』とスポーツ──コロニアル・マスキュリニティの視点から」石川禎浩，狭間直樹（編）『近代東アジアにおける翻訳概念の展開』京都大学人文科学研究所，2013年，309-342頁。

ロバート・ロス（著），平田雅博（訳）『洋服を着る近代──帝国の思惑と民族の選択』法政大学出版会，2016年。

漢　語

張羽「民国男性服飾文化研究」博士論文，上海戯劇学院，2014年。

第ⅩⅢ章第1節

岡本隆司『中国の誕生──東アジアの近代外交と国家形成』名古屋大学出版会，2017年。

岡本隆司，箱田恵子（編）『ハンドブック近代中国外交史──明清交替から満州事変まで』ミネルヴァ書房，2019年。

金子肇「民国初期の改革と政治的統合の隘路」辛亥革命百周年記念論集編集委員会（編）『総合研究　辛亥革命』岩波書店，2012年，105-126頁。

久保亨ほか『現代中国の歴史──両岸三地100年のあゆみ』第2版，東京大学出版会，2019年。

小林亮介「辛亥革命期のチベット」辛亥革命百周年記念論集編集委員会（編）『総合研究　辛亥革命』岩波書店，2012年，323-346頁。

小林亮介「チベットの政治的地位とシムラ会議──翻訳概念の検討を中心に」岡本隆司（編）『宗主権の世界史──東西アジアの近代と翻訳概念』名古屋大学出版会，2014年，262-290頁。

橘誠『ボグド・ハーン政権の研究──モンゴル建国史序説1911-1921』風間書房，2011年。

橘誠「辛亥革命とモンゴル」辛亥革命百周年記念論集編集委員会（編）『総合研究　辛亥革命』岩波書店，2012年，301-322頁。

橘誠「モンゴル『独立』をめぐる翻訳概念──自治か，独立か」岡本隆司（編）『宗主権の世界史──東西アジアの近代と翻訳概念』名古屋大学出版会，2014年，234-261頁。

冨谷至，森田憲司（編）『概説中国史　下──近世─近現代』昭和堂，2016年。

毛里和子『周縁からの中国——民族問題と国家』東京大学出版会，1998年。

第XⅢ章第2節
岩間一弘ほか（編著）『上海——都市生活の現代史』風響社，2012年。

岡本隆司（編）『中国経済史』名古屋大学出版会，2013年。

小野寺史郎「中国ナショナリズムと第一次世界大戦」山室信一ほか（編）『現代の起点　第一次世界大戦』第1巻，岩波書店，2014年，181-201頁。

笠原十九司『第一次世界大戦期の中国民族運動——東アジア国際関係に位置づけて』汲古書院，2014年。

小池求「中国の不平等条約改正の試みと第一次世界大戦」池田嘉郎（編）『第一次世界大戦と帝国の遺産』山川出版社，2014年，219-245頁。

高橋孝助，古厩忠夫（編）『上海史——巨大都市の形成と人々の営み』東方書店，1995年。

狭間直樹ほか『データでみる中国近代史』有斐閣，1996年。

森時彦『中国近代綿業史の研究』京都大学学術出版会，2001年。

第XⅢ章第3節
石川禎浩『中国共産党成立史』岩波書店，2001年。

高橋孝助，古厩忠夫（編）『上海史——巨大都市の形成と人々の営み』東方書店，1995年。

ラナ・ミッター（著），吉澤誠一郎（訳）『五四運動の残響——20世紀中国と近代世界』岩波書店，2012年。

漢　語
王奇生「新文化是如何運動起来的——以『新青年』為視点」『近代史研究』157（2007）：21-40.

第XⅢ章第4節
石川禎浩『シリーズ中国近現代史3　革命とナショナリズム——1925-1945』岩波書店，2010年。

岡本隆司，箱田恵子（編）『ハンドブック近代中国外交史——明清交替から満洲事変まで』ミネルヴァ書房，2019年。

久保亨ほか『現代中国の歴史——両岸三地のあゆみ』第2版，東京大学出版会，2019年。

田中仁ほか『新・図説　中国近現代史——日中新時代の見取図』法律文化社，2012年。

服部龍二『東アジア国際環境の変動と日本外交1918-1931』有斐閣，2001年。

深町英夫『孫文——近代化の岐路』岩波新書，2016年。

本庄比佐子（編）『日本の青島占領と山東の社会経済1914-22年』東洋文庫，2006年。

第XⅢ章第5節
海野典子「経堂教育と新式教育——20世紀初頭の北京ムスリムの教育改革をめぐる議論と実践」高尾賢一郎ほか（編）『宗教と風紀——〈聖なる規範〉から読み解く現代』岩波書店，2021年，222-242頁。

大石真一郎「テュルク語定期刊行物における民族名称『ウイグル』の出現と定着」『スラブ研究センター研究報告シリーズ89　東欧・中央ユーラシアの近代とネイションⅡ』スラブ研究センター，2003年，49-61頁。

王柯『20世紀中国の国家建設と「民族」』東京大学出版会，2006年。

大塚和夫ほか（編）『岩波イスラーム辞典』岩波書店，2002年。

小松久男（編）『新版　世界各国史4　中央ユーラシア史』山川出版社，2000年。

小松久男ほか（編）『中央ユーラシアを知る事典』平凡社，2005年。

中国ムスリム研究会（編）『エリア・スタディーズ106　中国のムスリムを知るための60章』明石書店，2012年。

中西竜也「20世紀初頭オスマン語による中国のムスリム事情紹介」杉山正明（編）『続・ユーラシアの東西を眺める』京都大学大学院文学研究科，2014年，119-160頁。

松本ますみ「中国のイスラーム新文化運動とナショナル・アイデンティティ」西村成雄（編）『現代中国の構造変動3　ナショナリズム——歴史からの接近』東京大学出版会，2000年，99-125頁。

松本ますみ「中国のイスラーム新文化運動——ムスリム・マイノリティの生き残り戦略」小松久男，小杉泰（編）『イスラーム地域研究叢書2　現代イスラーム思想と政治運動』東京大学出版会，2003年，141-165頁。

間野英二（編），竺沙雅章（監修）『アジアの歴史と文化8——中央アジア史』同朋舎，1999年。

漢　語

海正忠（主編），黄成俊（副主編）『古今回族名人』銀川：寧夏人民出版社，2008年。

馬平『簡明中国伊斯蘭教史』銀川：寧夏人民出版社，2006年。

張嶸『伝統　創新与発展──20世紀前期（1949年以前）回族社会文化変遷研究』北京：民族出版社，2013年。

中国伊斯蘭百科全書編委会（編）『中国伊斯蘭百科全書』成都：四川辞書出版社，1996年。

欧　語

Brophy, David. *Uyghur Nation : Reform and Revolution on the Russia-China Frontier.* Cambridge, Massachusetts, and London: Harvard University Press, 2016.

Hamada, Masami. "La transmission du mouvement nationaliste au Turkestan oriental (Xinjiang)." *Central Asian Survey* 9, no. 1 (1990): 29-48.

Klimeš, Ondřej. *Struggle by the Pen : The Uyghur Discourse of Nation and National Interest, C. 1900-1949.* Leiden and Boston: Brill, 2015.

第XIII章コラム

井垣清明ほか（編著）『書の総合事典』柏書房，2010年。

角井博（監修）『決定版　中国書道史』芸術新聞社，2009年。

菅野智明『近代中国の書文化』筑波大学出版会，2009年。

菅野智明『近代碑学の書論史的研究』研文出版，2011年。

坂出祥伸「康有為と広芸舟双楫(2)」『書論』10（1977）：75-84.

中村伸夫『中国近代の書人たち』二玄社，2000年。

白謙慎（著），徳泉さち（訳）「清代晩期官僚の日常生活における書法」『美術研究』418（2016）：38-67.

漢　語

陳育寧，湯暁芳（編著）『中国回族文物』銀川：寧夏人民出版社，2008年。

陳育寧，湯暁芳（編著），艾哈邁徳・白鑫（翻訳）『*al-Āthār al-Islāmīya li-qawmīya Hūy al-Ṣīnīya*　回族伊斯蘭遺跡在中国（阿文版）』銀川：寧夏人民出版社，2012年。

雷潤沢（編著）『中国回族文物鑑賞　芸術巻』銀川：寧夏人民出版社，2016年。

中国伊斯蘭教協会全国経学院統編教材編審委員会（編），陳進恵（編撰）『全国伊斯蘭経学院基礎課統編教材　阿拉伯文書法簡明教程（試用本）』北京：宗教文化出版社，2007年。

第XIV章第1節

家近亮子『蔣介石と南京国民政府』慶應義塾大学出版会，2002年。

石川禎浩『シリーズ中国近現代史3　革命とナショナリズム──1925-1945』岩波書店，2010年。

久保亨『戦間期中国〈自立への模索〉──関税通貨政策と経済発展』東京大学出版会，1999年。

段瑞聡『蔣介石と新生活運動』慶應義塾大学出版会，2006年。

深町英夫『身体を躾ける政治──中国国民党の新生活運動』岩波書店，2013年。

光田剛『中国国民政府期の華北政治──1928-1937年』御茶の水書房，2007年。

鹿錫俊『中国国民政府の対日政策──1931-1933』東京大学出版会，2001年。

漢　語

張志超『民国中央銀行法幣図鑑』長沙：湖南出版社，1993年。

第XIV章第2節

石川禎浩『シリーズ中国近現代史3　革命とナショナリズム──1925-1945』岩波書店，2010年。

笠原十九司『増補　南京事件論争史──日本人は史実をどう認識してきたか』平凡社，2018年。

菊地秀明『中国の歴史10　ラストエンペラーと近代中国──清末・中華民国』講談社，2005年。

笹川裕史，奥村哲『銃後の中国社会──日中戦争下の総動員と農村』岩波書店，2007年。

関智英『対日協力者の政治構想──日中戦争とその前後』名古屋大学出版会，2019年。

野村浩一，近藤邦康，砂山幸雄（責任編集）『新編原典中国近代思想史　第6巻　救国と民主──抗日戦争から第二次

世界大戦へ』岩波書店，2011年。

第XIV章第3節
天児慧『中国の歴史11　巨龍の胎動――毛沢東 vs. 鄧小平』講談社，2004年。
久保亨『シリーズ中国近現代史4　社会主義への挑戦――1945-1971』岩波書店，2011年。
毛里和子・国分良成（編）『原典中国現代史　第1巻　政治　上』岩波書店，1994年。

第XIV章第4節
安藤潤一郎「『回族』アイデンティティと中国国家――一九三二年における『教案』の事例から」『史学雑誌』105，
　　no.12（1996）：67-96.
王柯『東トルキスタン共和国研究――中国のイスラムと民族問題』東京大学出版会，1995年。
王柯『20世紀中国の国家建設と「民族」』東京大学出版会，2006年。
大塚和夫ほか（編）『岩波イスラーム辞典』岩波書店，2002年。
小松久男（編）『新版　世界各国史4　中央ユーラシア史』山川出版社，2000年。
小松久男（編）『エリア・スタディーズ148　テュルクを知るための61章』明石書店，2016年。
小松久男ほか（編）『中央ユーラシアを知る事典』平凡社，2005年。
中国ムスリム研究会（編）『エリア・スタディーズ106　中国のムスリムを知るための60章』明石書店，2012年。
張筱平「アッ・サラーム・アライクム――中国寧夏回族話研究実地考察（一）」『文明21』18（2007）：21-38.
中田吉信『アジアを見る眼40　回回民族の諸問題』アジア経済研究所，1971年。
間野英二（編），竺沙雅章（監修）『アジアの歴史と文化8――中央アジア史』同朋舎，1999年。
毛里和子『周縁からの中国――民族問題と国家』東京大学出版会，1998年。
漢　語
仇王軍『豫海県回民自治政府成立始末』銀川：寧夏人民出版社，2009年。
欧　語
Brophy, David. *Uyghur Nation : Reform and Revolution on the Russia-China Frontier*. Cambridge, Massachusetts,
　　and London: Harvard University Press, 2016.
Klimeš, Ondřej. *Struggle by the Pen : The Uyghur Discourse of Nation and National Interest, C. 1900-1949*.
　　Leiden and Boston: Brill, 2015.
Millward, James A. *Eurasian Crossroads : A History of Xinjiang*. London: Hurst & Company, 2007.

第XIV章第5節
王静『現代中国茶文化考』思文閣出版，2017年。
小浜正子，下倉渉，佐々木愛，高嶋航，江上幸子（編）『中国ジェンダー史研究入門』京都大学学術出版会，2018年。
謝黎『チャイナドレスの文化史』青弓社，2011年。
菅野敦志「台湾から見た文化大革命――中華文化復興運動を中心に」『中国――社会と文化』32（2017）：34-45.
高嶋航『スポーツの東アジア政治史――オリンピックは分断を越えたか』岩波書店，2021年。
フランク・ディケーター（著），谷川真一（監修），今西康子（訳）『文化大革命――人民の歴史　1962-1976』上下，人
　　文書院，2020年。
遊佐徹『蝋人形・銅像・肖像画――近代中国人の身体と政治』白帝社，2011年。
漢　語
成文軍『図説毛沢東雕像』解放軍文芸出版社，2013年。

第XIV章コラム
貴志俊彦『満洲国のビジュアル・メディア――ポスター・絵はがき・切手』吉川弘文館，2010年。
齋藤一晴『中国歴史教科書と東アジア歴史対話――日中韓3国共通教材づくりの現場から』花伝社，2008年。
玉野井麻利子（編），山本武利（監訳）『満洲――交錯する歴史』藤原書店，2008年。
山室信一『キメラ――満洲国の肖像』増補版，中央公論新社，2004年。

各章関連地図・系図

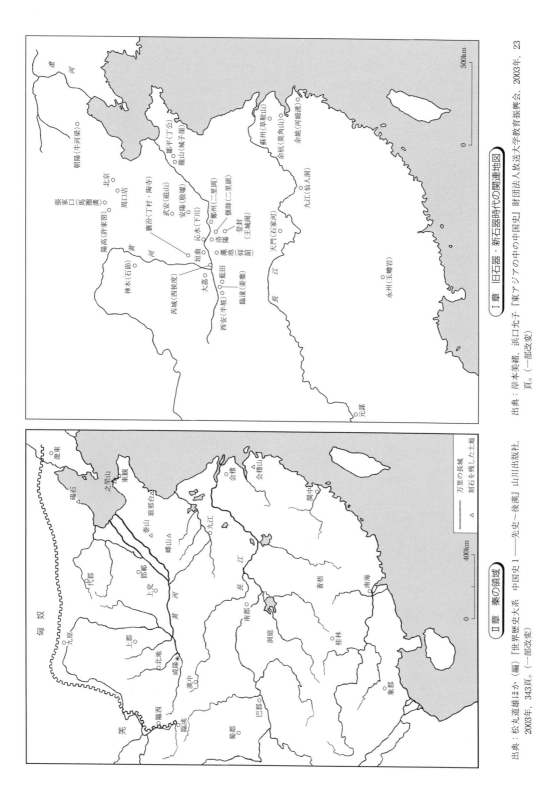

【Ⅰ章 旧石器・新石器時代の関連地図】

出典：岸本美緒、浜口允子『東アジアの中の中国史』財団法人放送大学教育振興会、2003年、23頁。（一部改変）

【Ⅱ章 秦の領域】

出典：松丸道雄ほか（編）『世界歴史大系 中国史1──先史〜後漢』山川出版社、2003年、343頁。（一部改変）

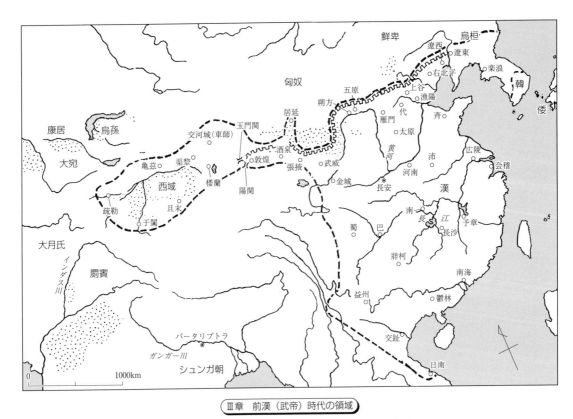

出典：冨谷至，森田憲司（編）『概説中国史　上――古代―中世』昭和堂，2016年，82頁。（一部改変）

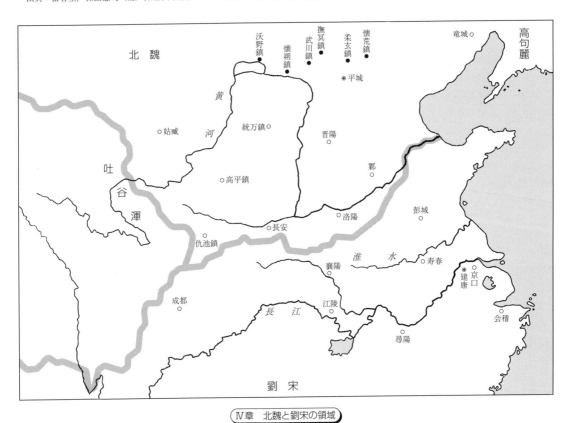

Ⅳ章　北魏と劉宋の領域

出典：松丸道雄ほか（編）『世界歴史大系　中国史２――三国～唐』山川出版社，1996年，176頁。（一部改変）

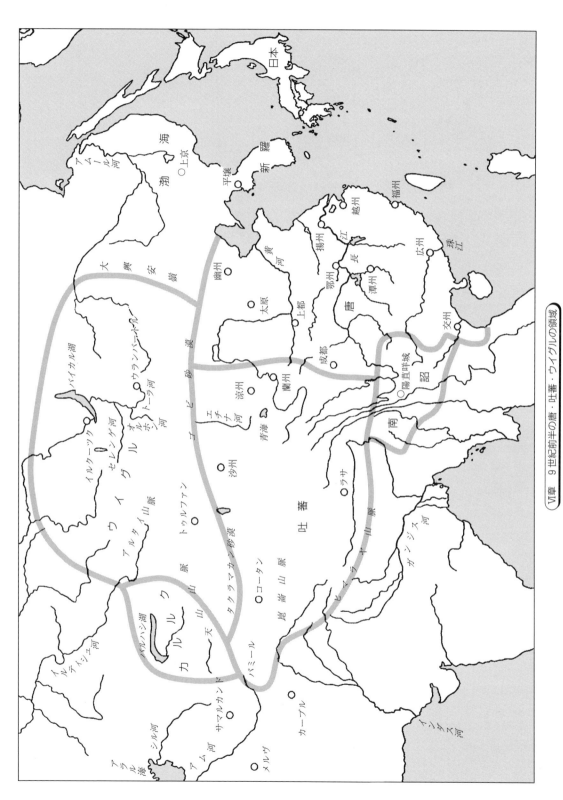

Ⅵ章　9世紀前半の唐・吐蕃・ウイグルの領域

出典：森安孝夫『興亡の世界史05 シルクロードと唐帝国』講談社、2007年、353頁。（一部改変）

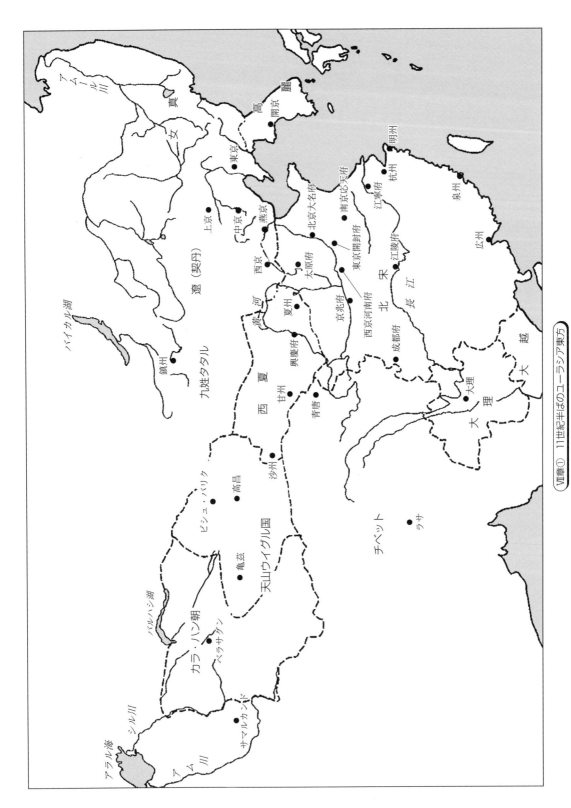

VII章① 11世紀半ばのユーラシア東方

出典：冨谷至，森田憲司（編）『概説中国史　下──近世─近現代』昭和堂，2016年，16頁。（一部改変）

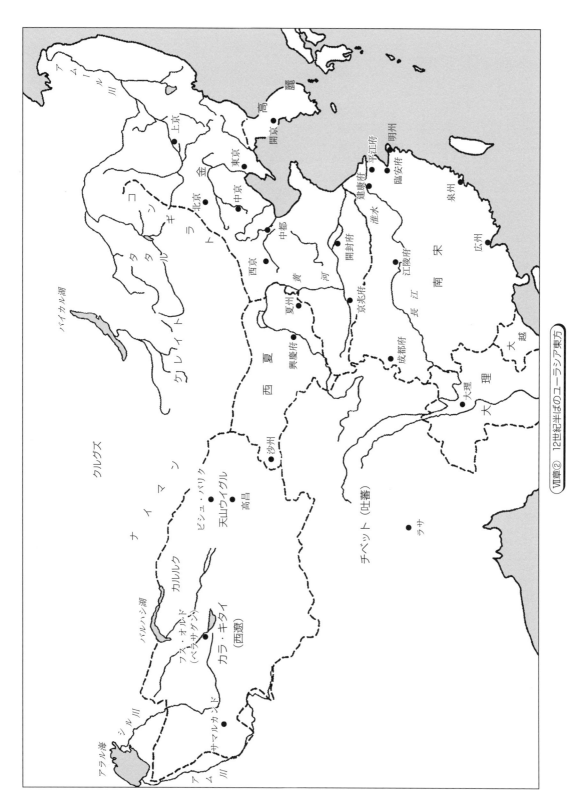

VI章② 12世紀半ばのユーラシア東方

出典：冨谷至，森田憲司（編）『概説中国史　下――近世―近現代』昭和堂，2016年，35頁。（一部改変）

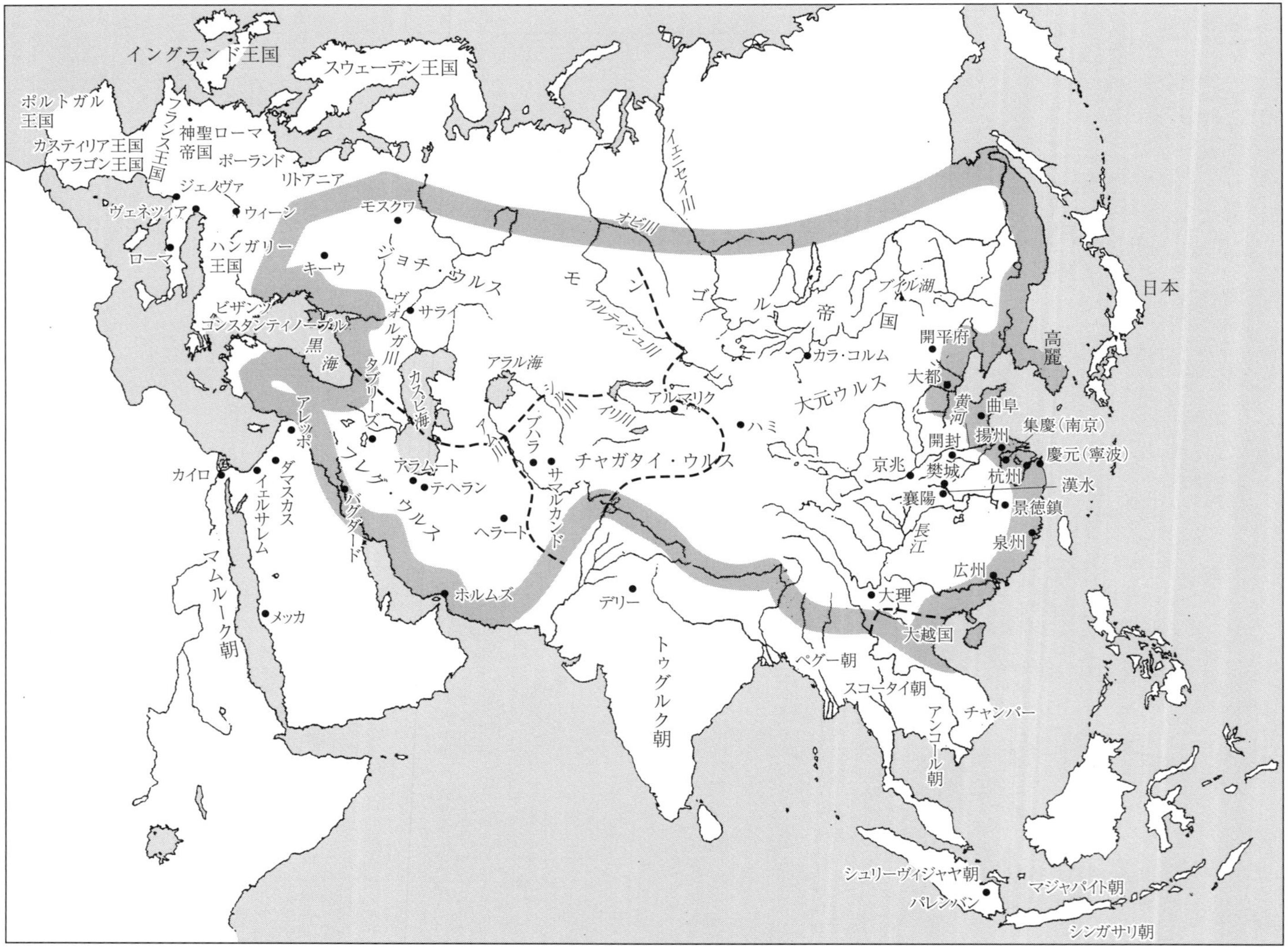

（Ⅷ章①　14世紀前半のユーラシア）

出典：『岩波講座 世界歴史11 中央ユーラシアの統合──9-16世紀』岩波書店，1997年，73頁。（一部改変）

日本
高麗
曲阜
集慶（南京）
慶元（寧波）
漢水
開平府
大都
黄河
開封
襄陽
杭州
景徳鎮
泉州
大元
京兆
長江
広州
大理
大越国
チャンパー
ビルマ
スコータイ朝
パガン朝
北朝
シュリーヴィジャヤ朝
マジャパヒト朝
シンガサリ朝
バレンバン

ジョチ・ウルス
チャガタイ・ウルス
モンゴル帝国
カラ・コルム
ハミ
イルティシュ川
オビ川
アラル海
シル川
アム川
サマルカンド
ブハラ
ヘラート
オルムス
イリ川
トグルク朝
デリー
カイロ
メッカ
マムルーク朝

ヴォルガ川
ドン川
カザン
サライ
アストラハン
クリミア
カファ
黒海
コンスタンティノープル
ブルサ
タブリーズ
バグダード
イル・ハン国

ウラル川
ヴォルガ・ブルガール
モスクワ
キエフ
トヴェーリ
リトアニア
ジェノヴァ
ヴェネツィア
ローマ
ハンガリー王国
ブルガリア
セルビア
ビザンツ帝国

ポルトガル王国
カスティリア王国
アラゴン王国
神聖ローマ帝国
フランス王国
イングランド王国
スウェーデン王国
ノルウェー王国
ポーランド
ライン川
ドナウ川

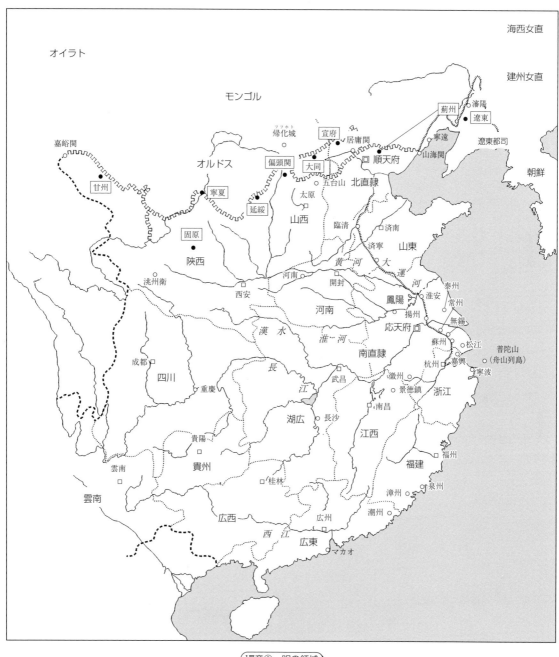

海西女直

オイラト

建州女直

モンゴル

嘉峪関

フフホト
帰化城

宣府

薊州

瀋陽

居庸関

遼東

甘州

オルドス

偏頭関

大同

順天府

寧遠

山海関

遼東都司

延綏

寧夏

五台山

北直隷

朝鮮

固原

太原

臨清

済南

山東

陝西

洮州衛

河南

黄　河

済寧

大

運

西安

開封

河南

鳳陽

淮安

河

泰州

常州

無錫

成都

漢　水

淮　河

応天府

蘇州

松江

普陀山
（舟山列島）

四川

長

南直隷

杭州

嘉興

寧波

重慶

江

武昌

徽州

景徳鎮

浙江

湖広

長沙

南昌

江西

貴陽

貴州

福州

福建

雲南

桂林

広州

漳州

泉州

雲南

広西

西　江

広東

潮州

マカオ

〔VIII章② 明の領域〕

注：[　]で囲った地名は九辺鎮。
出典：冨谷至，森田憲司（編）『概説中国史　下――近世―近現代』昭和堂，2016年，135頁。（一部改変）

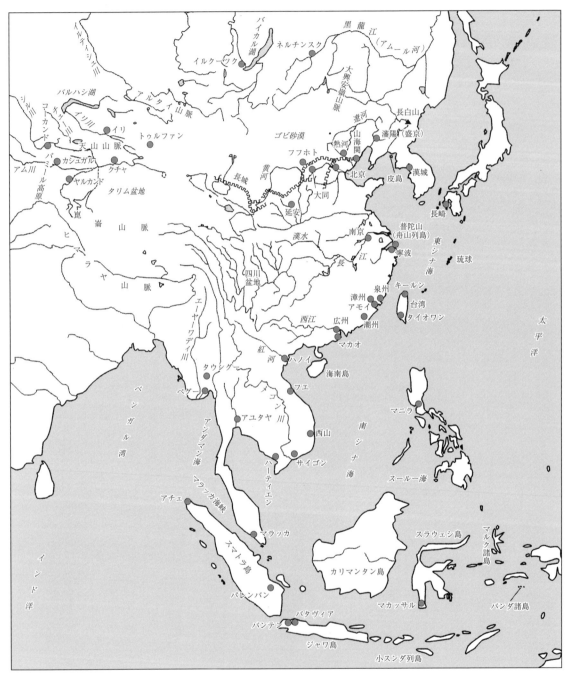

イルティシュ川
バイカル湖
黒　龍　江
（アムール河）
ネルチンスク
イルクーツク
大興安嶺山脈
長白山
遼河
瀋陽（盛京）
バルハシ湖
アルタイ山脈
イリ川
ゴビ砂漠
山海関
熱河
コーカンド
イリ
トゥルファン
フフホト
黄河
北京
漢城
皮島
長城
大同
天山山脈
カシュガル
クチャ
長城
延安
長崎
ヤルカンド
タリム盆地
パミール高原
崑　崙　山　脈
漢水
南京
普陀山
（舟山列島）
寧波
東シナ海
琉球
ヒ　マ　ラ　ヤ　山　脈
四川盆地
長江
泉州
アモイ
漳州
西江
広州
潮州
キールン
台湾
タイオワン
エーヤーワディ川
紅　河
マカオ
ハノイ
海南島
太平洋
タウングー
ペグー
メコン川
フエ
ベ　ン　ガ　ル　湾
アンダマン海
アユタヤ
西山
マニラ
南シナ海
サイゴン
ハーティエン
スールー海
アチェ
マラッカ海峡
スラウェシ島
マルク諸島
マラッカ
スマトラ島
カリマンタン島
バンダ諸島
イ　ン　ド　洋
パレンバン
マカッサル
バタヴィア
バンテン
ジャワ島
小スンダ列島

IX章　16〜18世紀の東アジア・東南アジア

出典：『岩波講座　世界歴史13　東アジア・東南アジア伝統社会の形成——16-18世紀』岩波書店，1998年，20頁。（一部改変）

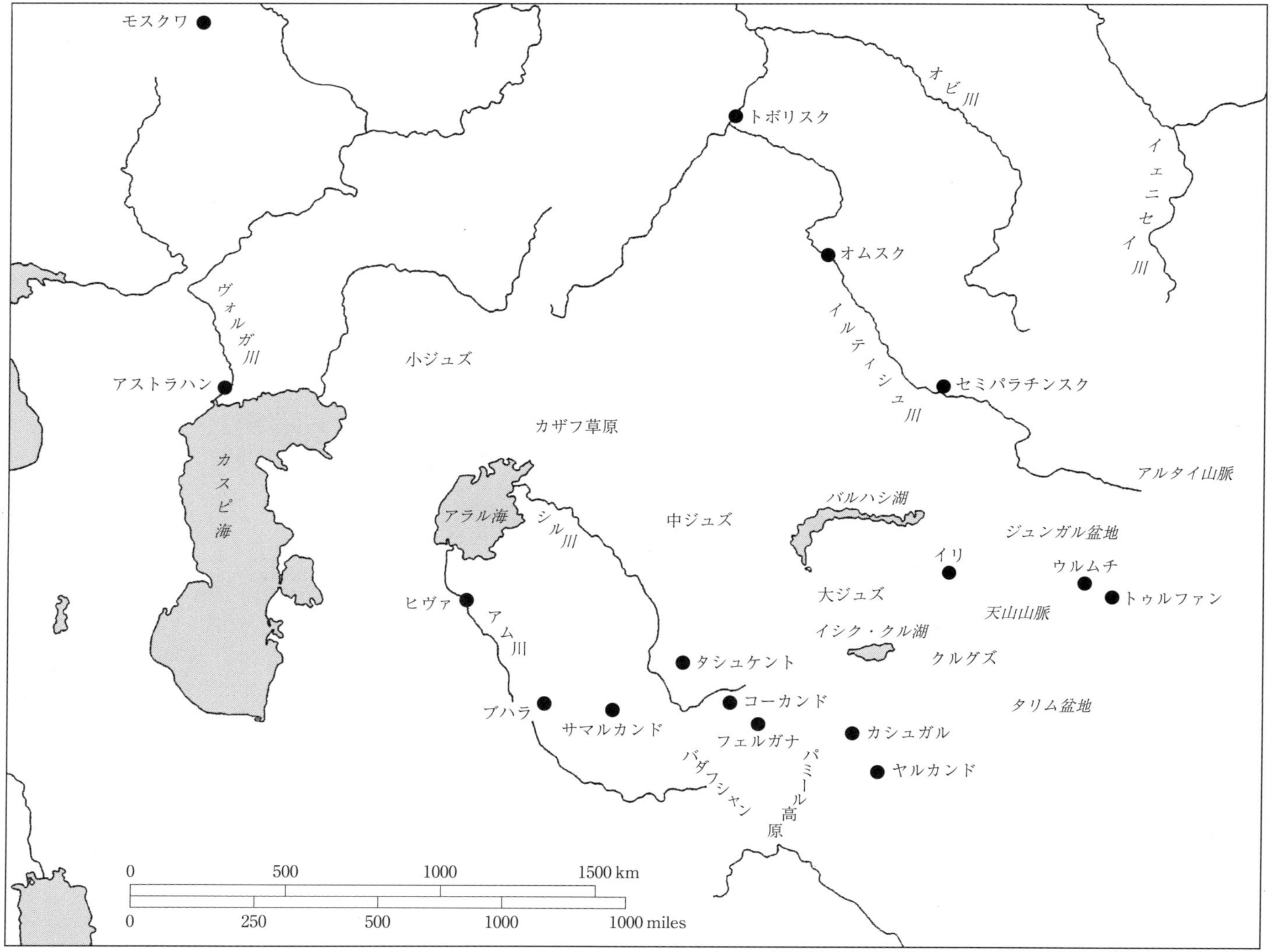
モスクワ
トボリスク
オビ川
イェニセイ川
オムスク
ヴォルガ川
イルティシュ川
小ジュズ
アストラハン
セミパラチンスク
カザフ草原
カスピ海
アルタイ山脈
バルハシ湖
アラル海
シル川
中ジュズ
ジュンガル盆地
イリ
ウルムチ
ヒヴァ
大ジュズ
トゥルファン
アム川
天山山脈
イシク・クル湖
クルグズ
タシュケント
コーカンド
タリム盆地
ブハラ
サマルカンド
フェルガナ
カシュガル
バダフシャン
パミール高原
ヤルカンド
0
500
1000
1500 km
250
1000 miles

X章①　18世紀の中央アジア

出典：Di Cosmo, Nicola and Allen J. Frank, and Peter B. Golden, *The Cambridge History of Inner Asia : The Chinggisid Age,* Cambridge: Cambridge University Press, 2009, Rept. in First paperback edition, 2015, p. xxvii.（一部改変）

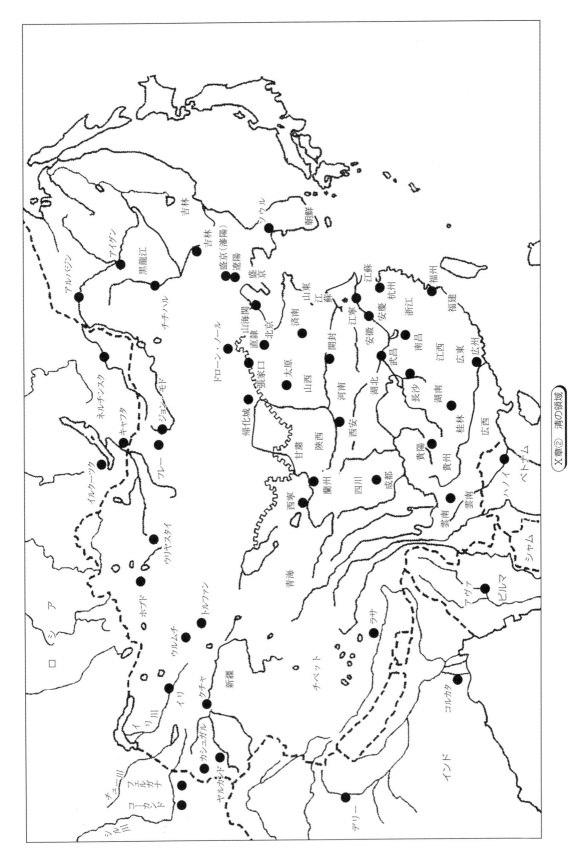

X章② 清の領域

出典：冨谷至，森田憲司（編）『概説中国史 下―近世―近現代』昭和堂，2016年，201頁。（一部改変）

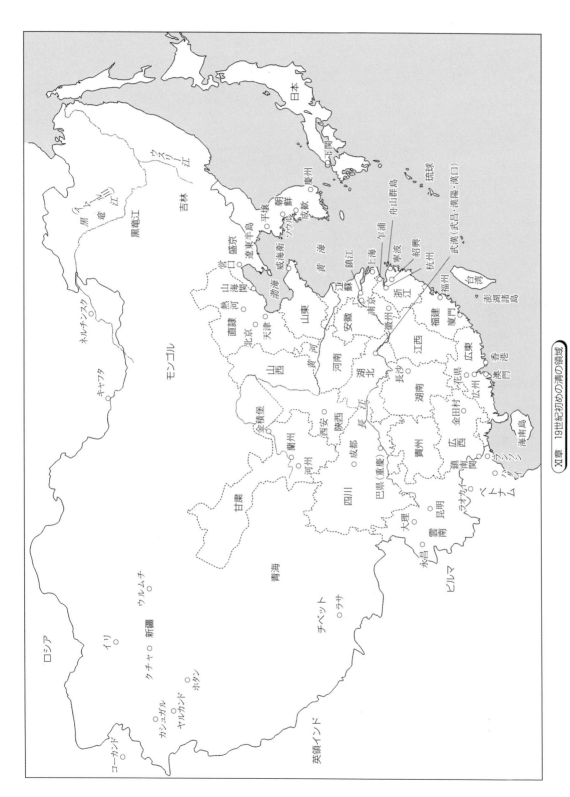

XI章 19世紀初めの清の領域

出典：吉澤誠一郎『シリーズ中国近現代史① 清朝と近代世界——19世紀』岩波書店、2010年、xiv-xv頁。（一部改変）

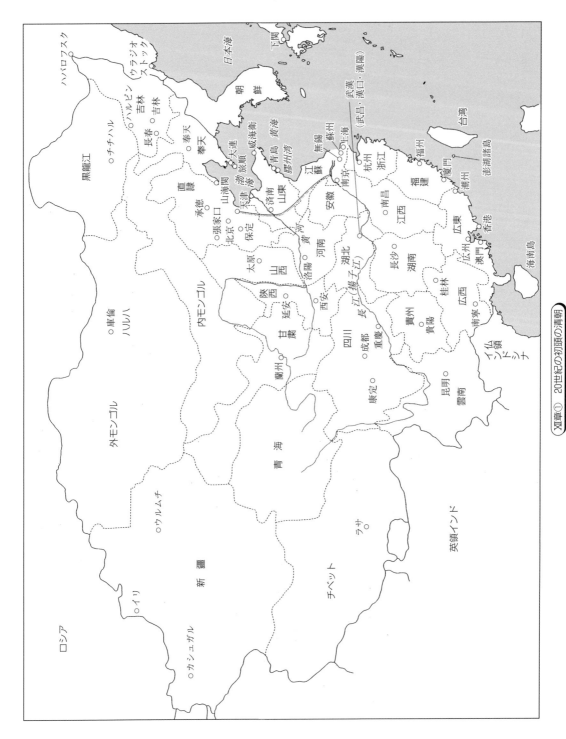

図表① 20世紀の初頭の清朝

出典：川島真『シリーズ中国近現代史② 近代国家への模索——1894-1925』岩波書店、2010年、xii-xiii頁。（一部改変）

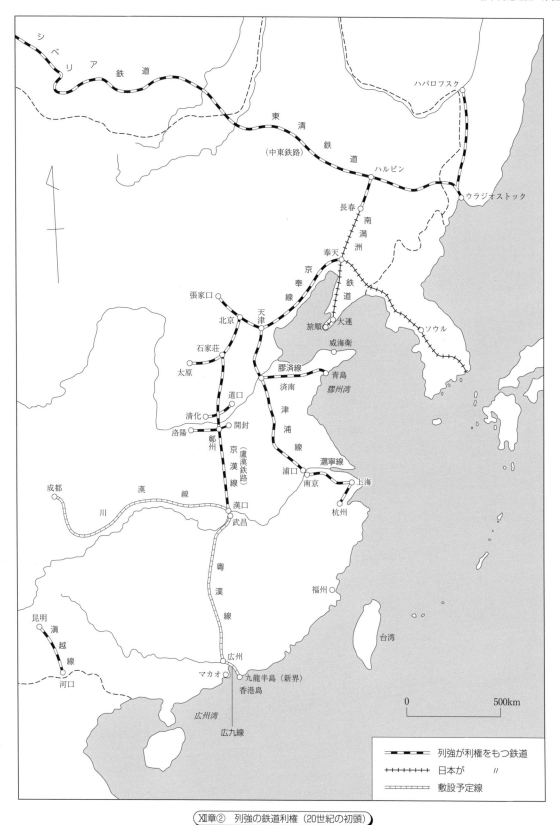

シベリア鉄道

東清鉄道
（中東鉄路）

ハバロフスク

ハルビン

ウラジオストック

長春

南満洲

奉天

京奉線

鉄道

張家口

北京

天津

旅順　大連

威海衛

石家荘

膠済線

青島

太原

済南

膠州湾

清化

津浦線

道口

開封

洛陽

鄭州

京漢（盧漢鉄路）線

浦口

滬寧線

南京

上海

成都

漢　　　　線

漢口

杭州

川

武昌

粤漢線

福州

昆明

滇越線

台湾

広州

河口

マカオ

九龍半島（新界）

香港島

広州湾

広九線

ソウル

0　　　　　500km

列強が利権をもつ鉄道

日本が　　〃

敷設予定線

XII章②　列強の鉄道利権（20世紀の初頭）

出典：並木頼寿，井上裕正『世界の歴史19　中華帝国の危機』中央公論社，1997年，228頁。（一部改変）

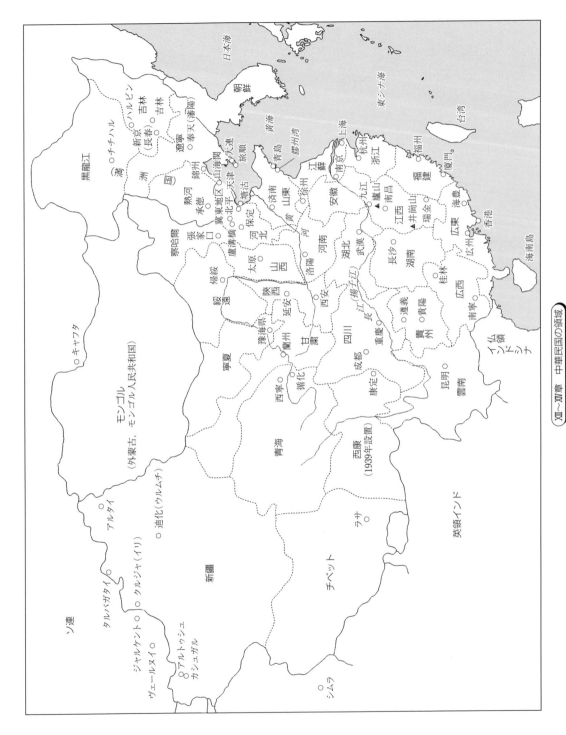

日本海

朝鮮

黒龍江

○チチハル

満

新京（長春）○ハルビン

吉林○吉林

洲

遼寧

奉天（瀋陽）

黄海

旅順

大連

東シナ海

台湾

国

錦州

熱河

山海関

承徳

青島

膠州湾

上海

杭州

浙江

福州

福建

厦門

ソ連

タルバガタイ○

アルタイ

ジャルケント○

○クルジャ（イリ）

ヴェールヌイ○

○迪化（ウルムチ）

アルトゥシュ○

カシュガル○

○キャフタ

モンゴル

（外蒙古、モンゴル人民共和国）

新疆

チベット

○ラサ

シムラ○

英領インド

察哈爾

帰綏○

張家口

冀東地区（山海関～

北平・天津

塘沽

保定

済南

山東

徐州

安徽

江蘇

南京

九江

南昌

江西

井岡山

瑞金

広東

広州

香港

海南島

盧溝橋

河北

黄

河

河南

洛陽

湖北

武漢

綏遠

大原

山西

陝西

延安

豫海県

蘭州

甘

粛

四川

成都○

西康

（1939年設置）

康定○

江

（揚子江）

長沙

湖南

桂林

広西

南寧

貴州

遵義

貴陽

重慶

昆明○

雲南

仏領インドシナ

寧夏

西寧○

循化○

青海

ⅩⅢ～ⅩⅣ章　中華民国の領域

出典：石川禎浩『シリーズ中国近現代史③　革命とナショナリズム――1925-1945』岩波書店、2010年、xv-xiv 頁。（一部改変）

242

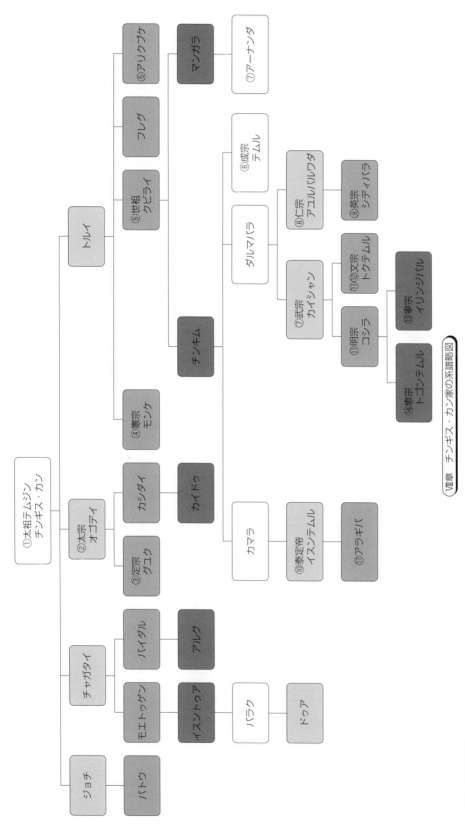

Ⅷ章 チンギス・カン家の系譜略図

出典：宮紀子作成。

中国史略年表

前5000年頃	黄河中流域に仰韶文化が出現。	166年	第一次党錮の禁。
前4000年紀後半	長江下流域に良渚文化が出現。	169年	第二次党錮の禁。
		184年	黄巾の乱。
前3000年紀後半	黄河中下流域に龍山文化，長江中流域に石家河文化が出現。	200年	官渡の戦い。のち赤壁の戦い（208年）。
		220年	曹丕皇帝即位，後漢滅亡，曹魏成立。
前2000年頃	二里頭文化（夏王朝？）。	221年	劉備皇帝即位，蜀成立。
前1300年頃	殷墟文化（殷後期）。	229年	孫権，帝号を称す。三国時代。
		238年	曹魏，公孫淵政権を滅ぼす。
前11世紀半ば	周武王，殷を滅ぼす。西周時代がはじまる。	239年	邪馬台国の卑弥呼，曹魏に遣使。
		263年	曹魏，蜀漢を滅ぼす。
前841年	厲王亡命。「共和」元年。	265年	司馬炎皇帝即位，曹魏滅亡，西晋成立。
前770年	平王即位（東周）。春秋時代がはじまる。	280年	西晋，呉を滅ぼし，天下統一。
前679年	斉桓公，覇者となる。	290年	八王の乱（～306年）。
前632年	晋文公，覇者となる。	304年	匈奴により漢成立（のち前趙）。五胡十六国時代のはじまり。
前453年	韓・魏・趙，晋を分割。のち諸侯となる（前403年）。戦国時代がはじまる。	316年	西晋滅亡。
前361年	秦孝公即位，商鞅を登用。	318年	司馬睿皇帝即位，東晋成立。
前325年	秦恵文王，王号を称す。	353年	王羲之，蘭亭で流觴曲水の宴を催す。
前221年	秦王政（始皇帝）が中国を統一。	376年	前秦，華北統一。
前213年	焚書令。翌年（前212年）坑儒。	383年	淝水の戦い。
前209年	陳勝・呉広の乱。	386年	鮮卑の代，国号を魏と改める（北魏）。
前206年	劉邦により咸陽陥落，秦滅亡。	420年	劉裕皇帝即位，東晋滅亡，劉宋成立。
前202年	劉邦皇帝即位，前漢成立。	439年	北魏，華北統一。南北朝時代のはじまり。
前195年	高祖死去。呂后の専制がはじまる。	478年	倭王武，劉宋に遣使。
前154年	呉楚七国の乱。	479年	蕭道成皇帝即位，劉宋滅亡，南斉成立。
前141年	武帝即位。	493年	北魏，洛陽に遷都。
前139年	張騫，使者として西域へ出発。	502年	蕭衍皇帝即位，南斉滅亡，梁成立。
前133年	馬邑の役。	523年	六鎮の乱。
前127年	匈奴をオルドスより駆逐。朔方郡設置。	534年	北魏滅亡，東魏成立。のち西魏成立（535年）。
前121年	匈奴渾邪王，投降。河西4郡設置。	548年	侯景の乱。
前111年	南越国を滅ぼし，南海郡など9郡設置。	550年	高洋皇帝即位，東魏滅亡，北斉成立。
前108年	衛氏朝鮮を滅ぼし，楽浪郡など4郡設置。	552年	突厥第一帝国成立。
前51年	匈奴・呼韓邪単于，前漢に入朝。	557年	宇文覚天王即位，西魏滅亡，北周成立。陳覇先皇帝即位，梁滅亡，陳成立。
8年	王莽皇帝即位，前漢滅亡，新成立。	577年	北周，北斉を征服。
18年	赤眉の乱。	581年	楊堅皇帝即位，北周滅亡，隋成立。
23年	新滅亡。	583年	突厥，東西に分裂。
25年	劉秀皇帝即位，後漢成立。	587年	隋，科挙制をはじめる（諸説あり）。
32年	高句麗，後漢に朝貢し服属。	589年	隋，南朝陳を滅ぼし，天下統一。
40年	交阯の徴側・徴弐姉妹，反乱をおこす。	610年	大運河建設事業が完成。
50年	南匈奴・呼韓邪単于，後漢に入朝。	612年	隋，高句麗に遠征。
57年	倭奴国，後漢に朝貢。	618年	李淵皇帝即位，隋滅亡，唐成立。
73年	班超らを西域諸国に派遣。	624年	均田制・租調庸制がはじまる。
107年	倭国王帥升，後漢に朝貢。	626年	玄武門の変。太宗即位。
		630年	唐，東突厥を滅ぼす。遣唐使がはじまる。

648年	唐，安西四鎮を創設。	1234年	モンゴル，金を滅ぼす。
657年	唐，西突厥を滅ぼす。	1236年	バトゥ，西方遠征に出発。
663年	吐蕃，吐谷渾を滅ぼす。	1254年	クビライ，大理国を降伏させる。
668年	唐，高句麗を滅ぼす。	1258年	フレグによりバグダード陥落。のち，フレグ・ウルス成立。
682年	突厥第二帝国成立。		
690年	武則天皇帝即位。武周革命。	1260年	クビライ，アリクブケの二人がカアンに即位（1264年，アリクブケ降伏）。
698年	渤海国成立。		
710年	河西節度使を設置。いご節度使設置が続く。	1269年	クビライ，パクパ字を作製させる。
744年	ウイグル，初代可汗即位，突厥第二帝国を滅ぼす。	1271年	クビライ，国号に大元を冠する（大元大モンゴル国）。
751年	タラス河畔の戦い。	1274年	モンゴル，日本に遠征（文永の役）。のち，再度遠征（1281年，弘安の役）。
755年	安史の乱（〜763年）。		
780年	唐，両税法施行。	1276年	モンゴル，南宋の臨安に入城。
821年	唐と吐蕃，長慶会盟。	1280年	授時暦が完成する。
840年	ウイグル，クルグズの攻撃により滅亡。	1292年	モンゴル，ジャワ遠征。翌年，通恵河完成（大都が大運河に接続，海洋に連結）。
842年	吐蕃，崩壊。		
875年	黄巣の乱（〜884年）。	1306年	チャガタイ・ウルス成立。
907年	朱全忠皇帝即位，唐滅亡，後梁成立。	1346年	トゥグルク・テムル即位。
916年	耶律阿保機，皇帝称す。遼（契丹）成立。	1351年	紅巾の乱おこる。
918年	高麗成立。	1367年	朱元璋，モンゴルへの北伐開始。
920年	契丹大字創製（のち契丹小字も）。	1368年	朱元璋皇帝即位，明成立。
923年	李存勗皇帝即位，後唐成立，後梁滅亡。	1370年	ティムール，マーワラーアンナフル統一。ティムール朝成立。
925年	遼・耶律阿保機，漠北に遠征する。		
926年	遼，渤海を滅ぼす。	1382年	明，雲南平定。
936年	後晋成立。遼に燕雲十六州を割譲。	1387年	明，遼東平定。翌年，クビライ朝滅亡。
947年	遼，後晋を滅ぼす。劉知遠皇帝即位，後漢成立。	1392年	李成桂，高麗を滅ぼし即位（李氏朝鮮）。
951年	郭威皇帝即位，後周成立。	1399年	靖難の変（〜1402年）。
960年	趙匡胤皇帝即位，後周滅亡，北宋成立。	1404年	明，足利義満を日本国王に封じる。
975年	北宋，南唐を滅ぼす。	1405年	鄭和艦隊による南海遠征がはじまる。
979年	北宋，北漢を滅ぼし，中国を統一。	1409年	明，奴児干都司を設置。
992年	北宋・太宗の勅を奉じ『淳化閣帖』刊行。	1410年	明，永楽帝のモンゴル親征がはじまる。
993年	遼，高麗に侵攻。のち冊封する。	1421年	明，北京に遷都。
1004年	北宋と遼，澶淵の盟。	1449年	土木の変。
1036年	西夏文字創製。	1487年	ダヤン・カアン即位。モンゴル再興。
1038年	李元昊，大夏皇帝を称す。西夏成立。	1514年	ヤルカンド・ハーン国成立。
1044年	北宋と西夏，慶暦和議。	1517年	ポルトガル，広東に初来航。
1069年	北宋・神宗，王安石を登用。新法開始。	1526年	石見銀山の採掘がはじまる。
1115年	完顔阿骨打，皇帝即位。金成立。	1529年	明，ハミ支配を放棄。
1119年	女真文字創製のはじまり。	1547年	アルタン・ハーン，モンゴル高原掌握，チャハル部東遷。
1124年	西夏，金に臣属する。		
1125年	金，遼を滅ぼす。	1557年	ポルトガル，マカオに居留権獲得。
1126年	高麗，金への朝貢開始。	1567年	このころ明が海禁緩和，東南アジア渡航を許可。
1127年	金，北宋を滅ぼす。南宋成立。	1571年	明とモンゴル，隆慶和議。
1132年	カラキタイ（西遼）成立。	1572年	マニラ—アカプルコ間貿易開始，メキシコ銀が中国流入。
1142年	金と南宋，盟約締結。南宋，金に臣従。		
1195年	慶元偽学の禁がはじまる。	1582年	マテオ・リッチ，マカオに到達。
1206年	テムジン，チンギス・カンを名乗る。イェケ・モンゴル・ウルス成立。	1588年	マンジュ・グルン成立。
		1592年	壬辰倭乱（文禄の役）。
1219年	チンギス・カン，ホラズム王国遠征出発。	1597年	丁酉倭乱（慶長の役）。
1227年	チンギス・カン死去。モンゴル，西夏を滅ぼす。	1599年	満洲文字創製（1632年，有圏点文字）。
1229年	オゴデイ，カアンに即位。	1609年	薩摩藩，琉球に侵攻。

1616年	ヌルハチ即位，後金国を建国。	1874年	日本，台湾出兵。
1627年	ホンタイジ，朝鮮に出兵（丁卯胡乱）。	1876年	日朝修好条規。
1635年	チャハル部，ホンタイジに帰順。	1879年	日本，沖縄県設置，琉球国滅亡。
1636年	ホンタイジ，国号を「大清」と改める。朝鮮に	1881年	清と露，サンクトペテルブルグ条約。
	出兵（丙子胡乱）。	1882年	朝鮮で壬午軍乱。
1642年	王岱輿，『正教真詮』刊行。	1884年	清仏戦争。新疆省設置。朝鮮で甲申政変。
1644年	李自成，明を滅ぼす。清入関。	1885年	清，仏のベトナム保護権を承認。
1661年	康熙帝，遷界令を発布。	1886年	清，英のビルマ支配を承認。
1662年	鄭成功，台湾を占拠。	1890年	上海機器織布局，操業開始。
1673年	三藩の乱（～1681年）。	1894年	朝鮮で甲午農民戦争。日清戦争（～1895年）。
1678年	ダライラマ5世，ガルダンにハーン号を授与。		孫文，興中会結成。
1683年	康熙帝，台湾鄭氏政権を平定。	1895年	清と日本，下関条約。
1684年	海関設置，中国人の海外出港許可。翌年，非朝	1896年	康有為ら『強学報』発刊。李鴻章，露と密約，
	貢者の私貿易許可。		東清鉄道敷設権授与。梁啓超ら『時務報』発刊。
1689年	清と露，ネルチンスク条約。	1897年	独，膠州湾占領（翌年租借）。露，旅順・大連
1691年	ドローンノール会盟，ハルハが清に服属。		占領（翌年租借）。
1696年	清，ガルダン軍を撃破，漠北に覇権樹立。	1898年	仏，広州湾占領（翌年租借）。戊戌変法。英，
1720年	清，チベットからジューンガル軍を駆逐。		威海衛を租借。京師大学堂を設置。戊戌政変。
1723年	雍正帝，キリスト教禁止，宣教師を追放。	1899年	米，中国門戸開放の通牒を諸列強に送付。
1724年	清，青海を支配下に置く。	1900年	義和団戦争。
1727年	清と露，キャフタ条約調印，翌年批准。	1901年	変法預約。辛丑条約（北京議定書）。
1728年	駐蔵大臣を設置。	1902年	梁啓超，『新民叢報』を発刊。
1759年	清，タリム盆地を平定，新疆征服。	1904年	奏定学堂章程。日露戦争（～1905年）。
1771年	トルグート部，ロシアから清に来帰。	1905年	孫文ら中国同盟会結成。日露ポーツマス条約。
1782年	『四庫全書』が成る。		科挙廃止。『民報』発刊。五大臣を欧米諸国に
1786年	西山朝，ハノイ征服。清軍を撃退（1789年）。		派遣。
1793年	金瓶掣籤の制。マカートニー，乾隆帝に謁見。	1906年	預備立憲の上諭。六部官制改革。
1796年	白蓮教徒の乱（～1804年）。	1908年	欽定憲法大綱公布。『醒回篇』刊行。
1802年	阮朝成立（～1945年）。	1909年	各省に諮議局開設。
1826年	ジャハーンギール，タリム盆地に侵攻。	1911年	鉄道国有令。四川で保路同志会結成。武昌蜂起，
1832年	清，コーカンドと「不平等条約」締結。		辛亥革命。ボグド・ハーン，モンゴル独立宣言。
1840年	アヘン戦争（～1842年）。	1912年	中華民国臨時政府成立，孫文臨時大総統就任。
1842年	清と英，南京条約。		宣統帝退位，清朝滅亡。袁世凱臨時大総統就任。
1843年	清と英，五口通商章程。虎門寨追加条約。		中華民国臨時約法公布。中国回教倶進会結成。
1844年	清と米，望厦条約。清と仏，黄埔条約。		国民党結成。国会議員選挙。
1850年	North China Herald 発刊。	1913年	宋教仁暗殺。袁世凱，日英独仏露と善後借款を
1851年	太平天国の乱（～1864年）。		締結。第二革命。中・英・チベット，シムラ会
1855年	捻軍の乱（～1860年代末）。		議。露中，外蒙の自治権，中国の宗主権を宣言。
1856年	雲南ムスリム反乱（～1874年）。アロー号事件，	1914年	英とチベット，シムラ条約。第一次世界大戦
	第2次アヘン戦争勃発。		（～1918年）。キャフタ会議（～1915年）。
1858年	清と英仏米露，天津条約。	1915年	日本，対華21カ条要求。『青年雑誌』（のちの
1860年	英仏連合軍北京入城。清と英仏露，北京条約。		『新青年』）発刊。袁世凱帝政（～1916年），第
1861年	総理衙門設立。同治帝即位，東西両太后垂簾聴		三革命。
	政。『上海新報』発刊。	1916年	袁世凱死去。黎元洪大総統，段祺瑞内閣。
1862年	西北ムスリム反乱（～1878年）。	1917年	張勲による復辟事件。中国，対独・墺参戦。孫
1865年	江南機器製造総局設立。『万国公法』刊行。		文，広東軍政府を組織。ロシア，十月革命。
1867年	ヤークーブ・ベグ政権成立（～1877年）。	1918年	日華共同防敵軍事協定締結。
1868年	日本，明治維新。	1919年	パリ講和会議。五・四運動。ヴェルサイユ条約。
1870年	天津教案。		第一次カラハン宣言。孫文，中国国民党結成。
1871年	露，イリを占領。日清修好条規。	1920年	安直戦争。第二次カラハン宣言。
1872年	日本，琉球藩設置。	1921年	モンゴル人民党第一回党大会，臨時人民政府樹

	立。中国共産党創立。ワシントン会議（〜1922年）。	1937年	盧溝橋事件，日中戦争。抗日民族統一戦線結成（第二次国共合作）。国民政府，重慶への遷都を決定。南京陥落。
1922年	第一次奉直戦争，直隷派勝利。		
1924年	第一次国共合作（〜1927年）。第二次奉直戦争。モンゴル人民共和国成立。	1939年	蒋介石，「回族」の呼称を禁止。第二次世界大戦（〜1945年）。
1925年	五・三〇事件。広東国民政府成立。	1940年	汪兆銘，国民政府樹立（南京）。
1926年	北伐がはじまる（〜1928年）。	1941年	太平洋戦争（〜1945年）。
1927年	国民政府，武漢に移転。四・一二クーデター。南京国民政府成立。	1944年	東トルキスタン共和国成立（〜1949年）。
1928年	北伐軍，北京入城。張作霖爆殺。アメリカ，中国の関税自主権回復を承認。訓政大綱。国民党の全国統一。	1945年	ヤルタ会談。日本，無条件降伏。
		1946年	政治協商会議。国共内戦全面化。
		1947年	中華民国憲法公布，のち施行。
1930年	中原大戦。	1949年	中国人民政治協商会議開催。中華人民共和国成立。国民政府，台湾へ。
1931年	国民党反蒋派，広州政府成立。満洲事変。中華ソヴィエト共和国樹立。		
		1952年	民族区域自治実施要綱公布。
1932年	第一次上海事件。満洲国成立。	1959年	チベット反乱。
1933年	日本，華北侵攻。塘沽停戦協定。東トルキスタン・イスラーム共和国成立（〜1934年）。	1965年	文化大革命。
		1978年	文革終結宣言。のち改革・開放政策。
1934年	蒋介石，新生活運動提唱。長征（〜1935年）。	1989年	天安門事件。
		1990年	アジア競技大会。
1935年	盛世才，新疆の14民族認定。幣制改革。冀察政務委員会成立。	1992年	鄧小平南巡講話。
		2008年	北京オリンピック。
1936年	豫海県回民自治政府成立。西安事件。		

※この年表作成に当たっては，主に岸本美緒『中国の歴史』（筑摩書房，2015年）の年表を参照いたしました。

（作成：中西竜也，増田知之）

索 引 凡 例

① ［ ］内の語は，見出し語の別称を示し，これが記載されている本文の頁数も索引に採用しました。

② （ ）は，見出し語が（ ）の説明する意味で記載されている本文の頁数を索引に採用しました。

③ 〈 〉は，見出し語によって包括される具体例や下位概念などの例を示し，この類の語が記載されている本文の頁数も索引に採用しました。

④ ／以降は，見出し語に関連する語の例を示し，この類の語が記載されている本文の頁数も索引に採用しました。

人 名 索 引

さ
行

事 項 索 引

執筆者紹介〈氏名／よみがな／現職／五十音順／＊は編著者〉　執筆担当は本文中・末に明記

井黒　忍（いぐろ・しのぶ）
　大谷大学文学部歴史学科准教授

石野一晴（いしの・かずはる）
　清泉女子大学文学部文化史学科准教授

岩尾一史（いわお・かずし）
　龍谷大学文学部歴史学科東洋史学専攻准教授

呉　国聖（ご・こくせい）
　国立清華大学歴史研究所助理教授

高嶋　航（たかしま・こう）
　京都大学大学院文学研究科教授

土口史記（つちぐち・ふみのり）
　岡山大学学術研究院社会文化科学学域准教授

＊中西竜也（なかにし・たつや）
　京都大学人文科学研究所准教授

箱田恵子（はこだ・けいこ）
　京都女子大学文学部史学科准教授

藤井律之（ふじい・のりゆき）
　京都大学人文科学研究所助教

藤本　猛（ふじもと・たけし）
　京都女子大学文学部史学科准教授

保科季子（ほしな・すえこ）
　関西学院大学非常勤講師

＊増田知之（ますだ・ともゆき）
　安田女子大学文学部書道学科准教授

水越　知（みずこし・とも）
　関西学院大学文学部文化歴史学科教授

宮　紀子（みや・のりこ）
　京都大学人文科学研究所助教

宮原佳昭（みやはら・よしあき）
　南山大学外国語学部アジア学科准教授

毛利英介（もうり・えいすけ）
　関西大学東西学術研究所研究員

望月直人（もちづき・なおと）
　琉球大学国際地域創造学部准教授

山崎　岳（やまざき・たけし）
　奈良大学文学部史学科准教授

《編著者紹介》

中西竜也（なかにし・たつや）

1976年　生まれ。
学　歴　京都大学大学院文学研究科博士後期課程研究指導認定退学。博士（文学）。
現　在　京都大学人文科学研究所准教授。
著　書　『中華と対話するイスラーム——17-19世紀中国ムスリムの思想的営為』京都大学学術出版会，2013年。
　　　　「馬徳新による聖者崇拝批判とその後——イスラームの中国適応再考」東長靖，イディリス・ダニシマズ，
　　　　藤井千晶（編）『イスラームの多文化共生の知恵——周縁イスラーム世界のスーフィズムに着目して』京
　　　　都大学大学院アジア・アフリカ地域研究研究科附属ケナン・リファーイー・スーフィズム研究センター，
　　　　2021年。

増田知之（ますだ・ともゆき）

1975年　生まれ。
学　歴　京都大学大学院文学研究科博士後期課程研究指導認定退学。博士（文学）。
現　在　安田女子大学文学部書道学科准教授。
著　書　『明清法帖叢考』杭州：浙江大学出版社，2022年。
　　　　「董其昌の法帖刊行事業に見る権威確立への構想」『史林』91巻5号，史学研究会，2008年。
　　　　「康熙帝による「書」文化政策の一端——その法帖刊行事業を中心に」『金壺集——石田肇教授退休記念
　　　　金石書学論叢』石田肇教授退休記念事業会，2013年。

やわらかアカデミズム・〈わかる〉シリーズ

よくわかる中国史

2023年2月20日　初版第1刷発行　　　　　　　　　（検印省略）

定価はカバーに
表示しています

編著者　　中　西　竜　也
　　　　　増　田　知　之
発行者　　杉　田　啓　三
印刷者　　江　戸　孝　典

発行所　株式会社　ミネルヴァ書房

607-8494 京都市山科区日ノ岡堤谷町1
電話代表 (075) 581-5191
振替口座 01020-0-8076

© 中西・増田ほか，2023　　　　　共同印刷工業・新生製本

ISBN978-4-623-09196-6
Printed in Japan

ミネルヴァ書房
https://www.minervashobo.co.jp/